絶望を希望に変える経済学

アビジット・V・バナジー／エステル・デュフロ
村井章子=訳

nbb
日経ビジネス人文庫

Good Economics for Hard Times

by

Abhijit V. Banerjee and Esther Duflo

Japanese edition published by arrangement with
The Wylie Agency (UK) Ltd.

子供たち、ノエミとミランへ、
もっと公正で人間らしく生きられる世界で育つことを願って
そしてサーシャ、チャンスをもらえなかった君に

目次

Contents

Preface

序文

二年前に自分たちの研究についての本を書いたところ、読んでくれる人がいるといううれしい驚きに恵まれた。なんと褒めてくれる人もいたが、それはもちろんお世辞である。経済学者は本を書くことが本業ではないし、人間がまともに読めるような本を書けるはずもない。それなのに私たちは無謀に挑戦し、さしたる天罰も受けずに済んだ。いつもの仕事に戻る時が来た。つまり論文を書いて発表することである。

オバマ政権初期の希望の光が、ブレグジットや黄色いベスト運動や「ウォール街を占拠せよ」の混乱に取って代わられる中、そして専横な独裁者（選挙で選ばれたにしても同じことだが）がアラブの春の楽観主義を一掃する中、私たちはそんな仕事をしていた。不平等が蔓延し、環境破壊と政策の失敗が世界に暗い影を落としているというのに、それに立ち向かうために私たちが使えるのは陳腐な言葉しかない。

そこで私たちはまた本を書くことにした。本書を書いたのは、希望を持ち続けるためである。どこで道を誤ったのか、それはなぜかを自戒するだけでなく、うまくいったこともこんなにあると確認するために。本書では問題を提起するとともに、分析結果に誠実に向き合い、よりよい世界にするための方法も提案する。経済政策はどこでまちがったのか、イデオロギーはどこで私たちに良識を失わせたのか、私たちはどこで自明のことを見失ったのか。そして、よい経済学は、とりわけ今日の世界のどこでどのように役に立つのか……。

もっとも、そのような本が書かれるべきだとしても、私たちが適任だということにはならない。いま世界が抱える問題の多くが富裕な北半球で顕在化しているが、私たちの専門は貧しい国に住む貧しい人々についての研究である。北半球の現在の問題について書くなら、多くの新しい文献と格闘しなければならず、大事なことを見落としてしまう可能性が大いにある。それでも書くべきだと確信するまでにはずいぶん時間がかかった。

そしてとうとう私たちは、思い切ってやってみることにした。重要な経済問題、たとえば移民、貿易、成長、不平等、環境に関する議論がどんどんおかしな方向に進むのを外野で見ているのがいやになった、というのも理由の一つだ。だがもう一つ大きな理由は、富裕国が直面している問題は、発展途上国で私たちが研究してきた問題と気味が悪いほどよく似ていることに気づいたことである。発展途上国にも経済成長から取り残された人々がいたし、拡大する不平等、政府に対する不信、分裂する社会と政治といった問題があった。そうした問題を研究する過程で私たちは多くを学んだ。とくに、経済学者としてどうあるべきかを学んだと自負している。事実から目をそらさず、見てくれのいい対策や特効薬的な解決を疑ってかかり、自分の知識や理解につねに謙虚で誠実であること。そしておそらくいちばん重要なのは、アイデアを試し、まちがう勇気を持つことだ。より人間らしく生きられる世界をつくるという目標に近づくために。

Chapter 1

経済学が信頼を取り戻すために

あるご婦人がかかりつけの医者から、余命はあと半年と告げられた。医者はご婦人に、経済学者と結婚してサウスダコタの田舎に住むことを奨める。

「それで私の病気が治りますの？」

「いや。しかし半年をとても長く感じることができるでしょう」

世界では二極化が進んでいる。ヨーロッパからアメリカ、アジア、ラテンアメリカにいたるまで、公の場での右派と左派の議論は大声で怒鳴り合うようなありさまだ。刺々しい言葉が何の慎みもなく投げつけられ、歩み寄る余地はほとんどない。私たちが住んでいるアメリカでは、支持政党以外の候補者も認めようという人はごく少なく、過去最低の水準まで落ち込んだ。[1] 支持政党が決まっている人の八一%が、他の政党に対して否定的な先入観を抱いている。[2] 具体的には、民主党支持者の六一%は、共和党を人種差別主義者で男女差別主義者で偏屈者だとみなす。共和党支持者の五四%は、民主党をずる賢い悪人とみている。さらにアメリカ人の三分の一は、家族や近しい親戚が敵対政党の支持者と結婚したらがっかりするという。[3]

私たちがそれぞれ生まれ育ったフランスとインドでも、賢明であるべきリベラルなエリート層が、政治的右派の台頭をこの世の終わりだと決めつけている。民主主義と話し合いに基づいていた文明がいまや風前の灯だと、誰もがひしひしと感じるようになった。

私たちは社会科学者の端くれとして、事実を示し、事実の解釈を世に問う。それが分裂した世界の橋渡しをし、互いに相手の言い分を理解し、たとえ意見の一致にはいたらなくとも、すくなくとも理性に基づく不一致に到達する助けになると期待するからだ。双方が互いの意見を尊重する限り、民主主義は意見対立と共存することができる。だが相手を尊重するためには一定の理解が必要だ。

現在の状況でとりわけ心配なのは、互いが意見を交わす場がどんどん狭まっているように見えることである。言うなれば意見の「部族対決」が起きている。政治だけではない。重要な社会問題とその対策についても、それぞれの陣営が「部族化」し、衝突している。ある大規模な調査では、幅広い分野のさまざまな問題についてのアメリカ人の見方が、ブドウの房のように孤立した集団を形成していることがわかった。[4] 何らかの重要な価値観、たとえばジェンダー観だとか、努力すれば必ず成功する、といった価値観を共有する人々は、移民、貿易、不平等、税制、政府の役割といった幅広い問題でも同じ意見を持つ傾向があるという。つまりコアとなる価値観が、所得や人種や住む地域よりも、その人の政治や社会についての意見を知るカギとなるわけだ。

いま挙げた移民や不平等などの問題は、アメリカだけでなく世界のどの国でも政治論議においてある意味で最前線に位置づけられ、さかんに議論されている。だがこうした問題に対する人々の意見は、個人的な価値観の単なる主張であることがあまりに多い（「私は寛容だから移民受け入れに賛成である」「移民は国家のアイデンティティを脅かすので受け入れるべきではない」など）。しかも個人の価値観は拵え上げられ報道された数字や単純化された解釈に頼っていて、自分の力で問題を一生懸命考えてみようとする人はまずいない。

世界が困難な時代を迎えようとしていることを考えると、これはほんとうに嘆かわしいことだ。貿易の拡大と中国経済の驚異的な成功に牽引されて世界経済が高度成長を遂げる時代は、もう終わった。いまや中国経済の伸びは鈍化し、貿易戦争がいたるところで勃発している。上げ潮に乗って繁栄したアジア、アフリカ、南アメリカの国々は、この先何が待ち受けるのか心配し始めた。富裕な先進国にとって、低成長はいまに始まったことではないが、かつて存在していた社会契約が急速にほころび始めていることは懸念すべき現象だ。もしかすると私たちは、デイケンズが『ハード・タイムズ』で描いた世界に逆戻りしているのかもしれない。持てる者と、社会から次第に疎外される持たざる者との対立が深まるばかりで、解決の糸口はまったく見えない世界に。[5]

現代の危機において、経済学と経済政策は重要な役回りを演じている。成長を回復するために何ができるのか。富裕国にとって、経済成長はそもそも優先すべき課題なのか。ほかにどんな課題を優先すべきか。あらゆる国で急拡大する不平等に打つ手はあるのか。国際貿易は問題の解決になるのか、深刻化させるだけか。貿易は不平等にどのような影響をもたらすのか。貿易の未来はどうなるのか、労働コストのより低い国が中国から世界の工場の座を奪い取るのか。移民問題にはどう取り組むのか。技能を持たない移民が多すぎるのではないか。あるいは新技術にどう対応するのか。たとえば人工知能（ＡＩ）の台頭は歓迎すべきなのか、懸念すべきなのか。そしてこれがいちばん急を要するのかもしれないが、市場から見捨てられた人々を社会はどうやって救うのか。

これらの問いには、ツイッターでは答えられない。となると、いっそ見ないふりをしよう、ということになる。たぶんそのせいだろう、現代の喫緊の課題にほとんど手つかずの国があまりに多い。多くの政治指導者がひたすら怒りを煽り、不信感を蔓延させ、二極化を深刻化させている。そうなると、対立する人々が話し合い、ともに考え、建設的な行動を起こすことはますます困難になる。これは悪循環に近い。

経済学者はいま挙げた重大な問題について、言いたいことがたくさんある。移民は賃金水準にどのような影響を与えるか、税金は企業の意欲をどの程度削ぐのか、所得再分配は怠惰をほんとうに助長するのか、国際貿易が活発なときには何が起きるのか、といったテーマに経済学者は取り組んできたし、研究の成果に基づいて、影響予測や政策提言もしてきたのだから。成長する国がある一方で、成長できない国があるのはなぜか、政府はそのために何ができるのかを研究することも、経済学者の仕事だ。どんな要因が人々を寛容に、あるいは不寛容にするのか。どんなときに人々は家を捨てるのか。ソーシャルメディアは人々の偏見を助長するうえでどんな役割を果たしているのか。そんなことも経済学の範疇である。

ごく最近の経済学研究の成果には、目を見張るような有益なものがじつに多い。テレビに登場する「エコノミスト」の軽々しい説明や高校の教科書の古くさい記述しか知らない人は、きっと驚くにちがいない。こうした最新の成果は、重要な問題の議論に新しい光を投げかけてくれると信じる。

だが不幸なことに、経済学者の発言に注意深く耳を傾けるほど彼らを信用している人はあまりいない。イギリスの欧州連合（EU）離脱の可否を問う国民投票では、イギリスの経済学者たちは、ブレグジットがいかに不利益をもたらすか声を嗄らして直前まで説き続けた。だが馬の耳に念仏だと感じたという。彼らの感触は正しかった。誰も経済学者の言うことなどに注意を払わないのである。インターネットベースの市場調査会社ユーガブ［YouGov］が二〇一七年初めに行った世論調査では、興味深い結果が出ている。「以下の職業の人たちがそれぞれ自分の専門分野についての意見を述べた場合、あなたは誰の意見をいちばん信用しますか？」という質問に対して、一位は——看護師だった。回答者の八四％が看護師を信用した。最下位は政治家で、五％である（ただし地方議会議員はいくらかましで、二〇％だった）。経済学者は下から二番目で、信用してくれたのは二五％だけだ。気象予報士のほうがはるかに上で、経済学者の二倍である。[6] 二〇一八年秋に、私たちは同じ質問をアメリカ在住の一万人にも聞いてみた（同時に経済問題に関する他の質問もしたが、その結果については本書の中で追々論じることにする）。[7] するとまたしても、ほぼ同じ結果が出たのである。回答者の二五％しか、経済学者の経済についての発言を信用しないというのだ。経済学者より信用度が低いのは、またしても政治家だけだった。

これほど信用されていないのは、経済学者の一致した意見（そういうものが存在するとして）がまずもって一般の人々の意見とかけ離れていることが一つの原因だろう。シカゴ大学ブース経営大学院は、さまざまな大学から有力な経済学者約四〇人を招いてＩＧＭ専門家会議［ＩＧＭは「Initiative on Global Markets」の略で、ブースの調査研究フォーラムの総称］を設置し、重要な経済問題に関して定期的に意見を聴取している。本書でもこの調査結果をたびたび引用するが、その場合には「ＩＧＭパネル」と呼ぶことにしたい。私たちはＩＧＭパネルの質問リストから一〇項目を選び、先ほどの一万人にも訊ねてみることにした。するとほとんどの項目について、経済学者との一般の人々の回答は真っ向から対立したのである。たとえば「アメリカが鉄鋼とアルミに追加関税を課せばアメリカ人の生活は向上すると思いますか」という質問に、IGMパネルの経済学者は全員がノーと答えた。[8] だが一般回答者でノーと答えたのは三分の一をわずかに上回るに過ぎない。

一般回答者は、おおむね経済学者より悲観的であることもわかった。「二〇一五年夏に始まったドイツへの移民の流入は、今後一〇年間でドイツ経済にプラス効果をもたらすと思いますか」という質問に対して、経済学者の四〇%はイエスと答え、残りの大半は「わからない」か無回答だった（ノーは一人のみ）。[9] 対照的に一般回答者でイエスと答えたのは二五%のみで、三五%がノーだった。また一般回答者は、ロボットやAIの進出で失業が増えると考えがちである。ロボットやAIの導入による痛手を補ってあまりある富が創出されると考える人はきわめて少ない。[10]

このような結果になるのは、経済学者が大方の人より自由放任（レッセフェール）を好ましいと考えるからではない。先ほどの調査では、経済学者と同じ二〇項目の質問に、一般のアメリカ人一〇〇〇人（レギュラー回答者として先ほどの一万人から抽出）に答えてもらった。[11] すると、連邦税の増税に賛成したのは経済学者のほうがはるかに多かった（賛成は経済学者の九七・四%に対し、レギュラー回答者は六六%）。政府が二〇〇八年の金融危機後に実行した政策（大手銀行の救済、景気刺激策など）についても、賛成は経済学者のほうがずっと多い。その一方で、大企業の最高経営責任者（CEO）は報酬をもらい過ぎだという見方には、レギュラー回答者は六七％が同意したが、経済学者は三九％にとどまっている。要するに、平均的な経済学者は平均的なアメリカ人とはかなりちがった見方をするということだ。二〇問全体の平均乖離は三五ポイントにも達した。

しかも、である。著名な経済学者はこういうふうに考えていますよと情報を与えられても、一般回答者はいっこうに自分の見方を変えなかったのである。経済学者と一般回答者の見方が顕著にちがっていた三問について、質問の出し方を変えてみた。一部の回答者に対しては、「経済学者はほぼ全員……だと考えています」と前置きをして質問し、残りの回答者には前と同じ質問を繰り返した。しかし両者の間にはほとんどちがいがなかった。たとえば、「北米自由貿易協定（NAFTA）は平均的なアメリカ人の生活を向上させると思いますか」という質問（経済学者の九五％がイエスと答えた）の場合、経済学者の見方を知らされた一般回答者の五一％、知らされない回答者の四六％がイエスと答えている。たいしてちがいはないと言わざるを得ない。このことから、一般の人々の大半は、経済問題について経済学者の意見に耳を貸さなくなったように見える。

私たちは、経済学者と一般人の意見が異なる場合、経済学者がつねに正しいなどとは考えていない。私たち経済学者は自分のモデルや自分の研究手法に執着し、どこで科学が終わってどこからイデオロギーが始まったのか、気づかずにいることがあまりに多い。私たちは政策に関する質問を受けると、すでに第二の天性になっている前提に基づいて答える。それらの基本的前提は経済モデルの欠かせない土台であるが、だからと言って正しいことにはならない。それでも経済学者が、一般の人々が持ち合わせていない有益な専門知識を身につけていることはまちがいない。だから本書では、そうした専門知識をいくらかでも読者と共有し、いまの時代の急を要する課題について再び対話ができるようにすることを（控えめな）目標にしたい。

そのためには、なぜ経済学者が信用されないのか、原因を理解する必要があるだろう。答の一つは、悪い経済学が大手を振ってまかり通っていることである。公開討論などで「エコノミスト」を自称する人々の多くは、IGMパネルの経済学者とはまったくちがう。テレビなどのメディアにたびたび登場するエコノミスト、たとえばX銀行のチーフ・エコノミストだのY証券のシニア・エコノミストといった人たちは、もちろん例外はいるものの、多くは自社の経済的利益を代表して発言しているのである。だから不都合な証拠（エビデンス）は無視してよいと考えがちだ。しかも全力で市場の楽観主義を煽ろうとする傾向が強い。一般の人々がこの手のエコノミストに同調しやすいのは、このためである。

困ったことに、彼らの外見（スーツを着てネクタイを締めている）や話し方（専門用語を多用する）からは、アカデミックな経済学者との見分けがつきにくい。おそらく最も大きなちがいは、エコノミストを自称する人たちが、自信たっぷりに断言したり予言したりしたがることだろう。おまけに、そのせいで権威があるように見えてしまう。だが実際には、予言に関する実績はじつにお粗末だ。そもそも経済の将来を予想することはほとんど不可能なのである。だからアカデミックな経済学者は慎重に予想を避ける。国際通貨基金（ＩＭＦ）と言えば非常に権威ある国際機関だが、その仕事の一つに、近い将来の世界経済の成長率を予想するというものがある。だが優秀な専門家のチームを擁しているにもかかわらず、予想は外れ続きだ。経済専門誌エコノミストが、ＩＭＦの予想が実際の数字からどれほど乖離したかを二〇〇〇～二〇一四年について調べたことがある。[12] 予想時点から二年後の実際の数字（たとえば二〇一二年に予想した二〇一四年の成長率）で見ると、予想の平均誤差は二・八ポイントだった。この誤差は、マイナス二％からプラス一〇％の間でランダムに適当な数字を選んだ場合よりはましである。しかし、予想成長率をずっと四％に固定した場合と同程度の誤差だ。これでは、こうした予想をすること自体が経済学に対する不信感を強めているのではないかと思わざるを得ない。

経済学者に対する不信感が強いもう一つの原因は、アカデミックな経済学者は断定を避けあれこれ含みを残した結論を出すうえに、その結論にいたった複雑な過程を説明する時間を惜しむことにある。エビデンスには幾通りもの解釈が可能だが、なぜあなたはその解釈を選んだのか。何を根拠にその答に行き着いたのか。あなたの答のとおりになる確率はどの程度か。あなたの提言に従って行動しても大丈夫なのか、それともしばらく様子を見るほうがいいのか。今日のメディアは、微に入り細を穿（うが）った説明を長々とする時間を与えてくれない。私たちは二人とも、きちんと説明させてくれと主張してテレビ番組の司会者と口論になったことがある（収録後に編集されてしまうことが多い）。だから、経済学者が報道番組などで発言したがらない事情がよくわかる。視聴者に正しく理解してもらえるようによくよく発言を練らなければならないし、それでもどっちつかずの中途半端な説明だと思われてしまうリスクがある。あるいは、慎重に言葉を選んだり曖昧に濁したりすると、ほんとうは何か全然ちがうことを言いたいのではないかと勘ぐられることもある。

もちろん中には、ずばずばと発言する経済学者もいる。だが例外はあるものの、その多くは極端な意見の持ち主で、最新の研究成果に目を通したうえで自分の主張を再検討する忍耐心を持ち合わせていない人だ。何らかの学説に執着するあまり、それと一致しない事実に目をつぶり、呪文のごとく時代遅れの考え方を繰り返す人もいれば、主流派経済学をひたすら軽蔑し罵倒する人もいる（たしかに批判すべき点はある）。いずれにせよ、新しい研究成果を知らない点は共通する。

最良の経済学は多くの場合に非常に控えめだと私たちは感じている。世界はすでに複雑で不確実すぎる。そうした世界で経済学者が共有できる最も価値あるものは、往々にして結論ではなく、そこにいたるまでの道のりだ。知り得た事実、その事実を解釈した方法、推論の各段階、なお残る不確実性の要因などを共有することが望ましい。このことは、物理学者が科学者であるのと同じ意味では経済学者が科学者ではないこと、よって経済学には絶対確実と言えるものがほとんどないことと関係がある。アメリカのコミカルなテレビドラマ『ビッグバン★セオリー』を見たことがある人なら、物理学者がエンジニアを馬鹿にしていることをご存知だろう。物理学者は深く考えを突き詰めるが、エンジニアはいろいろな材料を手当り次第にいじくっては物理学者のアイデアに形を与えようとする（すくなくともドラマではそう描写されている）。もし経済学者を笑いものにするドラマが作られていたら、おそらく経済学者はエンジニアより数段下に位置づけられるのではないだろうか。すくなくとも、ロケットを作れるエンジニアよりはかなり下だろう。エンジニアとちがって経済学者には、ロケットが地球の重力圏を突破するにはこれこれの推進力が必要だと教えてくれる物理学者のような存在はいない。経済学者は、科学に基づく直観、経験を頼みにした推論、そしてひたすら試行錯誤を重ねて問題を解こうとする点で、もしかすると配管工に近いかもしれない。

となれば経済学者は、しばしば状況を読みちがえる可能性がある。私たちもこの本の中でたびたびまちがいを犯すだろう。成長率はおろか（そもそも成長率を予想するのはほとんど絶望的である）、もっと限定的な問題、たとえば炭素税はどの程度の税率に設定したら気候変動の抑止に効果があるのか、大幅増税をしたらＣＥＯの報酬にどんな影響があるのか、ベーシックインカムの導入は雇用構造に何らかの変化をもたらすのか、といったことでもまちがう可能性がある。だがまちがいを犯すのは経済学者に限らない。誰にだってまちがうことはある。危険なのは、まちがいを犯すことではなくて、自分の見方に固執して事実を無視することだ。前へ進むには、つねに事実に立ち戻り、まちがいを認めなければならない。前を向くのはそれからだ。

とはいえ、世の中にはよい経済学もたくさん存在する。よい経済学は、認めたくないような悩ましい事実から出発し、人間の行動についてすでにわかっている知識や他の場合には成り立つと実証されている理論に基づいて推論を行い、新たにわかった事実に基づいてアプローチの仕方を微調整（または大幅に変更）し、最後はいくらかの幸運を味方につけて解決策に到達する。この意味で、私たちの仕事は医学研究と共通する点が多い。ピュリッツァー賞を受賞したシッダールタ・ムカジーの著書『病の皇帝「がん」に挑む――人類4000年の苦闘』〔邦訳：早川書房〕には、新薬が市場に投入されるまでに繰り返される推論と試験と修正の気の遠くなるような過程が語られていて胸が熱くなる。[13] 経済学者の仕事の大部分も、これとよく似ている。経済学では医学と同じく、「これが正しい」と断言できることがない。せいぜいできるのは、この結論に基づいて行動してもまず大丈夫だろう、と言うことぐらいだ。そのときでさえ、あとで方針転換が必要になるかもしれない。また、基礎科学では定理や法則が確立されているが、経済学はそれを現実の世界に応用するところから始まる点でも、医学と似ている。

本書はある意味で、研究の最前線で何が起きているかを伝える報告書と位置づけることもできるだろう。いま社会が直面している重要な問題に今日の最良の経済学はどのように取り組んでいるのか。今日のすぐれた経済学者たちは世界をよりよくする方法をどう考えているのか。私たちは彼らの結論だけを述べるのではなく、そこにいたった過程も描きたいと考えている。事実と幻想をどう選別し、大胆な仮説と信頼できる結果をどう切り分けるのか。いまわかっていることは何か。

本書の執筆プロジェクトで私たちがとりわけ深く考えたのは、人間が望む幸福とは何か、幸せな暮らしを構成する要素とはどんなものか、ということだった。経済学者は幸福や福祉という概念をひどく狭く定義する傾向がある。たとえば所得だとか、物質的な消費、といった具合に。だが、豊かな人生を送るために私たちが必要とするのはそれだけではない。周囲や社会に認められ、重んじられること。家族や友人が幸せに暮らしていること。そして、人間としての尊厳。楽しみやよろこび。所得だけを問題にするのは、単に便利で手っ取り早いからに過ぎない。このように歪んだレンズで世界を見ていると、いかに頭脳明晰な経済学者であってもまちがった道に迷い込むことになりかねないし、政治家であれば国家を誤らせる決定を下すことになりかねない。そして多くの人々が根拠のない強迫観念に駆り立てられることになる。たとえば、富裕国の人間から高報酬の仕事を横取りしようと世界中から移民が押し寄せてくるとか、幸福な生活を実現するには欧米諸国がかつての高度成長を復活させなければならないとか、経済成長と地球環境の維持は両立不能だといった類いがそれだ。

二極化の進む世界でよりよい対話を行うには、人としての尊厳を認めてほしいという人間の本質的な願いを認めるところから始める必要がある。対話のための対話ではない。互いをよりよく理解するために、どうせ解決など不可能だという思い込みから逃れるために、対話を始めなければならない。人としての尊厳を取り戻すことを大切に考える立場からすれば、経済における最優先課題を根本的に考え直す必要があることはあきらかだ。また、尊厳を重んじるならば、助けを必要とする人々を社会はどう助けるべきか、ということも深く考える必要がある。

本書で扱う問題について、読者が私たちとはちがう結論に達することも大いにありうる。私たちとしては、本書の結論に反射的に賛成するようなことはしないでほしいが、私たちが採用した方法にいくばくか注意を払っていただけるとうれしい。そして、私たちの希望と懸念を一部なりとも共有していただければ幸いである。本書が終わりに近づく頃にはほんとうの対話が始まることを願っている。

Chapter 2 鮫の口から逃げて

移民が重大な問題になっている。ヨーロッパの多くの国とアメリカの政治を揺るがすほどの大問題だ。メキシコからの移民を殺人者呼ばわりするなど、根も葉もないが影響力の大きいドナルド・トランプ大統領の発言、移民排斥を掲げるフランスの国民連合（党首はマリーヌ・ルペン）、さらには移民流入阻止が焦点になったブレグジット、強硬な移民政策をとるイタリア、ハンガリー……。移民の流入は、世界の最富裕国が抱えるさまざまな問題の中で、単独では最も社会的に影響の大きい政治問題と言えるだろう。ヨーロッパの主要政党に属す政治家でさえ、あくまで守り通したい自由主義の伝統と、目の当たりにする脅威との折り合いをどうつけるのか、苦悩している。移民問題は発展途上国ではあまり表面化していないように見えるが、南アフリカに流入するジンバブエ難民、バングラデシュのロヒンギャ危機、インド北東部アッサム州のイスラム教徒の市民権喪失など、標的にされた人々にとってはおぞましい問題がそこここで発生している。

なぜ移民をめぐってパニックが起きるのか。二〇一七年に国境を越えた移民が世界人口に占める比率は三%。[1]一九六〇年や九〇年とほとんど変わらない。欧州連合（EU）は平均して年一五〇万～二五〇万人の移民を域外から受け入れているが、二五〇万人という数字はEU総人口の〇・五%未満だ。しかもその多くが、雇用証明を持っているか、域内に住む家族に合流する合法的な移民である。二〇一五年と一六年に難民の大量流入があったことは事実だが、二〇一八年には難民認定申請者の数は六三万八〇〇〇人に減り、うち認定されたのは三八%にとどまった。[2]つまり、EU市民二五〇〇人当たり一人である。洪水のように押し寄せる、とはとても言えまい。

だが混血を嫌い純血神話を信奉する人種差別主義者は、事実など歯牙にもかけない。移民が重大な政治問題となっている六カ国（フランス、ドイツ、イタリア、スウェーデン、イギリス、アメリカ）で生まれ育った人二万二五〇〇人を対象に行われた調査では、移民の数や構成について大きな誤解が存在することがあきらかになった。[3]たとえばイタリアでは、移民が総人口に占める比率は一〇%だが、回答者の推定数字の平均は二六%だった。また回答者は、イスラム系移民の比率を大幅に多く見積もっていることもわかった。中東と北アフリカからの移民の比率も過大に見積もっている。回答者の多くが、移民を実際以上に教育水準が低く、貧しく、大方が失業し、政府の補助金で暮らすことになると考えていた。

政治家は大幅に水増しした数字を振りかざして、こうした誤解や懸念を煽り立てる。二〇一七年のフランスの大統領選挙では、マリーヌ・ルペンは、移民の九九％が成人男性であると繰り返し（実際には五八％）、フランスに定住する移民の九五％は働かずに「国に世話してもらう」のだと述べた（実際には、フランスに来た移民の五五％がちゃんと働いて労働力人口にカウントされている）[4]。

最近行われた二つの実験は、事実確認が手順に則って行われるような国でも、こうした選挙戦術が有効であることを示した。そのうちの一つはアメリカで行われた実験である。この実験では二種類の質問が用意された。第一の質問では、実験参加者は移民についての自分の意見を求められる。第二の質問では、移民の数と特徴について事実に基づく知識を訊ねられる[5]。すると、第二問に先に答えてから第一問に答えた回答者、つまり自分の事実誤認を再確認してから意見を述べた回答者は、その逆の場合と比べ、移民受け入れに反対する傾向が顕著に強いことが認められたのである。しかも実際の数字を教えられたあとも、事実認識は変わっても、意見は変わらなかった。フランスでも同様の実験が行われ、同じような結果が出ている。マリーヌ・ルペンのまちがった主張を繰り返し聞かされた有権者は、彼女に投票したいと考えるようになるという[6]。悲しいことに、ルペンの主張は事実無根だと有権者の前で証明しても、有権者の考えは変わらなかった。事実は無力だったのである。移民問題を考えるとき、とかく人々は狭量になる。そこには事実が入り込む余地はない。

なぜ事実が無視されるのか——そこにはある重要な理由が存在する。それは断片的ながらも経済学に基づいており、しかも一見すると完全に自明で、多くの人が納得してしまうようにできている。たとえ多くの証拠が反対のことを示していても、だ。移民の経済分析は、多くの場合もっともらしい三段論法に拠っている。世界は貧しい人々で満ちあふれている。彼らは当然ながらもっとお金を稼ぎたいと考えており、実入りのいい仕事があって暮らし向きの楽な国ならどこへでも行きたいと思っている。したがってわずかでも可能性があれば、彼らは自分の国を出て豊かな国をめざす。そして豊かな国の賃金水準を押し下げ、そこの住人の生活を苦しくするのだ、云々。

この主張で注目すべきは、高校で教わるような標準的な需要と供給の法則に従っていることである。人々はもっとお金を稼ぎたいと考えており、賃金の高い国ならどこへでも行く(=供給が増える)。すると、労働供給曲線と労働需要曲線の交点が下へ移動する。すなわち全員の賃金が下がる。移民にとっては結構なことかもしれないが、受入国の労働者にとってはまったく好ましくない。アメリカはもう「いっぱいだ」と主張したトランプ大統領は、まさにこのことを言いたかったのだろう。この理屈は単純明快であり、紙ナプキンの裏にも簡単に書ける。それが図2-1である。

この論理は単純明快でわかりやすい——が、まちがっている。第一に、国家間あるいは地域間の賃金格差は、人々が移民になる決意をするかどうかと実際にはほとんど関係がない。なるほど、自分の国から必死に逃れようとする人々は大勢いる。だがこれから見ていくように、国を出られるのにとどまる人も大勢いることも事実であり、この謎はこの論理では解決されない。

第二に、低い技能しか持ち合わせていない移民がかなり大量に流入した場合でも、受入国住民の生活水準を押し下げるという信頼に足る証拠は存在しない。技能の点で移民と同程度と考えられる既存労働者を含めてそう言える。それどころか移民は、移民自身と受入国住民の両方の生活水準を押し上げると考えられる。なぜそうなるのか

図2-1 紙ナプキン経済学
——なぜ移民の流入は全員の賃金水準を押し下げるのか

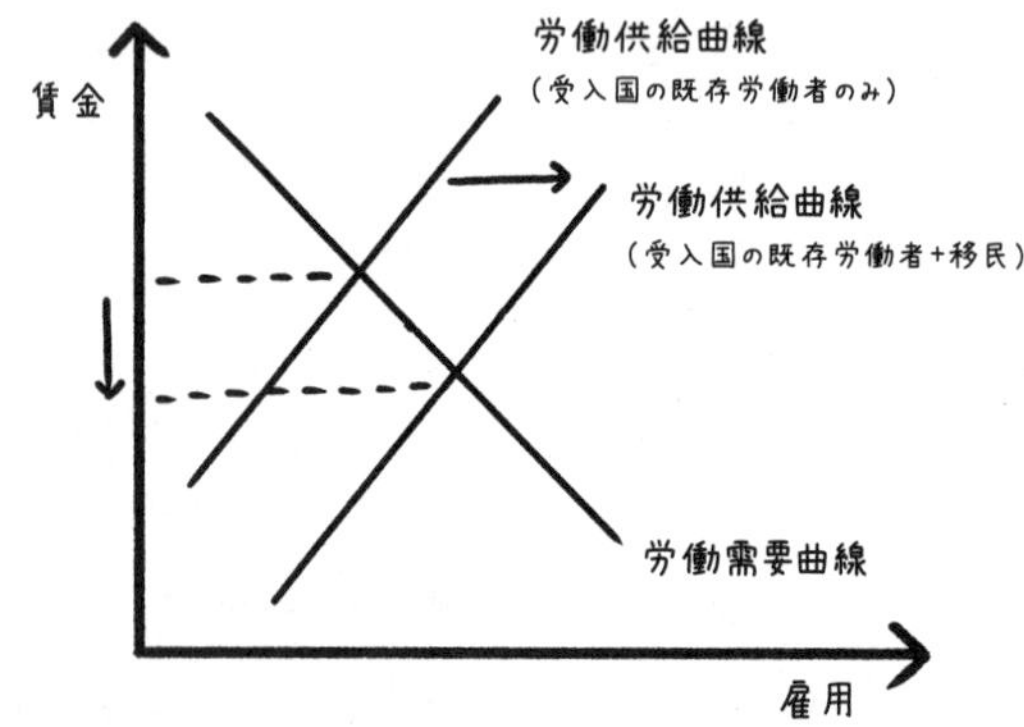

は、労働市場特有の性質と関係がある。労働市場には、標準的な需要と供給の関係はほとんど当てはまらないのである。

家を捨てて

イギリスで暮らすソマリア系の詩人ワーザン・シャイアは、こう書いている。

故郷を離れるなんて
故郷が鮫の口でもなければ誰も思わない
でも町中の人が逃げ出して
お隣さんが喉から血のような息を吐きながら
あなたより先に逃げたら
国境へと走るしかない
昔一緒に学校に行った男の子、
古い缶詰工場の裏でのぼせてキスした男の子は、
いまでは体より大きい銃を構えている
あなたは故郷を捨てるしかない

故郷から住むことを拒まれたら[7]

この詩はあきらかに重要なことを訴えている。人々が命がけで逃げ出そうとする国、たとえばイラク、シリア、グアテマラ、さらにイエメンでさえ、最貧国にはほど遠い。イラクの国民一人当たり所得は、物価調整後で（経済学者は「購買力平価（PPP）でみると」と言う）リベリアの約二〇倍、モザンビークやシエラレオネの一〇倍以上に相当する。イエメンも、所得の大幅減を記録したにもかかわらず、二〇一六年の時点でまだリベリアの三倍以上だった（リベリアについてはこの年以降の正確なデータが存在しない）。トランプ大統領がさかんに狙い撃ちするメキシコは、世界の中では高中所得国と位置づけられ、その社会福祉制度は広く称賛され、模範とされるほどだ。

こうした国から逃げ出そうとする人々は、おそらく、リベリアやモザンビークの平均的な国民が直面しているような極度に悲惨な貧困は経験していない。彼らが生まれ故郷の生活を耐えがたいと感じるのは、日々のふつうの暮らしが破壊されてしまったからである。北部メキシコでは麻薬戦争による暴力が市民に襲いかかっている。グアテマラでは軍や秘密治安組織による暴力が常態化し、中東では内戦が絶えない。ネパールでは、農業が不作の年でも大方のネパール国民は国を出ようとはしなかった。[8]むしろ旅費を捻出できないため、出国者の数は減ったことがわかっている。だがネパールで長年くすぶっていた毛沢東主義者の武装勢力が圧力を強め始めると、国を捨てる人が急増した。こうした人たちは鮫の口から逃げ出したのである。いったんそうなると、もはや引き留めることはできない。なぜなら、彼らの心の中ではもう戻る故郷はないからだ。

これとはまったくちがう理由で国を離れる人も、もちろん大勢いる。大望を抱いて、生まれた貧しい村を出る人たちだ。たとえば、インドが生んだ世界的な映像作家サタジット・レイの代表作として名高い三部作の主人公オプはまさにその一人である。その第二作『大河のうた』では、母が一人さみしく暮らす故郷の村とたくさんの可能性に満ちたコルカタ〔旧称カルカッタ〕とが対比されている。[9] あるいはまた、中国からの移民の多くがそうだ。彼らは二つの仕事を掛け持ちし、倹約に倹約を重ねて貯金する。いつの日か自分の子供たちをハーバード大学に行かせるためだ。そういう人たちを私たちは大勢知っている。

そして、両者の中間に位置づけられる人々がいる。つまり、どうしても国を出たいと感じるような外的要因にも内的動機にも直面していない大多数の人々だ。この人たちは、一ドルでもよけいに稼げるならどんな国でも行きたいとは思っていないだろう。国境に検問所がなく、入国審査を簡単にパスできるような状況でも、大方の人は自分の国にとどまる。いや国内の移動が自由で、同じ国の中で農村部と都市部の賃金格差が大きいケースでさえ、多くの人が農村部にとどまっている。[10] デリーのスラム街の住民を対象にした調査では、住民の多くが最近ビハール州とウッタル・プラデシュ州から移ってきたことがわかった。どちらもデリーの東にある貧しい州である。デリーのスラム街では、平均的な世帯は住居費を払った後、一日わずか二ドル(PPP)ほどで暮らす。[11] それでも、もといた州に比べれば二倍の水準だ。ビハール州とウッタル・プラデシュ州の人々は一ドル未満で暮らしているのである。だがこの人たち(一〇〇万人いると推定される)は、デリーへ行けば収入が倍になるとわかっているのに、行こうとしない。

よりよい経済条件を求めて移動しようという気を起こさないのは、発展途上国の人々だけではない。ギリシャでは、経済危機が深刻化した二〇一〇〜一五年に三五万人のギリシャ人が国外に移住したと推定される。[12] 大きい数字のようだが、実際にはギリシャの総人口の三%に過ぎない。二〇一三年と一四年のギリシャの失業率は二七%に達し、しかもEU加盟国であるギリシャの人々は自由にEU域内を移動し、働くことができるのに、である。

永住ビザの抽選

だが考えてみれば、これは謎でも何でもないのかもしれない。私たちは移民になることのメリットを過大評価しているとも考えられるからだ。ここでいちばん問題なのは、移民になった人の賃金だけに注目し、この人たちが移民になることを選んだ多くの理由や、それを可能にした多くの条件を無視しがちだということである。移民になる人は、特別な技能を身につけているのかもしれないし、並外れたスタミナを持っているのかもしれない。だとすれば、もといた国にとどまっていたとしても、並の人より多く稼げたかもしれない。移民がとくに技能を必要としない仕事をするケースが多いことは事実だが、そうした仕事の大半は非常に苛酷で、途方もない体力と忍耐を必要とする（たとえば中南米からアメリカにやってきた移民の多くは、建設作業や果実の摘み取りなどに従事している）。誰もが毎日毎日続けられるものではない。

だから、移民推進論者がよくやるように移民の収入ともとの国に残った人の収入を単純に比較し、移民になるメリットは大きいと安易に結論づけることはできない。これは、計量経済学で識別問題［identification problem］と呼ぶものである。収入のちがいが場所のちがいだけに起因するのであって、他の要因は無関係だと言うためには、明確な因果関係を立証しなければならない。

そのために好都合なのが、永住ビザの抽選である。当選者と落選者のちがいは、幸運に恵まれたか恵まれなかったかだけで、他の条件はほぼ同じと考えてよい。したがって当選者の移住後の収入が増えたとすれば、それは国のちがいだけで、それ以外の要因は無関係だということになる。ニュージーランドの永住ビザ抽選に応募したトンガの人々（その多くがきわめて貧しい）について、当選者と落選者のその後の収入を比較した研究がある。すると、移住後一年間で前者の収入は後者の三倍以上に増えたことがわかった。[13] また、永住ビザ抽選に当選してアメリカで就労したインドのＩＴ技術者は、抽選に外れて母国に残った同僚の六倍の収入を獲得している。[14]

火山の噴火

とはいえ永住ビザ抽選に注目するのは便利な手法ではあるが、もともとビザを自ら申請した人同士の比較しかできないという問題がある。だが、ビザを申請しない人の場合はどうなのだろう。そういう人は、とくに技能を持ち合わせていないので申請しないのかもしれない。仮にそうした人たちが他国で働くようなことになったら、収入はさして増えないとも考えられる。だが、まったくの偶然によって移住を余儀なくされた人々に関するじつに興味深い調査がいくつか存在する。

一九七三年一月二三日に、アイスランド沖のヴェストマン諸島に属し、漁業で栄えるヘイマエイ島で突如火山の噴火が起きた。島の住民五二〇〇人は救出されたが（死亡は一人のみ）、噴火は五カ月も続き、民家の三分の一が失われる。破壊された家は島の東部に集中しており、溶岩流に直接呑み込まれ、あるいは降り注ぐ火山礫や灰に埋もれてしまい、もはやそこに再び家を建てることはできない。この場合、住居のあった場所だけが命運を分けたと言える。家を失った人と失わなかった人との間に顕著なちがいはなく、みなごくふつうの人たちである。家の市場価値もほぼ同じだった。これは、社会科学者が自然実験〔natural experiment〕と呼ぶ状況である。サイコロを投げたのは自然なのだから、家を失った人と失わなかった人との間に事前にちがいはなかったと仮定することができる。

しかし事後には大きなちがいが現れた。家を失った人には、家と土地の価値に見合う現金が支給された。それで島のどこかに家を建ててもいいし、どこか別の土地に移住してもいい。うち四二%が島を離れた（家が壊されなかった人々の二七%も島を離れている）。[15]アイスランドは小さな国だが非常によく記録が整備されており、納税その他の記録を使って島の全住民の長期的な経済状況を追跡調査することが可能だ。この国は国民の遺伝子情報が整備されていることでも知られており、家を失った人の子孫から親を特定することもできる。

研究者たちはこのデータを使って、噴火発生時に二五歳以下だった人のうち、家を失った人たちは収入が大幅に増えたことを確認した。[16]彼らは必ずしも全員が島を出たわけではないが、それでも二〇一四年には、家を失わなかった二五歳以下の人の収入を年間三〇〇〇ドル以上上回ったのである。収入の増加は、噴火発生時に若かった人に集中してみられた。その一因は、家を失った若者のうち大学進学者が増えたことにあるだろう。また、移住を余儀なくされたことで、島ではごく一般的な職業である漁師にならず、自分に適した職業を見つけられたことも大きい。もともと漁師の修業を始める前であれば、若者が別の職業に就くのは年配者よりはるかに容易だったはずだ。それでも、敢えてそうするには移住を迫られる必要があった。家が破壊されなかった人の大半は島に残り、先祖代々の仕事である漁師として人生を送っている。

生まれ育った土地を離れようとしない傾向を表す事例として、もう一つ注目すべきものがある。第二次世界大戦終戦直後のフィンランドだ。ドイツの側についたこの国は敗戦国となり、カレリア地方など領土のかなりの部分をソ連に割譲することになる。この地域に住んでいた四三万人（フィンランド総人口の一一％に相当する）の人々は、国土の他地域への移住を余儀なくされた。[17]

戦争前にこの地域に住んでいた人々は都会暮らしとは無縁で（カレリア地方は森林と湖沼が多い）、正規に雇用されている人が少ないという特徴はあったものの、それ以外は一般のフィンランド人とさして変わらない。ところが強制移住に伴う混乱で物理的・精神的にさまざまな困難に直面したにもかかわらず、移住した人々は二五年後には、移住先にもとから住んでいた人より裕福になったのである。これはおそらく、強制移住者は身軽で機動的になり、都会に住んで正規の仕事に就くことができたからだろう。強制移住の経験は、この人たちを現状維持から脱却させ、より冒険的にしたのだとも考えられる。

人々が高賃金の国をめざすことを選ぶためには、このように自然災害や戦争が必要だった。このことから、経済的インセンティブだけでは人々が祖国を離れて他国をめざす要因としては不十分であることがわかる。

バングラデシュの出稼ぎ

貧しい人々は、移住によって生活を楽にするチャンスがあることに単に気づいていない、という可能性ももちろんある。この点に関しては、バングラデシュで行われた興味深いフィールド実験があり、無知だけが移住を選ばない原因ではないことがあきらかになった。

　バングラデシュには、洪水による氾濫やサイクロンの襲来などが原因で食糧が得られない季節が毎年めぐってくる。この時期はモンガ（飢餓の季節）と呼ばれるほどだ。ところが、この国には国内の移動を禁じる法律はいっさいないにもかかわらず、最も被害を受けた地域の人々も土地を離れようとしない。都市部へ行けば建設や運輸など未熟練労働者でも就ける雇用機会があり、また収穫のサイクルの異なる他の農村部へ行くことも可能だというのに、なぜなのか。その理由を探り、季節的な出稼ぎを奨励するために、研究者は地元の非政府組織（ＮＧＯ）の協力を得て、モンガの時期にバングラデシュ北部のランプル県の人々に出稼ぎを奨めてみることにした[18]。まず無作為にいくつかの農村を選び、二つのグループに分ける。第一のグループには、出稼ぎのメリットに関する情報だけを提供する（大都市へ行けばまずまずの賃金をもらえる仕事がある、など）。第二のグループには、同じ情報とともに一一・五〇ドルの現金または融資を提供する。このお金は、大都市への交通費と二日分の食費に相当する。ただし、実際に出稼ぎに行かなければお金はもらえない。

　この結果、出稼ぎを奨められお金を提供された世帯の約四分の一（二二％）から働き手が出稼ぎに行った。彼らは、奨められなかったらおそらく行動に移さなかったと考えられる。その大半が首尾よく仕事にありつき、出稼ぎ期間中に平均して一〇五ドルの収入を得ている。モンガの故郷にとどまっているのと比べれば、かなりの稼ぎだ。そのうち平均して六六ドルを故郷の家族に送金するか、持ち帰っている。その結果、家族の中から出稼ぎ者を送り出した世帯は、そうでない世帯のなんと一・五倍のカロリーを摂取することができたのである。おかげで食事に関する限り、飢餓状態から快適と言える水準を維持することができた。

それにしても、なぜ彼らは強く奨められるまで出稼ぎを決意しなかったのだろうか。餓死寸前だという極限状態は、行動を決意する動機にならないのだろうか。

この場合、情報不足が制約になったわけではないことははっきりしている。NGOが都市部の雇用機会の情報を提供しても（お金を渡さずに）、何の効果もなかった。しかも、お金をもらって出稼ぎに行き仕事を見つけた人の半分は、自分自身の成功体験にもかかわらず、翌年のモンガの季節には村に残ったのである。すくなくとも彼らには、都会へ行けば仕事があることを疑う理由はなかったはずだ。

言い換えれば、こうだ。強制的であれ自発的であれ、ともかくも移住をした人が経済的利益を得たことは事実ではあっても、大方の人がすべてを捨てて富裕国へ行くチャンスをうかがっているという見方は、到底まじめには受け取れない。経済的な見返りの大きさに比して、移民の数は思うほど多くない。何かが彼らを押し止めるのである。それが何なのかについては後段でまた論じることにして、その前に移民の流入と労働市場の反応を見ておきたい。とくに多くの人が信じているように、移民の利益が受入国の住人を犠牲にしてほんとうに増えるのかどうかを検証することにしよう。

マリエル難民事件

この問題は経済学者の間でも激しい議論になってきた。だが全体としては、たとえ大量の移民が流入しても、受入国住民の賃金や雇用に与えるマイナスの影響はきわめて小さいことを多くの研究が示している。

それでも議論が終わらないのは、簡単に結論の出る問題ではないからだ。現実には多くの国が移民を制限しており、とくに経済状況が悪いときは制限を厳しくすることが多い。移民は移民で、行動で意思表示する。つまり、より好ましい選択肢のあるところをめざす。この二つの理由が重なって、都市部の移民の比率に対して非移民の賃金水準をプロットすると、右肩上がりのグラフになるはずだ。つまり移民の比率が増えるほど、賃金水準は上がる。移民擁護論者にとっては好ましい結果だが、おそらくこれは完全なまちがいだ。

移民が受入国住民の賃金水準に与えるほんとうの影響を知るためには、移民が賃金に与えた直接的な影響以外の変化も考慮しなければならない。しかも、それでも十分ではないだろう。なぜなら、受入国の住民や企業も行動で意思表示するからだ。たとえば、移民の流入によって、既存の労働者がその都市を出て行ったために、残った住民（非移民）の賃金水準が下がらないケースがあるかもしれない。移民が定住した都市にとどまる選択をした非移民労働者の賃金だけに注目すると、その都市を出て行く選択をした人々の苦痛を完全に無視することになるし、彼らを受け入れる他の都市の労働者のコストも見落とすことになる。

これらの問題の一部をうまく回避したのが、デビッド・カードによるマリエル難民事件の研究である。[19] 一九八〇年四〜九月に一二万五〇〇〇人のキューバ人がマリエル港をボートで出発してマイアミに押し寄せた。その多くがほとんど教育を受けていない人たちである。こんなことになった理由は、フィデル・カストロが出国したい者はしてよいと突然許可を出したからだった。人々の反応はすばやかった。カストロの演説が行われたのが四月二〇日で、四月末には人々は国を出た。その多くがマイアミに定住している。このためマイアミの労働力人口は七%も一気に膨らんだ。

賃金にはどんな影響があっただろうか。カードは、差分の差分法［difference in differences］と呼ばれる手法を用いている。まず、マイアミにもとから住んでいた住民の賃金と雇用率について、難民流入前と流入後の変化を調べた。次に、マイアミとよく似た四つの都市（アトランタ、ヒューストン、ロサンゼルス、タンパ）の住民についても同じ項目を調査し、両者を比較した。マイアミ住民の賃金上昇率と雇用率が難民流入後に変化したとして、その変化が他の四都市より大きいかどうかを見るためである。

結論としてカードは、流入直後についても、その数年後についても、何ら変化は見られなかったとしている。つまりマイアミ住民の賃金は、難民流入によって何ら影響を受けなかった、ということだ。カードはまた、マイアミにもとからいたキューバ人移民の賃金の変化もとくに調べている。もとからいたキューバ人と新しく来たキューバ人はおそらくよく似ているので、後者の流入で最も打撃を受けるのは前者だと考えたからである。

マリエル事例研究は、移民の影響という問題に堅実な答を出すための重要な一歩になったと言える。マイアミは、よい雇用機会があるからという理由で選ばれたわけではない。単にキューバのマリエル港から最も近い上陸地点だったというだけである。それに大量難民の到着は寝耳に水の出来事だったから、マイアミの労働者も企業も何らかの対策を講じる時間的余裕はなかった。カードの研究は手法も結論も画期的で、のちのちまで大きな影響を与えることになる。需要と供給モデルが移民にそのまま当てはまるとは限らないことを示した最初の研究だった。

このため当然ながらマリエル事例研究は広く議論され、何度も反論、再反論が繰り返されることになる。経済学における実証研究の中で、これほど熱のこもった侃々諤々（かんかんがくがく）の議論が続いたものはほかにないかもしれない。中でもしぶとく批判したのが経済学者のジョージ・ボージャスである。高度な技能を持たない移民の受け入れに断固反対の立場をとるボージャスは、マリエル事件を徹底的に再検証し、より広い範囲の都市を比較検討の対象にしたうえで、難民流入の影響を最も強く受ける集団として非ヒスパニック男性の高校中退者に着目する。[20] そしてこのグループに関する限り、難民到着後のマイアミで賃金が急速に下がり始め、比較対照都市と比べても下げ幅が顕著に大きいと指摘した。だがその後の再分析では、ヒスパニックの高校中退者（このグループのほうがキューバ人難民と比較するのに最も適切と言えるはずだが、ボージャスはある理由から除外した）と女性（ボージャスはとくに理由なくこのグループも除外した）を含めると、ボージャスの結果は逆転することが示された。[21] その後のさまざまな研究も、難民流入前のマイアミと賃金・雇用動向がよく似た他都市と比較対照し、マイアミの賃金と雇用には何ら影響がなかったとしている。[22] それでもボージャスは納得せず、マリエル事件を巡る議論はまだ続いている状況だ。[23]

じゃあいったいどっちなんだ、と困惑した読者もおられよう。率直に言って、まっこうから対立する意見が政治的見解と分ちがたく結びついている場合、意見を変えさせるのは容易ではない。それにいずれにせよ、たった一つの、それも三〇年も前に一つの都市にたまたま起きた事件に基づいて移民政策を立てるのは合理的ではない。

さいわいにも、マリエル研究に触発された多くの研究者が、移民や難民が偶然のなりゆきで突然押し寄せた類似の事例を調査している。その一つに、アルジェリアが一九六二年にフランスから独立した結果、ヨーロッパ生まれのアルジェリア人が本国送還された事例を調べた研究がある。[24] また、ソ連が一九九〇年に海外移住制限策を解除した結果、ソ連からイスラエルに大量の移民が流入した影響を調べた研究もある。この大量流入で、イスラエルの人口は四年間で一二％も増加した。[25] このほか、一九一〇〜三〇年の大移住期にヨーロッパからアメリカへ大量の移民が流入した影響を調べた研究もある。[26]どのケースでも、受入国の住民へのマイナスの影響はごくわずかだったことが確かめられている。それどころか、プラスの影響が認められたケースもあった。たとえばヨーロッパからアメリカへの移民の流入によって、もとからアメリカに住んでいた人の雇用が増えたほか、職長や管理職に昇進する機会が増え、工業生産高も伸びている。

もっと最近の事例でも、同様の結果が報告されている。世界各地から西ヨーロッパに流入した移民の影響を調べた研究の中で、とくに興味深いのは、デンマークを取り上げたものである。[27]デンマークはさまざまな意味で注目すべき国だが、その一つに、国民一人ひとりの記録がしっかり保管されていることが挙げられる。過去の例を見ると、難民は本人の希望や雇用機会の多寡といったこととは無関係に、受入国内のさまざまな都市に振り分けられることが多い。その際に問題になるのは、公共住宅に空きがあるか、行政側に定住支援をする余力があるか、ということだけだ。一九九四〜九八年には、ボスニア、アフガニスタン、ソマリア、イラク、イラン、ベトナム、スリランカ、レバノンなどからの大量の難民や移民がデンマークに流入した。彼らはおおむねランダムにデンマーク国内各地に送られている。一九九八年に政府が振り分け措置を打ち切ると、それ以降にやってくる移民の大半は、同国人がすでに定住している地域をめざすようになった。したがって第一陣の移民、たとえばイラク人がほぼ偶然に定住したところへ、新たなイラク人がやって来ることになる。こうしてデンマークの一部の地域は、他地域より移民の比率が高くなったわけだが、その理由は一九九四〜九八年のどこかの時点で、たまたま公共住宅に空きがあったということに過ぎない。

デンマークへの移民流入を調査したこの研究でも、過去の他の事例と同じ結果が出た。移民が大量に流入した都市について、教育水準の低いデンマーク人の賃金と雇用の変化を他の都市と比較したところ、マイナスの影響は認められなかったのである。

これらの研究はどれも、低技能移民の流入が受入国の既存労働者の賃金と雇用を押し下げることはない、と結論づけている。だが現在の政治議論でさかんに使われる激越な表現には、事実による裏付けも事実の尊重もない。そこに表れているのは、ひたすら論者の政治的見解だけである。では体系的な調査に裏付けられた冷静な意見はどこへ行けば入手できるのか。学術分野におけるコンセンサス醸成に関心のある読者は、米国科学アカデミーがまとめた移民の影響に関する報告（無料）の二六七ページをぜひ読んでほしい。米国科学アカデミーは、アメリカの研究者から最も尊敬されている学術団体である[28]。米国科学アカデミーは適宜討論会を開催して、特定の問題についての科学者としてのコンセンサスを取りまとめる。移民に関する討論会には、移民擁護派と懐疑派（ボージャスを含む）の両方が参加しており、双方の意見を踏まえ、それぞれの立場と対立点に言及した報告書の文章は、どうしても長くて曲がりくねった経路をたどりがちだ。それでもその結論は、次のとおり、経済学者の集団から得られたものとあきらかに近い。

「ここ一〇年間の実証研究は、これらの研究成果が、全米研究評議会の報告（一九九七年）とおおむね一致することを示している。すなわち、一〇年以上の長期にわたって計測した場合、移民が受入国住民全体の賃金に与える影響はきわめて小さい」

需要と供給理論は、なぜ移民に当てはまらないのか

古典的な需要と供給理論（モノの供給が増えればそのモノは値下がりするという、あれである）は、なぜ移民に当てはまらないのか。この点はとことん追究しておかねばならない。たとえ未熟練労働者の賃金が移民の流入で押し下げられないとしても、その理由がちゃんとわかっていない限り、これまでの事例はどれも何か特殊な要因があったからそうなったのではないか、という疑念がつきまとうからだ。

基本的な需要と供給の法則が当てはまらなくなる要因は、じつはいくつもある。第一は、新たな労働者の流入によって労働需要曲線が右へ移動することだ。このため、賃金水準の押し下げ効果は打ち消される。なぜ右へ移動するのか。それは、新たに流入した人々がお金を使うからである。レストランへ行くし、髪も切るし、買い物もする。それらを通じて雇用を創出するが、その大半はとくに技能を必要としない。図2-2に示すように、その結果として賃金は押

し上げられ、労働者の供給拡大の影響を打ち消す。よって、賃金水準も失業率も変化しない。

事実、需要が増えない場合には、移民の流入は受入国の既存労働者に「期待通りの」マイナスの影響をもたらす。かつて、チェコの労働者がドイツ国境を越えて働くことを許可された時期がある。ピーク時には国境近くのドイツの町で労働力人口の最大一〇%がチェコからの出稼ぎ労働者で占められた。この現象が起きたとき、ドイツの既存労働者の賃金水準にほとんど変化はなかったが、雇用が大幅に減ったのである。なぜか。これまで取り上げた他の事例とは異なり、チェコの出稼ぎ労働者たちは、収入を母国に持ち帰って使ったからだ。したがって、ドイツの労働需要にプラスの波及効果は生じなかった。移民は、移住先で得た収入をそこで使わない限り、受入国に新たな需要を生み出すことはできない。収入を母国に持ち帰る場合には、移民が受入国にもたらすはずの経済効果は失われる。[29] すると図2－1のとおりの事態が起きるわけだ。労働需要曲線は右へ移動しないため、移民の流入（＝供給の増加）によって労働需要曲線との交点は下へ移動する。すなわち賃金水準は下がることになる。

とくに低技能移民の流入が労働需要を押し上げる第二の要因は、機械化の進行を遅らせることだ。低賃金労働者が安定的に供給されるのであれば、わざわざ機械化に投資する誘因は乏しくなる。メキシコからアメリカへ出稼ぎにいく季節労働者はブラセロと呼ばれるが、このブラセロが一九六四年一二月にカリフォルニア州から締め出された。彼らのせいでカリフォルニア州の既存労働者の賃金水準が圧迫される、という理由からである。だがブラセロが出て行っても、既存労働者の賃金も雇用も増えなかった[30]。なぜなら、ブラセロがいなくなってしまうと、彼らに頼っていた農園主が二つの策を講じたからだ。まず、機械化を進めた。トマトを例にとると、ハーベスターを導入している。労働者一人当たりの生産性を二倍にする画期的な機械で、一九五〇年代から存在していたのだが、ブラセロを当てにできる間はなかなか普及せず、一九六四年時点での普及率は限りなくゼロに近かった。だが一九六七年には一〇〇％に達している。対照的にもともとブラセロがいなかったオハイオ州では、同時期のハーベスター普及率に顕著な変化は見られていない。さらに農園主は、機械化のむずかしい作物を機械化しやすい作物に転換した。このためカリフォルニア州では、すくなくとも一時的に、

図2-2　紙ナプキン経済学
――なぜ移民の流入は賃金水準を押し下げるとは限らないのか

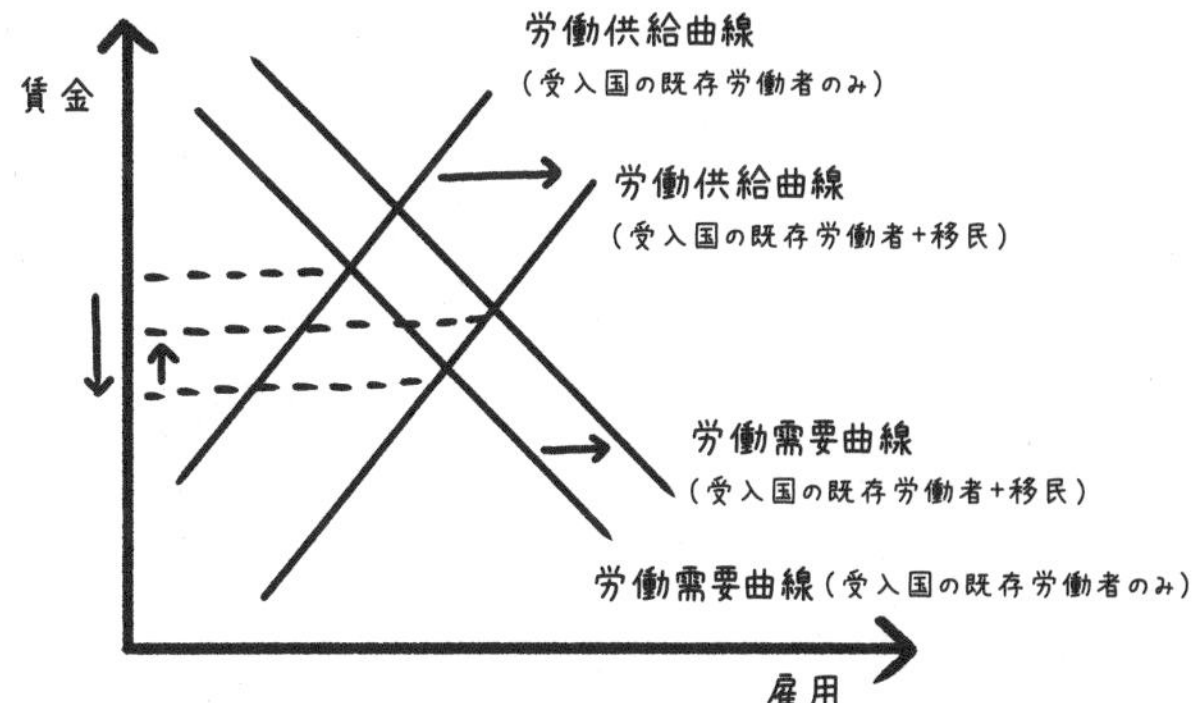

アスパラガス、イチゴ、レタス、セロリ、ピクルス用キュウリなど繊細な扱いを要する作物の生産が打ち切られている。

第三の要因は、第二の要因とも関連するが、雇用主が流入した労働者を効率的に活用すべく、生産方式を再編成することだ。すると、既存の未熟練労働者に新たな役割が出現する可能性が出てくる。たとえば先ほど取り上げたデンマークへの移民流入のケースで、デンマーク人未熟練労働者が移民の流入によって最終的にプラス効果を得られたのは、職務内容や職業自体を変えられるようになったことが一因に挙げられる。[31] 移民が増えると、デンマーク人未熟練労働者は肉体労働からそれ以外のポストに昇格したり、さらには転職したりした。より複雑で高度な仕事、コミュニケーション能力や技能を必要とする仕事に移ったのである。移民は、すくなくともデンマークにやってきた時点ではデンマーク語をほとんど話せないので、そうした仕事ではライバルにはなり得ない。同じような現象が、ヨーロッパからアメリカに大量に移民がやって来た一九世紀後半〜二〇世紀前半にも起きている。

言い換えれば、受入国の既存の未熟練労働者とやはり未熟練の移民は必ずしも直接対決するわけではない。それぞれに適した仕事はちがう。移民はコミュニケーション能力をさほど必要としない仕事に、受入国の労働者は必要とする仕事に就くというふうに。現に移民を雇えるようになると、企業は雇用数を増やしており、単純な仕事を移民に、移民にはできない高度な仕事を既存労働者に割り当てるという形がしばしば見られる。

単純な需要と供給の法則が当てはまらない第四の要因は、移民が受入国労働者と競合せず、むしろ補完することである。移民は、受入国の労働者がやりたがらないような仕事をよろこんで引き受ける。芝を刈る、ハンバーガーを焼く、赤ちゃんや病人の世話をする、などだ。だから移民が増えると、こうしたサービスの料金は下がる。すると受入国の労働者は助かるし、こうした仕事に就いていた人は別の仕事へ移ることが可能になる。[32] とくに高度な技能を持つ女性は、移民を雇えるようになれば、就労や職場復帰が可能になる。[33] こうした女性が労働市場に参入するようになれば、ベビーシッター、ケータリング、掃除など未熟練労働者の需要が、家庭でも、彼女たちを雇う企業でも増えると考えられる。

移民の影響は、どんな人が移民としてやってくるのかに大きく左右されることを忘れてはならない。起業家精神旺盛な移民であれば、何かビジネスを始め、受入国で雇用機会を創出するだろう。これに対して技能を持たない移民であれば、未熟練労働者の大集団に加わり、受入国の未熟練労働者と競合する可能性がある。

そしてどんな移民がやってくるかは、彼らが乗り越えなければならない障壁に左右される。トランプ大統領は「便所のような国から来た移民」とノルウェーから来た「よい移民」を対比させて物議をかもしたことがあるが、彼はおそらく、昔のノルウェー移民が技能を持たない大集団だったことを知らないのだろう。[34] 一九世紀後半〜二〇世紀前半の大移住期にアメリカにやってきたノルウェー移民を調べた研究が実際に存在する。[35] 当時は、渡航費用以外に移住を阻む要因は何もなかったことに注意されたい。移民の家族と、移民が一人も含まれない家族を比較した研究では、移民が最貧層に属す家庭から来ているケースが多いこと、つまり彼らの父親が最貧層だというケースが極端に多いことがわかった。するとここに、歴史家が（経済学者も）大好きな皮肉が誕生する。ノルウェー移民は、まさにトランプ大統領が追い払いたい類いの人たちだった、ということだ。当時の彼らは「便所のような国から来た移民」に見えたにちがいない。

対照的に、今日貧しい国から来る人々は、立ちはだかる厳格な入国管理制度を乗り越えるために、まず渡航費用と頑健な体（または高度な資格）を持ち合わせていなければならない。このため移民の多くは、技能なり、野心なり、忍耐力なり、体力なり、何かしら並外れた能力を備えている。移民あるいは移民の子供世代が起業家を多く輩出するのはこのためだろう。全米起業家センターの二〇一七年の発表によると、フォーチュン五〇〇社の四三％は、設立者または共同設立者が移民または移民の子供だという。さらに、最上位二五社の五二％、上位三五社の五七％、最も価値のあるブランド上位一三のうち九ブランドは移民が設立したこともわかった。[36]現にヘンリー・フォードはアイルランド移民の息子である。スティーブ・ジョブズの生物学上の父親はシリア移民、セルゲイ・ブリンはロシア出身だ。ジェフ・ベゾスは、キューバ移民だった義父マイク・ベゾスの名を受け継いでいる。

とくに華々しいスタートを切らなかった場合でも、移民として外国に来ているという事実、人生で有利になるような人脈や後ろ盾は何もなく、そのうえいろいろな制約があって無限の選択肢の中から自分のやりたい職業に就くことはできないという状況は、その人に何でも新しいこと、これまでやろうと思わなかったことをやってみようという気にさせるものだ。アビジットはアメリカで暮らす中流階級のベンガル人をたくさん知っているが、彼らの大半はインドを離れるまで皿洗いなどしたこともなかった。だがイギリスやアメリカに来て、時間はあるがお金はないという状況に追いつめられると、やむなく地元のレストランで働くようになる。そして、意外にも自分はこういう仕事が好きだと気づき、がんばって働いてレストラン経営で成功する人が少なくない。アイスランドで漁師になっていたはずの若者には、これと逆のことが起きたのだと考えられる。火山の噴火のせいで慣れない都会に放り込まれ、大方の若者があたりまえのように大学へ行くのを目の当たりにして、それなら自分も行って勉強してみようかと考えたわけだ。[37]

以上のように、需要と供給の法則を移民に当てはめる際に気をつけなければならないのは、移民の流入は労働者の供給を増やすと同時に、労働需要も増やすということである。移民が増えても賃金水準が下がらない理由の一つは、ここにある。労働市場というものの性質を深く掘り下げて考えてみれば、需要と供給の法則だけではこの市場のしくみをうまく説明できないことがわかるはずだ。

労働者とスイカ

早朝にインドのダッカやデリー、あるいはセネガルの首都ダカールを歩いていると、ときに大きな交差点近くの歩道にしゃがんでいる一群の男たちを見かけることがあるだろう。その多くは、建設現場の日雇い仕事を探している連中だ。

社会科学者の目から見ると、驚くのはこうした肉体労働者の市場がひどく小さいことである。デリー周辺には二〇〇〇万人近くが住んでいるのだから、どの交差点にも職を求める男たちがたむろしていておかしくない。だが実際には、注意深くあたりを見回さないとそういう集団は見つからない。求人広告の類いは、デリーでもダカールでも意外に少ないのである。ウェブ上の求人サイトにはたくさんの募集広告が並ぶが、その仕事の大半は農村部の平均的な求職者には手が届かない。一方、ボストンの地下鉄には求人広告があふれている。だがその多くには誰にもクリアできないような厳しい条件や資格が盛り込まれていて、並の応募者では到底突破できない。つまり、企業としては人材は欲しいが、誰でもいいわけではないということだ。このことは、労働市場に特有の重要な本質を示している。

人を雇うということは、たとえば卸売市場でスイカを仕入れるのとは、すくなくとも二つの点で全然ちがう。第一は、労働者との雇用関係はスイカの仕入れよりずっと長続きすることだ。仕入れたスイカが気に入らなかったら、翌週は別の生産者から仕入れればいい。だが、たとえ労働者の解雇に関する法規制がゆるやかな国の場合でも、誰かをクビにするのはそう簡単ではない。まず、どう控えめに言っても気が重い。相手が怒り出す危険性もある。だから企業は、求人に応募してきた人を誰でも雇うようなことはしない。企業からすれば、心配なことが多々あるからだ。誰かを新しく雇うとして、そいつはちゃんと時間通り出社するのか。ちゃんと仕事をこなせるのか。同僚とうまくやっていけるのか。大切なお得意さんを怒らせたりしないか。高価なマシンを壊してしまうのではないか……等々。第二に、労働者の質を見きわめるのは、スイカを見きわめるのよりはるかにむずかしい（熟練した八百屋はスイカの良し悪しを巧みに見分ける）[38]。カール・マルクスがどう言おうと、労働者は小麦や鉄鉱石のような商品とはちがうのである。[39]

こうしたわけだから、企業はこれから雇う人間をよく知るために相応の努力をする。高報酬のポストであれば、時間とお金をかけて面接や試験をし、身元照会をする。企業側と求職者側の双方にとってコストがかかるが、これは世界共通の慣行だ。エチオピアでは、ごく一般的な事務職でも数日がかりで面接が行われ、応募者はそのたびに出向かなければならず、予想される月給の一〇分の一近い費用負担を強いられるという。しかも、採用される可能性はきわめて低い。このため求人があっても応募する人はごく少ない。[40] こうした事情もあって、低賃金の職種の場合、企業は面接などの手続きを省き、信頼できる人物からの推薦に頼る。飛び込みでやって来て働きたいという人間を雇う企業はめったにない。「賃金が安くてもかまいません」と言って**も**、である。これは言うまでもなく、標準的な需要と供給の法則に反する。だが、すぐにクビにしたくなるような人間を雇ってしまうコストは、あまりに大きいのである。ある衝撃的な例を挙げよう。研究者が、応募者を無作為に雇う実験に参加してくれる企業をエチオピアで探したところ、協力してくれる企業を五社見つけるまでに三〇〇社以上に当たらなければならなかった。[41] この実験で雇用するのは、とくに技能を必要としない職種である。それでも企業は、何らかの試験や面接を実施したがった。エチオピアで実施された他の調査では、企業の五六％がブルーカラーの仕事でも経験者を求めること、[42] またもとの雇用主からの推薦状を要求することがわかった。[43]

この例は、いくつか重要なことを示唆している。第一に、すでに一定期間以上働いている労働者は、新参者との競争において、需要と供給モデルが示すよりはるかに有利である。雇用主はいま手元にいる労働者をよく知っており、信用もしている。現職だということは、非常に大きな強みなのである。

これだけでも移民にとっては悲観的な材料だが、さらに第二に、企業は供給が潤沢だからと言ってむやみに賃金を下げるわけではないことが上記の例から示唆される。雇用主が出来の悪い労働者に対して与える最大の罰は解雇だが、労働者の側が何としてもクビになりたくないと思うような賃金水準でないと、解雇にさして効き目はない。かつてジョセフ・スティグリッツは、企業は労働者が容認する最低限の賃金を払いたいわけではない、と鋭い指摘をした。なぜか。古いソ連のジョークで揶揄されたような事態になるのを避けるためだ。「あいつらは払うふりをしているが、俺たちは働くふりをしている」。つまり企業は、労働者にしかるべく働いてもらうために相応の賃金を払うということだ。それは、クビになりたくない、なったら困る、と思わせる程度に高い水準である。このような賃金を、経済学者は効率賃金［efficiency wage］と呼ぶ。その結果、既存労働者に払う賃金と、新参者に払う賃金の間には世間で言われるほど大きな差がないことになる。企業としては、新参者に払う賃金をあまりに低くした結果、「働くふり」をされても困るからだ[44]。

となると、移民の求職者を雇うインセンティブはますます乏しくなる。それに、そもそも雇用主は企業内の賃金格差があまりに大きくなることには否定的だ。調査でも、労働者が企業内格差を嫌うことがあきらかになっている。たとえ生産性を理由とする格差であっても、それがあきらかに数字などで実証されない限り、いやがられる[45]。そして労働者が不満であれば、職場の生産性は上がらない。以上の理由により、既存労働者は低賃金の移民に即座に取って代わられるわけではない。

このことは、先ほど取り上げたチェコの出稼ぎ労働者の事例にうまく当てはまる。この事例では、国境近くのドイツの町でドイツ人の雇用が減ったと書いたが、正確には雇用を失ったわけではない。新たな雇用が減っただけである（チェコの出稼ぎ労働者が行かなかったドイツの他地域と比べて）[46]。ドイツの雇用主は、自分たちのよく知っている既存労働者をチェコの出稼ぎ労働者で置き換えたりはしなかった。ただし、どのみち自分たちの知らない人間を雇う場合には、未知のドイツ人求職者を雇う代わりに未知のチェコ人求職者を雇う、というケースはあった。

こうしたわけだから、すでに受入国の労働者が就いている仕事を移民が横取りする余地はあまりない。その仕事をもっと安い賃金でやりますと言っても、である。受入国の労働者がやりたがらない仕事、行きたがらない場所での仕事を移民がやるようになるのは、このためだ。この場合、移民は誰の仕事も奪うわけではない。そうした仕事は、引き受ける移民がいなければ、誰もやらないままになっているだろう。

高技能移民の場合

これまでのところは、高技能を持たない移民が受入国の未熟練労働者に与える影響を論じてきた。だが低技能移民の受け入れには頑固に反対する人も、高技能移民は歓迎だというケースが多い。だが、ここまでに紹介した低技能移民が受入国の未熟練労働者と必ずしも競合しないことを示す多くの根拠は、じつは高技能移民には当てはまらないのである。第一に、高技能移民は最低賃金を大きく上回る報酬をもらうので、企業側は効率賃金を払う必要はない。彼らにとって就く仕事自体がおもしろく、やり甲斐があり、仕事上の成功自体が大きな励みになる。したがって逆説的なことだが、高技能移民は、受入国労働者の賃金水準を押し下げる可能性が高い。

第二に、高技能労働者の場合、雇用主は求職者がたしかな技能を身につけているか、必要な資格を取得しているか、注意深く調べる。前からよく知っているとか、知人の紹介があるといったことより、まずそちらを問題にするわけだ。たとえば多くの病院は看護師を雇う場合、国家試験に合格しているか、経験を積んでいるか、といったことを最初に確認する。外国出身の有資格者を相場より安い賃金で雇えるとなれば、これを逃す手はない。それにいずれにせよ、採用に当たっては面接や試験も行うので、雇用主がよく知らない求職者も、既存のよく知っている労働者と対等の立場に立つことになる。アメリカのある調査では、高度な技能と資格を持つ外国人看護師が一人雇用されると、受入国出身の看護師の数が一〜二人減ることがわかったが、これは当然の結果と言えるだろう。[47] こうしたことが起きる原因の一つは、受入国の学生は外国人看護師との競争にさらされる一方で、外国で看護師資格をとる気はないことにある。

以上のように、多くの人が（トランプ大統領も含む）支持する高技能移民の受け入れは、じつは受入国にとってはプラス、マイナス両方の影響がある。高技能移民のおかげで受入国の貧しい人々が恩恵を受ける例は少なくない。たとえば、アメリカでは貧困層の住む町で開業する医師の多くが発展途上国出身である。その一方で、技能や資格の面で同等の受入国労働者、たとえば看護師、医師、エンジニア、大学教員などにとっては、雇用の見通しが悪化するという面がある。

移民の大群？

移民が大挙して押し寄せるという幻想を多くの先進国が抱いているようだ。繰り返しになるが、富裕国に流入した低技能移民が受入国労働者の賃金水準を押し下げるという証拠(エビデンス)はない。また、労働市場には需要と供給の法則は単純には当てはまらない。にもかかわらず移民がこれほど政治的に問題となるのは、潜在的移民の数が膨大であって、彼らがどっとなだれ込んできて自国の文化を破壊すると人々が考えるからだ。耳障りな言葉を話し奇妙な習慣を断固として捨てない外国人の大群が国境の外で機をうかがっている、と。

だが、移民予備軍がアメリカの（あるいはイギリス、あるいはフランスの）国境の外で隙あらば入国しようとチャンスをうかがっているという証拠は何もないし、したがって軍隊が出動して排除するとか頑丈な壁を建設するといった必要はまるでない。すでに述べたように、何か悲惨なことが起きてやむなく故郷を捨てる必要に迫られない限り、貧しい人々の大半は故郷にとどまることを選ぶ。彼らがいきなり他国の扉を叩くということはまずない。大方の人は生まれ故郷を好むものだし、同じ国の中で農村部の人々が自国の大都会へ移ることとすらめったに起きない。富裕国の人々はこれを直観に反すると感じるようだが、事実は事実だ。ではいったいなぜ、貧しい国の人々は移民になる道を選ばないのだろうか。

コネクション

人々が移住を選ばない理由はたくさんあるが、職探しに関して、新しくやって来た移民がすでに長いこと働いている受入国の労働者と競争しなければならないことは、やはり重大な要因の一つである。すでに見て来たように、移民がまともな仕事に就くのはまずもってむずかしい。例外の一つは、雇用主が親戚か友達だったり、または友達の友達だったり、あるいはすくなくとも同国人だったりするケースだ。このため移民は、すでに定住した親戚知人や同国人のいる場所をめざすことが多い。そうした土地なら仕事も見つけやすいし、落ち着くまでに何かと手助けもしてもらえる。そして同じ村から来た移民の就く職業は、時間の経過とともに似通ってくる。たとえばある村から来た移民が腕利きの大工になると、次の世代の移民はこの大工の世話になるので、やはり大工になるケースが多い。同郷のよしみというものは強力なのである。

メキシコ移民の調査を行ったケンブリッジ大学教授のケイヴァン・ムンシによると、移民は受入国に着くと、まずは自分たちが知っている人を探すという。[48] メキシコの人々は、洪水や氾濫が起きると、アメリカの景気や雇用機会とは無関係にアメリカへ向かう。ひどい被害を受けた村では住民が集団でアメリカをめざすこともある。うまく仕事が見つかり定住すれば、その後は同じ村からの移民は、おなじみさんが住んでいるところに来るようになる。ケイヴァンは、ある年に同じような洪水の被害を受けたメキシコの二つの村を比較した場合、数年前にも洪水があった村の住民のほうが過去には洪水のなかった村の住民より、アメリカで就労できる可能性が高い、それもまともな仕事、報酬のいい仕事に就ける可能性が高い、と予想した。前者の場合、すでに数年前にアメリカに移住した「先輩」がいるからである。調査結果は、この予想が正しいことを実証した。このように人脈、ネットワーク、コネクション等々、人的なつながりはとりわけ移民にとって重要な意味を持つ。

このことは、難民の定住にも当てはまる。就労できる可能性が高いのは、同じ国出身の難民がすでに定着している土地に送られた難民だ。[49] 昔から定住している難民は、新しく来た難民の知り合いというわけではないが、やはり助けてやらなければという気持ちに駆られ、何かと便宜を図ってくれる。

では、受入国に何のコネクションも持たない移民はどうなるのか。この場合、非常に不利になることははっきりしている。このとき、推薦状を携えている人が俄然（がぜん）有利になり、それ以外の人のチャンスを奪うということが起こりうる。雇用主は推薦状を持っている人を優先的に雇い、持っていない人に門前払いを喰わす。そのことをよく知っている人たちは、何とかして推薦状をもらおうとする（親戚の会社で働く、など）。出たとこ勝負で職探しをするのは、誰からも推薦してもらえないとわかっている人（不始末から解雇された人など）だけだ。

こうした状況に陥った市場のことを崩壊した市場あるいはレモン市場と呼ぶ。レモンとは、腐っていても外からはわからない粗悪な財のことである。とくに外見からは判断できない粗悪な中古車をレモンと呼ぶ。一九七〇年にまだ博士号をとったばかりだったジョージ・アカロフは「レモン市場」と題する論文を発表し、中古車市場はいずれ成立しなくなると指摘した。中古車の買い手は、実際に購入して乗ってみるまで粗悪かどうかがわからない。そこにつけ込んで粗悪品が出回る危険性が高い。それを知っている買い手は、できるだけ安く買おうとする。すると、中古車の価格水準が全体的に下がるため、良質な中古車の売り手は市場に出さなくなる（友人などに売る）。その結果、中古車市場に売りに出されるのは、売り手が粗悪だとわかっている車ばかりになるわけだ。[50] 同じことが、労働市場でも起きる。質の悪い労働者をつかまされることを恐れる雇用主は、賃金をできるだけ安くしようとする。すると推薦状を持っている人はこれを嫌って応募しないので、市場にいるのは推薦状を持たない求職者ばかりになる。こうして最も粗悪なものしか市場に出回らない状況になるプロセスを逆選択［adverse selection］と言う。[51]

コネクションやネットワークは人々を支える大切なものだが、一部の人はそれにアクセスでき、一部の人はできないという状況は、市場を崩壊させることになりかねない。市場は、誰もコネクションを持たない状況では非常にうまく機能したはずである。つまり、競争条件が平等であれば市場は機能する。だが一部の人のみがコネクションを持つ状況では、競争条件は不平等になる。その結果、ほとんどの人が職にありつけないという結果を招くことになる。

故郷

アビジットはデリーのスラム街の住人に質問調査をしたことがある。[52] 都会に住むメリットは何か、とまず質問した。子供によい教育を受けさせる機会が多い、医療が充実している、仕事が見つかりやすい、など多くの点が挙がった。反対に悪い点は、環境だという。これは驚くには当たらない。デリーの大気汚染は世界でも最悪と言っていいほどだ。[53] 住居環境に関して最優先で改善してほしいことは何かという質問に対しては、六九％が下水道の整備を、五四％がゴミの収集を挙げた。下水の不備と放置されたゴミは、インドでもどこでもスラム街の悪臭の元凶になっている。ものが腐ったとき特有のつんと鼻を突く臭いだ。

当然のことながら、スラムに住む人たちは家族を連れてくるのをためらう。むしろ、スラムが耐えられなくなると、彼らは故郷に帰る。ラジャスタン州の農村部では、村人の多くがデリーに出稼ぎに行くが、月に一度は村へ戻ってくる。[54] デリーに移住して三カ月以上住み続ける村人は一〇人に一人ほどだ。こうしたわけだから、出稼ぎ者の多くが村からそう離れていない都会を選ぶことになるし、選ぶ仕事も限られ、身につく技能も限られることになる。

だが、なぜこの人たちはスラムに、あるいはもっとひどいところに住まなければならないのか。もうすこしましなところはないのか。ないのである。たとえもうすこし高い家賃を払える場合でも、多くの発展途上国では住居のグレードが極端に悪いか極端によいか、どちらかしかない。スラムの上のランクとなると、もう高級すぎて手が届かない。

こうなったのには、理由がある。発展途上国の都市の多くはインフラが未整備で、全住民には行き渡っていない。最近発表されたある報告によると、インドだけで二〇一六〜四〇年に四・五兆ドルのインフラ投資が必要だという。ケニアは二二三〇億ドル、メキシコは一・一兆ドルだ。[55] このためほとんどの都市ではごく一部だけのインフラが整備され、そこでは土地に天文学的な値段がついている。実際、世界で最も高い不動産の一部はインドにある。投資が絶対的に不足しているため、残りの区域の開発は行き当たりばったりに行われ、貧しい人々はたまたま空いている土地に住み着く。いつ強制退去させられるかわからないので、雨風だけはなんとか凌げる程度の間に合わせの掘建て小屋を建てる。その集合体は、まるで都会の顔に張り付いた傷跡のようだ。これが、第三世界のスラムである。

事態を一段と悪化させるのが、都市計画当局である。経済学者のエドワード・グレイザーがすぐれた著書『都市は人類最高の発明である』〔邦訳：NTT出版〕の中で指摘するように、都市計画当局は中流層向けの高層アパートを都市部に高密度で建設することをいやがり、「田園都市」をめざそうとする。[56] たとえばインドでは、高層ビルの建築制限が異常に厳しく、パリ、ニューヨーク、シンガポールより厳格だ。その結果、インドのほとんどの都市で郊外が無秩序に拡がり、通勤時間が長くなるという弊害が出ている。インドほどではないが、同じ問題が中国などでも見られる。[57]

低所得しか望めない移民にとって、こうした悪しき政策の組み合わせはまったく好ましくない二者択一を出現させる。うまいことスラムに潜り込むか、郊外に住処を見つけて長時間かけて通勤するか。どちらもできなかったら、橋の下で寝るしかない。橋の下とまではいかなくとも、職場の床で寝たり、人力車やトラックの下で寝たり、店の庇のある歩道で寝たりする。これだけでも気が滅入るが、さらにすでに述べた理由から、低い技能しか持ち合わせていない移民はすくなくとも最初は、誰もやりたがらない仕事にしかありつけない。もし読者がどこか見知らぬ土地に放り出され、ほかに選択肢がないとなったら、そういう仕事もするだろう。だが自ら家族や友人を捨てて世界の果てへ行き、床掃除や皿洗いをして食いつなぎ、橋の下で寝るという選択をするのは、どうみても元気が出ない。そういうことを敢えてできるのは、目先の苦痛と困難に目をつぶり、皿洗いからレストラン・チェーン経営者になる夢を見られる移民だけである。

生まれ故郷の魅力は、心地よく暮らせるというだけではない。貧しい人々の生活は、多くの場合きわめて脆い。所得は不安定だし、いつ病気になるかわからない。だから、いざというときに助けてくれる人が近くにいることが大切になる。人との結びつきが強いほど、悪いことが起きたときに助かる可能性が高くなる。もちろん移住先でも人脈はできるだろうけれども、生まれ育った場所のネットワークのほうが強力だ。もしあなたが故郷を出たら、ネットワークへのアクセスは切れてしまう。このため、最も絶望的な状況に置かれた人々か、そうしたリスクを冒せるほどゆとりのある人だけが、敢えて故郷を離れる決断を下すことになる。

故郷の魅力と人的ネットワークは、国境を越える移民の場合にも移住を思いとどまらせる要因になる。いやむしろ、国内の場合より強力な要因になる。国を出るとき、その多くは家族や愛するものや慣れ親しんだすべてのものを捨てなければならない。そしてたいていは、長いこともう会えなくなる。[58]

家族の絆

伝統的な共同体の生活の形態も、移住を思いとどまらせる重要な要因になる。カリブ出身のアーサー・ルイスは一九五四年に発表した著名な論文の中で、次のような明快な説明をしている。[59]ルイスは開発経済学のパイオニアの一人で、一九七九年にノーベル経済学賞を受賞した。あなたが都会へ行けば週一〇〇ドルの仕事に就けるとしよう。村には仕事はないが、家族でやっている農園で働けば、農園の収入の分け前をもらうことができる。農園の収入は週五〇〇ドルだから、四人兄弟で分ければ週一二五ドルになる。この場合、都会へ行く必要がどこにあるだろうか。とくに、労働時間が同程度で、どちらの仕事も同程度にきついとすれば。ここでルイスが鋭い洞察を示す。都会へ行くか行かないかは、農園でどの程度必要とされるかに拠るというのだ。あなたがいてもいなくても農園の収入が週五〇〇ドルであれば、あなたが都会で働くことによって、家族の収入は一〇〇ドル増えるはずである。だがこの場合、あなたは都会へ行かないだろう。なぜなら、あなたは結局その一〇〇ドルしか得られず、三人の兄が五〇〇ドルを山分けすることになると考えられるからだ。現代では農園ではなく家族経営のタクシー事業かもしれないが、同じことである。

ルイスが言いたいのは、こうだ。家族の暮らしを楽にするためにあなたが都会で一〇〇ドル稼ぐことにすると、家族の収入が六〇〇ドルになるから一人一五〇ドルずつもらうことにしよう、と取り決めることは可能である。だがそうはうまくいくまい。去る者は日々に疎し。いない人との約束は簡単に忘れられてしまう。だから結局あなたは村に残る。こうした事情から、農村部の労働人口が国内外を問わず都市部の労働人口に合流するスピードはきわめて遅い、とルイスは考える。つまりルイスのシナリオでは、移住はなかなか起きない。

ここでもう一つ、一般的な問題として注目したいのは、家族というネットワークの特殊性である。家族のネットワークは家族固有の問題を解決するには役立つが、社会にとって好ましいことを推進するとは限らない。たとえば、高齢になって見捨てられることを恐れる両親が、意図的に子供たちに教育機会を与えないということが起こりうる。教育を受けていなければ都会で働く選択肢は失われるからだ。デリーからさほど遠くないハリヤナ州で、研究者が地元企業の協力を得て、バックオフィス業務の求人を目的とする調査を行ったことがある。研究者と企業のチームは同州の村を訪れ、求人情報を提供した。[60] この求人に応募するためには二つの条件がある。都会へ移住し、高校教育を受けることだ。女の子に関する限り、親の反応はきわめて好意的だった。村に残る女の子に比べ、よい教育を受け、よい相手と結婚し、よい暮らしを送れるだろうと歓迎した。[61] だが男の子の場合には、ちがった。男の子だって都会へ行けば、女の子と同じくよい教育を受け、報酬のよい仕事に就くチャンスが増えるはずだ。だが男の子の親は、息子には家にとどまって自分たちの老後の面倒をみてほしいと願う。そのため、高い教育を受けさせたがらない。息子を手元に置いておくために、息子の条件を敢えて不利にすることを選ぶ。

ネパール人の選択

先ほど、バングラデシュの村で一一・五〇ドルの現金（交通費と当座の食費）を提供されて都会に出稼ぎに行った人々の多くは、仕事を見つけて暮らし向きがよくなったことを紹介した。となれば、村の人たちはよろこんで一一・五〇ドルを自腹で払ってチャンスをつかみに行くはずである。[62] だが実際には、そう簡単な話ではない。万一都会で仕事を見つけられず、無一文で村へ戻ることになったら、自己負担した交通費や食費は丸損になってしまう。大方の人はリスクを嫌うが、ぎりぎりの生活をしている人はなおのことである。何かあればほんとうに餓死しかねないからだ。多くの人が村を離れようとしないのは、そのためかもしれない。

だが都会へ行くために節約して一一・五〇ドルを積み立てておき、それから行くのであれば、仮に仕事が見つからずに村へ帰ることになっても、貯金せず都会に行かなかった場合と比べ、事態はとくに悪くはならない。しかも村の人々はほかの目的で現に貯金をしており、一一・五〇ドルはけっして手の届かない金額ではないのである。ではなぜ出稼ぎをしようとしないのか。一つ考えられる理由は、リスクを過大評価していることである。ネパール人を対象に行われたある調査は、そのことを裏付けている。

今日では、ネパール人男性で生産年齢に達している人の五分の一以上が外国へ一度以上行ったことがある。その多くが出稼ぎだ。マレーシア、カタール、サウジアラビア、アラブ首長国連邦（UAE）などで、多くの場合数年にわたって働く。職を転々とするのではなく、一社と雇用契約を結んで働く例が多い。

この状況では、ネパール人男性は移民として働くコストとメリットや雇用の見通しについて、多くの情報を得られると考えてよいだろう。就労ビザをとるための必要書類を整えるうえでも、この点は重要である。ところがネパール政府の当局者によると、移民として出稼ぎにいく人の多くが受入国の事情をよくわかっていないという。とくに、収入に過大な期待を抱きがちだし、住居環境の悲惨さも理解していないという。ほんとうにそうなのか。もしそうだとして、それはなぜなのか。私たちの研究室にいる大学院生のマヘショア・シュレスタは、実態を調査することにした。[63]彼は少人数のチームを編成してカトマンズの旅券事務所に陣取り、旅券の申請に来た移民希望者三〇〇〇人以上に詳細な質問調査を行ったのである。どこへ移住するつもりか、移住先でどの程度の収入を期待しているか、そこでの生活条件をどう予想しているか、等々。

調査の結果、移民希望者はたしかに予想収入をかなり楽観的に見積もっていることがわかった。具体的には、おおむね二五％も過大評価していたのである。理由はいくつもあるが、斡旋業者が嘘をついている可能性がかなり高い。しかしそれよりも重要なのは、彼らの多くが外国で死ぬ可能性を大幅に悲観的に見込んでいたことである。平均的な移民希望者は、移民一〇〇〇人に対して二年間で一〇人が異国で死ぬと予想していた。しかし実際には、一・三人である。

そこでマヘショアは、移民希望者の中から無作為に抽出して、第一のグループには実際の賃金水準を、第二のグループには実際の死亡数を、第三のグループには両方の情報を提供した。すると、どのグループでも情報提供の効果がきわめて大きいことが確かめられた。彼らは自分たちの見通しを修正し、しかもそれに基づいて行動したのである。数週間後に確認したところ、第一のグループは情報提供のなかったグループに比べて国内にとどまる率が高まり、第二のグループは国を出る率が高まった。さらに、当初の見積もりの誤差は死亡数のほうが大きかったため、第三のグループでも国を出る率が高まった。このように、ネパール政府当局者の懸念は一部は当たっていたものの、実際には情報に無知だったせいで移住を断念していた人のほうが多かったのである。

ではなぜ人々は死亡リスクを過大評価したのだろうか。マヘショアの示した答は、こうだ。ある村の出身者がたまたま外国で死んだとしよう。すると、その村からその国への移民は激減する傾向がある。[64]外国への移民を考える人たちが、これから行く国の事情に敏感になるのは当然のことだ。問題は、メディアが報道をする際に、ネパールからの移民がどこそこで死んだと報じるだけで、その国に移民が何人いるのか、百人なのか千人なのかは報じないことである。すると、この記事を読んだ人は、一人の死に対して過剰反応をすることになりやすい。

ネパールでは外国への移民に関する情報が入手しやすいし、まともな斡旋業者も多数おり、実際に移民に行く人や戻ってくる人もたくさんいる。それに政府は国外へ出稼ぎに行く人の生活条件に注意を払っている。それでもこのような誤った思い込みが生じるのだから、信頼性の高い情報が入手できない多くの発展途上国ではどういうことになるのか、憂慮される。あまりに悲観的な情報が出回れば、暮らし向きが楽になる可能性を多くの人が捨て去ることになる。しかしあまりに楽観的な情報が出回れば、大勢が無謀に移民に駆り立てられることになるだろう。このようなバイアスが生じるのはなぜだろうか。

リスクvs不確実性

おそらく先ほどの調査でネパールの人々が死亡数を実際以上に深刻に感じたのは、いわゆる不吉な予言を信じることと似ているだろう。移民とは結局のところ、慣れ親しんだ環境に背を向けて未知の世界へ行くことである。そして未知の世界というものは、Aの起きる確率はm%、Bの起きる確率はn%といった、経済学者お得意の記述では到底説明しきれない。もっとも経済学にはリスクと不確実性を区別する長い伝統があり、この伝統はフランク・ナイトに遡る。ナイトは、定量化できるリスク（これは五〇%の確率で起きる、あれは四〇%の確率で起きる）とそれ以外のものを峻別した。後者は、国防長官を務めたドナルド・ラムズフェルドが「未知の未知」[unknown unknowns]と呼んだものに該当する。[65] たとえば巨大地震は、起こりうることは認識されているがどの程度の地震がいつ起きるかは予想できないので、「既知の未知」[known unknowns]である。これに対して9・11テロ攻撃のような出来事は、起こりうることさえ認識されていないので、「未知の未知」に該当する。この「未知の未知」のことを、ナイト派の経済学者は不確実性[uncertainty]と呼ぶ。[66]

フランク・ナイトは、リスクと不確実性に対する人間の反応は大きく異なると考えた。多くの人は、不確実性に立ち向かうことに尻込みする。そして状況がまったく把握できないようなケースでは決断を先送りしがちだ。

移民予備軍、たとえばバングラデシュの農村部の人々にとって、都会は不確実性の塊である。農業しかやったことのない自分がいくら賃金をもらえるのかわからないうえに、そもそも仕事が見つかるのか、コネがないと不利ではないか、雇用主に搾取されるのではないか、仕事が見つかるまで食いつなげるのか、住む場所はあるのか、など未知の要素は尽きない。参考にできる過去の経験はほとんど（あるいは全然）ないのである。このような場合には、悪いことが起きる確率をどうしても高めに見積もることになる。外国への出稼ぎを躊躇する人が多いのは無理もない。

リスク回避

ふつうであれば大方の人が未知を避けようとする。たとえ未知の世界で被る金銭的損失をカバーできるだけの余裕があっても、だ。だが移民になるとは、未知の中に飛び込むことにほかならない。これはリスクを伴う行動と言うよりは、不確実性がつきまとう行動である。加えて人間は、自発的に選択した行動が、何もしなかった場合より悪い結果に終わることをひどく嫌う。予測不能な災厄に見舞われたら、誰しも不運だと感じるだろう。だがそれよりも、自分が積極的に決めたことが、何もしなかったときより結果的に悪い事態を招いたら、もっと落胆するにちがいない。現状維持、すなわち結果を成り行きに任せることは、自然なベンチマークとなる。このベンチマークを上回る損失は、とりわけ苦痛に感じるものだ。こうした傾向を、心理学者のダニエル・カーネマンとエイモス・トベルスキーはリスク回避［risk aversion］と呼ぶ。彼らの研究はその後の経済学にきわめて大きな影響を与え続けている。カーネマンは二〇〇二年にノーベル経済学賞を受賞したが、存命であればトベルスキーも一緒に受賞したはずだ。

二人の研究以降、多くの研究でリスク回避傾向の存在が確認され、それまで奇妙とされてきた多くの行動が説明できるようになった。たとえば多くの人が火災保険にかなりの金額の保険料を支払う。[67] 火事が起きて家が燃えてしまったときに、自分のポケットから大金を払わざるを得ないという苦痛な瞬間を避けるためだ。いまお金を払って保険に入ることは、苦痛を伴わない。保険に入ってしまえば、無保険で火事に遭ったときの苦痛を知ることは永遠になくなる。だまされやすい買い手がとんでもなく高額な「延長保証」に加入するのも、同じ理屈からだ。要するに、リスクを何としてでも回避しようとする心理が、起きる確率の低いリスクに対しても人々を非常に慎重にさせるのである。とりわけ自ら冒そうとするリスクに対してそう言える。リスクが大きいほどこの傾向が強まることは言うまでもない。多くの人が新しい試みに慎重なのはこのためである。

移民に話を戻せば、移民になるリスクはあくまで個人的なものである。彼らは多くのサクセスストーリーを聞かされ、失敗したらすべてが自分に降り掛かってくるのだということを往々にして忘れて冒険に乗り出す。エステルの祖父アルベール・グランジョンがそうだった。彼はフランスで獣医をしていたが、一九五二年に家族とともにアルゼンチンへの移住を決意する。突然、冒険がしてみたくなったらしい。アルベールには、現地で誰かと共同経営で家畜を育てるという漠然とした計画があった。ところがこの計画は一年足らずで頓挫する。農場の状況が想像していたより悪く、しかも共同経営者からは資金が足りないと文句をつけられた。小さな子供を連れた若い家族は、知り合いが誰もいない未知の国で路頭に迷うことになる。この時点でフランスに戻るという選択肢はあったし、容易でもあった。当時のフランスは戦後景気に沸いていたから、職を見つけるのは簡単だっただろう。それに堅実に暮らしている兄たちもいたから、帰りの旅費を送ってくれたはずだ。だがアルベールは頑としてこの選択肢を退ける。妻のエヴリーヌ（エステルの祖母）は後年になってから、無一文で帰国して兄たちのお情けにすがるなどということは夫には耐えがたかった、と回想している。だから一家は極貧の中で二年以上がんばることになる。彼らが現地の人に対して根拠のない優越感を抱いていたことも、事態を一段と悪化させた。子供たちは家でスペイン語を話すことを禁じられ、ヴィオレーヌ（エステルの母）は現地の学校には通わずフランスの通信教育を受けた。空いた時間は家事をしたり繕い物をしたりしたという。ようやくアルベールがフランスの製薬会社の実験農場を運営する仕事を見つけ、一家の家計は好転する。彼らは一〇年以上アルゼンチンで暮らし、その後ペルー、コロンビア、セネガルに移り、アルベールが健康を害したこともあってとうとうフランスに帰国する。その頃には彼の冒険はサクセスストーリーとして語ってもおかしくないほどになっていた。が、代償は大きかった。アルベールは帰国後ほどなく、若くして亡くなっている。

このように命まで懸かっているとなれば、失敗を恐れる気持ちが冒険の足かせとなることは想像に難くない。多くの人が、やる前に断念する。誰しも、自分は賢くて勤勉で倫理的な人間だと思っていたい。そう思うことは気分がいいし、いざというときに困難に立ち向かう勇気と自信を与えてくれる。失敗の可能性が少なからずあることにわざわざ挑戦して、自分がじつは頭の悪い怠け者で倫理観のかけらもないなどと判明するのは願い下げだ。

この立派なセルフイメージを維持するためには、日頃からこのイメージに磨きをかける必要がある。その一つの方法は、自分の能力や倫理観に疑いを抱かせるような情報を遮断することだ。もう一つの方法は、自分の自己評価を下げかねない機会を事前に排除することである。たとえば歩道の先に物乞いが見えたら、手前で反対側に渡ってしまう。こうすれば、物乞いの前を素通りして自分がけちで冷酷な人間だと思わずに済む。頭のいい生徒が試験前にわざと遊びほうけるのも、同じ理由からだ。今回成績が悪かったのは勉強しなかったからなんだ、と前もって言い逃れをつくっておくわけである。こうすれば、自分はほんとうは頭がいいというセルフイメージは壊れない。国を出ることを尻込みする人たちも、思い切って行きさえすれば自分は成功したはずだ、という幻想を抱き続ける。[68]

夢を見ることができる人やかなりの自信過剰の人だけが、リスク回避や現状維持の傾向を乗り越えられるのだろう。アルベールにしても、現状から逃れるためではなく、冒険をするために海を渡ったことを思い出してほしい。これが、移民（すくなくとも絶望的な状況から逃れるために国を出ざるを得なかったケースに該当しない移民）が何か特別な大志を抱く人間になる理由だと考えられる。だからこそ、彼らの中から多くの成功する起業家が生まれるのだろう。

トクヴィル以後

アメリカ人はリスク回避傾向が少ないと思われている。アメリカ人というものは果敢にリスクをとり、チャンスがあれば飛びつくタイプだ——すくなくとも、そういう神話がまかり通っている。一九世紀フランスの貴族だったアレクシス・ド・トクヴィルは、アメリカは自由社会の一つのモデルだとみなした。彼の目から見るとアメリカ人を特徴づけるのは落ち着きのなさであり、絶えず行動し、のべつ進路を変えたり職業を変えたりする。この落ち着きのなさは、先祖代々の階級構造が存在しないことと、つねに富を蓄える願望に取り憑かれていることに起因するという。[69] 誰にでも金持ちになる可能性がある以上、そのチャンスを追求する責任があるというわけだ。

アメリカ人はいまもこのイメージを信じているが、実際には今日のアメリカでは、ヨーロッパ以上に家系や出自の果たす役割が大きくなっている。[70] それはある意味で、アメリカ人の落ち着きのなさが減ってきたことと関係がありそうだ。というのも、外国からの移民に不寛容になるのと時を同じくして、アメリカ人自身の移民も減っているのである。一九五〇年代には毎年アメリカの人口の七%が他国へ移住していたのに対し、二〇一八年には四%を下回った。減少傾向は一九九〇年から始まり、二〇〇〇年代半ばから加速している。[71] 加えて、国内の移住パターンにも顕著な変化が見られる。[72] 一九八〇年代半ばまでは、アメリカの富裕な州では人口増加率が他州を大幅に上回っていた。だが一九九〇年を過ぎたあたりから、この現象は見られなくなる。富裕な州には人々を惹きつける魅力がなくなったのである。なるほど、高度な技能を持つ労働者は貧しい州から富裕な州へ移動しているが、低技能労働者にはむしろ逆の傾向、すなわち富裕な州から貧しい州への移動が見受けられる。一九九〇年代からこの二方向の移動が重なった結果、アメリカの労働市場は次第に技能水準によって二分化されるようになった。東海岸と西海岸には教育水準の高い労働者が吸い寄せられ、内陸部には教育水準の低い労働者が集中する。とくに、東部の古い工業都市、デトロイト、クリーブランド、ピッツバーグなどへの集中が顕著だ。その結果、所得、ライフスタイル、投票傾向なども二極化し、取り残される地域とどんどん進化する地域という分断も意識されるようになった。

　パロアルト（カリフォルニア州）やケンブリッジ（マサチューセッツ州）などに高学歴のソフトウェアやバイオテクノロジー分野の労働者が集まってくるのは、驚くにはあたらない。こうした都市では、彼らが得られる報酬はほかよりずっと高いし、仲間も見つけやすい[73]。だがなぜ低学歴労働者も同じ流れに乗らないのか。弁護士にせよ社長にせよ、庭師やコックやバリスタが必要ではないか。高学歴労働者の集中は低学歴労働者の需要を生み出し、移住を促すはずだ。それにここはアメリカだ、バングラデシュとはちがって、ちがう州へ行くバス代ぐらい誰でも払える。情報だって豊富だし、信頼できる。それなのに、なぜ。

　答の一部は、繁栄する都市では高技能労働者は大幅に高い報酬を得られるが、高校しか出ていない低技能労働者の場合はそこまで大幅には増えないことである。[74] だがこれは答の一部でしかない。繁栄する都市では、低技能労働者の賃金もいくらか高めだ。ウェブサイトの情報によると、スターバックスのバリスタの賃金は、ボストンでは時給一二ドル、ボイシ（アイダホ州）では九ドルである。[75] 時給一二ドルはなかなか悪くない（それにボストンで働けば箔もつく）。

ところが高技能労働者の需要が大きい都市では、家賃がひどく高い。ニューヨークでは弁護士も清掃員も南部よりずっと稼ぎが多いが、ニューヨークと南部の賃金格差は弁護士のほうが大きく（四五％）、清掃員のほうが小さい（三二％）。しかもニューヨークでは、家賃は弁護士の収入の二一％を占めるに過ぎないが、清掃員の収入の五二％に達する。その結果、生活費を差し引いた実質収入ベースで見ると、弁護士の場合にはニューヨークのほうが南部より三七％多いのに対し、清掃員の場合にはこの関係が逆転してしまう。つまり南部にいるほうが六％多い。これでは清掃員にとってニューヨークに移る意味はまったくない。[76]

サンフランシスコのミッション地区では、この現象が顕著に見られる。一九九〇年代まではこの地区は労働者階級が住むところで、ヒスパニック系の移民が大半だった。だが立地のよさから若いハイテク・ワーカーが集まるようになり、ワンルーム・タイプのアパートの家賃がうなぎ上りに上昇する。二〇一一年は一九〇〇ドルだったのが、一三年には二六七五ドル、一四年には三二五〇ドルになった。[77] もはや最低賃金で働く労働者には手が届かない。[78] ミッション地区からハイテク・ワーカーを追い出そうとヤッピー排除運動が始まり、車を破壊するなどして注目を集めたが、結局は失敗に終わっている。[79]

言うまでもなく、繁栄する都市近郊にもっと住宅を建設することは可能だろう。だがそれには時間がかかる。そのうえアメリカの古い都市の多くには厳格な土地利用規制が敷かれていて、建設許可がなかなか下りない。新築するビルは既存のビルとの統一感を保たなければならず、区画の最小限のサイズも決まっている。このため、すでに限度いっぱいまでビルが建ち並んでいる地区では、供給が需要に追いつかない。すると都市部に新たに移ってきた人は、発展途上国と同じ二者択一に直面することになる。郊外に住んで長い通勤時間を我慢するか、それとも目の玉の飛び出るほど高い家賃を払うか。[80]

近年のアメリカでは、経済が発展するのは有力な教育機関のある都市だ。そうした都市はアメリカでは比較的古い歴史を誇り、家賃は高く、不動産開発の余地は限られている。その多くが「ヨーロッパ風」であるため、都市開発に抵抗して歴史的景観を保存しようとする。よって土地利用規制が一段と厳しくなり、家賃はますます高くなる。平均的なアメリカ人が繁栄する都市に移ろうとしない一因は、このあたりにもあるだろう。

自分の住んでいる地域の景気が悪くなって失業してしまい、よそへ働きに行くことを考える場合、住宅の問題は一段と重くのしかかってくることになる。持ち家がある限り、たとえその評価額が低いとしても、とにかく住むことはできる。持ち家がなければ、不景気で家賃の下がったところにいるほうがいい。高技能労働者とちがい、家賃は支出のかなりの比率を占めるからだ。[81] このように景気悪化に伴う地方の住宅市場の下落も、貧しい人々の移住を思いとどまらせる要因となる。

地元にいるよりほかへ行くほうが雇用機会は多いとわかっていても、人々がとどまる理由はまだある。その一つが育児だ。アメリカでは公立の保育施設がなく、公的補助がないため私立の施設の料金は高い。低賃金労働者にとって、子供を預けるなど問題外である。そのため唯一の頼みは祖父母、それがいなければ親戚や友人ということになる。子供の面倒をみてくれる人を一緒に連れて行けない限り、他州への移住などできるはずもない。女性が外で働くことがめったになかった時代にはこうした問題は起きなかったが、今日では切迫した問題となっている。

それに、万一失業した場合のことも考えておかなければならない。失業すると立ち退きを迫られる可能性があり、「住所不定」になってしまうと職探しは一段とむずかしくなる。[82] こういうときに頼りになるのはやはり家族だ。家族は精神面でも金銭面でも支えになってくれる。失業した若者の多くは親の家へ帰る。働き盛りの年齢の失業者は、六七%が親または近しい親戚と同居している（二〇〇〇年の四六%から上昇した[83]）。こうしたわけだから、人々が快適で安全な環境に背を向けて見知らぬ都市へ行こうとしないのもよく理解できる。

若いときからずっと地元の同じ工場で働いてきた人が解雇されるようなケースでは、また一からスタートしなければならないことがいたくプライドを傷つける。大勢の友人や同僚と同じように同じ職場で勤め上げ、安楽な隠居生活に入るはずだったのが、人生設計の見直しを余儀なくされる。町を出て知らない場所で職探しをし、いちばん下のランクからやり直すなど、それまで考えたこともなかった。そこで彼らは、都会へ行けば仕事が見つかるとわかっていても、地元にとどまることを選ぶ。

カムバック・シティ・ツアー

さまざまな理由から人々が衰退する土地にとどまるとしたら、なぜ企業のほうがやって来ないのか。他の企業が撤退してしまった地域では、大勢の求職者、低い賃金、低い家賃の恩恵に与(あずか)ることができる。このアイデアは実際のプロジェクトとして実行に移されている。二〇一七年一二月に、AOLの共同創業者で億万長者のスティーブ・ケースとベストセラー『ヒルビリー・エレジー――アメリカの繁栄から取り残された白人たち』〔邦訳：光文社〕の著者J・D・ヴァンスは、シードファンド〔ごく初期のスタートアップに投資するファンド〕「Rise of the Rest〔故郷の復活〕」を発足させた。ちなみにヒルビリーとは田舎者という意味で、白人労働者階級の蔑称である。このファンドにはジェフ・ベゾスやエリック・シュミットらも出資しており、ハイテク投資家がこれまで無視してきたさびれた州の活性化をめざす。「カムバック・シティ・ツアー」と銘打ったバスツアーも企画され、ハイテク投資家の一群をオハイオ州ヤングスタウン、アクロン、ミシガン州デトロイト、フリント、インディアナ州サウスベンドといった都市に案内した。このファンドはけっして社会貢献が目的ではない、あくまで利益追求のためのファンドだとケースらは強調する。ニューヨーク・タイムズ紙はバスツアー[84]とこの事業自体[85]を二度にわたって報道し、多くのハイテク投資家も、ベイエリアの混雑や生活費の高さを考えれば内陸部には大きなチャンスがあると力説した。

だがいくら喧伝されようと、この事業には懐疑的にならざるを得ない。まず、ファンドの規模が一億五〇〇〇万ドルと小さすぎる。出資者の顔ぶれからすればポケットマネーに過ぎない。しかもベゾスが後援しているにもかかわらず、アマゾンの第二本社をデトロイトに誘致することはできなかった。ファンドの狙いは、人々の関心を呼び起こし、いくつかの企業をまず誘致し、話題を盛り上げて投資家を呼び込み、他の企業にさらに興味を持ってもらうことにある。だがかつてニューヨークのハーレム地区が再開発に成功したのに、オハイオ州アクロンがうまくいかないのはなぜか、よく考えるべきだ。おそらくハーレムがマンハッタンに立地し、あらゆる商業施設や娯楽施設がすでにそろっていたからだろう。だからハーレムの再生は、いわば一夜にしてできた。だがアクロンにせよ、デトロイトにせよ、そうはいかない。いまどきの若くてリッチなハイテク・ワーカーが大好きなもの、つまりおしゃれなレストランやゴージャスなバー、気取ったバリスタが淹れる法外に高いエスプレッソを出すカフェといったものが、中西部の田舎町にどっと出現するとは思えない。これはある意味でニワトリと卵の問題だ。高学歴の若い労働者は、カフェやら何やらがそろっていないとやって来ない。だが高学歴の若い労働者が大勢やって来ないとカフェを出して維持することはおぼつかない。

どんな産業でも企業は群れる傾向がある。アメリカの地図にランダムにダーツを投げると考えてほしい。ふつうなら、ダーツは地図上にほぼ均等に分布するはずだ。ところが実際にはそうではない。アメリカの産業地図を見ると、ダーツを束ねて同じ場所に刺したような具合になっている。[86] おそらく理由の一つは、評判である。買い手は、シリコンバレーのソフトウェア会社なら信用するが、トウモロコシ畑のまんなかに建ったソフトウェア会社から買うのはためらうだろう。同じことが雇用にも当てはまる。中西部に本社があったら、東海岸の優秀な学生を田舎まで来るよう口説き落とさなければならない。だが繁栄する都市にあれば、高学歴の求職者がすぐに見つかる。さらに、規制の問題もある。土地利用規制では、公害を出す産業を一カ所にまとめ、レストランやバーは別の区画にまとめるというふうになっている。最後に、同じ産業に従事する労働者は好みも似ている（似てくる）。たとえばハイテク・ワーカーはコーヒーが好き、金融関係者は高価なワインが好きという具合に。同じ産業に属す企業が同じ地域や区画にかたまっていれば、商業施設や娯楽施設も進出しやすい。

こうしたわけだから、群れを作ることはもっともな理由がある。だがこのことは、一社から始めて成功するのはむずかしいことも意味する。アパラチア山脈の麓でバイオ関連スタートアップが事業を始めるのは困難だ。私たちはカムバック・シティ・ツアーの成功を祈ってはいるが、期待はしていない。

強制的な移民政策

移民に関する限り、真の危機は国境を越えてくる移民が多すぎることではない。どの時代でも、移民は受入国の人々にはほとんど経済コストをかけずにやって来る。そして移民自身にはあきらかに利益をもたらす。問題は、人々が生まれ育った国の中でも外へも移動できない、あるいは移動したがらないケースが多く、せっかくの経済的機会をつかめないことのほうである。ならば、先見性のある政府は人々に移住を促すべきなのだろうか。移住を拒む人々は罰すべきなのだろうか。

現代の議論の多くがいかに移民を制限するかに終始しているのに、何という見当違いのことを言うのか、と読者は思われたことだろう。だが一九五〇年代には、アメリカでもカナダでも、中国でも南アフリカでも、そしてソ連でも、政府は大なり小なり強制的な移民政策を採用していたのである。移民政策には、はっきりとは謳われていないものの、かなり暴力的な政治目標があった（反政府的な民族集団を国外に追い出す、など）。それでも表向きは近代化だの、伝統的経済構造の不利益の是正といった言葉で飾り立てられていた。発展途上国の近代化計画は、こうした前例を参考にしていることが少なくない。

発展途上国の政府は、農村部を不利に、都市部を有利にするような物価政策や税制を採用してきたという伝統もある。アフリカの多くの国では、一九五〇年代に農産物販促委員会なるものが設置された。これは悪い冗談としか言いようのない代物で、販売を促進するのではなく、阻止するのである。委員会は農産物を最低価格で購入し、都市部の住民のために物価を安定させた。またインドや中国などでは、都市部からの需要のある地域では農産物の輸出を禁じている。こうした政策は、農業を利益の上がらない産業にしてしまい、多くの農家が廃業するという弊害をもたらした。都市部を優遇するこのような政策が、最も貧しい人々、つまり零細農家や土地を持たない労働者に打撃を与えたことは言うまでもない。しかも彼らには、都会に移り住む資金さえなかった。

だがこの不幸な歴史を読み解くときに、移民促進の経済的合理性を見落としてはならない。国内であれ国外であれ、空間的な移動は地域全体あるいは国全体の生活水準を押し上げる重要な手段である。また移動は地域的な景気・不景気の差を吸収する働きもする。移動する労働者は、経済が悪化した地域を離れ、新しいチャンスをつかむことができる。こうして経済は危機を終息させ、構造改革に適応していく。

すでに富裕国の繁栄する都市部に住んでいる人々（そこには多くの経済学者が含まれる）は、誰もがこういう場所に来たがっているに決まっている、と考えやすい。経済学者にとって、繁栄する都市が持つ経済的な磁力はおおむねよいことである。だが富裕国の住人や発展途上国の都市部の住人からすれば、世界中あるいは国中の人々が自分たちのいるところに来たがっているなどというのは、まったく歓迎できないことだ。大勢が押し寄せ、仕事から住宅から駐車場から、それでなくても不足気味の資源の争奪戦をするなど、想像するだけでぞっとする。この重大な懸念、そして移民が自分たちの賃金や雇用を減らしてしまうという不安には、実際には根拠がない。だが人々が大量に流入して都市の許容限度を超えてしまうという不安は、とくに第三世界の整備途上の都市では、根も葉もないとは言えない。

大量流入に対する懸念は、同化についての懸念と結びつく。文化のちがう人々が大量に流入してきたら(たとえば農村部から都市部へ、あるいはメキシコからアメリカへ)、彼らは受入国の文化になじむのだろうか、変えてしまうのではないか。それともあまりにもうまく同化して、彼らの文化は消滅し、あとに残るのは均質で個性のない「グローバル文化」ではあるまいか。経済機会の多寡に即座に反応して機敏に移動できる世界はある種のユートピアではあるが、それはそれでディストピアを出現させかねない。

だがいまのところ、世界はユートピアともディストピアともかけ離れた状況である。経済的に繁栄する国や地域に絶えず惹きつけられるどころか、生まれ育った場所で貧困に喘いでも、人々はそこにとどまることを選んでいる。この状況を踏まえれば、国内・国外を問わず移動を奨励することが政策的に望ましい。ただし言うまでもなく、かつてのように強制したり、歪んだ経済的インセンティブを設けたりするのではなく、現在移動を阻んでいる障害を取り除くことが必要だ。

国内外を問わず移動のプロセス全体を円滑化し、情報を効果的に提供すれば、人々はコストと見返りをよりよく理解できるだろう。国を離れた人と残った家族との間の送金を容易かつ安全にすることも役に立つ。失敗を恐れる気持ちが大きいことを考えれば、何らかの保険を用意することも考えてよいだろう。バングラデシュでこのやり方が効果を上げたことを思い出してほしい[87]。だが何と言っても移民や移住を後押しし、受入国の住人の抵抗感を和らげる最善の方法は、受入国に溶け込みやすくすることである。住宅斡旋支援（あるいは補助金）、事前の求人・求職のマッチング、育児支援などがあれば、不安なく移住し、はやくなじめるだろう。このことは、国内・国外どちらの移動にも当てはまる。しっかりした定住支援が整っていれば、移住を躊躇していた人々の背中を押し、移住先でスムーズに生活できるようになるはずだ。ところが現在は正反対の状況にある。一部の難民支援組織を除き、移住した人々の定着を助ける措置は何一つ講じられていない。とりわけ外国に移住する場合、合法的に就労する権利を得ることが途方もなく困難だ。国内で移住する場合でも、住む場所を見つけるのに苦労し、雇用機会は潤沢に見えてもなかなか職にありつけないことが多い。

もっとも、現在の移民政策が採用されたのは、必ずしも経済学を理解していないからではない。反移民政策は、一種のアイデンティティ・ポリティクスだと言える［アイデンティティ・ポリティクスとは、さまざまなアイデンティティ（性別、膚の色、民族など）を拠りどころとする集団が行う、自己の社会的承認を求める政治的行動を意味する］。政治が経済学を無視するのは昔からよくあることだ。たとえばヨーロッパからアメリカへの大移住期には、移民を受け入れたアメリカの都市は経済的に潤ったにもかかわらず、移民の流入は各地で敵対的な反応を引き起こした。市当局が支出を渋り、民族集団間の交流を促すサービス（たとえば公立学校）や低所得移民にとって重要なサービス（たとえば下水道、ゴミ収集）が滞るようになった。また移民が大量に流入した都市では、移民を支持する民主党の得票率が下がり、保守的な政治家、とくに一九二四年の出身国別割当法（この法律により無制限の移民受け入れは打ち切られた）を支持する政治家が当選した。有権者が移民の流入と彼らが持ち込む文化に否定的な反応をするのは昔から見られる現象で、かつてはカトリック教徒やユダヤ人も歩み寄りの余地がないと考えられていた。[88]

歴史は繰り返すとよく言われるが、二度目、三度目が前よりましになるという保証はない。だが一度目の経験は、移民に対する怒りにどう対応したらいいかを教えてくれるだろう。この問題は、第四章で再び論じることにする。

この章を終えるにあたり、多くの人々がどれほど魅力的なインセンティブを示されても結局は慣れ親しんだ土地を離れたがらないことをもう一度思い出してほしい。この傾向は、人間の行動に関する経済学者の直観に反するものであり、経済全体にとって深い意味を持つ。本書でこれからみていくように、移動を嫌う傾向あるいはためらう傾向は、幅広い経済政策の結果に大きな影響をおよぼす。たとえば次の第三章では、国際貿易が期待するほどの利益をもたらさない理由の一部がこの傾向によって説明できることを示す。第五章では、この傾向が経済成長にどう影響するかを検討する。また第九章では、この傾向を踏まえて社会政策を見直すことを提案する。

Chapter 3 自由貿易はいいことか？

二〇一八年三月初めにトランプ大統領は、鉄鋼とアルミニウムの輸入品に追加関税を導入する大統領令に署名した。周りを取り囲んでいた鉄鋼労働者が拍手する映像が全世界に流されている。その直後にＩＧＭパネルは、専門家会議のメンバーである一流大学の教授陣（共和党支持者もいれば民主党支持者もいる）に質問調査を行った。「鉄鋼とアルミに対する追加関税でアメリカ人の生活水準は上がると思うか」という質問に対し、六五％が「まったく思わない」と強く否定し、残りも「思わない」と答えている。「そう思う」はおろか、「どちらとも言えない」と答えた人さえいなかった[1]。さらに、「エアコン、自動車、クッキーなどの製品に新たにまたは追加的に関税をかけるのは、国内メーカーの生産意欲を高めるよい政策だと思うか」という質問に対しても、全員が「まったく思わない」か「思わない」と答えた。[2] 自由主義経済の旗手であるポール・クルーグマンが自由貿易推進の立場をとるのは当然だが、ジョージ・W・ブッシュ大統領の下で経済諮問委員会（CEA）の委員長を務め、何かとクルーグマンに反対の立場をとるグレゴリー・マンキューも、同意見だったのである。

対照的にアメリカ国内で行った貿易に関する世論調査では意見が割れ、どちらかと言えば自由貿易に反対の人が多かった。二〇一八年秋に私たちは第一章で紹介したレギュラー回答者を対象に、IGMパネルとまったく同じ質問をした。すると追加関税で生活水準は上がると「まったく思わない」か「思わない」と答えた人は三七％にとどまり、三三％は「思う」と答えたのである。[3] さらに全体としては、右寄りの人も左寄りの人もアメリカの門戸開放は行き過ぎだと感じている人が多いことがわかった。関税率を引き上げて国内メーカーの生産意欲を高める政策には五四％が賛成し、反対したのは二五％に過ぎない。

経済学者は貿易の利点を語りたがる。自由貿易は利益になるというのは、経済学における最古の命題の一つだ。イギリスの株仲買人で議員でもあったデビッド・リカードが二世紀前に説明したとおり、貿易によってどの国も自国が比較優位を持つことに特化できるため、貿易が行われている地域では収入の合計が増える。そして、貿易で利益を上げた「勝ち組」の利益合計は、損をした「負け組」の損失合計を必ず上回る。以来二〇〇年間、経済学者にはこの大原理を改良し精緻化する時間が与えられたわけだが、この原理の基本的な論理そのものはほとんどの経済学者が受け入れている。むしろリカードの理論はあまりにも深く経済学に根を下ろしているため、経済学者は自由貿易の利益が自明でないことを忘れてしまうきらいがある。

だが一般の人々は、自由貿易が議論の余地なくいいものだとは思っていない。貿易が利益をもたらすことは知っているが、苦痛ももたらすことも知っている。安い品物が外国から入ってくるのは結構だが、価格競争に負けてしまう国内生産者のことを考えれば、貿易のメリットも打ち消されようというものだ。私たちが行った調査では、レギュラー回答者の四二%が、アメリカが中国と貿易をすれば国内の未熟練労働者が打撃を受けると答えた（そうは思わないと答えたのは二一%にとどまった）。また、輸入物価の下落で誰もが楽になると答えたのは三〇%だけで、二七%は誰もが悪影響を受けると答えている。[4]

一般の人々は単に無知なのか、それとも経済学者が見落としていることに直観的に気づいているのだろうか。

スタニスワフ・ウラムの要求

ポーランド出身でアメリカに亡命したスタニスワフ・ウラムは、水爆の発明者の一人としても知られる数学者・物理学者である。彼は経済学を軽蔑していたが、それはたぶん、経済学者には世界を吹き飛ばす能力はないと誤解していたからだろう。あるときウラムは経済学界の重鎮で二〇世紀最高の経済学者の一人であるポール・サミュエルソンに、挑戦的な要求をした。「あらゆる社会科学分野の中で、真理であり、かつ自明でない命題は何か、教えてほしい」というのである。[5] これに応じてサミュエルソンが持ち出したのが、国際貿易理論の柱となっているあの比較優位である。このときのサミュエルソンの言い分が傑作だ。「これが論理的に正しいことは、数学者の前で改めて論じる必要はあるまい。またこの理論が自明でないことは、何千人ものきわめて優秀な人間によって確かめられている。彼らは独力ではこの理論を考案できなかったうえ、説明されても理解できなかったのだから」[6]。

比較優位［comparative advantage］の概念を簡単に言うと、どの国も相対的に自分が得意とすることをやるべきだ、ということに尽きる。この概念がいかにすばらしいものかを理解するには、絶対優位［absolute advantage］と対比するのがよいだろう。絶対優位はわかりやすい。ブドウはスコットランドでは育たない。一方、フランスにはスコッチウィスキーの製造に欠かせないピート（泥炭）がない。よって、フランスはワインを作ってスコットランドに輸出し、スコットランドはウィスキーを作ってフランスに輸出することが理に適う。だが一つの国が、たとえば今日の中国のような国が、大方の国より何でもうまく作れるとしたら、どうなるのか。中国があらゆる市場で一人勝ちし、他の国には売れる物が何もなくなってしまうのだろうか。

リカードは一八一七年にこう主張した。たとえ中国（リカードの時代にはポルトガルだった）が何でも他国よりうまく作れるとしても、あらゆるものを売ることはできない。なぜなら買い手の国に売るものがなかったら、中国から買うためのお金がないことになるからだ。[7] となれば、自由貿易をしたからといって一九世紀のイギリスの産業がすべて衰退するわけではない。自由貿易のせいでイギリスのある産業が衰退したら、その産業は最も生産性が低かったということになる。

この論拠に基づき、リカードはこう結論づけた。たとえポルトガルがワインも毛織物もイギリスよりうまく作れるとしても、両国が貿易をするようになれば、それぞれの国が比較優位を持つ産業に特化するようになる。ある産業が比較優位を持つとは、自国の他の産業と比べて生産性が高いことを意味する。ポルトガルではワイン、イギリスでは毛織物がこれに該当する。どちらの国も相対的に得意とするものを作り、残りは買う(得意でないものを作って資源を無駄にしない)。こうすれば、それぞれの国の国民が消費しうる財の価値合計が国民総生産(GNP)に加わることになる。

すべての市場を同時に考えない限り貿易を考えることはできない理由を見抜いたところが、リカードの鋭いところだ。中国はどの市場でも勝つことはできる。だがすべての市場で勝つことはできないのである。

言うまでもなく、GNPが(イギリスとポルトガルの両方で)増えたからと言って、損をする人がいないわけではない。ポール・サミュエルソンの名高い論文は、負け組は誰かをはっきりと教えてくれる。リカードの理論は、生産に必要なのは労働力のみであり、あらゆる労働者は同じである、よって経済が豊かになれば全員がその恩恵を受ける、という前提に立っている。だが生産には労働力だけでなく資本も必要だとなったとたん、話はそう単純ではなくなる。サミュエルソンがまだ二五歳だった一九四一年に発表した論文であきらかにしたアイデアは、以後、国際貿易を考える際のベースになった。[8]およそすぐれた理論がどれもそうであるように、サミュエルソンの理論も、いったん理解してしまえばじつにシンプルである。

ある種の財は他の財に比べて相対的により多くの労働力を必要とし、より少ない資本しか必要としないとする。たとえば手織りのカーペットと、ロボットが製造する自動車を考えてほしい。どちらの国もカーペットもロボットも作る技術は持っているが、一方の国は労働力のほうが相対的に豊富だとしたら、その国は労働集約型の財の製造に比較優位を持つことになる。となれば、両国が貿易をする限りにおいて、労働力が豊富な国は労働集約型の財の製造に特化し、資本集約型の財からは手を引くだろう。そうすれば、貿易がまったく行われていないか規制されている場合に比べて労働需要は拡大し、したがって賃金は上昇するはずだ。逆に資本が相対的に豊富な国では、資本需要が拡大して資本価格が上昇（賃金は下落）するはずだ。

労働力が豊富な国はおおむね貧しい国が多く、かつ労働者は雇用主より貧しいのがふつうであるから、自由貿易は貧困国の貧困層にとって好ましい影響をもたらし、賃金格差を減らすと考えられる。逆もまた成り立つ。したがってアメリカと中国が貿易を行えば、中国の労働者の賃金は上昇し、アメリカの労働者の賃金は下落する**はず**だ。

だからと言って、アメリカの労働者の生活が悪化したままになるわけではない。サミュエルソンはその後に発表した論文で、自由貿易はＧＮＰを押し上げるので、その恩恵はすべての人に行き渡ると述べた。つまり、政府が自由貿易の勝ち組に税金をかけ、それを負け組に再分配するなら、アメリカの労働者の生活も向上するという。問題は、税金を再分配するというこの条件だ。これでは、労働者の命運は政府のお情け次第ということになる。

美は真であり、真は美である[10]

ストルパー＝サミュエルソン定理（先ほど紹介した理論は、サミュエルソンと共同研究者ストルパーの名前をとって広くこう呼ばれている）は美しい。すくなくとも、経済学の理論が美しいと言える限りにおいて、美しい。だがこの定理は真なのだろうか。この定理は二つのことを意味しており、一つは明確かつ好ましく、もう一つは好ましくない。すなわち、貿易を行うとどの国でもＧＮＰは拡大し、貧困国では不平等が縮小する。一方、富裕国では不平等が拡大する（すくなくとも、政府による再分配が行われる前は）。ところが、現実を見るとそうはなっていない。

中国とインドは、貿易主導で成長を遂げた国としてもてはやされている。中国は一九七八年に改革開放政策を導入した。それ以前の三〇年間の大半は共産主義経済の下、世界の市場とほとんど接点がなかった。だが門戸開放から四〇年後の現在、中国は輸出大国となり、アメリカから経済大国ナンバーワンの座を奪おうとしている。

インドがたどった経過は中国ほど劇的ではないが、よりよい手本だと言えるだろう。インドでは一九九一年まで政府が経済の中枢を掌握していた。輸入には許可が必要で、その許可はなかなか下りない。そのうえ輸入業者は輸入関税を払わなければならない。その結果、輸入品の価格は原産国の四倍にもなっていた。インドで輸入がほぼ不可能だった品目の一つが、自動車である。インドを訪れた外国人は、なんとも愛らしいヒンドゥスタン・アンバサダーに目を奪われたにちがいない。ベースになっているのはイギリス製モーリス・オックスフォードの何の変哲もないセダンで、ほとんど何の改良もされないままインドの国民車としていまなお愛用されている。シートベルトはなく、衝撃を吸収する空間もない。アビジットは生まれて初めてメルセデスベンツに乗ったとき、ほんとうにパワフルなエンジンを積んだ車とはこういうものか、と感動したという。

インド経済の転換点となった一九九一年は、サダム・フセインのクウェート侵攻を受けて第一次湾岸戦争が勃発した年である。その結果、沿岸諸国からの石油の輸出が止まり、原油価格は天井知らずに上昇した。このことがインドに与えた打撃は大きい。そのうえインド人出稼ぎ労働者が中東から引き揚げてきたため、本国送金もぱったり途絶え、外貨準備が大幅に減ってしまう。

インドはやむなくIMFに支援を求めるが、IMFのほうはこの機会を待ちかまえていた。中国、ソ連、東欧、メキシコ、ブラジルなどはすでに門戸を開放し、どの国は何を作るのが適切か、市場に決めてもらう方向へと大きく舵を切っていた。インドは一九四〇年代、五〇年代の反市場イデオロギーに固執し、市場経済に移行していない最後の大国だったのである。IMFが持ち出した条件は、こうだ。インドには必要とする資金を提供しよう。ただし門戸を開放し、貿易を行わなければならない。インド政府に選択肢はなかった。輸出・輸入許可制度は撤廃され、輸入関税はただちに引き下げられた。平均九〇%近かったのが、三五%まで下げられたのである。インドがこれほどすばやく対応した一因は、経済関係の省庁に自由化を待ち望んでいる幹部が大勢いたことが挙げられよう。彼らは、せっかくのチャンスを逃しはしなかった。[11]

こんなことをしたらインド経済は崩壊すると予想した人は少なくない。高い関税障壁に守られていたインドの産業は、世界の効率的な競争相手と伍して行く力はないから、壊滅的打撃を受けるだろう。輸入品を切望していたインドの消費者は浪費に明け暮れ、たちまち破産するだろう、云々。

驚くべきことに、これらの悲観的な予想は当たらなかった。インドのGNPは一九九一年に落ち込んだものの、翌年には一九八五〜九〇年の趨勢的成長率に近い五・九%に回復した。[12]経済は崩壊しなかったが、劇的な離陸も遂げていない。一九九二〜二〇〇四年には年六%のペースで伸び、二〇〇〇年代半ばに七・五%を記録し、それ以降はほぼこのペースで成長している。

となればインドは貿易理論の教えるとおりになったみごとな例の中に数えてよいのだろうか。それとも、正反対の例とみなすべきなのだろうか。一方で、経済成長のおかげで過渡期をスムーズに乗り切ることができた。これは、楽観論者の言うとおりである。しかし他方で、成長が加速するまでに門戸開放から一〇年以上かかっている。これは、いささか期待を裏切るものだったと言わざるを得ない[13]。

語り得ぬことについては沈黙せねばならない[14]

この議論に答を出すことはできない。何と言っても手元にあるのはインドというたった一つの国、たった一つの歴史だけなのである。一九九一年の石油危機がなく、関税障壁がそのままだったら、それ以前の成長が維持できたかどうか、知ることはできない。さらに複雑なのは、貿易が一九八〇年代から徐々に自由化されていたことだ。一九九一年は、それが大幅にペースアップしたに過ぎない。劇的な離陸をするためには、何かビッグバンのようなものが必要なのだろうか。歴史を巻き戻し、別の道をたどることができない限り、知ることはできない。

だが経済学者は、この手の問いを「わからない」で済ますことはしない。この問題は、インドだけの問題ではないからだ。一九八〇年代か九〇年代のどこかの時点で、ある種の社会主義から資本主義への移行とともに、インドの経済成長率が大きく変化したことは事実である。一九八〇年代前半のインドの成長率は四%前後だったが、現在は八%近い。[15] このような変化はめずらしいし、変化が維持されていることはもっとめずらしい。

しかし同時に、不平等も顕著に拡大している。[16] 同様のことが、おそらくは一段と顕著に中国で一九七九年に、韓国で一九六〇年代前半に、ベトナムで一九九〇年代に起きた。これらの国で自由化前に行われていた厳格な国家統制経済が、不平等の軽減にきわめて効果的であったことはまちがいない。ただしそのために経済成長は犠牲になった。

過去に厳格な国家統制が行われていた国の経済を運営する最善の方法をめぐっては意見が割れており、したがって研究の余地が大きい。インドがまだ維持している関税障壁による保護をなくすことはどれほど重要なのか。貿易というものをそれまでしたことがない国にとって、関税はどの程度貿易の妨げになるのか。貿易は成長を加速させるのか。不平等にはどのような影響があるのか。トランプ関税はアメリカを成長路線から脱線させたのか。関税は、トランプが保護すると称している人々をほんとうに守っているのか。

これらの質問の答を探すとき、経済学者は国同士を比較する手法を採ることが多い。基本的なアイデアはシンプルである。一部の国（たとえばインド）が一九九一年に貿易を自由化し、他の国はしなかった場合、どちらのグループが一九九一年直後に成長が加速するか、絶対値または一九九一年以前との相対値で比較するのである。一九九一年に自由化した国か、その前からずっと自由化していた国か、それとも市場を閉ざしたままの国か。

この問題については多くの論文が書かれている。経済学者の間では自由貿易が重要とされていることを考えれば、それも当然だろう。研究から導き出された答は、貿易が国内総生産（GDP）に大きなプラス効果をもたらすとしたものから、懐疑的なものまでかなりの振れ幅があるものの、大きなマイナス効果をもたらすとした報告はほぼ皆無だった。

一部の研究が懐疑的な結論にいたった原因は大きく分けて三つある。第一は、逆の因果関係の可能性だ。インドが貿易を自由化し、他の国が自由化しなかったという事実は、インドがすでに過渡期にさしかかっていて、自由化をしなかったとしても比較対照国より早いペースで成長していたことの表れとも考えられる。言い換えれば、成長（または潜在成長性）が貿易自由化を促したのであって、その逆ではないかもしれない。

第二は、原因因子を見落とした可能性だ。インドの貿易自由化は、大きな変革の一部に過ぎない。たとえば政府が産業界にあれこれ「指導」することはなくなった。また、産業界に対する官僚の姿勢や政治家の態度が変わったことも大きい。ビジネスとは誠実な人々が行う価値のあるものであり、賤しいものではなくむしろ「クール」だというふうに意識が変わった。こうした変化と貿易自由化とをきっぱりと切り離して評価するのは不可能である。

第三は、データのうちどれが正確に貿易自由化を表しているのかを見きわめるのはむずかしいことだ。たとえば関税率が三五〇%だったら、輸入は皆無だろう。この状況で関税の小幅引き下げを行ったところでほとんど変化は起きまい。となると、ほんとうに意味のある政策変更とポーズだけで意味のない変更とをどう見分ければいいのか。さらに、関税率がこれほど高いと、当局を出し抜こうとする輩が必ず現れる。すると政府は複雑怪奇な規則を設けて違反者を網にかけようとする。自由化すればこうした状況は変わることはまちがいないにしても、どの国も一気に全面自由化するわけではなく、どこをどの程度自由化するかは国によって異なる。となれば、国同士を比較してどの国の自由化が進んでいるかを決めるのは困難だ。

これらの理由から、国同士の比較には問題が多い。貿易政策の変更の度合いをどう測定するか、因果関係を形成する多くの因子のうちどれを除外するか、といったことが研究者によってちがうため、当然ながら異なる結果が導き出されることになる。このため、結論を鵜呑みにするわけにはいかない。国同士の比較を行う方法は、最初にどんな大胆な前提を立てるかによって無数に存在するのである。

ストルパー＝サミュエルソン定理のもう一つの項目、すなわち不平等についても同じことが言える。貧困国が貿易自由化に踏み切ると、ほんとうに不平等が減るのか。こちらについては、国同士の比較研究はあまり多くない。貿易論を専門とする経済学者は、パイが大きくなることに関心はあっても、パイがどう分けられるかには関心がないからだ。サミュエルソンが、すくなくとも富裕国では、貿易の恩恵は労働者を犠牲にしてもたらされると警告したにもかかわらず——というよりもむしろそのせいで、関心を持つことを避けているのかもしれない。

それでも比較研究を行った例がないわけではない。ただし、これも信頼できるとは言いがたい。ＩＭＦのスタッフ二人が最近発表した研究によると、他の多くの国と接しており、したがって貿易のさかんな国は、より富裕でより平等になるという。だがこの報告は、不都合な事実を無視している。ヨーロッパには多くの小国があり、互いに活発に貿易を行う。その多くが富裕で、まずまず平等でもあるが、それは貿易がさかんであることとはあまり関係がない。[17]

この楽天的な結論を信用できない理由はもう一つある。発展途上国の多くの事例とかけ離れていることだ。過去三〇年間に多くの低～中所得国が貿易自由化に踏み切っている。ところがその後に起きたことは、ストルパー＝サミュエルソン定理の示した方向とはまったく逆になった。低～中所得国が豊富に抱える低技能労働者（したがって最も助けを必要とする人々）の賃金は、高技能労働者や高学歴労働者の賃金に比して伸びが低かったのである。

一九八五～二〇〇〇年にメキシコ、コロンビア、ブラジル、インド、アルゼンチン、チリが門戸を開放し、全面的に関税率を引き下げた。するとこれらの国すべてで同時期に賃金格差の拡大が認められた。そのタイミングからして、貿易自由化と何らかの関係があると考えられる。たとえば一九八五～八七年に、メキシコは輸入割当制度の範囲を大幅に縮小すると同時に、輸入関税も大幅に引き下げている。すると一九八七～九〇年にブルーカラー労働者の賃金は一五％落ち込む一方で、ホワイトカラー労働者の賃金は一五％増えた。他にも格差の拡大を示すデータが確認されている。[18]

これと同じパターン、すなわち貿易自由化後に低技能労働者に比して高技能労働者の賃金が上昇し、その他の面でも不平等が拡大するというパターンは、コロンビア、ブラジル、アルゼンチン、インドでも見られた。そして中国が一九八〇年代を通じて徐々に門戸開放を進め、最終的に二〇〇一年にＷＴＯに加盟するまでの間に、同国の不平等は猛烈な勢いで進行したのである。世界不平等データベース（ＷＩＤ）によると、一九七八年には最貧層五〇％と最富裕層一〇％はそれぞれ中国の総所得の二七％を占めていた。両者の差は一九七八年から拡大し始め、二〇一五年には最貧層五〇％が中国の所得に占める比率は一五％に過ぎず、最富裕層一〇％は四一％を占めるにいたっている。[19]

言うまでもなく、相関関係と因果関係はまったくちがう。おそらくグローバル化それ自体が不平等を拡大させたわけではなかろう。貿易自由化が単独で実行された例はなく、どの国でも貿易改革は幅広い改革パッケージの一部だった。たとえばコロンビアでは一九九〇年と九一年に抜本的な貿易改革が実行されたが、時を同じくして労働市場規制が緩和され、労働市場の流動性が大幅に高まっている。メキシコの一九八五年の貿易改革は、民営化、労働市場改革、規制緩和と同時に行われた。先ほど論じたインドの一九九一年の貿易改革も、開業免許制度の廃止、資本市場改革、民間部門への全般的な権限委譲といった改革の一環として実現したものである。また中国では貿易が三〇年にわたって事実上禁じられており、鄧小平の大規模な改革開放政策の総仕上げという位置づけで貿易自由化が行われた。

また、メキシコを始めとする中南米諸国は、中国とほぼ同時期に市場開放に踏み切っている。

このため彼らは自由貿易の開始当初から、自国より労働力が豊富な中国との競争に直面することになった。中南米の労働者が割を喰ったのはそれが一因だったと考えられる。

以上のように、国同士の比較だけで、貿易と経済成長や不平等との関係について結論を下すのはむずかしい。経済成長にせよ、不平等にせよ、貿易以外の多くの要因の影響を受ける。貿易はその一つに過ぎないし、ひょっとすると原因ではなく結果なのかもしれないからだ。しかしここに、ストルパー＝サミュエルソン定理に疑問を投げかけるみごとな研究があるので、紹介したい。

あってはならない事実

国同士の比較ではなく、同じ国の中のさまざまな地域を比較する場合には、貿易の影響を曖昧にするさまざまな潜在的要因をかなりの程度排除することができる。というのも一つの国の中であれば、政策は一つであり、歴史的背景も同じなら政治体制も共通なので、比較研究の説得力が高まるからだ。問題は貿易を扱う関係上、貿易理論の中心的な命題は経済におけるすべての市場と地域にまたがっていることだ。輸入産業の多い地域や輸出産業の多い地域だけに関わるわけではない。

ストルパー＝サミュエルソン定理が前提とする世界では、同じ技能を持つ労働者の賃金は同一ということになっている。ある労働者の賃金は、働く産業や地域には左右されず、提供できる技能だけに左右される。だからこそ、外国との競争が原因で解雇されたペンシルベニアの鉄鋼労働者は、すぐさまモンタナかミズーリの製鉄所で仕事に就ける、と言えるのである。同じ技能を持つ労働者の賃金は、ほどなく同一水準に収斂するはずだという。

もしこれがほんとうだとしたら、貿易の影響を知るためには経済全体の比較をするほかない。ペンシルベニアの労働者とモンタナやミズーリの労働者を比べても意味がないことになる。彼らの賃金はみな同じだからだ。

したがって逆説的なことだが、貿易理論の前提を信じる限りにおいて、それをテストすることはまず不可能だ。なぜなら、いま述べたように貿易の影響をまずまず正確に評価できるのは一国のレベルのみということになるからだ。しかし国同士の比較に多くの難点があることは、前段で説明したとおりである。

だが移民を取り上げた第二章で示したように、労働市場というものは**硬直的**になりがちである。ほかへ移ったほうがよいとわかっているときでさえ、人々は移動したがらない。その結果、経済全体で賃金が自動的に同一水準に収斂するといったことにはならない。同じ国の中であっても、実際にはたくさんの小さな経済が営まれている。そして貿易政策の変更がそれぞれの経済に与える影響がちがうなら、それらの比較から学べるものは多いはずだ。

若手経済学者のペティア・トパロヴァは、MITの博士課程に在学中だった頃、このアイデアを真剣に検討する。そして人々は場所も産業もそう簡単には移らない可能性があるとの前提から出発して調査を開始した。そしてインドが一九九一年に大規模な貿易自由化を行ったときにインド国内で何が起きたかを調査し、重要な論文を書き上げる。[20]この研究で判明したのは、一口に「インドの貿易自由化」と言っても、貿易政策に加えられた変更は多種多様であって、一国の中でも地域や産業によって受ける影響はさまざまだということである。このため、ゆくゆくはすべての関税がほぼ同じ水準まで引き下げられるとしても、その影響は産業によって大きく異なる。たとえば高い関税障壁でとくに手厚く保護されていた産業の場合、他の産業に比べて関税の引き下げ幅が大きくなる。そのうえインドは六〇〇以上の地域・地区に区分されており、主要産業は地域ごとにまったくちがう。ある地域は主に農業、別の地域は鉄鋼、あるいは繊維、という具合だ。そのため地域によっても貿易自由化がおよぼす影響にばらつきが出てくる。トパロヴァは、インド国内の地区ごとに自由化の影響をどの程度受けたかを調べた。たとえばある地区の主要産品が鉄鋼その他の工業製品で、輸入関税がほぼ一〇〇%から四〇%まで引き下げられた場合には、自由化の影響を「強く受けた」とする。穀物が主要産品の地区で、関税にあまり変化がなければ、影響は「ほとんどない」ということになる。

このような影響判定基準に従って一九九一年の前と後について全地区を調査した結果、国全体の貧困率は一九九〇年代〜二〇〇〇年代に急速に下がったことがわかった。一九九一年には約三五%だったのが、二〇一二年には一五%になっている。[21]だがこのバラ色の全体像とは裏腹に、貿易自由化の影響を強く受けた地区では貧困率の低下のペースがあきらかに遅いことがわかった。ストルパー＝サミュエルソン定理が示唆することとは反対に、貿易自由化の影響を強く受けたところほど、貧困率の低下にブレーキがかかったのである。その後の調査では、貿易自由化の影響を強く受けた地区における児童労働も、他地区に比べてなかなか減らないことがわかった。[22]

だがトパロヴァの研究報告は、経済学界で手ひどく叩かれた。調査手法は正しいとしても結論はまちがいだ、と酷評されたのである。貿易が貧困を増やすなど、あり得るはずがない。貿易は貧困国の貧困層に恩恵をもたらすと理論は結論づけているのだから、調査で集めたデータがまちがっているのだ。学界からつまはじきに遭ったトパロヴァは、最終的にＩＭＦに就職する。ＩＭＦは自由化を大々的に推進している機関であるうえ、そもそもＩＭＦスタッフの研究に疑問を抱いたことが調査のきっかけになったのだから皮肉な成り行きだが、つまりはＩＭＦのほうが経済学界より懐が深かったということだろう。

トパロヴァの論文は一流の経済専門誌からも門前払いを喰わされた。彼女の論文が刺激となってこの問題に関する多くの研究が行われるようになったにもかかわらず、である。今日では多くの研究がさまざまな状況にトパロヴァの手法を応用しており、コロンビア、ブラジル、アメリカ（以下で取り上げる）でも同じ結果が得られている。[23] 論文掲載誌で最優秀論文賞を獲得し、経済学界でトパロヴァの名誉が回復されたのは、ようやく数年後になってからだった。

硬直的な経済

トパロヴァが常々言っていたのは、貿易自由化で甚だしい不利益を被る人がいると主張するつもりは毛頭ない、ということである。そもそも同じ国の中のさまざまな地域を比較しただけだから、結論として言えるのは、ある地域（貿易の影響を強く受ける地域）は他地域ほど貧困が減らない、ということだけである。このことは、トパロヴァが論文の中で注意深く強調した可能性と完全に整合する。すなわち、自由化という上げ潮はすべての船を浮かばせるにしても、一部の船は他の船よりよく浮かぶ可能性があるということだ。それにトパロヴァの研究は、インド全体で不平等が拡大したなどとはまったく主張していない。ある地区では他の地区より不平等が拡大したと指摘しただけである。実際には、自由化の影響を強く受ける地域は、自由化の時点では他地域よりいくらか裕福であることが多い。そのため自由化後に貧困がスムーズに減らなくとも、むしろ国全体の不平等の縮小には貢献していることもある。トパロヴァのチームはその後に発表した論文で、インドの貿易自由化によって経済全体にはあきらかにある種のプラス効果があったことを示した。たとえばインドの企業は新市場開拓に乗り出し、新たな分野に進出したり、海外で販売したりするようになった。また、それまでインドには存在しなかった安くて品質のよいものを輸入できるようになったおかげで、それを使った新製品を開発して国内・国外に売り出すようにもなった。[24] おかげで生産性は向上し、また一九九〇年代前半に政府が取り組んだ改革も奏功して(さらに世界経済の成長という幸運にも恵まれ)、インド経済は一九九〇年代以降、高度成長を遂げている。

にもかかわらず、貿易論を専門とする経済学者たちがトパロヴァの論文に脅威を感じたのは、理由がある。伝統的な理論における貿易の恩恵は、リソース(労働者、資本)の再配分に依拠している。ところが貿易自由化の影響を強く受ける地域とあまり受けない地域とで差があることをトパロヴァは発見した。ということはつまり、リソースが当初考えられていたほどたやすくは移動しないことを意味する。もし労働者がすばやく移動するのであれば、賃金水準はどこもおおむね同一水準に収斂するはずだ。リソースの移動性が乏しいことを発見したのは、トパロヴァだけではない。他の多くの研究でも、リソース再配分説には事実の裏付けがほとんど得られないことが報告されている。[25] だが、人も資本も機会を追いかけて機敏に移動するという見方を捨てなければならないとしたら、貿易はよいものだという信念を持ち続けることはできなくなってしまう。

労働者がなかなか他地域へ移動しないとすれば、ある産業から別の産業にもなかなか移らないと考えるのが妥当だろう。このことは、労働市場についてすでにわかっていることと完全に一致する。インドでは、貿易自由化が貧困削減にマイナスに作用することをトパロヴァは示したが、このことは労働市場にはより極端な形で現れる。というのも、厳格な労働法により労働者の解雇が困難で、不採算企業の市場からの退場も進まないため、元気な企業がなかなか取って代わることができないからだ。[26]

　また、とくに発展途上国では、土地の所有権移転も容易ではない。このことは多くの信頼できるデータで実証されている。さらに、資本もなかなか移動しない。[27]銀行は不採算企業への融資打ち切りを渋るうえ、好調な企業への新規融資にも及び腰だ。融資担当者は自分がゴーサインを出した融資が焦げ付いた場合の責任を取らされることを極度に恐れるため、何も決断しようとしないのである。そこで、過去に誰かが下した決断をそのまま踏襲することになる。唯一の例外が、実際に融資が不良債権になりかかったときである。このとき銀行が何をするかと言うと、さらに追い貸しをするのである。それで古い債務を返済させ、債務不履行の悪夢を先送りし、将来に何か幸運が起きることをひたすら願う。これを銀行業界では「自動継続」融資と言う。一見すると申し分のないバランスシートを誇っていた銀行が突如として破綻する原因の多くは、これだ。硬直的な貸し出しは、本来ならとっくに退場しているべき企業が粘り続ける現象を生み出す。それはすなわち、新規参入者の資金調達が困難であることも意味する。とりわけ、不確実性が高い状況（たとえば貿易自由化の直後など）で、そうなりやすい。そのような状況では、融資担当者はますますリスクテークを嫌うからだ。

　このように経済にはさまざまな形で硬直性がつきまとうことを考えると、国外から大々的に競争相手が押し寄せるといった悪いニュースが到来した場合には、好機到来と歓迎し最善の使途にリソースを移動しようとするよりも、身を潜めて避難し、問題が頭の上を通り過ぎてしまうことを願うほうが、ありそうに思われる。かくしてレイオフが実施され、定年退職した労働者の補充はされず、賃金水準は下がり始めるというわけだ。経営者は大幅減益に直面し、銀行からは融資の返済や条件の再交渉を迫られる。どれも、できるだけ自由化前の現状を維持しようとする試みだ。これでは生産性の向上など望むべくもない。関税などによる保護を失った産業が大量に出現する中、経営者も労働者も収入がダウンする。

これは極端なケースかもしれないが、トパロヴァがインドで発見したいくつかのデータは、これに似た状況を示している。まず、貿易自由化の影響を強く受けた地域からの移住はほとんど見られなかった。[28]また同一地域内でさえ、産業間のリソースの移動はなかなか進まなかった。

一段と衝撃的なのは、同じ企業内でもリソースの移転が進まなかったことである。インドの多くの企業は、複数の製品を製造している。となれば、安価な輸入品と競合する製品は製造を打ち切り、不利益を被らない製品に注力すればよさそうに思える。労働法で解雇がむずかしい場合でも、企業内の配置転換までは禁じられていない。にもかかわらずトパロヴァは、輸入品と太刀打ちできない製品の製造を打ち切った企業の例を発見できなかった。経営者は、製造ラインの転換はコストがかかりすぎる、労働者は解雇せず新しい製造機械を導入するとなればコスト負担が大きい、と考えたのだろうか。[29]

誰のための保護か

とはいえこうした移動性の欠如にもかかわらず、リソースは最終的に移動する（すくなくとも一部の国では）。そして輸出は、とりわけ東アジアの国々のめざましい躍進で主役級の役割を果たした。当時の富裕国が東アジアからの輸出を無邪気に歓迎したわけではない。富裕国は輸入を厳格に規制し、厳しい安全基準や労働基準や環境基準の合格を条件づけた。

さまざまな基準や規則が輸入を締め出してきたことは、よく指摘されるとおりだ。たとえばカリフォルニアのアボカド農家はロビー活動を行い、メキシコ産のアボカドを一九一四年からなんと九七年まで輸入禁止にすることに成功した。害虫の輸入を防ぐという理由からだが、メキシコは地続きで害虫はいくらでも自由に侵入できるのだから、理由にならない。一九九七年に連邦ベースで輸入禁止が解除されても、カリフォルニア州だけは二〇〇七年まで禁止を継続した。また最近では、アメリカで二〇〇八年に金融危機が発生した際、食品医薬品局（ＦＤＡ）が食品の安全性を理由に、発展途上国からの農産物の輸入を突然禁止した例がある。受け入れを拒絶された輸出業者は、往復運賃を負担しなければならなかった。サブプライムローンに端を発する危機の前と後とで、メキシコから送られる農産物の品質が変わるはずがない。だが危機のせいで需要が縮小したため、アメリカの生産農家にとっては輸入品を締め出すことが以前にも増して重要になったわけである。[30] 不景気の時期には、国内産業は保護を求める圧力を一段と高める。そして安全性がたびたび口実に持ち出されることになる。

そうは言っても、ほんとうに消費者の安全を守る基準(たとえば中国製玩具に鉛が含まれていたことがある)や、環境保護基準(作物に対する農薬の使用など)、労働基準(児童労働の禁止など)が存在することは事実だ。現にフェアトレード・ブランドの成功は、多くの消費者がいくらか余計に払ってでも環境基準や倫理基準をクリアする商品を買いたがっていることを物語る。こうした事情を反映したのだろう、多くの著名ブランドも、最近では規制を上回る独自の品質基準を守っていることを謳うようになった。こうした流れは、輸入品の参入を一段と困難にすると言えよう。

評判という高いハードル

第二の中国をめざす発展途上国にとっては、富裕国へ輸出する際の高いハードルがもう一つある。それは、グローバル市場で評判を確立することだ。

世界貿易機関(WTO)は二〇〇六年に貿易のための援助(AfT)を発足させ、発展途上国の貿易を支援するさまざまなプログラムに二〇一七年半ば時点で三〇〇〇億ドル以上を支出している。[31]こうした構想の背後にあるのは、貿易は貧困から脱け出す手段になるという信念だ。この信念は果たして正しいのか。ある研究者チームはアメリカのNGOエイド・トゥー・アーティザン（ＡＴＡ）の協力を得て、貿易はほんとうに貧困から脱け出す手段なのかどうかをテストすることにした[32]。ＡＴＡは、発展途上国のハンドメイド品の輸出支援を行う非営利組織である。

二〇〇九年一〇月にＡＴＡはエジプトで標準的な手順に従って新規プログラムを開始した。まず、富裕国市場で人気の出そうな商品で、比較的工賃の安い国で作られているものを探す。エジプトの場合、理想的な商品としてカーペットが候補に挙がった。手織りのカーペットやラグはエジプトの重要な工芸品の一つで、多くの雇用機会を創出している。またアメリカではそうした製品に対する需要があった。

次にＡＴＡは支援対象として適切な地域を探し、アレキサンドリアから車で南東二時間の距離にあるフワ［Fuwwah］を選んだ。個性的なカーペットやラグを手がける小さな工房が数百も集まる町である。典型的な工房は一人（男性ばかりで女性はいない）で経営されており、一台の織り機を家の中か納屋に据え付けて作業をする。

支援地域が決まると、ＡＴＡは現地の仲介業者を探す。現地の事情にくわしく、注文をとってきて適切な工房に依頼するといった仕事をこなす。ＡＴＡとしては、数年間はエジプトにとどまるが、その後は仲介業者にプロジェクトの継続を委ねたい。だから、経験豊富で信頼できる仲介業者を見つけることが重要な意味を持つ。その点でフワは理想的だった。ハミス・カーペットという仲介会社があり、フワで作られたカーペットを長年扱ってきたからである。ただしそのほとんどが国内向けで、輸出はしていなかった。

ＡＴＡはハミスと手を組むことにし、どんなタイプのカーペットを作るかを決めると、買い手を探して注文を取り付ける仕事に取りかかる。これが大変だった。ＡＴＡはハミスのＣＥＯにアメリカで研修を受けさせ、イタリア人のデザイナーにラグのデザインを依頼し、ハミスが扱う製品をありとあらゆる見本市で展示し、知っている限りの輸入業者にも売り込みをかけた。それでも、ようやくドイツの買い手からまとまった注文を取り付けたのは、マーケティングを開始してから一年半後だったのである。

このときからビジネスは上向きになり、二〇一二～一四年には注文が次々に入るようになった。そしてプロジェクト発足から五年後には、累計受注高が一五万ドルを突破する。幅広い人脈と資金力を備えたＡＴＡ、国内で評判の高い経験豊富なハミスをもってしても、フワの三五の小さい工房をフル稼働させるだけの注文が安定的に得られるようになるまで、五年かかったのである。ＡＴＡという外部組織からのプッシュがなければ、エジプトの仲介業者が輸出市場を開拓することなど、とてもできなかっただろう。

輸出市場への進出がこれほど困難なのはなぜだろうか。問題のかなりの部分は、外国の買い手にあるように思われる。買い手の多くは大手の小売事業者や名の通ったインターネット通販事業者である。こうした大手の買い手からすれば、エジプトの小さなカーペット製造業者から買うことは端的に言ってギャンブルだ。買い手にとって最も重要なのはクオリティである。彼らの抱える顧客は欠点のない完璧な品物を求めている。それから、納期も重要だ。たとえば次の春夏シーズンの商品がすぐに出荷できる状態になっていないと、売り手はチャンスをみすみす逃すことになる。さらに、作り手にすべてのリスクを転嫁することは不可能だ。品質が悪かったり納期に遅れたりした場合に商品代金を払わないことは契約上もちろん可能だろう。だが富裕国の小売事業者や通販事業者の立場からすれば、評判を落とすリスクのほうがはるかに大きい（腹を立てた顧客がウェブのレビュー欄に投稿することを考えてほしい）。また買い手が懲罰的な損害賠償規定を設けることも契約上は可能だが（たとえば納期遅れ一日当たりいくら、というふうに）、小さなエジプトの町の工房からどうやって取り立てるのか。おそらく彼らはあっさり夜逃げしてしまうだろう。かといって、納品されたカーペットを一枚一枚念入りに検品するのも現実的ではない。人件費と時間がかかりすぎる。

一つ考えられるのは、商品をかなり安く提供することだ。そうすれば、消費者はこれだけ安いなら多少の欠点には目をつぶろう、と思ってくれるかもしれない。高い値段だからこそ、相手は完璧な商品を期待する。値段が安ければ、消費者の期待値も下がるだろう……。

残念ながらそうはいかない。多くの場合、消費者は信用できない品物には手を出さないからだ。そういう品物を買ってしまうと自分の貴重な時間が無駄になることを彼らはよく知っており、どれほど値段を下げたところで、その損害を容認できるほどにはならない。ここで、私たち自身の経験を紹介しよう。私たちはパリでＤＶＤプレーヤーを買った。だが届いてみると、蓋の部分がどうやっても開かず、DVDを挿入することができない。何とか直せないかと一時間を無駄にし、さらにメーカーのウェブサイトのヘルプを探して一時間を費やした挙句、私たちはアマゾンの丁重なクレーム担当者とチャットをした。彼は返金に応じてくれるという。だが返金手続きをするためには、近くの家電販売店へ不良品のプレーヤーを持ち込まなければならない。アビジットがその店へ出向くと、アマゾンの返品受け付けが混み合っているから今日は無理だという。もう一度出直すと、今度は返金を受け取るための商品引渡証に記入するなどの手続きで二五分も待たされた。一方、私たちは別の店でDVDプレーヤーを買い直した（娘の誕生日に使いたかったので、急いでいたのである）。ところがあいにくなことに、こちらは自宅のテレビには接続できないことがわかった。私たちはメーカーのウェブサイトで返品手続きをしようとしたが、買ったばかりでまだ登録が済んでいなかったため、数日間待たなければならないことがわかった。これを書いている時点で、買い直したDVDプレーヤーは再梱包された状態で玄関に置いてある。結局DVDプレーヤーを買うのは諦め、エステルの父親から貸してもらった。

長々とこんな話をしたのは、消費者にとって「時は金なり」だと痛感させられる出来事だったからである。私たちは費やした時間分のお金を取り戻すことは永久にできない。二回も家電販売店へ行ったり、あるいは何とか直そうと二時間費やしたりした分をアマゾンが払ってくれるはずもない。

あるいは、どこかのウェブサイトで買った安くてかわいい草木染めのTシャツを考えてみよう。このシャツを洗濯したら、一緒に洗ったものが全部派手なブルーに染まってしまった。まだらになってしまった一〇〇ドルのお気に入りのブラウスの損害を誰が賠償してくれるのか。

アマゾンが自社のサービスに対する評判を維持しようとたいへんな苦労をしているのはこのためだ。たとえば、ものによっては返品無用で返金し、消費者の時間のロスを防いでいる。そのためにも、全面的に信頼できるサプライヤーとだけ取引したい。理想的なのは取引実績のあるサプライヤーだが、最低でも製品やサービスに高い評価を得ているサプライヤーであることが条件だ。つまり消費者だけでなく売り手にとっても、「時は金なり」なのである。

世界の不平等の構造がここに現れている。貧しい国で作られた手織りのカーペットや草木染めのTシャツを買う欧米の消費者は、要するに作り手より裕福すぎる。だから新規参入する作り手が多少の値引きをしたところで、消費者が無駄にした時間や台無しになった高価なブラウスの埋め合わせをすることは到底できない。

ここで、中国の作り手とエジプトの作り手を比べてみよう。中国の平均月給は九一五ドル、エジプトは一八三ドルである。[33] 週四〇時間働くとして、中国人の時給は五ドル、エジプト人は一ドルになる。草木染めのTシャツが一時間に一枚できるとして（とても手の込んだシャツだとする）、エジプトに発注すれば四ドル安く出来上がるわけだ。だが買う側からすれば、たとえ四ドル高くても品質がたしかなもののほうが断然いい。アマゾンはそのことをちゃんとわきまえている。中国に取引実績のある信頼できるサプライヤーがいるのに、なぜエジプトの知らないところと取引するリスクを冒す必要があるのか。

エジプトのカーペットの例では、仲介業者が必要だった（先ほどの例では、ATAとハミスという二つの仲介業者が間に入っていた）。仲介業者がいなかったら、小さな工房が評判を築くことは不可能だ。そもそも作れる量が少なすぎるのである。ハミスはそれなりの量を扱っているから、どの工房の腕がいいか知っているし、品質や納期を管理して評判を維持する術も心得ている。また立場上、買い手の好みも知ることができるので、改善すべき点などを工房に伝える役割も果たす。輸出市場に進出するようになると、ハミスは短期間でノウハウを身につけ、今回の研究対象に選ばれなかった他の仲介業者より一段と競争優位に立つことができた。とはいえ、エジプトの外では誰もハミスを知らない。だから最初は誰も取引したがらなかったのも無理はないと言えるだろう。

しかも、とうとう大口注文をもらうと、今度は逆の問題が起きてハミスを悩ませた。つまり、欧米の買い手はエジプトの工房の品質をしきりに問題にするが、欧米の買い手にしても行動に問題があるということである。たとえばあれこれ難癖をつけて払おうとしない買い手がいる。注文後に気を変える買い手もいた。そうなるとハミスは作り手と買い手の間で板挟みになってしまう。たとえば、ある買い手はカーペットをアンティーク調にしてほしいと言い出し、紅茶に浸してから酸を振りかけて古びた感じを出すよう注文をつけた。そのとおりに処理したカーペットが届けられると、「こんなのじゃいやだ」と文句を言ってきたのである。ハミスは困惑した。「あなたの注文通りにした」と買い手に押し返そうとしても、いちいちのやりとりは記録に残っていない。「たしかにメールではそう指示したが、そのあと電話で話しただろう」といった調子で、埒があかない。言った、言わない、の水掛け論になると、輸出市場に参入したばかりのエジプト企業は分が悪い。その一方で、作り手のほうはやれといわれたことをやったのになぜトラブルになるのかと怒り、払ってもらえないとわかると動転する。彼らは生活がかかっているのである。結局、ハミスが損失を吸収する羽目になるのだった。

評判を確立する苦労を私たちが初めて知ったのは、一九九〇年代後半に萌芽期にあったインドのソフトウェア産業を調査したときである。インドのソフトウェア産業は、最初は南部の都市バンガロール周辺で発展した。バンガロールは高原にあって涼しく、当時は快適な気候だけが取り柄の眠ったような小さな町だった（いまではスプロール化する大都会で、交通渋滞がひどい）。インドのソフト開発企業は、顧客の要求に応じてカスタマイズされた製品を開発することに特化していた。たとえば企業から会計ソフトの発注があれば、標準品をカスタマイズするか、顧客のニーズに応じてゼロから開発する。

インドはソフト開発に関して多くの競争優位を備えていた。非常に評価の高い工科大学から優秀な学生が潤沢に供給されること、インターネット環境が整備されていること、英語が通用すること、アメリカと時差があるため顧客とはちがう時間帯で働けること、などだ。それにソフト開発にはさほど元手がいらない。オフィスと少人数のチーム、コンピュータがあればいい。しかもバンガロールには一九七八年にエレクトロニック・シティが建設されて、一段と条件が有利になった。エレクトロニック・シティは情報技術産業向けの工業団地で、電力と通信回線の供給が充実している。これらの要素が相俟って、バンガロールではしかるべき資格と猛烈に働く意欲さえあれば、誰でも自分でソフト会社を興すことが可能だった。ただし、この産業で生き残るのは容易ではない。

一九九七~九八年の冬に、私たちはインドでソフト開発会社のCEO一〇〇人以上に聞き取り調査をした。起業の経験と直近二つのプロジェクトについて話してもらうためである。創業間もないスタートアップのCEOの生活は苦労が多い。顧客からは細かい要求が来る。できるだけその要求に沿ったソフトを開発するのだが、いざ納品すると、要求とちがうとクレームがつくことがたびたびあるという。開発側は顧客が途中で気を変えたのではないかと疑うのだが、顧客の側は相手が自分の要求をちゃんと理解していないと感じる。いずれにせよ、こうなってしまったら争っても無駄だ。実績のない企業との契約は、多くの場合作業量とは無関係の固定価格方式で、しかも買主が満足しなければ払われない形になっているからである。

買い手がこのタイプの契約を選ぶのは、遠国インドの無名のサプライヤーに発注するだけで大きなリスクなのだから、それ以上のリスクはごめんだという姿勢の表れだろう。その証拠に、インド企業が成熟し評判も上がってくると、固定価格方式の請負契約ではなく、原価加算方式の契約が結べるようになる。原価加算方式では、ソフト開発にかかった時間数や費用の全額を買い手から払ってもらうことができる。[34]調査では、すでに顧客から仕事を請け負った実績があり、信頼関係が築かれている場合には、スタートアップでも原価加算方式で受注できることがわかった。

あるスタートアップのCEOは疲れきっていた。このCEOはただ会社を存続させるためだけに、夜も昼もなくおもしろくないプロジェクト（と際限のないやり直し）で働き続けているという。彼が最近請け負ったのは、Y2Kプロジェクトだった。西暦二〇〇〇年になるとコンピュータが誤作動する恐れがあるという、あの二〇〇〇年問題である。その仕事の内容は、数千行におよぶコードの羅列から「1/1/99」という表記を探し出して「1/1/1999」に訂正するというものだった。当時はどの企業も修正作業に躍起になっていた。この仕事はむずかしくはない。コストがかかりすぎて赤字になる心配もあまりない。だがまったくやる気が出ないし、頭が麻痺しそうだという。このCEOは自分の会社をたたんでどこか大手企業に就職することを本気で考えていた。頭を使わない仕事を延々とこなし、自分の要求を正確に表現できない顧客とやり合い、今月の家賃を払えるだろうかと始終考える生活をするために、起業したわけではなかった。

まだ世に知られておらず、したがって評判もないスタートアップには、とにかく資金力が必要である。バンガロールのＩＴ産業を代表する企業としてよく引き合いに出されるインフォシスは、一九八一年に七人のエンジニアが設立した。しかしこの時点で、CEOの妻から二五〇ドルを借りていたのである。インフォシスは現在インドで第三位のソフトウェア企業だが、残りの二社がウィプロとタタ・コンサルタンシー・サービシズなのは偶然ではあるまい。第二位のウィプロは食用油など食品事業で成功を収めてからソフトウェアに進出した。そして第一位のタタは、塩から鉄鋼までそれこそ何でも手がける財閥系企業グループの一員である。もちろん、成功するためには資金以外のものも必要であり、ウィプロにもタタにも先見の明のある有能な人材がいた。だが資金力が強力な助けになったことも事実である。

強力なブランドネームも助けになる。高級革製品からスタートしたグッチが、現在は車のシートから香水までさまざまな分野に進出しているのは偶然ではない。スポーツカーで名高いフェラーリも、いまでは眼鏡やノートパソコンを手がけている。グッチの香水やフェラーリのパソコンを買う人は、技術的に画期的な何かを求めているわけではあるまい。消費者が期待するのは、グッチやフェラーリというブランドがあまりに有名なので、質の悪い製品を売ってその名前を穢(けが)すようなことはしないだろう、ということだ。つまりブランドネームが品質保証になっている。もちろん、こんなに高価なものを買ったのだと自慢したい気持ちもあるかもしれないが。

名前がモノを言う

ブランドネームの価値は、競争を回避できることにある。作り手より買い手のほうが桁外れに裕福だという状況では、作り手は価格よりクオリティに力を入れることが非常に重要になってくる。これだけでも未来の新規参入者にとっては高いハードルだが、さらに既存企業を出し抜くことを一段と困難にする要因がある。それは、最終価格のうちサプライヤーに支払われる金額の占める比率が次第に下がっていることだ。今日では、製品を買い手にとって魅力あるものにするためにさまざまな費用がかけられており、ブランディングと流通に関するコストが生産コストを上回ることもめずらしくない。多くの品目で、生産コストは小売価格の一〇〜一五%を占めるに過ぎない。つまり生産者がどれほどがんばっても、最終価格におよぼしうる影響はきわめて小さいということだ。たとえば効率的な生産者が五〇%のコスト削減に成功したとしても、最終価格におよぼす影響はせいぜい七・五%程度である。

それでも絶対額としてはそれなりのインパクトがあるかもしれないが、多くの研究が示すように、買い手が問題にするのは最終価格に占める比率なのである。ある古典的な実験では、次のような結果が出ている。回答者の第一グループに一五ドルの計算機を示し、車で二〇分のところにある店では五ドル安く売っていると情報を提供する。第二グループには一二五ドルの計算機を示し、車で二〇分のところにある店では五ドル安く売っていると伝える。どちらのケースでも二〇分行けば五ドル安いという条件は同じだ。だが結果は大きくちがった。「回答者の六八%は、一五ドルの計算機を五ドル安く買うためなら車で二〇分走ると答えたが、一二五ドルの計算機の場合は二九%にとどまった」のである。ポイントは、五ドルは一五ドルの三分の一だが、一二五ドルの四%に過ぎないということだ。このため前者では五ドルの節約に乗り気になったが、後者ではそうはならなかったというわけである。となれば消費者は、七・五%安くなった程度ではそちらに乗り換えたりはしないことになる。[35]

ということは、中国の工場渡し価格が大幅に上昇すればともかく、少々上昇しても誰も気づかないということだ。しかも近い将来に大幅に上昇すると考えるべき理由は何もない。中国には、現在の賃金水準でいいから働きたいという貧しい人々が大勢いる。だから、中国の生産コストはかなりの期間にわたって低いままだろう。ベトナムやバングラデシュなど第二の中国をめざす国や、ローコストのサプライヤーの多くが、虎視眈々と付け入る機会をうかがっている。そう考えると、リベリアやハイチやコンゴがどれほど長く待たなければならないか、想像するだけで背筋が寒くなる。彼らもゆくゆくはグローバル市場への進出をめざすにしても、その頃にはバングラデシュもベトナムも裕福になりすぎて、無名なサプライヤーの安価な製品を欲しがらないかもしれない。

以上のように、評判やブランドネームは途方もなく大きな役割を果たす。つまり国際貿易でモノを言うのは、クオリティの高い製品、すぐれたアイデア、低い関税、ローコストの輸送だけではないということだ。新規参入者がグローバル市場で成功し、シェアを獲得するのは至難の業だ。彼らは評判もブランドネームもないところから始めなければならない。そこに労働市場の硬直性が加わると、ストルパー＝サミュエルソン定理が依拠し自由貿易が促すとされる人と資金の自由な移動は、実際にはそううまく実現しなくなる。

グローバル市場で伍していくには

世界に打って出ようという新規参入者にとって、さらに高いハードルが待ち構えている。それは、問題になるのがその企業の評判だけではないということだ。日本の自動車は安定した品質で知られ、イタリアの車はスタイリッシュなデザインで、ドイツの車は高性能で知られる。このような状況で日本の自動車メーカーが新規市場を開拓する場合、たとえば三菱自動車が一九八二年にアメリカに参入したケースでは、すでに日本メーカーが成功を収めているという事実のおかげで始めから有利な立場にあった。これに対して、バングラデシュやブルンジの自動車メーカーは不利だ。たとえ厳格な基準に合格し、低価格で、レビューで高い評価を得ているとしても、誰も買おうとしないだろう。数年後にどうなるかわかったもんじゃない、と買い手は考えるだろう。ある意味で彼らは正しい。その車がいかによくできていて乗り心地も耐久性もすぐれているかということは、何年も経ってようやくわかるものだ。トヨタも日産もホンダも、最初はそうだった。

だが新規参入者に対する疑念は、自己実現的な予言になってしまうこともある。もし誰もバングラデシュの車を買ってくれなかったら、メーカーは立ち行かなくなり、カスタマー・サービスは打ち切られるだろう。あるいは、誰もがエジプトのカーペットは売れないだろうと予想したら、製品は買いたたかれ、もはや品質改善のために投資する資金はなくなってしまう。こうして悪循環に陥ることになる。[36]

低い期待の呪いを打ち破るのは容易ではない。たとえ最高級の品物を市場に投入したとしても、疑り深い買い手は、二年もたてば故障するだろうと考えたりする。ここで非常に役立つのが、強力なコネクションだ。誰か影響力のある人物が新規参入者を知っていて、あそこの製品はいいですよ、と保証し後ろ盾になってくれれば絶大な効果がある。欧米に住んで働いたことのある中国人が、祖国に帰って中国企業のグローバル進出に重要な役割を果たしているのは、けっして偶然ではない。彼らは自分自身の評判やコネクションを活かし、買い手（その多くは彼らがかつて働いていた企業だったりする）に売り込み、万事問題ないことを保証する。

サクセスストーリーの存在も、好循環を生み出すカギとなる。何かで決定的な成功を収めた企業には、たとえ新興企業であろうと買い手は群がるものだ。他社があの会社と取引を続けているのだから大丈夫だろう、と安心するのだろう。多くのスタートアップは、運よく最初の注文を獲得すると、それが低い期待の呪いを断ち切る大チャンスだと心得、最高の品物を納めるべく最善の努力をする。

たとえばケニアの輸出用薔薇(ばら)市場がそうだ[37]。地元の生産者はヨーロッパにケニアの薔薇を売り込むべく、仲介業者を通じて奮闘してきた。だが生花というものは厄介な商品で、正式な契約を取り交わしても、相手が正しいふるまいをすることを期待できない。なにしろ非常に傷みやすいので、買い手は萎(しお)れているとか傷があるとかいつでも文句を言えるし、売り手も扱い方が悪いからそうなるのだと主張することができる。したがって売り手にとっては、高品質の薔薇を納める生産者だという評判を確立することが非常に重要になってくる。ケニアで二〇〇七年の大統領選挙を巡って暴動が起きたいわゆるケニア危機の時期には、労働者が不足し、輸送も危険な状態になって、まだ評判を確立するにはいたっていなかった生産者はヨーロッパに薔薇を供給し続けるためにたいへんな苦労を強いられた。輸送中に武装したガードマンを雇わなければならなかったこともあったほどである。これで買い手の信頼を獲得し、ケニアの薔薇市場は混乱を乗り越えて生き延び、ケニアの薔薇は大輪ではなやかだと高い評価を得ている。

だが命をかけて努力しても、必ず報われるとは限らない。一社がいくらがんばっても、その国あるいは産業全体の評判も重要だ。ほんのすこし腐った卵が混ざっただけで、ある国やある産業全体の評判がガタ落ちになるという事態も起こりうる。このことをよく知っている政府は、品質をごまかした企業に重い罰を科すようになってきた。たとえば中国政府は二〇一七年に、違反には厳罰で臨むことを決めた。チャイナデイリー紙によると、国家品質監督検査検疫総局の総局長である黄国梁は「品質管理法の違反者に現在科せられている行政処分はなまぬるすぎる……違反者が破滅的な懲罰を受けるようにすれば、抑止効果が期待できるだろう」と述べたという[38]。

企業・産業・国の評判が相互作用し、しかも脆くて崩れやすいという状況では、「産業クラスター」を形成することが最善の方法だとされる。産業クラスターとは、一定地域に特定分野の企業やそれを支援する組織などが集積された状況を指す。個別企業はクラスターの成果や評判の恩恵に与ることができる。

インド南部の都市ティルプルには一九二五年から綿織物工場が多く立地し、一九六〇年代、七〇年代を通じて順調に成長を続けていた。主に生産していたのは、インドの男性がシャツの下に着るランニング型の白い肌着である。一九七八年にアパレル輸入を手がけるイタリアのヴェロナ氏が白いTシャツを大量に生産できるメーカーはないかとインドに乗り込んできた。ムンバイにあるアパレル輸出組合は、ティルプルに行くようヴェロナ氏にアドバイスする。ティルプルで契約を取りまとめ、最初に出荷されたロットに満足したヴェロナ氏は、追加注文を出した。さらに一九八一年にはヨーロッパのファストファッション大手のC&Aから初めての注文が来る。そして年一五〇万ドル程度だったティルプルからの輸出は、一九八五年を境に幾何級数的な発展を遂げる。一九九〇年には輸出総額は一億四二〇〇万ドルを突破し[39]、二〇一六年には一三億ドルに達した。だがこれがピークで、その後は中国、ベトナムなどの後発国との熾烈な競争に直面している。[40]

中国には、さまざまな製品に特化した製造クラスターが多数存在する。靴下シティ、セーターシティ、靴シティ、といった具合だ。たとえば湖州にある子供服クラスターには一万社を超える企業が集中し、三〇万人以上が働いている。二〇一二年には、湖州市を擁する浙江省のGDPの四〇%をこのクラスターが生み出した。もちろんアメリカにも多くのクラスターが存在する。ボストンのバイオ・クラスター、ロサンゼルスに近いカールスバッドのゴルフ用品専門クラスター、ミシガンの時計クラスターなどだ。[41]

ティルプルの綿織物産業クラスターの例は、名前の大切さを教えてくれる。同地の綿織物産業を支えているのは、請負業者だ。生産プロセスの一つまたは複数、ときには出荷までの全工程を請け負う下請業者だが、彼らは言わば黒子のような存在である。買い手は一握りのよく知られた仲介業者と契約し、仲介業者が下請業者に割り当てる。この生産モデルの利点は、個々の企業には大規模工場を建設する資金がなくとも、大口注文に応じられることだ。それぞれの下請業者は自分のところでできる限りの投資をし、あとのとりまとめは仲介業者に委ねる。ここにも、クラスターが必要な理由が存在するわけだ。

発展途上国のそこここで、輸出産業の大規模なクラスターが運営されている。そこでは、数社が評判を確立すれば、集まっている他の企業も雇用を確保できる。そしてエジプトのハミスのような仲介業者が外国の買い手との取り次ぎをするというしくみだ。クラスターを形成するどこか一社でも品質に問題を起こしたら全体の評判が落ちてしまうので、どの企業も品質管理を厳重に行う。ただハミスの例でも見たように、発足当初はいろいろと苦労が多く、最終的に報われるとしても手にする利益はさほど大きくないことがしばしばである。

この生産モデルには、現在興味深い変化が現れている。オンライン・マーケットプレイスの二大企業アマゾンとアリババ（阿里巴巴）が、仲介業者に代わる役割を果たすようになってきたことだ。個別の生産者は仲介業者を経ずにアマゾンやアリババのサイトで販売し、もちろん価格も自分で決めてよく、さらにサイトでレビューを集めるなど個別に評判を確立することができる。アマゾンで何か買うと、生産者からレビューのお願いメールが来るのはこのためだ。レビューで星五つに近づけようと、彼らは靴下や玩具を信じられないほど安値で売ったりする。そのうちたくさんのレビューを集め、星の数も確保したら、値段に上乗せできるだろうと考えているのだろう。言うまでもなく、揺るぎない評判を確立するまでには時間がかかる（永久に評判が得られない可能性もある）。それまでは、第三世界の無名の生産者がグローバル市場で伍していくのはまず不可能だ。どれほどよい製品を低価格で売り出しても、である。

二・四兆ドルの価値?

イタリアの型破りな革命家にして思想家のアントニオ・グラムシは、かつてこう書いた。「古いものは死に、新しいものは生まれて来ない。この空白期間にありとあらゆる病的症状が現れる[42]」。これはまさに、自由化以後の世界を予言するような文章だ。すでに論じたように、リソースというものは移動性に乏しい。とりわけ発展途上国でそう言える。また、輸出市場に参入するのはきわめて困難である。このため貿易自由化は、当初経済学者が予想したような劇的な効果をただちに生み出してはいない。賃金は上がるどころか下がっている。労働力が豊富な発展途上国では労働者は貿易の恩恵に与るはずなのに、必ずしもそうはなっていない。理由は、労働者が必要とするすべての要素、すなわち資本、土地、経営者、起業家、そして他の労働者が効率的でなければならないのに、実際には古いものから新しいものへのシフトがなかなか進まないからである。

機械設備、資金、労働者がいつまでも古い産業で使われていたら、有望な輸出産業に移動するリソースはすこししか残らない。インドでは一九九一年に貿易が自由化されたが、輸出・輸入いずれについても突然大幅に増えるということはなかった。一九九〇年から九二年の間に、外国貿易比率（GDPに占める輸出＋輸入総額）は一五・七％から一八・六％へとわずかしか増えていない。だが最終的には輸出入ともに増加し、いまやインドは中国やアメリカより貿易比率が高い[43]。リソースも最終的には移動し、新しい製品が作られるようになった。既存の生産者も、必要な資材や部品を簡単に輸入できるようになったおかげで、グローバル市場で競争できる高品質の製品を作れるようになっている。たとえばソフトウェア産業では、必要なハードウエアをスムーズに輸入できるようになったおかげで、ソフトウェアの輸出が大きく伸びた。インドの企業は、輸入品が安くなるとすぐに輸入品に切り替えるようになり、それを活かして新たな製品ラインの導入にも積極的になる。だがそうなるまでにはかなりの時間がかかった。[44]

多くの政策担当者は、このプロセスを加速させるには「輸出振興策」を導入するのがいちばんだと考えている。戦後期の東アジア（日本、韓国、台湾）、そして最近では中国の成功は、たしかにさまざまな形の輸出振興策によるところが大きい。多くの専門家は、中国の場合は為替政策が輸出を後押ししたとみている。政府が二〇〇〇年代を通じて人民元売りドル買いで元安を誘導したおかげで、中国製品の輸出競争力が高まったという。

二〇一〇年にポール・クルーグマンは、中国の政策を「かつて主要国が推進した中で最も歪んだ為替政策」だと批判した。だがその政策は高いものについている。中国の外貨準備はすでに二兆四〇〇〇億ドルに達し、なお毎月三〇〇億ドルが流れ込んでいる。[45] 中国企業が輸出に強みを発揮する一方で、中国の消費者がじつに倹約家であることを考えると、中国にはもともと買う以上に売る傾向があったと言ってよいだろう。このことはおそらく人民元相場を押し上げ、輸出の増加にブレーキをかけていたはずだ。政府の為替政策は、それを防ぐ役割を果たしたことになる。

輸出振興はほんとうによい経済政策なのだろうか。中国の政策が人民元建ての利益を増やし、輸出企業を助けたことはまちがいない（ドル建てで靴を売り、ドル高元安になれば、元で受け取る金額は増える）。輸出企業はドル建ての販売価格を低く抑えて外国人にたくさん買ってもらい、中国製品は安くて良質だという評判を確立できる。そうなれば資本を蓄積することも、雇用を増やすこともできるだろう。

その一方で犠牲になるのは中国の消費者だ。中国の人々は割高な輸入品を買わされることになる（自国通貨が弱い国のデメリットがこれだ）。では、元安誘導策がとられていなかったらどうなっていたか。これを推定するのは容易ではない。なぜなら、中国政府は輸出企業に有利な政策をほかにも採用している。現に二〇一〇年に元安誘導策を打ち切っても、中国の輸出競争力は健在だ。それに、たとえ輸出の伸びが減速したとしても、国内市場がそれを上回るペースで拡大し、その分を埋め合わせた可能性がある。今日でさえ、中国の輸出はＧＤＰのおよそ二〇％を占めるに過ぎない。それ以外は国内市場向けである。

仮に輸出振興策が中国で効果があったとしても（その可能性は高い）、同じ戦略が他の国でうまくいくとは限らない。すくなくとも、近い将来についてはそう言える。問題の一端は、中国自身にある。中国の成功とその巨大な規模が、他国の参入と成功を阻む。さらに、評判を確立することの困難さと評判の脆さ、有力なコネクションの重要性、成功のために必要な幸運などを考え合わせると、グローバル市場に打って出ることが平均的な貧困国にとってほんとうに未来につながる道なのか、疑問に感じざるを得ない。

チャイナ・ショック

J・D・ヴァンスの『ヒルビリー・エレジー』はアメリカの繁栄から取り残された人々の嘆きを代弁する書だが、読んでいるうちに、この人たちにも責められるべき点があるのではないかとの著者の深い葛藤が感じられるようになる。[46] 同書で語られるアパラチア山脈周辺地域の経済の空洞化は、中国との貿易が始まるのと時を同じくして起きた。貧しい人が打撃を受けるのはストルパー＝サミュエルソン定理から予想できたことで、富裕国では労働者が割を喰うことになる。だが驚かされるのは、その地理的な集中だ。取り残された人々は、取り残された地域に住んでいるのである。

博士課程の学生だったトパロヴァが、インドが貿易を自由化したときに国内で何が起きたかを調査したことはすでに紹介した。デビッド・オーター、デビッド・ドーン、ゴードン・ハンソンは彼女と同じ手法を使って、対中貿易が始まったときにアメリカに何が起きたかを調査している。[47] 中国の輸出は工業製品に集中しており、その中でも特定の製品に偏っている。たとえば衣料品・靴部門で言えば、スポーツシューズ以外の婦人靴、防水性のアウターウェアなどだ。これらについては、今日では中国製品が市場を席巻している。だがこれ以外の商品、たとえばコーティング加工した衣料品には中国製はまったく見られない。

一九九一〜二〇一三年にアメリカはいわゆるチャイナ・ショックに見舞われた。なにしろ世界の製造業に中国が占める割合は、一九九一年には二・三％だったのが、二〇一三年には一八・八％に拡大したのである。オーター、ドーン、ハンソンは、この中国の躍進がアメリカの労働市場に与えた影響を調べるために「チャイナ・ショック指数」を開発した。アメリカの通勤圏ごとにチャイナ・ショックにさらされた度合いを示す指数である。通勤圏とは文字通り通勤が可能な範囲のことで、複数の郡で形成される。チャイナ・ショック指数は、次のアイデアに基づいている。アメリカ以外の国への中国の輸出品のうち、ある特定の品目の価格がとくに高ければ、中国はその産業でおおむね成功していると考えてよい。よって、その特定品目をアメリカ国内で生産している通勤圏は、他の品目を生産している通勤圏より打撃を受けやすいはずだ。たとえば中国はＷＴＯに加盟して以来、スポーツシューズ以外の婦人靴の輸出を急速に増やしてきた。となれば、婦人靴を製造している通勤圏は、中国がまったく手がけていないコーティング加工品を製造する通勤圏よりチャイナ・ショックの影響を強く受けるだろう。そこでチャイナ・ショック指数を算出するにあたっては、中国のＥＵ向け輸出品を参照して品目別にウェイトをつけ、通勤圏ごとの産業構成が中国製品に対してどれほど脆弱かを示した。

　アメリカのさまざまな通勤圏は、たまたま最初に何を生産したかによって手がける製品が非常に異なる。チャイナ・ショックの影響をもろに受けた通勤圏では、他の通勤圏に比べ、製造業の雇用が大幅に減っていることがわかった。これは予想されたことだが、意外だったのは、労働者の移動がまったく見られないことである。つまり、新しい仕事に移る人がいない。打撃を受けた通勤圏の失業者数合計は、影響を受けた産業のみの失業者数を上回ることが多く、下回ることはめったになかった。これはおそらく、先ほど取り上げたクラスター効果がマイナスに作用したのだと考えられる。失業した人は節約するので、その通勤圏全体の経済活動が縮小してしまうのである。非製造業が雇用を増やして製造業の雇用減を埋め合わせる、というふうにもならない。もしそうした現象が起きているなら、打撃を受けた通勤圏で非製造業の雇用が増えているはずだが、実際には影響を受けた通勤圏における非製造業の雇用の伸びは、他の通勤圏より低かった。これらの通勤圏では他より賃金水準も低下し、とくに低賃金労働者にその傾向が顕著だった。

近隣の通勤圏はさほどチャイナ・ショックの影響を受けていない（中には中国から安価な部品を輸入して利益が増えた通勤圏もある）のに、労働者は移動しなかった。影響を受けた通勤圏の生産年齢人口は減っておらず、雇用だけが失われたのである。

こうした現象は、アメリカだけに見られるわけではない。スペイン、ノルウェー、ドイツでもチャイナ・ショックの影響で同じようなことが起きている。[48] どのケースでも、経済の硬直性が罠を形成していた。

クラスターは悪か

先ほど触れたように、この問題は産業クラスターによって深刻化した可能性がある。産業がクラスターを形成する合理的な理由はいくつもあるが、何か大きなショック（たとえば貿易ショック）に見舞われると、一地域に集中している企業すべてが影響を受ける可能性があることは潜在的なデメリットの一つだ。

本章で紹介したインドのTシャツ・クラスター、ティルプルでは、二〇一六年一〇月〜一七年一〇月の一年間で輸出高が四一％も減少した[49]。ここから悪循環が始まる可能性は高い。失業した労働者は、店やレストランなど地元にお金を落とさなくなる。持ち家の評価額もときに大幅に下がってしまう。というのも住宅の価値は周辺環境に大きく左右されるからだ。周辺地区が衰退し始めると、住民すべてが貧しくなる。住宅価格が大幅に下落した世帯は信用限度が引き下げられ、借り換えもままならないため、ますます消費を切り詰める[50]。地元の店やレストランは大打撃を受け、閉店するところも出てくる。こうして町から活気が消え地域が荒れてくるのと並行して、地方税の課税ベースも壊滅的に縮小するため、公共サービス（水道、学校、照明、道路など）も切り詰められ、ついにはその地域はまったく魅力がなくなって再起不能に陥ってしまう。企業は引き揚げるか倒産し、代わりの企業はやって来ない。

インドや中国で見られたこの現象が、アメリカの製造業クラスターにもおおむね当てはまる。

たとえばテネシー州は、家具から繊維製品まで、中国と直接競合する製品の製造クラスターを数多く抱えていた。企業が次々に倒産してクラスターが姿を消すと、町はゴーストタウンと化していく。かつてブルーストンは、アパレルのヘンリー・I・シーゲル(HIS)の工場町だった。最盛期には、HISの三つの巨大工場をフル稼働させてジーンズやスーツを製造し、一七〇〇人を雇用していたものである。凋落が始まったのは一九九〇年代だ。そして二〇〇〇年には最後に残っていた五五人を解雇した。その後の光景をアトランティック誌は次のように描写している。

「この町は、何とかして生き延びる方法を見つけようと苦闘した。HISの三つの巨大工場は閉鎖され、窓は破れ、塗装は剝がれている。いくつかの製造業が視察に来たが、去って行った。ブルーストンのメインストリートと隣町のハローロックからは歯の抜けるように企業が引き揚げて行き、町は現代のゴーストタウンになった。ブルーストンの中心部からは銀行が撤退し、スーパーマーケットとブティックは閉鎖され、駐車場だけが残っている。営業しているのは、高齢者が処方薬をもらいに来る薬局だけだ」

同じくテネシー州のマッケンジーは、パジャマ工場と靴メーカーを一九九〇年代に失った。それでもマッケンジーの市当局は企業誘致の努力をまだ続けている。どこかの企業が製造拠点を増やすとか移転すると聞き込むと、市の職員が担当者に連絡をとり、町を売り込む。中には興味を示すところもあるが、いまのところ進出した企業はない。アトランティック誌の記事はこう続く。

「市長のホランドは、企業が興味を失うのはメインストリートのせいだと話している。ある企業がマッケンジーに移転するという話になり、役員たちを町に案内した。そしてがらんどうになったメインストリートの寂れた様子を見るなり、ここに家族を住まわせるわけにはいかないと決めたという……まさに死の都だ、と彼らは言って背を向けた……二度と考え直そうとはしなかった[51]」

だからと言ってクラスターはよくないと言うつもりはない。クラスター形成のメリットはきわめて大きいからだ。だがクラスターが崩壊したときにどういうことになるかは肝に銘じておくべきだろう。

忘れられる敗者

貿易理論家は労働者の移動性を過大評価し、貿易で直接影響を受けた労働者も市場が面倒を見てくれる、とひどく楽観視していた。それでも彼らは、一部の人々が必ず打撃を受けると理解しており、こう主張する。大勢が貿易の恩恵に与るのだから、損害を被る人がいることは受け入れて補償すればよい、と。

そこでオーター、ドーン、ハンソンは、いったいどれほど政府が介入し、対中貿易で損害を被った地域をどのように支援しているのかを調査した。その結果わかったのは、たしかに公共プログラムからいくらか補償金が出るものの、失った所得を埋め合わせるにはまったく足りないということである。たとえば、甚大な影響を受けた通勤圏とほとんど影響のなかった通勤圏を比較すると、成人一人当たりの所得が前者で五四九ドル減ったのに対し、政府から受け取るのは一人当たりわずか五八ドルだった[52]。

しかも給付制度の構造が、失業した労働者の状況を一段と悪化させている。貿易が原因で失業した労働者への支援は、原則として貿易調整支援制度（ＴＡＡ）の下で行われる。ＴＡＡの受給資格者は、他産業に再就職するための職業訓練を受けることを条件に失業保険の三年間延長が認められ、移住、就職活動、医療のための補助金も受けられる。ＴＡＡは一九七四年に制定された長い歴史を持つ制度だが、貿易の影響を受けた郡への支給額（すでに少ないことは先ほど述べたとおりである）に占める割合はきわめて小さい。先ほどの五八ドルのうち、ＴＡＡから支払われるのはたったの二三セントだ。では残りはどこから来るのか――障害年金である。貿易で職を失った労働者の一〇人に一人が障害年金の受給申請をしている。

障害年金の給付額の急増はじつに懸念すべきことである。貿易が労働者の肉体的な健康に直接影響をおよぼしたとは考えにくい。むしろ貿易によって姿を消した代表的な仕事は、肉体的にきつい職種だった。労働者の中にはたしかに抑鬱症状に陥った者もいるが、そうでない人たちは生き延びる戦略として障害年金を選んだのである。いずれにせよ、障害年金に頼るのは永久に雇用機会を失う一本道になる。たとえば復員軍人プログラムでは、最近になって、枯葉剤を浴びた人の場合は糖尿病でも障害年金の受給資格があると認めた。この方針変更で多くの復員軍人が受給申請をしたが、一〇〇人に一八人が永久に労働市場から姿を消したという。[53] アメリカではいったん障害年金受給者になると、そこから脱け出す人はめったにいない。[54] 就労困難な障害があると認定されたわけだから、雇用機会はまずもって得られない。貿易ショックで失業し、日々の生計を立てるために障害年金にすがるようになった人は、本来なら見つけられたはずの新しい仕事に永久に就けなくなってしまう。

障害者と認定された労働者は、二重の苦痛を味わうことになる。それまで肉体的に苛酷な職業でがんばって働いてきたのに、その仕事を失ったばかりか、人としての尊厳まで失うことになるからだ。アメリカでは労働市場から脱落した労働者に十分な所得補償をしないうえ、既存の社会保障プログラムからの支援も非常に少ない。まるで彼らを侮辱するための制度設計ではないかと疑うほどだ。

こうなった原因は政党政治にもある。失業した人が医者にかかる場合、頼みの綱はオバマケアである。オバマケアでは低所得層向け医療保険メディケイドの対象者が拡大されたからだ。だが対象範囲の拡大を適用するかどうかは州に委ねられたため、共和党を支持する州の多く(カンザス、ミシシッピ、ミズーリ、ネブラスカなど)はこれを拒否し、連邦政府に抵抗する姿勢を示している。そこで、医療サービスを受けるためにやむなく障害者認定を受ける人が出てくるわけだ。現に医療保険制度改革法が成立しオバマケアの適用が始まってから、メディケイド拡大を拒否した州では障害年金の受給申請が一％増える一方で、受け入れた州では三％減っている。[55]

だが、こうした状況になった原因はもっと根深い。アメリカの政治家は、特定産業や特定地域に補助金を出すことにきわめて慎重である(他産業・地域が割を喰ったと感じてロビー活動を展開するからだ)。TAAの補助金がひどく少ないのも、おそらくはこのためだろう。経済学者も、伝統的に地域ベースの政策は支持したがらない(「地域ではなく人を助けよう」というスローガンがある)。この種の政策を本格的に研究した数少ない経済学者の一人であるエンリコ・モレッティは、きっぱりと地域に対する補助金に反対している。公的資金を貧困化した地域に投じるのは、損失を取り戻すための追い貸しと同じだという。衰退した地域は滅びる運命にあり、他の地域が取って代わるべきだ、歴史を見てもそうなっている、とモレッティは主張する。だから公共政策がすべきなのは、未来のある土地へと人々の移動を促すことである、と。[56]

この分析は、衰退した地域の現実を軽視している。すでに述べたように、クラスターというものは発展するのとまさに同じ理由からあっという間に分解する。理論的には、クラスターの全面的な解体に対する正しい反応は、できるだけ多くの人々を移動させることになるだろう。だが彼らはそうしない。すくなくとも、破滅を避けるのに十分なスピードでは移動しない。ではこの人たちはどうなるのか。チャイナ・ショックに見舞われた地域では、結婚する人が減り、子供を産む人が減り、生まれた子供の多くが片親である。若者、とりわけ白人の若者は大学へ行かない。[57] そしてこうした地域では薬物やアルコール依存による「絶望死」や自殺が急増する。[58] これらはすべて、将来にまったく希望が持てないことから来る症状だと言えるだろう。かつてはアメリカのインナーシティ（大都市の内側にありながら、人口流出によって荒廃しスラム化した都心近接部）のアフリカ系アメリカ人のコミュニティにこうした問題が見られたが、今日では東海岸沿いや中西部東側の工業都市とその郊外に住む白人たちの間で、まさに同じ問題が繰り返されている。いったん荒廃してしまうと、すくなくとも短期的には復活は望めない。高校中退者、薬物やアルコール依存者、片親家庭で育つ子供たちはごく若いときから未来の一部を失っており、それはおそらく永遠に取り返すことができない。

貿易にそれだけの価値があるのか？

ドナルド・トランプは、貿易が引き起こす悪影響は関税で対抗するのがよいと考えた。「貿易戦争、大いに結構」という姿勢である。まずは二〇一八年初めにアルミと鉄鋼に追加関税をかけた。続いてロボットや半導体など中国からの輸入品五〇〇億ドル相当に関税をかけ、中国が報復すると、それなら今度は一〇〇〇億ドル相当に関税を上乗せするという。株式市場はこの発表に動揺したが、一般の人の感じ方はちがった。アメリカはもっと市場を閉じてもいい、とりわけ中国から自国経済を守るべきだ、と感じたのである。この点は、右も左も、共和党も民主党も変わらなかった。

その一方で、経済学者は大騒ぎした。彼らは一九三〇年スムート・ホーリー関税法の下で施行された「史上最悪の関税」の亡霊が蘇ったと感じたのである。この関税法が大恐慌を引き起こしたかどうかはともかく、大恐慌の始まりと時を同じくしていたことは事実である。スムート・ホーリー関税法はアメリカが輸入する二万品目に関税をかけて貿易戦争を勃発させた。以来、無差別の関税は悪しきものとされている。

経済学を大学院まで学んだ人の頭には、貿易はよいものであって活発なほどよいという考え方が染み付いている。一九三〇年五月には、フーバー大統領に対しスムート・ホーリー関税法案に拒否権を行使するよう嘆願する書簡に一〇〇〇人以上の経済学者が署名した。とはいえ、経済学者がよく承知しているがけっして口には出さないことが一つある。貿易から得られる利益の総額は、アメリカのように規模の大きい経済にとって、実際にはきわめて小さいということだ。つまりアメリカが完全な自給自足国家に逆戻りし、どこの国とも貿易をしなかったら、たしかに貧しくはなるにしても大騒ぎするほど貧しくはならない。

アルノー・コスティノと共同研究者のアンドレス・ロドリゲス＝クレアは、この点を深く掘り下げた研究で名高い。二〇一八年三月に彼らはトランプ関税と時を同じくして新しい論文「アメリカが貿易から得る利益」を発表した。この論文は、将来を予見する次の文章から始まる。

「アメリカ人の支出一ドルにつき輸入品に使われるのは八セントに過ぎない。壁の建設などの強力な政策介入によって八セント分の財がアメリカに入って来なくなったらどうなるだろうか。アメリカの消費者は、そうした政策の実施を阻むためにいくらまでなら払う気があるだろうか。答は、自給自足経済に伴い生活満足度が低下する分、あるいは同じことだが、貿易によって生活満足度が上昇する分ということになる[59]」

この論文は数十年におよぶ貿易理論の研究と調査を踏まえて書かれたもので、貿易がもたらす利益は主に二つの要素に左右される、と主張する。第一は、輸入そのものの規模と、輸入が関税、輸送費など国際貿易に伴うさまざまなコストに影響される度合いである。何も輸入しないなら、当然ながらコストの問題は消滅する。第二は、国内の代替品の存在である。たとえ大量に輸入する国でも、輸入品がすこし値上がりしただけで輸入を打ち切るようであれば、国内に他の選択肢が潤沢にあることを意味する。このような場合、その国にとって輸入の価値はさほど大きくない。

貿易利益の計算

以上のアイデアに基づいて、貿易の利益を計算することが可能だ。アメリカがバナナだけを輸入し、リンゴだけを輸出するなら、話はきわめて簡単である。消費に占めるバナナの割合を調べ、バナナが値上がりしたらどれだけの消費者がリンゴにスイッチするか、リンゴが値上がりしたらどうかを調べればよい（経済学者はこれを交差価格弾力性と呼ぶ。すなわちある財の価格変化が他の財の需要におよぼす影響の度合いである）。だが実際にはアメリカは八五〇〇種類の品目を輸入しており、計算を正確に行うためには、それぞれの財の間の交差価格弾力性を知る必要がある。リンゴとバナナ、日本車とアメリカ産大豆、コスタリカ産コーヒーと中国製下着……という具合だ。このやり方はまずもって実行不能である。

だが実際には、すべての品目について一対一で交差価格弾力性を知る必要はない。輸入品すべてを単一の財とみなしても、真実に十分近づくことができる。輸入品の一部は直接消費され（すでに述べたように、輸入品はアメリカの消費全体の八％を占める）、一部は生産に組み込まれる（こちらは三・四％を占める）としても、かまわない。[60]

貿易の最終利益の計算のために知る必要があるのは、輸入が貿易に伴うコストにどの程度敏感なのか、ということだけである。きわめて敏感だとすれば、それは国内で生産するものと簡単に置き換えられることを意味するので、他国から輸入する価値はあまりないことになる。逆にコストが上がっても需要が維持されるなら、輸入品が消費者に非常に好まれていて、貿易が生活満足度を大きく押し上げていることになる。ここにはいくらか推定が紛れ込んでいる。というのも、いま論じているのは何千ものさまざまな品目で構成されるある種の合成物であって、実際には存在しないものだからだ。そこでコスティノらは結果をシナリオ別に示すことにした。すなわち輸入品が国産品で容易に代替されるシナリオ（この場合の貿易利益はＧＤＰ比一％と推定される）から、代替が最も困難なシナリオ（この場合はＧＤＰ比四％）までの数通りである。

大きいことはいいことだ

コスティノとロドリゲス＝クレアが妥当と考えるのは、貿易利益がＧＤＰ比二・五％という中位予想である。この比率は高いとは言いがたい。アメリカの二〇一七年の経済成長率は二・三％だから、[61]一年分の成長を毎年犠牲にするだけで完全な自給自足経済を恒久的に続けられる計算になる。ほんとうだろうか。どこか計算がまちがっているのではないだろうか。もちろん細部についてあれこれ言うことはできるだろうが、大筋は正しいと思われる。というのも、アメリカは市場開放をしているにもかかわらず、輸入が消費に占める比率（八％）は世界で最も低い部類に属するからだ。[62] だから、アメリカが国際貿易から得る利益はさほど多くないのである。同じく開放経済を実現しているベルギーの場合は、輸入比率が三〇％を上回る。したがってベルギーにとって貿易ははるかに重大な問題となる。

これはとくに驚くには当たらない。アメリカ経済はきわめて規模が大きく、かつ多様なので、国内で消費するもののほとんどを生産することができる。そのうえ消費のかなりの割合を銀行から清掃まで多種多様なサービスが占めており、サービスはいまのところ国際貿易の対象にはなっていない。それに、輸入した工業製品を消費する場合であっても、国内のサービスがさまざまな形で関与している。たとえばあなたが中国で組み立てられたｉＰｈｏｎｅを買った場合でも、アメリカで制作されたデザイン、国内の広告やマーケティングの費用を払うことになる。また、ｉＰｈｏｎｅが販売されるおしゃれなアップルの店舗にしても、地元の工務店が建設し、地元のハイテク好きな店員が働いている。

ただし、アメリカの例だけを見てはいけない。アメリカや中国は経済の規模が大きく、国内のどこかでたいていのものを効率よく作るだけのスキルと資本を持ち合わせている。しかも国内市場も規模が大きいので、各地の工場から次々に送り出されるさまざまな品物をどんどん消費することができる。このような国は、貿易をしなくても失うものは比較的少ない。

国際貿易が重要な意味を持つのは、小さい国や貧しい国だ。たとえばアフリカ、東南アジア、南西ヨーロッパの国々である。これらの国ではスキルが乏しく、資本も乏しい。鉄鋼や自動車に対する国内需要は十分に大きくないうえ、所得水準は低く、人口もさほど多くないので、大規模な生産を維持することができない。ところがすでに述べたように、貿易をまさに必要とするこれらの国が、不幸にもグローバル市場への進出をさまざまな要因によって阻まれているのである。

また規模の大きい発展途上国、たとえばインド、中国、ナイジェリア、インドネシアなども、固有の問題を抱えている。それは国内の輸送網の整備である。世界ではおよそ一〇億人が舗装道路から二キロ以上離れたところに住んでおり（そのうち三分の一がインド人である）、近くに鉄道もない[63]。国内政治がこうした不都合にさらに拍車をかけている面もある。たとえば中国にはすばらしい道路網が整備されているのに、各省の当局は地元企業が他の地方から買い付けるのをあれこれと規制して邪魔している[64]。またインドでは、ようやく最近になってモノとサービスにかかる税金が国内で統一されたが、それまでは各州が独自の税率を決めており、地元企業を優遇することが多かった。

スモール・イズ・ビューティフル？[65]

だがもしかすると比較優位という概念そのものが過大評価されていて、小さな国でも自給自足が可能なのかもしれない。あるいはこの論理をさらに押し進めれば、どの地域も必要なものを生産できるようになるのかもしれない。

このような議論は長らく戯言とみなされてきたが、そう考えた人物が実際に存在する。中国では一九五〇年代後半から毛沢東が「大躍進」と銘打った工業の大増産政策を実行した。工業化はどの村でも推進できる、鉄鋼は農家の裏庭に設けた高炉で生産できるのだと毛沢東は主張した。この計画は悲惨な失敗に終わるのだが、失敗だったとわかるまでに多くの農家は毛主席の命令に従って裏庭の炉で鍋釜や鋤や鍬を溶かしていた。農民が慣れない手つきで鉄鋼を生産している間に畑は打ち捨てられ、穀物は枯れてしまう。多くの中国専門家は、三〇〇〇万人が餓死したとされる一九五八〜六〇年の大飢饉は大躍進が原因だったと考えている。

自給自足の村という理想は、ガンジーの経済哲学でも重要な位置づけを与えられていた。家庭で織られた布をまとい、その土地で作られたもので生活する社会という彼の構想は、独立後のインドの経済政策にも長く受け継がれていった。二〇〇二年にWTOが介入してインドに市場開放を強いるまでは、ピクルスから万年筆、染料から衣服にいたる七九九品目の製造が村の小さな工房や会社に委ねられていたのである。

問題は、スモール・イズ・ビューティフルではないことだ。企業が必要なスキルを持つ労働者を雇用したり、効率のよい機械を購入したりするためには、最低限必要な規模というものがある。アビジットの母で経済学者のニルマーラ・バネジーは、一九八〇年代前半にコルカタ周辺の小さな企業を調査したことがある。そして、あまりに生産性が低いことに驚愕した。[66]その後の調査でも彼女の結論の正しさが確認されている。インドでは、零細企業の生産性は大企業に比べてきわめて低い。[67]

とはいえ企業が大きくなるには、市場が大きくなければならない。すでに一七七六年にアダム・スミスは「分業は市場の大きさに制約される」と書いている。[68]だからこそ貿易や地域間取引は有益なのである。一つひとつの国や地域が孤立していたのでは、生産的な企業は出現しない。

実際、鉄道によって国内各地が結ばれたとき、多くの国の経済が変貌を遂げている。インドでは一八五三〜一九三〇年にイギリスの植民地政権の監督により総延長七万キロ近い鉄道が建設された。それまでは商品は泥道を牛の背中に載せて運ばれており、どうがんばっても一日三〇キロぐらいしか進めなかった。鉄道は一日で六四〇キロの距離をこなし、大量の商品をローコストで運ぶようになる。しかも商品が傷むリスクも大幅に小さくなった。こうして国内の他の都市と分断されていた内陸の都市が、一気に結ばれたのである。[69]鉄道網の出現で輸送コストは激減し、鉄道でつながった地域間の商取引は活発化し、どの地域も豊かになる。鉄道の通った地域の農産物価格は、そうでない地域より一六%も早いペースで上昇した。

アメリカでも、ほぼ同時期に鉄道網が整備された。鉄道がアメリカ経済の発展にどの程度寄与したかについては議論の余地があるものの、最近の研究では、鉄道が建設されなかった地域の農地価格が六四%も下落したことが報告されている。[70] とはいえ土地価格は、輸送の便が向上したことで農家が得た利益の一部に過ぎない。利益の多くは、各地域がそれぞれの気候風土に適した作物に特化できるようになったことに由来する。アメリカの農業では一八九〇〜一九九七年に徐々に地域別の棲み分けが進み、地域ごとに土地に合っていて収量の多い最適の作物が選ばれた結果、アメリカの農業の生産性は大幅に上昇し、したがって農家の所得も増えた。[71]

国内の輸送網が未整備でそれぞれの地域が孤立していると、経済は硬直的になり、せっかく国際貿易で手にした利益も多くの人に行き渡らず、それどころか損害を与えることになりかねない。道路がなければ、新しい仕事を求めて都会へ行くこともできない。インドでは村と幹線道路を結ぶ道の多くが未舗装で、村の人々が農業以外の職業に転じることを阻む要因となっている。[72] 凸凹道をのろのろと運ぶのでは、商品の最終価格はずいぶんと割高になってしまう。これでは、僻地の村に住む人々は国際貿易の恩恵には与れない。ナイジェリアやエチオピアでは、仮に輸入品がなんとか村に届いたところで、とても手の届く値段ではなくなっている。[73] また輸送網が整備されていないと、何を出荷するにしても高いものにつき、せっかくの安い労働力のメリットを活かすことができない。貿易によって世界と結ばれた恩恵を享受するためには、国内の輸送インフラの整備が必要である。

貿易戦争を始めてはならない

本章で取り上げた事例と分析は信頼できる研究者が行った最先端の調査研究から引用したものだが、そこから導き出される結論は、長年の社会通念とは相容れないように見える。経済学部で学ぶ学生はみな、貿易は大きな利益をもたらし、その利益が再分配される限りにおいて国民全員の生活水準が向上すると教わる。だが本章で指摘した次の三つの事柄は、このバラ色の貿易理論に水を差す。

第一に、国際貿易から得られる利益は、アメリカのような規模の大きな経済にとってはきわめて小さい。第二に、規模の小さい経済や貧しい国にとっては貿易の利益は潜在的に大きいものの、市場開放を行うだけでは問題は解決しない。移民を扱った第二章で論じたとおり、国境を開いただけでは人は移動しないのと同じで、貿易障壁を取り除いただけでは初めてグローバル市場に進出する国が利益を手にすることはできない。今日から門戸を開放しますと言うだけでは、経済は発展しないのである（それどころか貿易すら発展しない）。第三に、貿易利益の再分配は口で言うほど簡単ではない。貿易で打撃を受けた人々の多くはいまなお苦しんでいる。

モノと人、そしてアイデアや文化の交流が世界を豊かにしてきたことはまちがいない。いいタイミングでいい場所に居合わせ、しかるべきスキルやアイデアを持ち合わせていた幸運な人たちは裕福になったし、ときにはとてつもなく裕福になった。持って生まれた能力と幸運をグローバルなスケールで活用する機会に恵まれたからである。だがそれ以外の大勢の人々にとっては、いいことばかりだったとは言えない。多くの人が仕事を失い、代わりの仕事は得られなかった。富裕層の所得水準が上がったおかげで新しく増えた仕事はある。たとえばシェフやドライバー、庭師やナニーなどだ。だが貿易によって労働市場の変動が大きくなったことは否定できない。ある日突然多くの仕事が姿を消し、何千キロも離れたところで新しい仕事が生まれる。貿易がもたらす利益と損失はひどく偏って分布しており、そのことが社会に暗い影を落とし始めている。いまや移民問題とともに政治の行方を決する要因になっているのは、貿易の負の影響だと言える。

では、保護関税は問題の解決に役立つのか。答はノーだ。関税の導入は、アメリカ人を助けることにはならない。理由は単純だ。ここまでの議論で私たちが主張したいことの一つは、移行期にもっと注意を払う必要がある、ということである。チャイナ・ショックで解雇された人の多くは、ショックに見舞われる前の生活水準を回復できていない。なぜなら経済というものは硬直的だからだ。彼らは別の産業や別の土地へ移って自立することができない。リソースも移動しない。

だからと言って中国との貿易をいま打ち切るのは、新たな解雇を生むだけである。新たに負け組になるのは、おそらくはこれまで名前を聞いたこともない郡で生活している人々――農村地帯の人々だ。なぜ聞いたこともないかと言えば、何の問題もなく暮らしているのでニュースにならないからである。中国が二〇一八年四月二日に発動した報復関税（一五％と二五％）の対象一二八品目は、大半が農産物である。アメリカの農産物輸出は過去数十年にわたって右肩上がりで増えており、一九九五年には五六〇億ドルだったのが、二〇一七年には一四〇〇億ドルに達している。今日ではアメリカの農業生産高の五分の一が輸出されており、最大の仕向先は東アジアだ。中国だけで、アメリカの農産物輸出の一六％を買っている[74]。

こうしたわけだから、アメリカが中国と貿易戦争を始めると最初に痛手を被るのは、おそらく農業と、農業を支える産業になるだろう。アメリカ農務省は二〇一六年に、農業はアメリカ国内で一〇〇万以上の雇用機会を創出しており、その四分の三が非農業部門だと推定している[75]。農業部門の雇用で全米上位を占めるのは、カリフォルニア、アイオワ、ルイジアナ、アラバマ、フロリダの五州だ[76]。ペンシルベニア州の製造業で解雇された人たちが、同じ州内に他の産業があってもそちらに転職しなかった（できなかった）のとまさに同じ理由から、農業に従事していた人々は、たとえ同じ地域に工場があっても、そちらには転職しないだろう。本章と前章で分析したさまざまな理由から、人々は移動しない。しかしアラバマとルイジアナは、アメリカで最も貧困な一〇州に含まれている[77]。貿易戦争は、この貧しい人々を巻き添えにすることになる。

アメリカにとって貿易戦争は世界の終わりではない。だが貿易戦争で鉄鋼労働者の一部を救うことはできても、他の部門が新たな打撃を受けることになる。貿易戦争をしてもアメリカ経済は全体として好調を維持するだろう。だが一〇〇万人近い人々が犠牲を強いられる。

関税以外にどんな手があるのか

貿易が引き起こす深刻な問題は、ストルパー＝サミュエルソン定理が想定する以上に多くの負け組を生み出すことである。よって解決策は、解雇された人の移動や転職支援をして負け組の数を減らすこと、または補償を拡充することになるだろう。

貿易の負の影響が特定の産業や地域に集中しているのは、対策を考えるうえでは都合がいい。打撃を受けた人々がどこにいるか、わかっているからだ。ある産業がチャイナ・ショックを受けたとわかっているなら、その産業の労働者を支援すればいい。貿易調整支援制度（ＴＡＡ）はまさにその前提からスタートしている。ＴＡＡは職業訓練（一年間一万ドルを上限とする）を支援し、訓練を受けている労働者には失業手当を最長三年間給付する。すばらしい制度だが、すでに述べたように、支援額はあまりに少ない。

これはコンセプトが悪いのではなく、ひたすら資金不足なのである。ＴＡＡから支援を受けるには、労働者は労働省に申請しなければならない。するとケースワーカーが審査し、前の職場が貿易の影響を直接受けたのかどうかなどを調べる。最終判断を下すまでにさまざまな要素が入り込むうえ、ケースワーカーによって労働者に同情的な人とそうでない人がいるため、判断は恣意的になりがちだ。ある調査によると[78]、申請と最終判断をどのケースワーカーが担当するかはおおむねランダムに割り当てられるという。そして三〇万件の申請について調べたところ、運よく同情的なケースワーカーにあたった人はＴＡＡから職業訓練支援が受けられる確率が高く、再就職して収入も増えていることがわかった。ＴＡＡの支援を受けることが決まると、当初は年間一万ドルで生活しなければならない（訓練中は働けないからだ）。だが訓練後の一〇年間で、訓練を受けた労働者は受けていない労働者より五万ドルも所得が増える。これはやる価値のある投資だと言えるだろう。だが政府の支援がなければ、個人では到底負担できない。まだ訓練を受けていない労働者が訓練を受けた労働者の所得水準に近づくには一〇年かかるからだ。失業した人が銀行などからそのための資金を借りるのはまず不可能である。

ではＴＡＡのように効果的な制度がなぜ資金不足のまま放置されているのか。その一因は、政策担当者も一般の人々もこのプログラムをよく理解していないことにある。最近になってこの方面の調査報告が発表され、ようやく存在意義が認知され始めた。労働者支援に対する関心が低いのは、経済学者にも原因がある。経済学者が補助金嫌いであることはすでに述べたが、個人的な判断が入り込む余地の多い制度も好まない。権力濫用が起きやすいからだ。また政治的には、貿易調整支援の名目で予算を割り当てれば、貿易の悪影響を是正するには巨額の資金が必要だという事実をあからさまにすることになる。これはあまり褒められた話ではない。

どのような理由があるにせよ、貿易の影響で解雇された労働者を支援するには、ＴＡＡのようなプログラムを拡充することが望ましい。もっと金額を増やし、もっと手続きを簡素化する。たとえば、復員兵援護法（通称ＧＩビル）をモデルにしてはどうか。復員兵援護法では、元兵士が大学に進学した場合、三六カ月分の学費と生活費の大部分を政府が肩代わりする。[79] 同様に貿易ショックから「復員」する人のために、職業訓練や再教育のための費用を政府が肩代わりすることが望ましい。さらに、訓練期間中は失業給付を延長する。またすでに述べたように、貿易ショックは特定地域にとくに甚大な影響をおよぼすので、そうした地域への支援も考えてはどうだろう。そうすれば、地域労働市場が悪循環に落ち込むのを防げるはずだ。

貿易が引き起こす悪循環の多くは、人とリソースの移動性と関係がある。グローバル化した世界でモノがやすやすと国境を越えて移動するからと言って、人とリソースが国内でスムーズに移動するとは限らない。移民について論じた第二章では、国内での移住を促すことや、移住者や移民の定着を支援すること（補助金、住宅、保険、保育など）などの解決策を提案した。これらの解決策は、そのまま細部を手直しするだけで、貿易ショックの影響を被った人々にも役に立つだろう。

ただし、他産業や他地域への移動がすべての労働者にとって理想的な解決になるかどうかははっきりしない。労働者の中には再訓練を受けたがらない人もいるし、受けられない人もいる。転職を望まない人も少なくない。地理的な移動を伴うとなればなおのことである。その多くが高齢の労働者であることは事実だ。彼らにとって再訓練を受けるのは苦痛だし困難でもある。それに訓練を受けても、若い労働者ほど簡単には再就職先が見つからない。実際にも、大量のレイオフがあった場合、高齢者ほど転職できなかったことが調査で確かめられている。五五歳で大量レイオフに巻き込まれた労働者と運よく職場に残った労働者を二年後と四年後に比較した調査では、前者は後者より失業している確率が二〇%高かったという。[80] 解雇されれば若い労働者でも痛手は避けられないが、高齢者の受けるショックのほうがはるかに大きい。[81]

解雇された高齢労働者の多くは、一つの職場で長いこと働いてきた人である。彼らにとって仕事はプライドとアイデンティティの源泉であり、社会の中で居場所を与えてくれるものだ。それを失ってしまった人に埋め合わせをするのはむずかしい。それまでやったこともないような仕事の訓練を受けましょうと言っても、魅力的には聞こえまい。

そこで、深刻な貿易ショックに見舞われた企業（とくに影響の大きかった地域に立地する企業）に補助金を出すというアイデアが出されている。経済学者のラリー・サマーズとエドワード・グレイザーは、最近発表した共同論文の中で、特定地域を対象に給与税の減税を提案した。[82] だが競争力を失ってしまった企業にとって、この程度の減税では雇用を維持することはできまい。それよりも、打撃を被った産業や地域にもっと集中して支援を行い、かつ対象を五五〜六二歳の既存労働者に絞ってはどうか。そうすれば、申請者にもっと多くの金額を支給できるし、企業には雇用を維持しながら生産ラインの転換などに取り組むだけの補助金を出せるはずだ。もちろんこれですべての企業を救うことはできないが、最も打撃を受けた地域で雇用を守り、地域社会の分裂を防ぎ、新しい道への長い移行期を軌道に乗せることはできるだろう。これだけの規模の補助金には、一般税収を充当すべきだ。全員が貿易の恩恵に与っているとすれば、貿易の代償も全員で払うべきである。鉄鋼労働者の雇用を守るために農家に失業してくれと頼むのは筋が通らない。だが関税が実際にやっているのはこれである。

言うまでもなく、以上の提案を実行するのは容易ではない。支援する企業を選別するとなれば、陳情やら贈賄やら抜け道探しやらが横行するだろう。提案自体が一種の保護貿易政策と見なされ、WTOの規則に抵触する可能性もある。だがこれらの問題は解決できるはずだ。貿易ショックにさらされた企業を選別する基準はすでにTAAで確立されており、審査手続きも定まっている。保護貿易政策と見なされることを避けるためには、技術転換に伴う失業もプログラムの対象に含めればよい。

この章の包括的な結論は、こうだ。貿易によって大切な仕事を失い、ずっと続くと思っていた人生で変化と移動の必要に迫られた人々の痛みに配慮しなければならない。経済学者も政策当局も、富裕国では未熟練労働者が貿易の不利益を被ること、貿易の恩恵に与るのは貧困国の労働者であることは知っていたはずだ。にもかかわらず、人々が自由貿易に敵対的な反応を示すことに戸惑っている。なぜなら彼らは、労働者は簡単に他産業への転職または移動またはその両方ができるという前提に立っていたからである。そして労働者にそれができないのはある程度は本人の責任だ、と考えていたからだ。現在の社会政策にはこうした発想が反映されており、「負け組」とそれ以外の人々の間に軋轢を引き起こす結果となっている。

Chapter 4

好きなもの・欲しいもの・必要なもの

自分とはちがう人種、宗教、民族、さらにはちがう性に対する剝き出しの敵意をあからさまに表現する——これが、世界中で台頭するポピュリスト政治家の常套手段だ。アメリカからハンガリー、イタリアからインドにいたるまで、人種差別や民族的偏見と大差ない発言を繰り返し、選挙で公約に掲げるような政治家が跳梁跋扈している。二〇一六年のアメリカ大統領選挙では、自分は何よりもまず白人であるというアイデンティティが、経済に対する不安などよりも、ドナルド・トランプを強力に支持する理由になった[1]。

国を率いる政治家たちが日常的に口にする悪意に満ちた言葉のせいで、それまでなら思っていても口には出さなかったことを人々が公然と話したり投稿したりするようになっている。人種差別を行動に移すことはもはや日常茶飯事だ。たとえばアメリカのあるスーパーマーケットで白人女性が警察を呼び、そばにいた黒人女性を指差して逮捕するよう訴えた。この女が携帯電話でフードスタンプの転売［フードスタンプ＝食料配給券の売買は法律で禁止されている］を持ちかけているのを漏れ聞いた、という理由からである。警察官とのやり取りの中でこの白人女性は叫んだ。「こんなことだから壁を建設しなければならないのよ！」――この発言は、論理的に考えればナンセンスだ。嫌疑をかけられた黒人女性はアメリカ市民であって、白人女性と同じく仮想の壁のこちら側に属しているからである。

だがもちろん、彼女の言いたいことはわかる。要するにこの白人女性が好き・・なのは、自分とちがう人種のいない社会、トランプ大統領の大好きな壁が白人と白人以外の間に建設されているような社会なのである。壁のイメージはアメリカの政治に一触即発の状況を作り出しており、一方は壁を切望し、他方は恐れている。

何が好きかということは、ある意味でその人がどんな人間かを端的に物語っている。経済学ではAが好きかどうかとAをどう考えるかを峻別し、前者をAとBの二項関係で捉えて「選好」と表現したりする。ひらたく言えば、ケーキとクッキー、海と山、赤と白、どちらが好きかということだ。ただし、双方のメリット、デメリットについて何も知らない状態、つまり情報がない状態ではなく、必要な情報を十分に知ったうえでどちらが好きかを問題にする。人はまちがった考えを抱くことはあっても、まちがった好みを持つことはあり得ない。スーパーマーケットの白人女性にしても、自分の好みに論理的な裏付けをする義務などない。好きだから好きなのだ。それでも人種差別の泥沼に落ち込む前に、なぜ人々がそのような好き嫌いをするようになったのか、考えてみる価値は大いにあるだろう。そうした好き嫌いが何を表しているのか、何に由来するのかを理解しなければ、政策の選択肢を検討することはできないからだ。経済成長、不平等、環境保護などの問題を論じる場合には、人々がほんとうに必要とするものは何か、その一方で人々は何を望んでいるのか、区別することが必要になる。そして人々が望んでいることを社会はどこまで重視すべきか、という問題を避けて通ることはできない。

残念ながらこの点に関して伝統的な経済学はあまり役に立たない。主流派経済学の姿勢は、さまざまな見方や意見に関して人々の寛容つまり許容度に期待するというものだ。賛成しがたい見方だが、そう主張したところで誰が耳を貸してくれるだろう。人々が正しい情報を得られるよう大声で叫んだとしても、どのみち人は自分の好きなように決めるのである。さらに主流派経済学では、狭量や偏見に対しては市場がうまくやってくれると期待する。了見が狭い好みを持つ人は、市場で生き残れないということだ。たとえば同性愛に反対で、同性同士の結婚式には断固ケーキを作らないというケーキ職人がいるとしよう。この職人はあらゆる同性婚の結婚式でケーキを売る機会を逸してしまい、チャンスは他の職人に転がり込む。寛容な他の職人は利益を上げ、偏屈なこの職人は損をする、というわけだ。

だが現実は必ずしもそうではない。同性婚の結婚式にケーキを提供しないからといって、この職人が失業するとは考えられない。その一つの理由として、同性愛を嫌う人たちがお得意さんになってくれることが挙げられる。場合によっては偏見が事業のプラスになることがあるし、どうやら政治についてもそう言えるようだ。こうした事情から、近年の経済学では人々の好みを問題にするようになった。おかげで私たちは有意義な研究成果を知ることができ、差別と偏見の泥沼を脱する手がかりが見えてきた。

好みについて議論すべきではない？

ともにノーベル経済学賞の受賞者でシカゴ学派の重鎮であるゲーリー・ベッカーとジョージ・スティグラーは、一九七七年に「好みについて議論すべきではない」と題する論文を発表した。その中で彼らは、経済学者は好き嫌いの背景に何があるかを理解しようとして深みにはまるべきではない、との説得力のある主張を展開している。この論文はきわめて大きな影響力を持つことになった。[2]

好き嫌いはその人の切っても切り離せない一部を形成している、とベッカーとスティグラーは主張する。入手した情報をすべて入念に吟味したあとでも、バニラアイスとチョコレートアイスのどちらがいいかとか、ホッキョクグマは救う価値があるかないかといった問題で二人の人間の意見が一致しないことは大いにあり得る。だとすればその判断は、各人に生得的に備わっている何かに由来するのだと考えられる。気まぐれや勘違いではなく、また周囲の圧力に負けたのでもなく、個人に深く根ざした価値観に由来するというわけだ。もちろんベッカーとスティグラーは、この見方がつねに正しいとは限らないと認めている。それでも、人々がなぜあるものを好み、ある行動をとりたがるかを理解するうえで、これが最善の出発点になりうると主張した。

たしかに人々の選択に**一貫性があ**るという見方には共感したくなる。人間は気まぐれや思いつきで選ぶのではなく、よく考え抜いたうえで選んでいるのだと思いたいからだ。ある人が自分とはちがう行動をとるからと言って、あいつは馬鹿だなどと決めつけるのは、傲慢で不愉快な態度である。ところが政府は、たびたび人々の選択に横から口を出す。とくに相手が貧しい人々の場合がそうだ。彼らのためになると称して、たとえば現金を渡さずに食料か食料配給券を渡す。そして、彼らがほんとうに必要とするものは政府のほうがよく知っているのだ、と正当化する。このような政府の姿勢をいくらかなりとも正そうと私たちは努力した（とはいえ世の中にはまちがった選択も実際に多いので、私たちが是正を試みたのはほんの一部に過ぎない）。その一環として前著『貧乏人の経済学』〔邦訳：みすず書房〕では、貧しい人の選択はこちらが考えるより合理的だと論じている。[3] たとえばモロッコのある村で暮らす男性は、自分も家族も満足に食べていないと言いながら、大型テレビと衛星放送受信用のアンテナを持っていた。それを見た私たちは最初、彼がテレビを衝動買いして後悔しているのではないかと思った。だがまったくちがった。「だってテレビは食べ物より大事でしょ!」と彼は言ってのけたのである。モロッコの村でしばらく暮らしてみて、この選好が最初に考えたほど理不尽でないことがよくわかった。村にいると、とにかくやることがあまりない。しかしこの男性は仕事を求めて移住するつもりはなかった。となれば、いいものを食べて栄養をつけたところで胃袋を満たす以上の効果は期待できない。たまにありつく仕事をこなすだけの体力はすでに備わっているのだ。その一方でテレビは、退屈という僻地の村固有の問題を解決してくれる。なにしろその村には、単調な生活に刺激を与えてくれるような社交場はおろか、露店や屋台の類いもないのだから。

このモロッコの村人は、自分の選択がいかに理に適っているかをとくとくと説明した。もう自分はテレビを持っているから、すこしでも稼げばそれは全部食べ物に回すことができるじゃないか、と。この言い分は、テレビは食べ物より大事だという主張と完全に整合する。だが、大方の人の直観からはかけ離れているし、経済学の標準的な考え方にもそぐわない。経済学者の見方に従えば、家にろくに食べ物がないときにテレビを買ったのだから、今後何かでお金を手にしてもまたしても浪費してしまうだろう、なぜならこの男は不合理な衝動に駆られるタイプだから、となる。貧しい人にお金を渡さないのは、まさにこの見方に基づいている。だが『貧乏人の経済学』の出版後に世界各地で行われた多くの研究で、貧しい人々がちゃんとわきまえて選択していることが報告された。たとえば極貧層の中からランダムに選んだ人たちに政府プログラムから現金を渡すと、その大半が食べ物に支出されている[4](たぶんあのモロッコの村人と同じく、すでにテレビを持っていたのだろう)。

貧しい人の判断力を疑ってかかるのをやめ、自分の欲しいものはちゃんとわかっていると信頼することで、私たちは多くを学んだ。だがベッカーとスティグラーの主張はまだ続く。さらに一歩踏み込んで、好みは周囲に影響されないという意味で不変だと仮定したのである。この仮説では、学校も、両親や牧師も、テレビや映画も、好みを変えることはできない。こう仮定すると、人は社会規範に従うとか、同僚や仲間に影響される、という見方は排除される。みんながタトゥーを入れているから自分も入れるとか、お隣さんがゴージャスな車を買ったからウチも買う、といったことにはならないわけだ。

ベッカーとスティグラーは社会科学者として非常に優秀だったから、つねにこの仮定が当てはまるわけではないことには気づいていた。それでも、一見すると不合理な選択も実際には意味があるのかもしれないと考えてみるほうが、頭から否定して集団ヒステリーの一種だと片付けるより役に立つだろうと考えたのである。この考え方は経済学界に瞬く間に浸透し、大半の経済学者が、個人の選好は首尾一貫しているのだ、むしろ一貫した選好こそが標準的な選好なのだと考えるようになる。

たとえば数年前にアビジットはこんな経験をしている。当時彼は自宅のあるマンハッタンからお隣の州のプリンストン大学まで教えに行くために電車を利用していた。プラットフォームでは大勢の人が列を作って待つ。しかしあるとき、列の位置が必ずしも電車のドアの位置と一致しないことに気づいた。となればこれは一種の群衆行動である。すぐに思いつくのは、みんながやっているのと同じことをしておけば安心だという心理から、すでにできている列に並ぶ、という説明である。だがこれは、選好は首尾一貫しているとの見方に反する。なぜなら、プラットフォームのどの位置に立つかという選好が、他人の行動に左右されることになるからだ。そこでアビジットは次のような説明を考えた。人々は、他人が何か有用な情報を持っているのではないかと考える（次の電車のドアはこの位置に来る、など）。そこですでにある列に加わる（自分としてはほかの位置に止まると思っているのだが、それを無視するリスクを冒す）。すると列がさらに長くなるため、次に来た人は、これだけたくさんの人が有用な情報を持っているならそれに従おうと考える。かくして、始めは単なる「右へならえ」の発想に見えたものが、ちがう意味を持つことになる。人々は無条件に他人の行動に従う気はないのであって、他人が自分より有用な情報を持ち合わせていると判断したのである。つまり列の位置は、彼らの合理的な意思決定の結果ということになるわけだ。アビジットはこれを「群衆行動の単純モデル」と呼ぶ。[5]

ただし個人の選択が合理的だからと言って、結果が望ましいものになるとは限らない。群衆行動は**情報カスケード**を生むことがあるからだ。情報カスケードとは、最初の人の判断基準になった情報が過大な影響力を持ち、その後に続く人々は自分の持っている情報を無視してまで最初の人の行動に倣う現象を指す。最近行われた実験では、最初に行動する人をランダムに選んでも、その人の行動が情報カスケードを引き起こすことが示された[6]。この実験では、レストランなどのクチコミサイトを活用した。誰かが投稿すると、それに対して賛成票または反対票を投じるという形式のサイトである。実験では、投稿されたばかりのコメントの中からランダムに二つ選び、一方には直ちに賛成票を投じ、他方には直ちに反対票を投じた。これをジャンルや時期別に繰り返すと、最初に賛成票を投じたコメントにはその次にも賛成票が続く確率が、最初に反対票を投じたコメントより三二%高いことがわかった。そして五カ月経過後には、最初にたった一票の賛成票を投じたコメントは、反対票を投じたコメントよりはるかに高い確率でトップグレードに押し上げられていたのである。もとの投稿自体を何万人もの人が閲覧しているにもかかわらず、最初のほんのちょっとしたナッジ［人々が自発的に特定の行動を選択するよう促すしかけや工夫］があとあとまで強い影響力を発揮し続けたということだ。

以上のように群衆行動は、首尾一貫した選好という概念と必ずしも矛盾しない。他人の行動は、自分の好みを変えなくても意見や行動を変えさせることはあり得るからだ。他人の行動を観察し、たとえばタトゥーはいま大流行だとか、バナナジュースを飲むと痩せるらしいとか、あの感じのいい男はじつは強姦犯だなどと推論するわけである。

だが人間は、直接自分の利益にならないと**わかっている**行動（たとえば好きでないタトゥーを入れる、逮捕される恐れがあるのにイスラム教徒のリンチに加担する、など）を、単に仲間がやっているからという理由でやることがある。これはどう説明したらいいのだろうか。

集団的行動

群衆行動が首尾一貫した選好の点で合理的とみなせるのと同じく、社会規範に従う行動も合理的とみなすことができる。その理由は、こうだ。社会規範に反した人は、社会に帰属する他の人々から罰せられる。もし罰すべき立場の人が罰しなかったら、罰しなかった人は社会に帰属する他の人々から罰せられる。罰しなかった人を罰すべき立場の人が罰しなかったら、罰しなかった人は社会に帰属する他の人々から罰せられる……からである。ゲーム理論の偉大な功績の一つに、フォーク定理がある。これは、非協力ゲーム（囚人のジレンマなど）を一回限りではなく無限に繰り返す場合には、互いに協力することが均衡解になるという定理である〔フォークという名称は、証明しようと思えばできると誰もが思っているが、実際には誰も証明したことのない定理を数学分野でフォークロア（民間伝承）と呼ぶことに由来する〕。この定理が論理的に立証されたおかげで、人々がなぜ社会規範に固執するかの説明にも応用が可能になった。[7]

女性初のノーベル経済学賞受賞者〔「そしていまのところ唯一の」と著者は付け加えているが、二〇一九年のデュフロ自身の受賞で唯一ではなくなった〕であるエリノア・オストロムは、この方面の研究に生涯を捧げた人である。オストロムが調査した事例の多くは、小さな地域社会や共同体のものだ。たとえばスイスのチーズ生産農家、ネパールの林業従事者、スリランカの漁師などである。[8] こうした小さな村で暮らす人々は村の掟つまり社会規範に厳格に従う生活を送り、その掟を継承している。

たとえばアルプス地方では、チーズ生産農家は数世紀にわたり、牛を放牧する牧草地を共同所有している。村の全員に共通理解がなかったら、この方式は破綻しかねない。野放図に牛を放牧したら、牧草は食べ尽されてしまうだろう。牧草地は誰のものでもないので、どの農家も自分のところの牛にたくさん食べさせたい、そのためには他の農家の牛はどうなってもかまわないと考えたら、悲惨な結末に行き着くことになる。だが村には牛の所有者がやっていいことといけないことについて不文律があり、誰もがそれに従う。なぜなら、違反したらもう自分の牛を放牧できなくなってしまうからだ。こうしたわけだから、集団的な土地所有は、各農家が私有地を持つより好ましいとオストロムは主張する。土地を小さな区画に区切ってそれぞれの農家が所有する場合、自分の区画だけに何かが起きるリスクを各戸が負わなければならないからだ。

多くの発展途上国で土地の一部（たとえば村に隣接する森など）が共有財産になっていることも、これで説明がつく。共有地が節度をもって利用されるなら、村人たちにとって最後の拠りどころとなってくれるはずだ。稼ぎ手が病気になるといった不運に見舞われた農家は、森で猟をするなどして糊口をしのぐことができる。こうした環境に私有権を持ち込むと（そういうことを思いつくのは、だいたいは村の内情を理解していない私有権好きの経済学者だが）、往々にして悲惨な結果を招く[9]。

フォーク定理は、村の人々が助け合いの精神で結ばれているように見える構図にも利己的な理由が隠されていることを示す。村人たちが困った隣人を助けるのは、将来自分が困ったときに助けてもらえるだろうと期待する、という理由もいくらかはあるだろう。[10] 規範を維持するために、助けの手を差し伸べなかった者は村の助け合いの輪から排除されるという罰を受ける。

この互助のシステムは、一部の村人が村の外に何らかの活路を見出せる場合には破綻しやすくなる。この場合、村八分にされることはさほど脅威ではなくなるので、義務を怠る誘惑に駆られることになる。それを見越した村人たちは彼らを助けようとしなくなるので、義務をないがしろにする誘惑はますます高まる。かくして互助システムは崩壊し、誰もが不幸になるだろう。こうしたわけだから、地域社会や共同体では掟破りに厳重な注意を払い、規範を脅かすような行動を厳しく取り締まる。

集団的反応

経済学者は一般に共同体が果たす役割のプラス面を強調する。[11] だが共同体固有の規範が自主的に守られるからと言って、つねによいものだとは限らない。規範破りに科される罰が、保守的さらには暴力的、破壊的な方向に向かうこともある。いまや古典と位置づけられるある著名な論文は、人種差別とインドの悪名高いカースト制度はどちらも同じ論理で維持されうることを示した。**実際には人種やカーストによる差別を誰もしたくなくても**、である。[12]

実際には誰もカースト上の身分など気にしていないとしよう。だが性交渉や結婚でカースト上の身分を踏み越えた者は、通婚の禁止に違反したとされ、社会から追放される。そうなれば誰もその人の家族と結婚してはならないし、その人と友達になったり付き合ったりしてもいけない。さらに、その掟を破って追放された人の家族と結婚した人もまた社会から追放される。こうした状況では、カースト自体をどう思うにせよ、自分の将来を考える人は敢えてカーストの決まりを破ろうとはしないだろう。もちろん、大勢の人が規範を否定し始めれば社会は変わるはずだ。だがそうなる保証はどこにもない。

まさにこうした状況を描いたのが、ロカルノ国際映画祭で銅賞を受賞したインド映画『サムスカラ』（パタビ・レディ監督作品、一九七〇年）である。この映画では、カーストの最上位であるバラモンに属す青年が「汚染」される。最下層の売春婦と関係を持ったためだ。この青年が急死すると、バラモンの他の人々は彼を火葬にすることを尻込みする。同じように汚染されたとみなされるのを恐れたからだ。青年の死体は野ざらしにされたまま腐敗した。共同体が規範の遵守にこだわるがゆえに規範は悪い方向へねじまげられて行く。

博士と聖人

このように、共同体は人々を結びつける一方で、反抗する者を罰する。これは大昔から世界のどこでも見受けられる現象だ。国家レベルで言えば、国は個人を保護する一方で、共同体を壊す。パキスタンからアメリカまで現在さまざまな国で進行中の対立は、その表れである。人々は国家の介入に不可避的に伴う官僚化と没個人化と闘い、また共同体が独自の目的を追求する権利を保とうとして闘う。もっとも、その目的の中には、異なる民族や異なる性的嗜好に対する差別や、宗教上の至上命令の強制（たとえば、進化論を否定する創造科学を学校で教える）が含まれていることも少なくない。

インド独立運動の中で、ガンジーは新しいインドの基盤として、地方分権の下で自立する村、平和の安息、同胞意識という三つの要素を挙げた。「インドの未来は村にある」と彼は書いている。これに強く反対したのがビームラーオ・アンベードカルである。アンベードカルはやがてインド憲法の草案を書くまでになるのだが、生まれはカーストの最下層で、地元の学校に入ることすら認められなかった。しかし父から勉強を教わってインドの大学の入学試験に合格。卒業後は欧米の二つの大学で博士号を取得するとともに、イギリスの法曹試験にも合格する。彼がインドの村を「地方主義の温床、無知と狭量と宗派主義の巣窟」と断じたことは有名だ。[13] アンベードカルは、法律、法律を執行する国家、国家権力の基盤となる憲法こそが、共同体の地域的な独裁に対抗して貧困層の権利を最もよく保障するものだと考えていた。

独立後のインドの歴史は、カーストで厳格に差別された身分の統合という点ではまずまず成功を収めたと言ってよいだろう。たとえば、長年にわたり不利益を強いられてきた被差別カースト（「指定カースト」および少数民族である「指定部族」）と上位カーストとの賃金格差は、一九八三年には三五％だったのが、二〇〇四年には二九％まで縮まっている。[14] たいして縮まっていないと思われた読者もおられよう。だがこれは、同時期のアメリカにおける黒人と白人の賃金格差の縮小を上回る成績なのである。インドがこれだけの格差縮小に成功した理由の一因は、アンベードカルがアファーマティブ・アクション［差別是正措置］を導入したことにある。歴史的に差別されてきた集団について入学や雇用の受け入れ枠や目標値を定め、教育や就労、さらに議員になる機会が保証された。経済改革も寄与している。都市化によって人々の匿名性が高まると同時に、村のネットワークへの依存度が下がったおかげで、異なる身分同士が混ざり合うことが多くなった。新しく出現した産業ではカーストに関係なく雇用機会が提供され、そうなると低いカーストの若者たちにとっても教育を受けるインセンティブが高まる。アンベードカルが敵視した村も、ある意味ではこの流れに貢献している。たとえば、多くの村がカーストに関係なくどんな子供たちにも小学校教育と給食を受けさせるよう要求し、カーストの身分を超えて集団的行動がとれることを示した。

だからといってカーストの問題が解決されたというわけではない。地方レベルでは、カーストに根ざす偏見がいまなおしぶとく残っている。インドの一一州五六五村を対象とする調査では、法律で禁じられているにもかかわらず、八〇％の村で最下層民［かつては不可触民と呼ばれたが、現在はこの用語の使用は憲法で禁止され、「指定カースト」と呼ぶことになっている」への差別が何らかの形で残っていることが確かめられた。約半数の村では、ダリットと呼ばれる最下層民は牛乳を売ることができず、約三分の一の村では、地元の市場で何も売ってはならない。彼らはレストランではちがう食器を使わねばならず、井戸も使用できず、接触、接近も忌避されていた。[15] 伝統的な差別は次第に薄れてはいるものの、上位カーストは下位カーストの経済状況の改善を脅威と感じており、殺傷を含む暴力で対抗することがめずらしくない。たとえば二〇一八年三月には、グジャラート州のダリットの若い農夫が馬を所有したという理由で撲殺された。馬を所有したり乗り回したりするのは上位カーストにだけ許される行為と考えられていたためである。

新たな対立の構図が出現してきたことも、事態を一段と複雑にしている。カースト集団は身分の垣根がなくなってきたと感じると同時に、権力や資源を互いに争う関係になったと感じるようになった。[16] 政治に関しては、投票行動にカーストに基づく二極化が進行している。上位カーストの多くはインド人民党（ＢＪＰ）に投票する。ＢＪＰは保守的で、アファーマティブ・アクションを支持しない唯一の政党である。[17] すると他の政党は、下位カーストにアピールできるような政策を掲げるようになる。こうして二極化に拍車がかかるわけだ。その結果、インドで最も人口の多いウッタル・プラデシュ州では一九八〇〜九六年に政治の勢力図が大幅に塗り替えられた。下位カーストが大多数を占める地域では、下位カーストの味方と目される二つの政党が票を集め、上位カーストが大多数を占める地域では伝統的な保守政党が引き続き票を集めたのである。同時にこの一六年間で汚職や腐敗は急増した。多くの政治家が収賄で訴えられ、中には刑務所から立候補した（しかも当選した）元議員もいたほどである。アビジットとロヒニ・パンデは、この二つの現象に関連性があることを突き止めた。汚職が最も甚だしかったのは、上位カーストか下位カーストのどちらかが圧倒的多数を占める選挙区だった。[18] そのような選挙区では有権者はカーストに基づいて投票をするので、優位なカーストの立候補者は絶対当選すると安心していられる。それで平気で汚職をするというわけだ。有権者が上位・下位カーストで拮抗している選挙区では、このような現象が起きていないことも確かめられた。

また、カーストの遵守が重視される地域では、共同体が構成員を監視し、法的権限もないのに罰を与えるといったことも日常的に行われている。地方ではパンチャーヤトと呼ばれる地元の長老会議が大きな影響力を持っており、伝統の名の下に州法に頑強に抵抗する。たとえばチャティスガル州では六五歳の男にレイプされた一四歳の少女が、地元の長老会議から警察に言うなと口止めされた。それでも彼女が訴えると言い張ると、女性を含む村の年配者たちから暴行されたという。このように、強力な共同体は最も弱いメンバー（かつてはダリット、現在は若い女性という具合に）を抑圧する。これに対して国はほとんど無力だ。なにしろ共同体に属す大半の人々は、集団的な監視や懲罰を維持することが自分たちの利益に適うと考えているのである。メンバーが共同体の掟に従う限りは、共同体は必要なときにメンバーにさまざまな形で支援を提供する。だがときに共同体は暴力的な面を剥き出しにし、共同体に反抗する勇敢なメンバーに天誅を加える。

「黒人が国民に変革を求めた」[19]

これは、有名な風刺新聞オニオンの二〇〇八年の見出しである。この見出しは、バラク・オバマがアメリカの大統領候補になったことがいかに注目すべきことかを強調するものだ。黒人の物乞いはほんの小銭(チェンジ)をねだるのに、訴求力のあるリーダー、オバマは文化や意識の変革(チェンジ)を求めた。一九六三年に行われた人種差別撤廃を求めるワシントン大行進から、アメリカ初のアフリカ系アメリカ人大統領の誕生までにわずか四五年しか経っていないことを忘れてはならない。翌六四年に人種差別撤廃を謳った公民権法が成立して以来、人種差別に関する限り多くの変化があった。だからこそ、オバマを大統領に選ぶことが可能になったのである。同様にインドでは二〇一四年に「その他後進諸階級」と呼ばれる下位カースト出身のナレンドラ・モディが首相に、二〇一七年にダリット出身のラーム・ナート・コーヴィンドが大統領に選ばれているが、これもまた一昔前には考えられなかったことだ。

　その一方で、今日のアフリカ系アメリカ人は教育を受けた人が一九六五年と比べてはるかに多いにもかかわらず、教育水準が同程度の白人と黒人の間の賃金格差は拡大の一途をたどっている。今日では格差は三〇%近くに達し、インドの指定カーストとそれ以外との格差を上回っている。[20] アフリカ系アメリカ人は、社会的地位が上方移動する速度が白人より遅く、下方移動する速度が白人より速い。[21] この現象は、黒人男性の受刑率が際立って高いこととあきらかに関係がある。[22] しかし、居住地や学校などに根強く残る分離とも関係があるだろう。

白人男性がアフリカ系アメリカ人から経済的に脅かされていると感じるべき理由は何もなさそうに見えるが、今日では黒人に対する敵意があからさまに（すくなくとも以前より率直に）表現されるケースが増えてきた。連邦捜査局（ＦＢＩ）によると、ヘイト・クライムの件数は横ばいか減少傾向にあったが、二〇一五年から増加に転じて三年連続で増え続け、二〇一七年には一七％増を記録したという。ヘイト・クライムの五件に三件が民族を理由にするものだったこともわかった。[23] 二〇一八年の中間選挙では、白人至上主義者を公言するか、白人至上主義者と密接な関係にある候補者九人が出馬している。[24]

今回はちがう

とはいえ二〇一六年の大統領選挙以来、アメリカでしきりに口にされるようになったのは、アフリカ系アメリカ人に対する憎悪よりも、移民に対する憎悪である。それは、経済的な脅威をはるかに超えた感情のように見受けられる。移民は「われわれの」仕事を「奪う」だけでなく、「犯罪者で強姦犯」であって、白人の生存自体を脅かすという。興味深いのは、アメリカの中で移民が少ない州ほど、移民を憎む傾向が強いことだ。移民がほとんどいない州（ワイオミング、アラバマ、ウェスト・バージニア、ケンタッキー、アーカンソー）の住民の半分近くが、移民はアメリカの文化と価値観を脅かすと考えている[25]。

このことから、経済的な懸念よりももっと本質的な不安が憎悪の根っこにあるのだと考えられる。移民が近くにおらず、接点もないので、この見たこともない集団が実際以上に異質で脅威と感じられるのだろう。

こうした現象は二〇一六年以前にもあったが、トランプが勝利した大統領選挙以降、憎悪を堂々と口にすることに抵抗がなくなったように見受けられる。ある巧妙な実験がこのことを浮き彫りにした。研究者チームはレッド・ステート［共和党支持者の多い州］八州（アラバマ、アーカンソー、アイダホ、ネブラスカ、オクラホマ、ミシシッピ、ウェスト・バージニア、ワイオミング）でオンライン調査の参加者を募集した[26]。調査は二〇一六年の選挙直前と直後の二回行っている。実施方法は、こうだ。参加者には、反移民団体に一ドル寄付するなら、その一ドル分に加えて五〇セント払うと申し出る。回答者はランダムに二つのグループに分け、第一グループには寄付したかしないかは本人の申告に任せるが、第二グループには調査チームから確認のメールをすると伝える。つまり、最低でも調査チームの誰かには、自分が反移民団体に寄付したことを知られるわけだ。選挙前の調査では、第二グループの参加者は寄付に同意しないケースが、第一グループより有意に多かった（第一グループは五四％、第二グループは三四％）。だが選挙後には、この差は完全になくなってしまったのである。移民反対を大声で唱える人物が大統領に選ばれるとなれば、自分だっておおっぴらに反移民団体に寄付してかまわない、と考えたのだと推測される。

アメリカには何度も移民の波が押し寄せている。そのたびに移民たちはこのような拒絶に遭い、最終的にアメリカ社会に受け入れられてきたのだと考えれば、すこしは心が休まるかもしれない。たとえばベンジャミン・フランクリンはドイツ嫌いだった。「アメリカにやって来たドイツ人の大半は、自国で最も無知で頭の悪い人間だった……彼らは自由に慣れていないし、自由をどう活かすかさえわかっていない」と書いている。ジェファーソンは、ドイツ人がいっこうにアメリカ社会に溶け込もうとしないと感じた。「それ以外の外国人については、彼らが大量に定着するのを阻止するほうがよい。ドイツ人定住者と同じく、彼らも自分たちの言語や習慣や政治思想などをいつまでも持ち続けるだろう」[27]。アメリカは一九世紀に中国からの移民に制限を設け、最終的には禁止した。一九二四年に割当制が導入されたのは、主に東南ヨーロッパ（イタリア、ギリシャ）からの移民を制限することが目的だった。[28]

それでも、移民たちは最終的には受け入れられ、同化している。子供たちにどんなファーストネームをつけるか、どこに住むか、誰に投票するか、そして日常的にどんなものを買うかといったことまで、地元の人々と同じような方向に収斂していった。地元民のほうも、かつては異質で異国的と感じられたものに慣れた。いまや「イタリアの種馬」ロッキーはアメリカ人のヒーローだし、ピザは五種類の食品グループの一つに数えられている。同じ現象がフランスでも見られた。フランス人はまずイタリア移民を拒絶し、次にポーランド移民を、さらにスペイン移民やポルトガル移民を拒絶した。しかしいまでは彼らはフランス社会に定着している。だがフランス人は、次の移民の波が押し寄せて来るたびに「今回はちがう」、今度こそ押し戻すと考えたものである。そして二〇一六年にはイスラム教徒が拒絶の対象になっている。

こうした選好や姿勢はいったい何に由来するのだろうか。前に来た移民を受け入れた経験があるというのに、なぜ新しい敵を探し求めるのだろう。

統計的差別

他の集団に対して頑固な敵意を示す行動には、ベッカーとスティグラーの標準モデルの延長線上で単純な経済学的説明がつく可能性もある。たとえば暴動や威圧などの行動は、経済的な目的に適っていることがある。一九五〇〜二〇〇〇年にインドで起きたイスラム教徒に対するヒンドゥー教徒の暴動は、発生する都市と年度が偏っている。イスラム教徒の共同体が繁栄しているときに起きやすく、ヒンドゥー教徒の共同体が繁栄しているときにはあまり起きない。[29] 大きな暴動のいくつかを詳細に調べてみると、無差別攻撃のように見えたものも、実際にはイスラム教徒の商店などが狙い撃ちされていることがわかった。それらの攻撃の多くは、窃盗のカムフラージュだったのである。

ときに人は、自分の帰属する集団への忠誠を示すために、他の集団に対する不寛容や偏見を（たとえ実際には感じていなくても）あらわにすることがある。たとえば、インドネシアが経済危機に見舞われた際には、コーランの勉強会が急増した。会に参加して強い信仰心を示すことで、互助サークルに自分の居場所を見つけようとしたのだと考えられる。[30] また、人は人種差別や性差別を見て見ぬふりをしたり、それどころか噂話や又聞きの尻馬に乗ったりすることもある。これも、自分の仕事や貴重な人脈を失うことを恐れるからだ。

さらに、経済学者が統計的差別［statistical discrimination］と呼ぶものがある。統計的差別とは、過去の統計データに基づいた合理的判断から結果的に生じる差別のことだ。私たちがパリでウーバーを利用したとき、その運転手はいかにウーバーがすばらしいかを熱く語ってくれた。アフリカ系の自分がこんな立派な車を運転していると、以前は麻薬の密売人か車を盗んだのだろうと決めつけられたという。大方のフランス人は、フランスにいるアフリカ出身者は貧しく、したがって新車など買えないと考えている。これ自体は統計的事実に基づく合理的な判断だ。ところがその判断に基づき、大方のフランス人は、新車に乗ったアフリカ人は**だれでも**犯罪者だとみなしていた。だがいまは、ああ、ウーバーの運転手か、と考えてくれる。これはすごい進歩だというのである。

アメリカで警察官が黒人ドライバーを頻繁に止めて職務質問をするのも、統計的差別で説明がつく。また、ウッタル・プラデシュ州の州政府（ヒンドゥー教徒が要職の大半を占める）はこのほど、州警察に「偶発的に」殺された人々の多くがイスラム教徒だったことを認めたが、これも統計的差別で説明できる。犯罪者の中では黒人とイスラム教徒の比率が高いため、イスラム教徒と見ると犯罪者とみなしてしまうということが起きるわけだ。このことは、剝き出しの人種差別と見えるものも、実際にはそうではなく、人種なり宗教なりと関連づけられる何らかの属性（麻薬密売人、犯罪者など）を標的にした結果だと解釈できる。したがって統計的差別は、古くからある偏見（経済学者は好みに基づく偏見と呼ぶ）とは異なり、理由が存在する。とはいえ黒人あるいはイスラム教徒にとっては、結果は同じことだ。

アメリカでは二三州が、求職者に犯罪歴を訊ねることを禁止するいわゆるバン・ザ・ボックス法を施行している。ボックスとは採用時の書類審査に設けられたチェック欄のことで、「あなたは有罪判決を受けたことがありますか」という質問に答えることを求職者に要求する。ここにチェックマークを入れただけで排除されるのは不当であるとし、雇用機会の均等を保障するために、バン・ザ・ボックス法はこうしたチェック欄の設定を禁じている。二三もの州がこの法律を導入したのは、若い黒人男性の雇用を増やしたいという狙いもある。若い黒人男性はそれ以外の人々と比べて有罪判決を受ける確率が高く、また失業率は全国平均の二倍に達している[31]。

ではバン・ザ・ボックス法は、実際に若い黒人男性の就労率を押し上げる効果があったのだろうか。最近、二人の研究者がこの点を確かめる調査を行った。彼らは一万五〇〇〇件の架空の応募書類をニュージャージー州とニューヨーク市の雇用主に、それぞれ法律施行直前と直後に送付した。[32] 応募書類には、それぞれ白人に典型的なファーストネーム、アフリカ系アメリカ人に典型的なファーストネームを記入して、人種がはっきりわかるように操作を加えてある。また法律施行前に送付した書類では、有罪判決の質問欄にイエスのチェックマークをランダムに入れた。

調査の結果、全般的に黒人に対するあきらかな差別が認められた（このことは過去に行われたさまざまな調査でも確認されている）。応募書類の内容が同じであっても、架空の白人応募者は、書類審査に合格して面接に進む確率が黒人応募者より二三％も高かった。また当然ながらバン・ザ・ボックス法施行前の調査では、応募書類の内容が同じであっても、有罪判決を受けたことのない架空の応募者は、チェックマークを入れた応募者より書類審査の合格率が六二％高かった。つまり、チェックマークを入れると書類段階で門前払いを喰わされる可能性が高いということである。この点に関する限り、黒人と白人に大差はなかった。

しかし驚くべき結果が出たのは、バン・ザ・ボックス法施行後の調査である。なんと、書類審査の合格率に関して人種による格差が大幅に広がったのだ。法律施行前では、チェックマークを入れた白人応募者の書類審査の合格率は、やはりチェックマークを入れた黒人応募者より七％高いだけだった。ところが施行後は、この差が四三％に拡大したのである。理由は、こうだ。有罪判決に関する情報が何もない状況で、雇用主が確実に知っているのは、黒人のほうが白人より有罪判決を受ける確率が高い、という統計的事実だけである。したがってこの事実に基づいて合理的に判断すれば、黒人は雇わないに越したことはない、ということになる。言い換えればバン・ザ・ボックス法の導入で、雇用主は人種だけに依存して犯罪歴を予想することになった。その結果が統計的差別というわけである。

もちろん、人々が統計的事実から出発するとしても、つねに正しい推論を行うわけではない。ある調査では、アシュケナージ系ユダヤ人〔離散したユダヤ人のうち東欧・アメリカに定住したユダヤ人とその子孫〕とセファルディ系ユダヤ人〔同南欧・アジア・アフリカに定住したユダヤ人とその子孫〕に信頼ゲームをやってもらった。信頼ゲームは、実験経済学で頻繁に使われるゲームで、送り手と受け手の二人一組で行う。送り手はお金を渡され、その一部を受け手に分け与えるよう言われる（与えなくてもよい）。受け手に与える額はゼロから全額までのどこかになり、それは送り手が好きに決めてよい。ただし、送り手が与えた額は三倍にして受け手に渡されることが両人に伝えられる。受け手はその金額を好きにしてよく、送り手にいくらか分けてもいいし、分けなくてもいい。このゲームのポイントは、送り手が受け手を信頼しているかどうかが推定できる点にある。受け手は利己的でないと信頼するほど、送り手はより多くを分け与えるはずだからだ。

信頼ゲームは実験室では何千回も実施されてきた。実験結果で最もよくみられるのは、送り手が最初の額の半分以上を受け手に分け与え、与えた額の半分以上が戻ってくるパターンだ。このパターンでは、送り手が受け手を信頼し、受け手がその信頼に応えたことになる。さてユダヤ人による信頼ゲームでは、送り手も受け手もともにアシュケナージ系ユダヤ人だった場合には、やはり同じパターンになった。だが受け手がセファルディ系だった場合には、様子がちがってくる。この場合には、送り手は相手がアシュケナージ系だったときの半分しか分け与えなかったのである。その結果、送り手も受け手も獲得する金額が減ってしまった。

こんな結果になったのは、セファルディ系の受け手にたくさん分け与えてもどうせ戻って来ないだろう、とアシュケナージ系の送り手が考えたからだろう。それとも、お互いに相手を嫌っているため、アシュケナージ系は自分が損をするのを承知のうえで、単にセファルディ系に得をさせないためにすこししか分け与えなかったのだろうか。この点を確かめるために、単に相手にいくらかお金をあげてほしいと頼んだ（あげた分が戻って来ることはない）ところ、アシュケナージ系の送り手があげる額は、相手がアシュケナージ系でもセファルディ系でも変わらなかった。このことから、相手によって行動にちがいが出たのは、憎悪ではなく相手の人格に対する疑念（信頼の欠如）だったと言える。

興味深いのは、セファルディ系が送り手になったときにも、アシュケナージ系の不信感が伝染したのか、やはり相手を信頼しなかったことである。つまりアシュケナージ系もセファルディ系も他の民族以上に互いを信頼しない、という現象が見られた。しかし、そもそもアシュケナージ系がセファルディ系に対して抱いた不信感には何の根拠もない。こと信頼ゲームに関する限り、セファルディ系の受け手が送り手に戻す金額は、アシュケナージ系の受け手と変わらなかった。だからアシュケナージ系の送り手は、合理的判断に基づいて行動したつもりかもしれないが、実際には想像上の疑念に基づいていたことになる。

自己実現的な差別

アメリカの心理学者クロード・スティールは、自分自身や自分が帰属する集団に対して差別を行うという現象に注目して有名な実験を行った。この実験であきらかになった自己に対する差別は「ステレオタイプの脅威」と名付けられている。実験では学生の被験者を対象にテストを実施する。最初に「実験室における問題解決」についてのテストをすると言われたときには、黒人学生と白人学生の成績は拮抗していた。[33] ところが、「個人の能力測定」のテストをすると言われたときには、黒人学生の成績は白人学生を大幅に下回ったのである。

ステレオタイプの脅威の影響を受けやすいのは、黒人だけではない。女子学生と男子学生を対象に高等数学のテストを行う実験では次のような結果が出ている。テスト前に「女性は数学が男性ほど得意でないということがよく言われるが、このテストにはそれは当てはまらない」と言われたときは、女子学生の成績は男子学生と同等か上だった。[34] 一方、テスト前に「アジア人は他の民族より数学の能力がすぐれていると言われる。今回のテストはそれを確かめるためのテストである」と言われると、大学進学適性試験（ＳＡＴ）の数学で高得点をとった数学・工学専攻のアメリカ人男子学生の成績はひどくお粗末になってしまった。[35] 同様の実験が異なる状況で繰り返し行われており、さまざまなタイプの自己差別的な先入観が報告されている。

自己差別は、往々にして自己実現的である。自分が帰属する集団のアイデンティティを想起させられると、人は自分の能力に自信が持てなくなり、いつもとちがうふるまいをしてしまう。同じことが、他の集団に対する差別についても当てはまる。一九六〇年代から行われていた心理実験に次のようなものがある。先生が五年生のクラスをランダムに二つのグループに分け、第一グループには君たちは才能がある、だからどんどん勉強ができるようになると言い、第二グループには何も言わない。すると、第一グループは一年間でＩＱが一二ポイント伸びたが、第二グループは八ポイントにとどまったという。[36] この実験は、倫理性が問題にされるなどさまざまな点から批判された。だが他の種類の多くの実験で、自己実現的な予言の力が確認されている。

たとえばフランスでは、ある食品スーパー・チェーンの若いレジ係を対象にした調査が行われた。レジ係の多くは北アフリカまたはサブサハラ出身のマイノリティである。調査の結果、レジ係の監督者がマイノリティに対する偏見を持っている場合、それがレジ係の仕事ぶりに影響することが確認された。[37] 監督者の中には偏見の強い人、あまり偏見のない人がいるが、どちらがその日の担当かによって、レジ係の仕事ぶりがちがってくるのである。偏見の強い監督者が担当の日は、マイノリティのレジ係は欠勤したり、来てもあまり熱心に働かなかったりする。動作がのろのろしていて一人の客にかかる時間が長くなる。非マイノリティのレジ係にはそうしたことはまったく見られなかった。偏見の強い監督者が担当の日にマイノリティの生産性が低下するのは、監督者に対する敵意が原因とは思えない（実際、マイノリティのレジ係は別に監督者を嫌いではないと述べているし、監督者のほうもマイノリティのレジ係を嫌いではないと答えている）。実際には偏見の強い監督者は、マイノリティにいくら注意しても無駄だと思い込んでいるので、しっかりと管理責任を果たそうとしない。レジの見回りもしないし、レジ係に注意したり、あるいは励ましたり褒めたりもしない。そこでレジ係のほうも熱心に働かないというわけだ。

女性管理職に対する差別にも、自己実現的な予言に近いものが感じられる。マラウィの農村で行った実験では、村人の中から男女をランダムに選んで新しい技術を教え、それを他の村人に教えてもらった。[38] すると女性のほうが教わったことをよく覚えており、女性から教わった村人も、彼女の言うことをちゃんと聞いていれば、しっかり技術を習得することができた。ところが大方の男たちはちゃんと聞かない。女はダメだと思い込んでいるからだ。すると女性から教わった村人は技術を習得できないことになり、女はダメだという思い込みを裏付ける結果となる。またバングラデシュでは、女性にラインマネジャー研修を行った。彼女たちは、リーダーシップ能力や専門的な知識などに関する客観評価に関する限り、男性に劣らぬ好成績を挙げた。ところが部下たちは女性管理職を見下して敬意を払おうとしない。すると当然ながらそのチームの業績は低下し、女の管理職はダメだという差別的偏見を裏付ける結果になる。[39] かくして、最初は女性に対する根拠のない偏見と見えたものが、女性の側には何の落ち度もなかったにもかかわらず女性の実績を押し下げる方向に作用し、女性の地位を一段と低くする結果となる。

ゴルフは白人のスポーツ？

自己実現的な予言で不思議なのは、いったいどうして予見してしまうのか、ということである。偏見に満ちた自己実現的な予言の犠牲になるのは、いつだって伝統的に不利益を被ってきた人たちだ。白人男性が「どうせダメ」と決めつけられている例など見たことも聞いたこともない――一部のスポーツを除いては。こうしたバイアスは、社会的文脈の中で形成されてきたステレオタイプに由来する。

いかにステレオタイプの力がしぶといかを示す実験を紹介しよう。この実験では、アフリカ系アメリカ人学生とプリンストン大学の白人学生にゴルフの練習をしてもらう。[40] どちらもゴルフの経験はまったくない。第一の実験では、参加者をランダムに二つのグループに分け、一方には参加者の人種を思い出させるような質問に答えてもらい、もう一方には質問をしない（これは人種のアイデンティティを改めて認識させる標準的な方法である）。そのうえでどちらのグループにも、これは「一般的な運動能力を測るテスト」だと伝える。すると、人種をとくに意識させられなかったグループでは黒人学生と白人学生の成績はほとんど差がなかったが、人種を意識させられたグループでは黒人学生の成績はひどくお粗末だったのに対し、白人学生のほうはたいへん成績がよく、両者の差が大きく開いた。これはおそらく、ゴルフが白人のスポーツであることを黒人学生が思い出してしまったからだろう（タイガー・ウッズが登場する前の話である）。

第二の実験でもやはり参加者をランダムに二つのグループに分け、スポーツの練習をしてもらう。練習はどちらも次第に難度が高くなる。この実験ではどちらのグループにも人種を意識させることはしないが、グループによってテストの目的を変えた。[41] 第一グループには、「天性の運動能力」に関する個人の能力を計測すると伝え、天性の運動能力とは「的に当てる、球を投げる、動いている球を打つなど、視覚と手先の協調を必要とするような複雑な動作をこなす生まれついての能力のこと」だと説明する。第二グループには、「スポーツ・インテリジェンス」すなわち「運動中にゲームの進行を戦略的に考える能力」に関する個人の能力を計測すると伝える。すると第一グループでは黒人学生が白人学生をはるかに上回る好成績を挙げた。しかし第二グループでは、まったく逆の結果になった。黒人自身を含め参加者全員が、アフリカ系アメリカ人は運動能力にすぐれていて、白人（それもプリンストンの学生だ）は戦略的にプレーするというステレオタイプの呪縛に囚われていたのである。

これらの実験結果が、ベッカーとスティグラーの首尾一貫した選好の概念と一致するとは言いがたい。参加者たちの集団としての自己（および他人）の認識は、結局のところ、人種の特徴を思わせるものとして実験のために適当に設定された「天性の運動能力」だとか「スポーツ・インテリジェンス」といったあやしげなものに左右されたのだから。

白人みたいと思われたくない

ベッカーとスティグラーの主張は、好みをその背後にある社会的文脈から切り離せということだった。だが社会的文脈は否応なしに好みの問題に入り込んでくる。人間が持ち合わせているのは、好きな食べ物だとか行きたい旅行先といった単純な好みだけではない。誰が好きか、という好みも持っている。

人間は見知らぬ人、異質と感じる人を避け、自分と同じような人が大勢いるところに移りたがる。こうして異質な人からの分離が進むと、それが人生の選択にも影響をおよぼし、不平等を助長する。貧しい人や黒人の多い地区では、公共サービスを始めとするリソースが十分に行き渡らなくなる。そうなれば、そこで育つ子供の人生には始めから足かせがはめられているようなものだ。

アメリカでは「大移動期」と呼ばれる一九一五〜七〇年に、黒人が北部の白人の町へと大量に移住した。すると白人たちは町を捨てて出て行った。あとに残されたのは荒れた学校や劣化したインフラで、働き口もほとんどない。[42]こうした町はどんどん貧しくなり、見捨てられ、犯罪発生率が上昇し、繁栄はますます遠のいていく。黒人の子供が所得分布の下位五分の一から上位五分の一へと移る確率は、大移動期に白人に見捨てられた地区では、他の地区よりはるかに低い。[43]もちろんそこには多くの要因が関わっているが、その一つに、人々が自分たちの生まれ育った地区の暗黙のルールに意識的・無意識的に従うということが挙げられる。日常的に暴力が振るわれる地区では暴力が規範となる。猛勉強があたりまえの一流大学では、必修が四科目なのに五科目とるのが規範となっているように。

こうした規範の持つ力を浮き彫りにした実験を紹介しよう。この実験では、生徒の大半がヒスパニックで占められるロサンゼルスの高校で、大学進学適性試験（ＳＡＴ）の予備校に無料で行かせてあげると提案した。[44]ランダムに選んだ第一グループには、行くにしても行かないにしても、君たちの選択は誰にも言わない、と約束する。第二グループには、君たちの選択は公表する、と伝えた。すると、第一グループは七二％が行くと答えたのに、第二グループは六一％にとどまったのである。自分のひそかな勉学意欲を友達に知られたくなかったのだろうか。

たしかにフォーク定理でこの現象を説明することはできる。生徒たちは、自分が大学に行きたがっていると仲間に知れ渡り、ガリ勉野郎だとみなされたら、仲間はずれにされ、誰からも相手にされなくなると恐れたのだろう。これはたしかにありそうなことだ。だが、ヒスパニックの生徒たちの間だけでこのような仲間内の規範が維持されているのは、偶然ではあるまい。ヒスパニックには、白人文化を嫌悪する長い歴史がある。だからヒスパニックの少年少女たちは「白人みたいに」ふるまうことを極端に恐れる。つまり彼らの規範は歴史に根ざしているということだ。その証拠にアジア系の生徒たちの間では、勉強熱心だからといって仲間はずれにするような行動は高校レベルではほとんど見られない。

ベッカーとスティグラーの世界では、規範は人々が従うから規範になる。だからヒスパニックの生徒の中に勉強家がいないのも、アジア系の生徒の中に怠け者がいないのも、何の理由もない。だが人々がある規範に従うようになるのは、歴史や社会的文脈の存在が大きいのではないだろうか。

いよいよ好みについて議論しよう[45]

社会的文脈が人々にどの程度影響をおよぼすのかを調べるために、チューリヒ大学の研究者たちがおもしろい実験を行っている。被験者として金融業界で働く人たちを募り、コイン投げを一〇回やって結果をオンラインで報告してほしいと依頼した。[46]基準値を超える回数の表（または裏）が出たら、一回上回るごとに二〇スイスフラン（約二〇ドル）を進呈する。コイン投げを監視する人は誰もいない。つまり嘘をつく誘因がきわめて強い状況である。

実験を行う前に被験者をランダムに二つのグループに分け、どちらのグループにも余暇にどんなことをするのが好きかという質問に答えてもらう。ただし第一グループには、自分たちは「ふつうの」人間だと感じさせるような方向に誘導し、第二グループには自分たちが金融業界で働いていることを強く意識させる。すると、第二グループの報告では、表の出る回数がひどく多かった。統計的に見て純粋な偶然とは言えない程度に多かったのである。嘘をついている可能性を推定したところ、第一グループでは三％だったのに対し、第二グループでは一六％に達した。

第二グループのほうが表をうまく出す技を短時間で習得したとは思えない。それに、どちらのグループも金融マンなのだし、そもそもランダムに分けているのである。考えられる説明は、こうだ。金融業界で働いていることを意識させられた瞬間に、業界での倫理規範が思い出され、嘘をつくことに抵抗がなくなった……。

これでは、人々がいくつもの人格を持ち合わせていて、それぞれに好みがちがうかのように行動しているとしか思えない。スイスの実験では、被験者は自分を金融マンとして意識するかしないかのちがいだけだったが、現実の生活では人々は家庭、学校、職場、遊び仲間、所属するクラブ、所属したいクラブ等々さまざまな場を持っており、それぞれの場の規範によって何を選ぶか、何を好きかが左右されるのではないだろうか。私たちも経済学者の端くれであるから、標準的な選好への忠誠を尽くそうとがんばってみた。だがどうやらこれが絶望的な試みであるらしいことがはっきりしてきたように思う。

動機づけられた信念

何を正しいと考えるか、さらには何を好きかということも、状況に左右される——そう認めると、多くのことが腑に落ちてきた。私たちに重要な刺激を与えてくれたのは、ノーベル経済学賞を受賞したジャン・ティロールがローラン・ベナブーと行った共同研究である。[47] ティロールらは、人々の意見や信念といったものを理解しようとするとき、額面通り受け取らないほうがいいと指摘する。たとえば「自分はこういう人間だ」と信じていることのすくなくとも一部は、感情的にそう信じる必要に迫られたから、あるいはそう考えるほうが楽だから、そう考えているのである。だから自分が自分の思う自分でなかったとき、自分自身に落胆し、ひどくみじめになってしまう。自分の中の自己像を感情的に重視するあまり、他人に対する見方が歪められてしまうこともある。たとえば、自分は偏見など抱いていないと思いたいがために、客観的な事実を持ち出してごまかす、などだ。たとえば先ほどのマイノリティのレジ係の例で言うと、監督者はこんな言い訳をした。「いやなに、私はレジ係がアフリカ出身だろうがどこ出身だろうがまったく気にしていません。ただ事実として、私が励ましたって何の反応もない。だから時間の無駄だと思っただけです」。

人間は、考えを変えるのを嫌うものだ。なぜなら、変えるということは、最初の考えがまちがっていたと認めることになるからである（だからアビジットは自分の判断ミスをいつもソフトウェアの不具合のせいにする）。また私たちは、自分の倫理観を問われるような情報も避けようとする。そこで、国境警備局に勾留され収容施設で暮らす移民の子供たちについてのニュースは見ないようにする。自分の選んだ政府が子供たちをどう扱っているか、考えたくないからだ。

こうした回避戦略の深みにどんどんはまっていくのは時間の問題である。たとえば自分を人種差別主義者と考えたくないので、誰かに対して否定的な意見を抱いた場合、その誰かを責めることで自分を正当化しようとする。そこで、小さな子供を連れて不法に国境を越えるからいけないのだ、と移民の親たちを責めることで心の安らぎを得ようとする。あるいは、自分が正しいという証拠を見つけようとする。どんなささやかなニュースでもいいから探し出してそれにすがり、他のニュースは無視する。やがて、最初は本能的な防御反応だったものが、次第に隙のない論拠らしきものを形成するようになる。そうなると、自分の意見と相容れない主張は、いかに健全に見えようと、自分の倫理観に対する攻撃であるとか、自分の知性に対する侮辱だというふうにみなすようになる。そうなった時点から対立は激化し、暴力的になりかねない。

人間はこうしたパターンに陥りやすいと認めれば、多くの重要な教訓を学ぶことができる。まず、人々を人種差別主義者呼ばわりしたり、あるいはヒラリー・クリントンが口を滑らせたように「嘆かわしい人たち」などと決めつけたりするのは不適切である。そのような行動は人々の倫理観を侮辱するものであり、当然ながら怒りを燃え上がらせる。侮辱された人たちは、もう聞く耳を持たないだろう。その一方で、トランプ大統領がやったように、頑迷な人種差別主義者を「すばらしい人々」だと言い、極右集団と反対派の衝突について「どちらにも」悪い連中がいると強調すれば、人気を勝ち得ることができる。人種差別主義者も極右集団も、自分のことを肯定的に評価できるようになるからだ。

また先ほどのパターンからは、事実や事実確認が人々の考えをほとんど変えられないこともわかる。すくなくとも短期的にはそうだ。このことは移民を取り上げた第二章でも指摘したとおりである。ただし長期的には、人々は事実を前にして自分の意見に折り合いをつける。だから事実を語ることをやめてはならないが、批判的に語るのはやめたほうがよい。

誰もが、自分はまともな人間だと思いたがっている。だから、偏見を減らすような試みをする前にまず、相手の価値観を認めることが大切だ。昨今の心理学者は小さな子供を持つ親に対し、「いい子にしてね」と言うのではなく、「あなたはほんとにいい子ね」と言うよう奨める。そして親はあれこれ指図せず、ただ生来のやさしさや思いやりに従って行動すればよいのだという。この貴重な助言はすべてに当てはまるだろう。

とりわけこの助言が役立つのは、相手の自尊心がまだ決定的に傷ついていない状況だ。反移民・反黒人感情の強い地域の低所得層の白人男性が直面する問題の一部は、彼らの生活があきらかに自分たちの見下していた移民や黒人の生活に我慢ならないほど似てきたことにある。一九九七年にウィリアム・ジュリアス・ウィルソンは、黒人社会の問題として「失業率の高い地域が迎える結末は貧困率の高い地域よりもずっと悲惨だ……インナーシティのスラム街が抱える問題、すなわち犯罪、家庭崩壊、生活保護などは、根本的には仕事がないことに起因する」と書いた[48]。

それから二〇年後、『ヒルビリー・エレジー』の中でJ・D・ヴァンスはこう書いている。「ウィルソンの本は衝撃的だった。私は彼に手紙を書いて、故郷のことをあれほどみごとに描写してくれてありがとうと伝えたいと思ったほどだ。だがよく考えてみれば、私があのように強い印象を受けたのはおかしなことだ。なぜなら彼が描いたのはアパラチアの白人労働者階級ではなくて、インナーシティの黒人だったのだから[49]」。

ウィルソンの描いた黒人居住区の社会問題が、ラストベルト〔斜陽化した工業地帯〕の白人社会にぴたりと当てはまるということ自体、侮辱に侮辱を上塗りするものだ。白人たちの自己像は、自分たちは移民や黒人より上だという優越意識と分ちがたく結びついていた。それなのに自分たちの置かれた社会的状況が移民や黒人のそれに限りなく近づいている——これはもう貧しい白人労働者階級にとって、存在の危機そのものである。

こうした状況で自我を取り戻す方法は二つある。一つは否定である。たとえば、「私たちは中絶に断固反対です。なぜなら、この地区には妊娠したことのある女の子なんて一人もいませんから」という具合に。もう一つは、見下す相手を一段と貶めて、彼我の距離を広げることだ。たとえばレーガン時代には、黒人やラテンアメリカ系のシングルマザーを白人は「ウェルフェア・クイーン」と揶揄した。政府の社会福祉制度をいいことに潤沢に生活保護を受け取ってぬくぬくしている、というほどの意味である。だがいまや行き詰まった白人男性は、生き延びるために障害年金の受給申請をしている。だから、シングルマザーを馬鹿にできる立場にはない。そこで一段とひどい侮辱を浴びせる。あいつらはギャングの情婦だ、という具合に。

こうした状況を踏まえると、社会政策を単なる経済的な生活向上の面だけで考えるのではなく、技術革新や貿易その他さまざまな要因で失業した人々の尊厳を取り戻すことが必要だと痛感させられる。昔ながらの補助金政策は、それだけでは機能しない。自己肯定感の喪失を埋め合わせるような政策が望まれる。いま必要なのは、社会政策のあり方を根本的に考え直すことである。この点については第九章でくわしく論じる。

恣意の一貫性[50]

人間は、自分の考え、とりわけ自分の価値観に深く根ざす考えに関しては、その修正を余儀なくされるような証拠をなんとしてでも目に入れまいとするものだ。他の人種や民族や移民をどう考えるかといったことも、この範疇に含まれる。頑固に修正を拒むのは、自分の価値観に深く根ざす意見は、「自分はこういう人間だ」「こういう人間でありたい」という自己像と直結しているからである。だが残念ながら、人間は注意深く慎重に熟考したうえで意見を決めるわけではない。

ここで、行動経済学の分野で最も有名な実験の一つを紹介したい。実験を設計したのはダニエル・カーネマンとリチャード・セイラーである。実験ではランダムに選んだ被験者の学生（第一グループ）にマグカップを進呈する。その数分後に、いまあげた品物を売ってくださいと申し出る。一方、マグカップをあげなかった学生（第二グループ）に対しては、欲しかったら売りますよと持ちかける。すると驚いたことに、第一グループの学生がもらった品物につけた売値は、第二グループの学生が買ってもいいと思った買値の二〜三倍に達したのである。[51] 同じ実験をボールペンでやっても同様の結果になった。マグカップ（またはボールペン）をもらうかどうかは完全にランダムに決められたのに、単にもらったかもらわなかったかだけで同じ品物につける値段にこれほど開きが出るのは、どうしたわけだろうか。その説明は、こうだ。最初にマグカップ（またはボールペン）をもらった学生は、自分のものになったその品物に対してわずか数分の間に愛着が湧いたので手放したくなくなった、ということである。この実験結果は、人々がマグカップやボールペンといったさして高価でない品物の価値をどう判断するかについて、直観には反するが、じつに深い洞察を与えてくれる。

こうした恣意的な条件づけの効果を一段と衝撃的に示したもう一つの実験も紹介しよう。被験者の学生は、ワイン、マウス、本の競売をするので値段をつけるよう言われる。ただしその前に、自分の社会保障番号の最後の二桁の数字を記入し、その前に$マークを付けるよう指示される。その後に「ではワインにいくらつけるか考えてください」と言われるわけだ。もちろん学生たちは、社会保障番号とワインの値段に何の関係もないことをよく知っているにちがいない。にもかかわらず、自分が書いた$マーク付きの数字にとらわれた。最後の二桁が八〇以上だった学生は、二〇以下だった学生の三~四・五倍の値段をつけたのである（このように先行して与えられるランダムな数字がその後の数値の判断に影響することを「アンカリング」と呼ぶ）。この点を除けば、学生たちのふるまいは標準的なモデル通りだった。すなわち、競売で値段が競り上がるにつれて買う気をなくしたし、安い値段のときに買おうとした。だが彼らは、ワインの絶対的な価値となるとイメージが湧かなかったので、手近な数字に影響されたのだろう。[52] このように恣意的なアンカーと価値判断の間に正の相関性が認められることを、ダン・アリエリーは「恣意の一貫性」と呼んだ。

だが言うまでもなく、移民やイスラム教徒はマグカップやボールペンとはちがう。まさかこのような恣意的な条件づけに、はるかに重大な人種差別や移民の問題でも私たちが影響されるということはあるまい。だが実際には、そのまさかなのである。

ロバーズ・ケーブ実験

先ほどの実験にも相通じる現象が「社会的選好」でも認められている。経済学において社会的選好とは、他人に関する好みのことである。一九五四年に心理学者のムザファ・シェリフとキャロライン・シェリフが、オクラホマ州ロバーズ・ケーブのキャンプ場で野外実験を行った。[53] 対象となったのは一一～一二歳の少年二二人である。少年たちはランダムに二つのグループに分けられ、互いの存在を知らされずにそれぞれちがう小屋で数日間集団生活をする。その後に二つのグループは引き合わされ、綱引きなどの競争を行った。これでグループ同士は敵対心を募らせ、相手の悪口を言ったり、相手の持ち物を壊したりするようになる。その一方で、グループ内の結束は一段と強まった。最終日にシェリフはわざとキャンプ場を断水状態にする。少年たちは始め協力を渋っていたが、そのうち力を合わせて問題解決に当たるようになり、互いの敵意をほとんど忘れていった。

この実験はさまざまな形で繰り返し行われ、最初に得られた知見の正しさが実証されている。興味深いのは、恣意的に与えられた条件が忠誠心に影響をおよぼす現象が、少年たちのように孤立した状況での集団生活などでなくても認められることだ。ランダムに選ばれた被験者のグループに単に名前をつけるだけで、グループ内のメンバーは互いに好意を抱くようになるのである。これは、一一歳の子供だけでなく、大人にもあてはまる。

ロバーズ・ケーブ実験から学べる二つのことは、どちらも重要な意味を持つ。一つは、人々を分裂させるのは簡単だということ。もう一つは、分裂しても再び結束する可能性はあるということである。分裂させるのは簡単だという事実こそ、今日多くの国を支配している移民排斥主義者や彼らを操る連中を恐れなければならない理由そのものである。なるほど、彼らが与える傷は回復不能ではないかもしれない。だが先ほどのキャンプ場の例のように、注意深く導かない限り、深い傷跡を残す可能性がある。たとえばルワンダでは、ベルギーの植民地主義者が統治の都合上、本来はほぼ均質なルワンダ人についてツチ族は優等でフツ族は劣等であるという神話をでっち上げ、ツチ族をあらゆる面で優遇した。ルワンダ独立後も少数派のツチ族が支配的な地位を独占したため、国民の大多数を占めるフツ族の不満が募り、ついに一九九四年にフツ族過激派によるツチ族および穏健派フツ族の虐殺が起きている。[54]

それに、好みは必ずしも首尾一貫しない、つまり社会的文脈によって変わるのだとすれば、誰かを人種差別主義者などと「〜主義者」呼ばわりしたり、同じことだが「嘆かわしい人たち」などと決めつけたりするのは控えるべきだろう。そもそも多くの人が差別に反対であると同時に賛成なのだし、偏見を露骨に口にするのはむしろ不満や苛立ちの表れなのだ。かつてオバマに投票し、次にトランプに投票した人だっている。彼らが混乱したにせよ考えを変えたにせよ、トランプに投票しただけで差別主義者と決めつけるのは不当だし、何の役にも立たない。

似た者同士

私たちの好みは、誰と一緒にいるか、どんな集団に帰属するかに強く影響される。となれば、社会の分裂はきわめて憂慮すべき事態である。なぜなら、分断されたこちらとあちらでは人々の交流がごく限られてしまうからだ。人々は自分と似た人とだけいるようになる。アメリカの学校では、黒人の生徒は黒人と、白人の生徒は白人と友達になる。[55] これは、社会学者が「同類性」と呼ぶ現象だ。類は友を呼ぶ、ということである。学校の中で最も人数の多い社会集団にはとくにこの傾向が強い。したがって少数集団に属す生徒は、最大集団からあぶれた生徒と友達になるほかない。[56]

だからと言って、生徒たちの間に偏見が強いということではない。最大集団に属す生徒が集団の外の生徒と付き合わないのは、単にまわりを見回せば同類に出会う確率が高いからだろう。彼らが同類に親しみを覚える「ゆるやかな好み」を持っている限り、わざわざ集団の外に新しい友達を求める理由はない。

この「ゆるやかな好み」の根源にあるのは、必ずしも集団の外の人に対する敵意や憎しみといった負の感情ではない。単に、同じ言葉を使い、同じ身振りをし、同じユーモアのセンスを備え、同じテレビを見て同じ音楽が好きで、いろいろな問題に対する意見もよく似ている人たちと一緒にいるほうが気楽だ、というだけのことだ。インドからアメリカに来たアビジットは、アメリカではパキスタン人といるとくつろげることに気づいて衝撃を受けた。なにしろインドとパキスタンは独立以来七〇年以上も対立してきたという歴史がある。それでも、おせっかいで穿鑿(せんさく)好きという南アジアの人々の特徴が自ずと両者を結びつけたのだった。

こうした行動パターンはごく自然ではあるが、負の側面もある。それは、他の集団に属す人と出会ったときだ。後ずさりし、用心深く警戒し、親切や思いやりを引っ込める。相手は異質だからこちらを理解できまいと懸念するからだろう。あるいは、相手が意図してもいない攻撃に身構えたり、先に仕掛けたりする。いずれにせよ、何か大切なものが失われてしまい、他の集団との円滑なコミュニケーションがとれなくなっていく。

大半の人々が同じ集団の相手と結婚するのも、こうした傾向が一因である。一九六七年のラヴィング対バージニア州裁判で、異人種間結婚を禁じる法律を無効にするという画期的な決定を最高裁が下してから五〇年以上が経つというのに、判決後に結婚したアメリカ人で異人種と結婚したのは六人に一人に過ぎない[57]。インドでは、世帯の七四%が結婚は同じカースト内で行うべきだと考えている。私たちの調査によると、どのカーストの男性も、自分の姉妹と同類の相手を探す。女性もまたそうだ。その結果、当然ながら自分と同じカーストから相手を選ぶことになる[58]。

残響室とホログラム

類は友を呼ぶ行動は、おそらく多くは無意識的な分離につながる。いつも自分と同じ集団の仲間とつるんでいたら、やがて同類だけの孤島を形成することになるとは、たぶん誰も気づいていないだろう。いったんそうなると、傍から見れば常軌を逸した好みや極端な政治的意見がどんどんエスカレートすることになりやすい。自分と同類とばかり一緒にいると、ちがう視点に立てなくなり、ちがう価値観を理解できなくなる。これは大きなデメリットだ。その結果、ワクチン接種が自閉症の原因になるといった根も葉もない主張がいつまでもはびこることになる。すでに述べたように、人々は合理的な判断に基づき、自分自身の意見を引っ込めてまで集団に従うものだ。だが、集団の外の意見が遮断されていたら、事態は一段と悪化するだろう。最終的には異なる意見を持つ排他的な集団がそれぞれに孤立し、他の集団とはほとんどコミュニケーションをとろうとしなくなる。法学者のキャス・サンスティーンは、こうした現象をエコー・チェンバー［残響室］に喩える。同じような意見を持つ人たちが長い残響が生じる部屋にこもり、互いの言うことがわんわん響く中で同じ考えばかりを延々と聞いている、というほどの意味だ。[59]

その結果として生まれるのが極端な二極化である。二極化現象は、客観的な事実を巡っても生じることがある。たとえばアメリカ人の四一%は人間の活動が地球温暖化を招いたと考えているが、ぴったり同じだけの人が温暖化は自然の周期的現象である（二一%）、または温暖化など存在しない（二〇%）と考えている。ピュー研究所が地球温暖化に関する世論調査をしたところ、人々の意見が政治的立場に沿ってほぼ真っ二つに分かれていることがわかった。[60] 大気温の上昇を示す確かな証拠があると考える人は、民主党支持者のほうが共和党支持者より圧倒的に多い（八一％対五八％）。また人間の活動が原因だと考える人も、同様の傾向を示した（五四％対二四％）。だからといって、民主党支持者のほうが科学を信奉しているとは言えない。たとえば遺伝子組み換え食品は健康に悪いとは言えない、というのが科学界の一致した意見だが、民主党支持者の多くは、そうした食品を避けられるよう、遺伝子組み換えの表示をしてほしいと考えている。[61]

いつも同種の人とばかり一緒にいると、ほとんどの問題について同じ意見を持つようになる。集団の強硬な意見を前にすると、政治に関して是々非々で臨むことは次第に困難になってくる。たとえ集団の意見は正しくないと個人的には感じていても、だ。それを端的に物語るのがアメリカ議会である。民主党議員と共和党議員は、もはや同じ言葉を使っていない。[62]政治経済を専門とするマシュー・ジェンツコウとジェシー・シャピロは、下院の現状をこう語る。「民主党議員が〝不法就労者〟と呼ぶものを共和党議員は〝不法入国者〟と呼び、民主党議員が〝富裕層向け優遇税制〟と呼ぶものを共和党議員は〝税制改革〟と呼ぶ。二〇一〇年医療保険制度改革法［いわゆるオバマケア］にいたっては、民主党にとっては〝包括的な医療改革〟だが、共和党からすれば〝政府による医療の乗っ取り〟だ」。こうした状況だから、いまや議員の口から出る言葉を聞くだけで、その人の政治的立場を簡単に推定できるようになった。党派固有の言葉を使うという意味での党派性は、ここ数十年で大幅に強まっている。一八七三年から一九九〇年代前半まではそれほど変化はなく、強い党派意識が認められる議員は全体の五四％から五五％に増えただけだが、一九九〇年以降に急増し、第一一〇回議会（二〇〇七〜〇九年）には八三％に達した。

同じ政党支持者の意見や使う言葉が同じになる傾向に目をつけたのが、選挙コンサルティング会社のケンブリッジ・アナリティカ［二〇一八年に廃業］である。同社はイギリスのEU離脱を問う国民投票やアメリカの二〇一六年大統領選挙でいずれも勝者側のコンサルタントを務めたが、このときフェイスブックのデータを活用している。たとえばマサチューセッツ州の民主党支持者はさまざまな問題について同じことを考え、同じ言葉を使うとしよう。となれば、政治に関してどのような意見を持っているか、何が好きで何が嫌いか、どんなことを持ちかければ乗って来るか、データ解析に基づいて予想するのはむずかしくない。こうして得られた有権者の類型に基づいて最も効果的な反応を引き出すメッセージを発信したり、架空のキャラクターを創作してオンライン上の会話に送り込んだりするわけだ。[63]

同類集団がそれぞれに孤立する状況では、人心掌握術に長けた政治家にとって、相手にする集団ごとに別の人格を演じ分けることなどわけもないことだ。二〇一四年のインド首相選挙で地滑り的勝利を収めたナレンドラ・モディは、選挙運動中に各地で同時に開催された集会に登場するという離れ業をやってのけた。等身大の三次元ホログラムを使ったのだが、聴衆の多くは本物だと信じたという。そのうえ、イデオロギー的に別の人格になりきるという高度な技術も披露した。国際社会で活躍する都市部の野心的な若者にとって、モディは近代政治の体現者だ（イノベーションを推進し、ベンチャー・キャピタルの強化を謳い、洗練されたビジネスライクな態度を示した）。急増中の中流階級の仲間入りをした人々の目には、モディはヒンドゥーの伝統に基づくナショナリズムの提唱者と映る。そして経済的に虐げられている最貧層にとっては、急伸するイスラム教徒の（多くは想像上の）脅威から守ってくれる頼もしい指導者だ。これらの集団が一堂に会してそれぞれの「モディ像」を語り合うことがもしあったら、互いにとても同一人物とは認められないだろう。だが各集団のネットワークはどこにも接点がないため、モディには一貫性を保つ必要がなかった。

新しい公共空間？

有権者がこのようにきっぱり分離した状況は、単に政策面での意見の不一致よりも根が深い。政治的意見の異なるアメリカ人は、互いに相手を憎むようになっている。一九六〇年には、息子か娘が自分の支持政党とは異なる政党を支持する相手と結婚したら「不快に思う」人は、共和党支持者、民主党支持者はともに五％程度だった。だが二〇一〇年になると、共和党支持者の五〇％近く、民主党支持者の三〇％以上が、「非常に不幸だと感じる」と答えている。また一九六〇年には、共和党支持者、民主党支持者ともに三三％が自分の支持政党のメンバーは知的だと考え、二七%が反対政党のメンバーも知的だと考えていた。だが二〇〇八年には、前者は六二%に増える一方で、後者は一四%まで減っている[64]。

これはどうしたわけだろうか。党派性の強まった一九九〇年代前半以降で最も大きな変化と言えば、インターネットの普及とソーシャルネットワークサービス（SNS）の爆発的な拡大である。二〇一九年一月の時点で、フェイスブックの月間アクティブユーザー数は全世界で二二億七〇〇〇万人に達している。ツイッターは三億二六〇〇万人だ[65]。二〇一四年九月には、アメリカ人の五八%、オンライン人口の七一%がフェイスブックを利用した（ここに私たちは含まれていない[66]）。

SNSは、もともとは誰もがつながることのできる新しい仮想の公共空間として設計されたものである。似た者同士が寄り集まるのではなく、さまざまな境界を越えて誰とでも友達になるはずだった。遠いところにいる人とも、映画や音楽や子育てなど関心の対象が共通であれば、情報や写真をシェアする。こんなふうにSNS上で出会う人は、映画好きは共通でもほかの点では（たとえば人種や宗教が）自分とはちがう人かもしれない。となればSNSは、肉体的に同類の人以外と友達になるチャンスを提供してくれることになる。最初のきっかけは映画だったとしても、やがていろいろなことで意見を交わすようになり、多様な意見や多様な視点を知ることができるだろう。フェイスブック上では、二〇億人の九九・九一%がネットワーク理論で言う「巨大コンポーネント［Giant Component］」を形成している。巨大コンポーネントとは、その中にいるほぼ全員が誰かの友達の友達の友達になっているようなまとまりのことである。[67]巨大コンポーネントでは、そこに属すどの二人の人間をとっても、分離度（通過するノードの数）が四・七しかない。このことは、SNSを通じてほぼ全員と簡単に知り合えることを意味する。

にもかかわらずSNSは、異論の多い問題についてユーザーを融合させることには成功していない。ツイッター上で政治に関与したアメリカ国内のユーザー（二〇一二年の議会選挙期間中に立候補者の関係するアカウントをすくなくとも一つはフォローしたユーザー）二二〇万人について調査したところ、これらのユーザーには合計約九〇〇〇万のリンクが存在するが、保守系ユーザーのフォロワーは八四％が保守であり、リベラル系の場合も六九％がリベラルであることがわかった。[68]

結局のところ、フェイスブックもツイッターもエコー・チェンバーの役割を果たしているということだ。民主党支持者は民主党候補者が発信する情報だけを受け売りし、共和党支持者も同じことをしている。民主党候補者のツイートを最初にリツイートした人の八六％はリベラルであり、共和党候補者の場合はなんと九八％が保守だ。リツイートもカウントすると、リベラル系の有権者はメッセージの九二％をリベラルから、保守系の場合は九三％を保守から受け取っていることになる。しかも、これは単に政治的メッセージだけではない。ツイッターで釣りについて情報交換するときでさえ、リベラルはリベラルと、保守は保守とやりとりしている。SNSが形成するバーチャル・コミュニティは、分裂した公共空間に過ぎない。

だがこれは何もSNSに限った話ではない。国民を分断させフェイクニュースを浸透させようとする政治戦略は、フェイスブックよりずっと前に発明されている。新聞はいつの時代にも党派色が強かったし、政治的中傷は植民地時代のアメリカの印刷媒体では日常茶飯事だった。デビッド・ブロックの『レパブリカン・ノイズ・マシン』には、アメリカの右派がいかにして強力なメディア基盤を築いたかがつぶさに描かれている。[69]

古いメディアもいかに破壊的になりうるかを露呈したのが、ルワンダの虐殺である。虐殺前も虐殺が始まってからも、ミルコリンヌ自由ラジオ・テレビジョン（RTLM）はツチ族を「病原菌をまき散らすゴキブリ」呼ばわりし「駆除」は正当防衛だとフツ族を扇動した。RTLMの放送が届いた村では、山間部などで電波の届かなかった村に比べ、はるかに大規模な殺害が起きている。RTLMのプロパガンダは虐殺の一〇％に責任があったと推定されるので、ツチ族五万人はラジオが殺したようなものだということになる。[70]

ジェンツコウとシャピロは二〇〇九年のオンラインとオフライン両方のニュースについて「隔離指数［isolation index］」を計算した（二〇〇九年というと一昔前のように感じられるが、すでにこの年にはインターネットがすっかり普及し活発に活用されていた）。ここで言う隔離指数とは、保守系のニュースに保守系の人が接する比率と保守系のニュースにリベラル系の人が接する比率の差のことである。彼らの調査結果によれば、オフラインとオンラインでは二極化現象にさして差はない。保守系の人の保守系オンライン・ニュース消費量はニュース消費量合計の六〇・

六％、リベラル系の人の保守系オンライン・ニュース消費量は同五三・一％だった。するとオンライン・ニュースの隔離指数は七・五ポイントとなる。これは、ラジオ・テレビよりすこし高いが、新聞よりは低く、対人接触よりははるかに低い。二〇〇九年の時点ですでに、保守系の人は保守の友達を作り、リベラル系の人はリベラルの友達を作るという現象が顕著だった。ジエンツコウとシャピロが計算したオンラインの隔離指数が低いのは、彼らのデータでは保守・リベラルともに「中道的な」サイトをよく閲覧していたこと、極端に偏向したサイトを閲覧する人は対極的なサイトを含め多数のサイトを見る傾向があることが原因だとされる。[71]

二極化現象がオンライン・ユーザーの間で増えていることは事実だが、オンライン以外の生活空間でも増えている。現に年齢別で見ると、一九九六年以降で二極化が最も進んだのは、インターネット普及率が最も低い六五歳以上の年齢層なのだ。そして二極化が最も少なかったのは、一八〜三九歳の若年層だった。[72] 二極化は、旧来のニュース媒体でも進行している。テレビのニュース番組のテクスト解析を行ったある研究によれば、二〇〇四年以来、FOXニュースが使う語彙は次第に右寄りになり、MSNBC［マイクロソフトとNBCが共同設立したニュース専門放送局］は左寄りになっているという。[73] 視聴者の分化も進み、二〇〇八年まではFOXの視聴者に占める共和党支持者の比率は安定して六〇％程度だったのが、二〇〇八〜一二年に七〇％に増えた。つまり、FOXが次第に保守色を強めるとともに保守層の視聴者が増え、それでますますFOXが保守化するわけだ。このことは、投票パターンにも影響を与え始めている。アメリカにはたまたまFOXニュースにアクセスしにくい郡があるのだが、そうした郡では保守系候補への投票率が低い[74]。

こうした変化の原因は何なのだろうか。ジェンツコウとシャピロは、議会に関する限りターニングポイントは一九九四年にニュート・ギングリッチが「アメリカとの契約」を公約に掲げ、共和党を率いて中間選挙に大勝したときだという[75]。この年は、政治コンサルタントが選挙で活躍した最初の年でもある。私たちは社会科学者として彼らの選挙運動の設計方法やメッセージの発信方法などに関心を持ち、調査を行ってきたが、懸念すべき結論にたどり着いた。

インターネットの問題点

政治的二極化現象がインターネット以前から存在していたことは事実にしても、人々の政策の選好やその表現方法にSNSやインターネットがおよぼす影響が非常に大きいことは否定できない。これは好ましい現象とは言いがたい。まず、「インターネットがなかったら世界はどうなっていたか」といった反実仮想の問いには、答えることができない。これは社会科学者にとって悩ましい問題である。インターネットにアクセスできる人（たとえば若年層）とできない人（たとえば高齢層）を単純に比較するだけでは、この問いの答にならないことはあきらかだ。その一つの例を挙げよう。インターネットでは、信頼できるニュースソースが報道する前に、根も葉もない噂がでっち上げられて拡散しやすい。この場合、若い人ほどインターネットには嘘や誇張がはびこっていると知っているので鵜呑みにしないが、長年にわたりテレビを信用してきた高齢層はそうした噂を聞くとだまされやすいという傾向がある。

ほかにも懸念すべきことがある。第一に、SNS上でニュースが出回るようになると、信頼性の高いニュースの取材や制作が行われなくなることだ。フェイクニュースを拵えるのはじつにお手軽だしコストもかからない。しかも経済的な見返りは大きい。というのも事実に縛られないので、読者層に好まれるような「真実」をいくらでも提供できるからだ。捏造するのは後ろめたいというなら、どこかからコピーしてくればよい。ある調査によると、フランスのニュース・サイトに掲載されたコンテンツの五五%はよそからのカット&ペーストだったという。しかも出典を明記していたのは五%にも満たなかった。[76] ジャーナリストのチームが丹念に取材して報道したニュースが瞬時に他のサイトにカット&ペーストされるとしたら、情報の発信元はどうやって報われるのか。アメリカでこのところジャーナリストの数が減っているのも無理はない。二〇〇七年には五万七〇〇〇人近くいたジャーナリストは、二〇一五年には三万三〇〇〇人まで落ち込んだ。[77] ジャーナリストの総数も減っているうえに、一紙当たりの記者の数も減っている。正しい情報を伝える「公共空間」の提供を使命とするジャーナリズムを支えてきた経済モデルは、急速に崩壊しつつある。こうして事実にアクセスできないとなれば、人々はますますフェイクニュースにどっぷり浸かることになる。

第二に、インターネットは無限の反復を許容する。エコー・チェンバー現象が問題なのは、同類の考え、つまり自分にとって心地よい意見ばかりに触れることだけではない。そうした意見に繰り返し繰り返しいつまでもさらされ続けることも問題である。フェイクニュースの発信者は、まずフェイスブックを発射台に使う。と同時に、生身の人間にお金を払って「いいね！」をつけさせ、注目が集まるようにする。するとメッセージは繰り返され、拡散され、一人歩きするようになる。これが際限なく繰り返されるうちに（政治集会でのチャントを思い浮かべてほしい）、冷静になってその情報が正しいかどうか確かめようと言っても、誰も聞く耳を持たなくなるというわけだ。

それどころか、最後に真実があきらかになっても、すでに偽情報に基づいて世論は真っ二つに分かれており、もはや取り返しがつかないこともめずらしくない。たとえば、トランプ大統領がメキシコ人についてのべつ口にすること（メキシコ人は麻薬の売人だとか強姦犯だという類い）ばかり頭に焼き付き、移民の犯罪率とアメリカで生まれ育った人の犯罪率にさして差がないという事実は忘れられてしまう。[78]これほど効果的だとなれば、世の中に「もう一つの事実[alternative fact]」つまりは虚偽情報を流したくなるのも当然だろう。二〇一六年の大統領選挙では選挙運動期間中にトランプに好都合なフェイクニュースが一一五件もネット上に流れ、三〇〇〇万回も閲覧された（クリントンに好都合なフェイクニュースもあったが、閲覧回数は八〇〇万回にとどまった[79]）。

第三に、インターネットのコミュニケーションではとかく揚げ足取りやあら探しがされやすいため（ツイッターはとくにそうだ）、単純化した単刀直入な表現が好まれ、経緯や背景の説明が省略されがちで、注意深い慎重な議論の規範が失われつつある。その結果、ツイッターは汚い言葉や強引な宣伝の格好の実験場になってしまった。選挙コンサルタントなどは最も先鋭的な主張をまずツイッターで流し、反応を見て、すくなくともターゲット層で（リツイートが多いなど）手応えがあれば選挙戦術に活用するといったやり方をしている。

第四に、インターネットでは自動的なカスタマイズが行われることも懸念すべき点だ。二〇〇一年にサスティーンがエコー・チェンバーについて書いた時点では、人々がニュースを選ぶ機会が狭められることを心配したものだが、今日では選ぶ必要がそもそもなくなっている。高度なアルゴリズムが機械学習による予測技術を駆使して、検索履歴などに基づき、こちらから探す前に「あなたはこれが好きなはず」というものを差し出してくれるからだ。その目的は、端的に言って、ユーザーにできるだけ多くの時間をそれに費やしてもらおう、ということである。

フェイスブックは二〇一八年に、ニュースフィードのアルゴリズムについて釈明と変更の約束を余儀なくされた。過激で挑発的な投稿ほどよく読まれると多方面から指摘されたことを受け、友人や家族からの投稿をメディアより上位に表示すると約束した。だがフェイスブックにやってもらうのを待つまでもない。エステルのグーグルのホームページには、二〇一八年七月二日に、中国の貿易赤字に関するアトランティック誌の記事、ポール・クルーグマンがニューヨーク・タイムズ紙に連載しているコラム、ミレニアル世代の社会主義者に関するニューヨーク・タイムズ紙の記事、サッカーのワールドカップの記事、ハーバード大学の新学長に選ばれたローレンス・バコウに関するボストン・グローブの記事、シモーヌ・ヴェイユに関する記事、最高裁判事の選任についてのスーザン・コリンズ上院議員の発言に関するハフィントン・ポストの記事、そしてもちろん発売間近とされるグーグルのスマートウォッチの記事……が並んだ。エステルに興味が持てない記事は二本だけだった。一本はフランスの刑務所からヘリコプターで脱獄したというニュース（読んでみたらひどくおもしろかった）。もう一本は女優のビジー・フィリップスが搭乗便を変えようとしてデルタ航空とやり合ったというニュースである。このニュースの配信元はFOXで、エステルがこの日接した唯一の右翼系メディアだった。こんな調子で、カスタマイズはいまやあたりまえになっている。公共ネットワークのナショナル・パブリック・ラジオ（NPR）のアプリでさえ、自動化された音楽レコメンデーションサービスを提供するご時世だ。過去の履歴に基づいてあなたの大好きな（はずの）音楽を流してくれる、あれである。かくしてNPRは聴きたい音楽だけが流れるエコー・チェンバーそのものになった。

それのどこが問題なのか。大いに問題である。第一に、自ら選んだ場合にはすくなくとも選んだのは自分だということを意識するが、自動配信されたら何も意識しないことだ。たとえば自分のお気に入りのソースの記事を好んで読む人は、自分にある種のバイアスがかかりやすいことをそれなりに認識しているはずだ。韓国で行われたある実験では、そうした認識の存在が確かめられている。二〇一六年二月から六月にかけて、韓国の二人の若者が被験者にニュース配信アプリを提供した。時事問題について複数のサイトからランダムに収集したニュースを閲覧するアプリである。被験者からは、ニュースの選択や表示の順序について、また時事問題そのものについて定期的に意見を聞いた。何回かこれを繰り返した後、被験者をランダムに二つのグループに分け、一方にはニュースの配信元を自分で選んでもらい、もう一方にはそのままランダムな配信を続けた。すると、三つの興味深い傾向が確認された。第一に、被験者はちゃんとニュースに反応することだ。ニュースを読むと、報道内容に基づいて自分の考えを修正していることがわかった。第二に、自分で配信元を選んだ被験者は、おおむね自分の党派的な傾向に近いソースを選んだ。しかし第三に、自分の党派的な傾向に近いソースを選んだ被験者は、その傾向自体を修正し、実験が終わる頃には中道に近づいていたのである。これは、エコー・チェンバー効果と正反対の結果である。全体として、偏向したソースを選ぶ選択肢を与えられると、ユーザーは党派色が薄れる傾向がある。自分が選んだソースにバイアスがかかっていることを承知しているので、それを薄めようとする意識が働くからだろう。これに対して選ばれたニュースを受け取るだけだったユーザーは、バイアスをとくに認識しないため、そうはならない。[80]

この実験をアメリカでやったら非常に興味深い結果が得られるだろう。配信元の選択の効果がどの程度表れるかは、被験者のもともとの政治的傾向に大きく左右されると考えられる。またアメリカのインターネット・ユーザーが自分のバイアスを正すべく意識的に努力するかどうかは大いに疑わしい。ともあれ韓国の実験は、シームレスなカスタマイズの問題点を浮き彫りにしたと言える。シームレスとはまさに継ぎ目のない、この場合で言えば配信元の区別のつかないカスタマイズを意味する。偏向を修正するには、まず配信元がどのように偏向しているのかを知っていなければならない。自分が選んでいれば、このソースは右寄りだとか、左寄りだとかわかっているだろう。だがアルゴリズムにおまかせの場合、どのソースから収集してくるのかを気にしなくなるので、気をつけて読む必要も忘れがちになる。

一緒に走ろうよ

お互いの言うことに耳を貸さなくなったら、民主主義は意味を失い、選挙は次第に部族投票のような様相を呈して来るだろう。みんなが自分の部族に忠誠を尽くし、政治的主張を注意深く聞いて判断するのではなく、とにかく同じ部族の候補者に票を投じるようになる。そうなれば勝利するのは最大規模の部族の代表者または部族の取りまとめに成功した指導者だ。たとえそれが倫理的に疑わしい人物であっても、である。いったん権力を掌握してしまえば、支配者は自分の支持者たちの経済的・社会的便益にすら配慮する必要がない。なぜなら、有権者は他の部族に優位を奪われることを極端に恐れるので、どんなにひどい支配者でも自分の部族出身なら従うからだ。そのことを知っている支配者は、国民の間に恐怖を植え付ける。最悪の場合にはメディアを支配下に置いて反対意見を言えないようにしてしまう。ハンガリーのオルバーン・ビクトル首相がまさにそうだ。ほかにもこの種の政治指導者は少なからずいる。

民主主義の意味が薄れていけば暴力が拡大する。アメリカでは黒人、女性、ユダヤ人に対して、インドではイスラム教徒や下位カーストに対して、ヨーロッパでは移民に対して、という具合に。暴力の拡大は、現在の二極化された状況で、一国の指導者も含め、剝き出しの暴言が容認されるようになったこととおそらく無縁ではあるまい。暴徒化する群衆や銃乱射なども、虚偽の情報に翻弄され被害妄想的な思考が渦巻く中から出現したものと思われる。まだ内戦やジェノサイドにいたってはいないが、歴史はそれが起こりうることを教えている。

ここまでに論じてきたように、他人に対する反応は自らの尊厳やプライドと深く関わっている。人としての尊厳を重んじる社会政策でなければ、平均的な市民の心を開き、寛容な姿勢を生み出すことはできないのではないかと強く感じる。

政府の政策としては、集団のレベルで介入できることもある。人種差別、反移民感情、支持政党のちがいによるコミュニケーションの断絶といった問題の多くは、初期段階で接触のないことに原因があると考えられる。心理学者のゴードン・オルポートは、一九五四年に「接触仮説 [contact hypothesis]」を発表した[81]。適切な条件の下では、人同士の接触が偏見を減らすうえで最も効果的だという考え方である。他人と時間をともにすることで、相手をよく知り、理解し、認められるようになる。その結果、偏見は消えていくという。

接触仮説の正否を確かめる実験が何度も行われてきた。最近発表された実験評価では、二七件のランダム化比較試験（ＲＣＴ）を精査し、全体として接触は偏見を減らすことを確認した。ただし接触の性質が重要であると注意を促している。[82]

もしこれが正しいなら、学校や大学は重要な存在になる。異なるバックグラウンドを持つ子供たちや若者が、まだしなやかな心を持つ年齢のときに一つの場所で一緒に過ごすのだから。アメリカのある規模の大きい大学では、一年次にルームメートがランダムに割り当てられる。一年次の学部生を対象に調査を行ったところ、たまたまアフリカ系アメリカ人と同室になった白人学生は、アファーマティブ・アクションを強く支持するようになったことがわかった。また移民と同室になった白人学生は、自分でルームメートを選べる二年次以降になってもマイノリティと進んで付き合うようになったことが確かめられている。[83]

このような接触はもっと早い時期から始めることも可能だ。デリーで二〇〇七年に導入されたある政策は、生まれも育ちも異なる子供を一緒にすることの効果を雄弁に物語っている。この政策では、デリーのエリート層向けの私立小学校に貧困家庭の児童の入学枠を設けることを義務づけた。この政策の効果を調べた秀逸な実験がある。実験では、貧しい生徒の入学枠が設けられている学校と、そうでない学校でランダムに選んだ子供たちに、リレーのメンバーを選ぶ役割を与えた。[84] また前者の学校では、さらにランダムに子供たちを分け、一方は貧しい子供と一緒の勉強グループに入れ、もう一方はそうしなかった。リレーのメンバーを選ぶ前にかけっこのテストを実施し、誰が速いか見きわめられるようにした。ただし選ぶには条件がある。メンバーに選んだ子供と一緒に遊ぶ約束をすることだ。結果は鮮烈だった。入学枠のない学校の富裕な家庭の子供は、貧しい子をメンバーに選ぼうとしなかった。貧しい子のほうが足が速かったのに、である。入学枠があり貧しい子をすでに見慣れている子供は、たとえ貧しくても足の速い子を選んだ。その子と遊ぶことも別に苦にならなかったのだろう。そして、貧しい子と一緒の勉強グループにいる子供は、一緒に走ろうと積極的に誘って遊んだ。慣れ親しんでいるというだけのことが、この魔法のような効果を発揮したのである。

ハーバード大学の入試は公正か

こうした調査から、教育機関における生徒の多様性は、それとして重要なだけでなく、個人の好みに長く続く影響を残す点でも非常に大切であることがわかる。アファーマティブ・アクションがアメリカで導入された目的の一つは、過去の不正義を埋め合わせるためであり、もう一つは何世代にもわたって高等教育面で優遇されてきた白人とそうでない白人との間に平等な競争の場を提供するためだった。だがその効果はもっと多岐におよぶことがわかってきた。先ほど紹介した二七件のランダム化比較試験（ＲＣＴ）の評価結果も、生まれや育ちのちがう生徒たちを混ぜ合わせることは、より寛容で包容力のある社会の形成にとってきわめて強力な手段になりうると結論づけている。だが最近では、アファーマティブ・アクションが二極化を助長するという見方も出てきた。

ニューヨーク市は二〇一八年に公立学校の入学選抜制度の見直しに取り組んでいた。その時点では入学試験のみで選抜していたが、それだとラテンアメリカ系やアフリカ系アメリカ人の合格者がひどく少ないという問題に市当局は頭を悩ませていたのである。同じ頃、ハーバード大学はアジア系アメリカ人を入試で不当に差別しているとして訴えられていた。多様性を実現するという口実でアジア系入学者数に人為的に上限を設けているというのである。トランプ政権は、あらゆる学校は入学選抜時に人種に配慮するのをやめるべきだと主張している。最高裁はこれまでのところは政権の圧力に抵抗しているが、この立場をいつまで貫けるかはわからない。

インドでは、この種の議論がカーストを巡って行われ、教育機関と公務員職について不利益を被ってきた下位カーストにクォータ［受け入れ枠］が設けられている。上位カーストはこれに大いに不満で、法律の有効性を巡ってたびたび抗議や訴訟が行われてきた。その根拠となっているのは、クォータのうち不当に多い割合を下位カーストの中でも上の層（クリーム層と呼ばれることがある）が占めているが、この層はさほど保護を必要としないはずだ、というものである。インドの裁判所はこうした訴えに同情的で、クォータに所得制限を設けることを認めてきた。クォータの対象となるには十分に貧乏でなければダメだ、ということである。その一方で、自分たちもクォータに入れろと運動する社会集団も存在する。かくしてインドのクォータ制度は絶えず国のあちこちで訴訟や抗議運動やロビー活動が行われている状況で、暴力に発展するケースもめずらしくない。

この種の議論では、「価値」という概念が重要な役割を持っている。試験の点数は、応募者がその大学なり仕事なりにふさわしい価値を持っているかどうかを判断する客観的な方法だという考え方がある。この観点からすれば、アファーマティブ・アクションは「価値のある」応募者をさしおいて「価値の劣る」応募者を優遇するのだから価値のある応募者に対する差別だということになる。だが本章で検討してきたことからすれば、この主張は成り立たない。たまたま特定の集団に生まれついたというだけで長い間先生や監督者から虐げられ、蔑まれ、無視されてきた若者は、自己差別的な先入観を抱くようになり、自信を失い、試験の成績も悪くなる。それに、家のあちこちに本があり、夕食の話題は数学や哲学だというような家庭に育った若者が大学入試で有利なのはあきらかだ。下位カーストの子供が高校卒業試験で好成績を挙げるには、上位カーストにはなかった多くのハードルを飛び越えなければならない。したがって、上位カーストの子供以上に多くを求められることになる。

とはいえ「価値」という概念はあいまいである。実証経済学の一流の研究者であるデビッド・

カードとピーター・アーチディアコノが鋭く対立することになった原因もそこにあった。ハーバード大学入試を巡る訴訟で、アーチディアコノは「公正な入試を求める学生」団体の側に、カードは大学側についた。学生団体を構成するのは、ハーバード大学に不合格になったアジア系学生である。アーチディアコノは、合格したアジア系学生の大学進学適性試験（ＳＡＴ）などの点数が他の集団より大幅に高いことからして、アジア系が差別されていることはあきらかだと主張する。逆に言えば、もしアジア系が白人（およびアフリカ系）と同じ点数だったら、おそらく入学できないということだ。

一方、カードは多くの点を指摘してアーチディアコノに反論したが、その中の重要な一つは、生まれ育ったバックグラウンドやめざす専攻の異なるさまざまな学生を受け入れて多様性を実現することは正当だということだった。とはいえ最大の論点となったのは、「人格評価［personal rating］」の解釈である。人格評価では、志願者が提出する小論文や大学ＯＢとの面談報告などに基づき、リーダーシップや誠実さなど志願者の人的能力を評価する。アジア系の志願者は、学力は軒並み高いのだが、この人格評価が低い。これを考慮すると、白人に比べて合格の確率は低くなる。カードからすれば、だから差別は行われていないということになるが、アーチディアコノに言わせれば、人格評価こそがアジア系を差別する手段だということになる。

かつてハーバード大学では、ユダヤ人が急増した一九二〇年代に、当時学長だったローレンス・ローウェルがユダヤ系の入学を制限するためにクォータ制の導入を試みた経緯がある。クォータ制の導入には失敗したものの、ローウェルは「包括的評価」制度を設け、試験の点数のほかに人格評価も行うことにして、結果的にユダヤ系の入学を制限した。学生団体は、今度はこの制度がアジア系に対して使われていると主張したのである。

この議論は結局のところ、そもそも人間の価値を決めるものは何なのか、ということに帰着する。人格評価は、アジア系であろうとなかろうとある種の志願者を排除し、エリートの伝統を受け継いで行くための装置だと見なすことは可能かもしれない。その一方で、アフリカ系の志願者の人格評価はほぼ一貫して白人やアジア系より高いことも事実だ。このことは、先ほど述べたこととも一致する。ハーバード大学に入学するのはもちろん、出願するだけでも途方もなく学業成績が優秀でなければならない。したがって子供の頃から不利な環境に置かれていた者にとっては、出願を考える水準に達するだけでも並外れた資質を必要とする。荒れた学校や勉学に不向きな家庭環境で努力を続けてきた若者の人格評価が高くなるのも当然とも考えられる。

この問題に誰もが満足する決着をつける方法はおそらくないだろう。次世代のリーダーを輩出する教育機関の代表格だと自任するハーバード大学には、あらゆる社会集団から広く学生が集まる場を形成する使命があり、何であれ一つの集団の占める比率が総人口に占める比率に比して甚だしく高くなる事態は避けたいところだ。それはおそらく民主主義にとっても好ましくないし、政治的な問題にも発展しかねない。

アファーマティブ・アクションのあり方について、私たちはもっと本質的な議論を社会に巻き起こすべきだろう。現時点では問題が人種を巡る差別に矮小化されており、まったく望ましくない。ハーバード大学の一件は起こるべくして起きた問題であり、社会が自己矛盾に向き合う機会を提供したという意味ではむしろ歓迎すべきことかもしれない。

社会集団間の接触を増やすことで人々の好みに影響を与え寛容度を高めるという狭い目的からすれば、アファーマティブ・アクションに対する反感や怒りが強まっているのは憂慮すべきことだ。オルポートの接触仮説では、接触が偏見を減らす効果を発揮できるのは、一定の条件が満たされたときだとされている。接触をする時点で集団同士が対等の関係にあること、共通の目的があること、集団間の協力が可能であること、監督機関や法律や慣習などの後押しが得られることなどだ。敵対関係にある集団を強制的に一緒にしても、接触の好ましい効果は得られない。たとえば同じ高校で、白人の生徒たちが大学受験でアフリカ系と競っていると考え、白人は受験で不当に不利な立場に置かれているなどと思い込むようであれば、アフリカ系に対する怒りは募る一方になるだろう。

クリケットの教訓

最近行われた実験でも、こうした懸念が浮き彫りになった。[85] この実験では、インドのウッタル・プラデシュ州で八カ月にわたりクリケットのリーグ戦を実施した。若い男性ばかり一二六一人の選手の中からランダムに八〇〇人を選び、さらにランダムに三つのグループに分けた。第一グループは同じカーストでチームを編成し、第二、第三グループは異なるカーストに属す選手の混成チームを編成する。他の実験と同じくこの実験でも、接触の好ましい効果が確認された。混成チームでプレーする若者は、実験終了後も他のカーストと、それも同じチーム以外であっても友達付き合いをする傾向が認められた。また試合のためのメンバー選びをさせると、カーストは無視して実力で選手を選ぶことも確認できた。

ところが、対戦相手が問題になることがわかった。混成チームが単一カースト（仮にダリットとしよう）のチームと試合をすると、チーム内のダリットの選手との協力関係が壊れ、もうあいつと一緒のチームはいやだと言い出す選手まで出現した。同じカースト同士で試合をする場合にはそういうことは起きない。競争は接触の効果を弱めるのである。

これはいささか落胆させられる結果だが、ここから重要な教訓を導き出すことができる。接触だけでは、寛容を生み出すには不十分かもしれない、ということだ。おそらく共通の目的を持つことが重要なのだと考えられる。サッカーのワールドカップで一九九八年と二〇一八年に優勝したフランス代表チームは、まさにそのことを教えてくれる。チームのメンバーの中には、パリ郊外の悪名高い移民団地でボールを蹴りながら育ってきた選手もいた［九八年のチームではアルジェリア移民の子供であるジダンが主力選手だった］。フランスでは郊外団地に移民が多く集中しており、パりでテロが多発した時期もあった背景からテロの温床などと言われることも多い。そんな環境から代表チームにまで上り詰めた選手がいる――そのことが応援する国民を感動させ、結束させた。チームが優勝した瞬間、パリ郊外93県〔パリ北側のとくに危険とされる地域〕出身者が路上生活者や学校中退者やケチな犯罪者ばかりでないこと、「black-blanc-beur〔アフリカ系・白人・アラブ系〕」と称される代表チームのスター選手たちの背後には、きびしい練習に明け暮れ努力する子供たちが大勢いることを多くの人が知ったのである。

居住区の住み分けモデル

大学で学生を混ぜ合わせることに限界があるとすれば、居住区はどうだろう。ご近所さんにいろいろな出自の家族が暮らしているというのはなかなか有望な選択肢ではないだろうか。だがノーベル経済学賞を受賞したトーマス・シェリングがユニークな机上実験で示したように、居住区には不安定化する傾向があるという厄介な問題がある。[86] 仮に白人と黒人が混ざり合って平和に暮らしている居住区があるとしよう。この居住区では白人、黒人、どちらも圧倒的多数ではない。が、ある日たまたま白人の家族が出て行き、今度はたまたま黒人の家族が引っ越して来た。すると白人は落ち着かなくなる。もしあと何軒か白人の家族が出て行ったら、白人は圧倒的少数派になってしまうと心配する。この緊張はもう耐えられないと思った時点で、出て行ける人は出て行くことになる。白人と黒人を逆にしても同じことだ。シェリングはこの耐えられなくなる限界を転換点［tipping point］と呼んだ。

デビッド・カードはアメリカに一九七〇年代、八〇年代、九〇年代に起きた居住区の分離現象を調査し、たしかに転換点らしきものが存在することを突き止める。[87] 同じ居住区に住む黒人の比率がある数字以下であればその居住区は安定しているが、それを超えると数年のうちに白人が次々に流出するのである。たとえばシカゴではこの転換点が非常に低い。一九七〇年の時点で同じ居住区に住む黒人の比率が五％以下だった地区では、その後もその比率が保たれたが、すこしでも五％を上回ると白人が出て行き、今度は白人の比率が急激に落ち込むことがわかった。全米の各都市の平均を計算すると、転換点は一二〜一五％だった。

となれば分離を防ぐためには、低所得層用の公共住宅を都市部の全域に分散させ、どこにも同一集団（富裕層、貧困層、移民など）だけの居住区を作らないようにすればいい。私たちが数年ほど住んでいたパリのある地区では、私たちのアパートの隣に公共住宅があった。同じ地区の子供たちは同じ学校へ行き、同じ公園で遊ぶ。その年齢の子供たちはあきらかに同じ世界で暮らしていた。シンガポールでは、民族統合政策の下でどの住宅区画も異なる民族（中国系、マレー系、インド系など）がある程度混ざり合うように厳格な割当制が敷かれている。これほど大胆な政策を採用するのはむずかしいにしても、区画ごとに公共住宅用地を確保することは十分可能だと考えられる。

　このような政策を実施するうえで問題になるのは、多くの場合、政治的意志の有無だ。政治的意志さえあれば、おそらくこんなことも可能ではないか。公共住宅をあちこちに分散して建設する。そして新規住宅が入居可能になるたびに希望者全員にランダムに番号を割り当てて公開抽選を行い、当選した人が入居する。この手のプロジェクトにはとかく利権絡みで地元の政治家が関与したがるものだが、強い政治的意志があればきっと乗り越えられるだろう。[88]

　とはいえ近い将来には、まだ貧しい人々は貧困地区に集中して住んでいることだろう。となれば、人々の融合を図るにはやはり学校を活用するのがよいということになる。だがそのためには子供たちを居住区から離れた学校に通わせる必要が出てくる。この試みを実際にやった都市の中で有名なのがボストンである。一九七〇年代に裁判所の命令を受けた市当局が学校の人種統合を実現するために通学バスを運行し、黒人と白人が混ざり合うよう、生徒たちを近在の学校へ強制バス通学させた。しかし理念はどうあれ、この政策はまったく不人気だったし、当然ながら子供たちにも受けが悪かった。もっといいのは、強制ではなく任意にすることである。アメリカでは大都市圏教育機会評議会（ＭＥＴＣＯ）が、インナーシティの低所得地区に住む子供たちを対象に、希望すれば郊外の学校へ通えるよう支援を行っている。これまでのところ、通う側と受け入れ側双方にとって有益だと報告されている。とくに受け入れ側の学校の子供たちは、それまで白人ばかりの環境で暮らしていたわけだが、多様なバックグラウンドを持つ子供たちと接することで世界観や好みに変化が現れたという。[89]

四つの教訓

人種、宗教、民族、女性などに対する差別と偏見の嵐が吹き荒れるいまの世界で、私たちの提案は総じてあまりにもささやかだと思われただろうか。だがもしそう思われたとしたら、それは本章のポイントを見落としている。偏見あるいはその根っこにある好み（社会的選好）は、現代の病理の原因である以上に症状なのだ。いまの世の中はまちがっている、自分は不当に不利益を被っている、自分は尊重されず見捨てられている——そう感じさせる多くのことに対する防衛反応が、差別や偏見の形で表現されることが多い。

この考察から四つの重要な学びが得られる。第一に、差別的な感情を露にする人、人種差別に共感する人、あるいはそうした人に投票する人を軽蔑したり見下したりする（「嘆かわしい」など）のは、感情を逆撫でするだけである。差別的な感情は、この世界で自分は尊重されていないのではないかという疑いに根ざしていることを忘れてはいけない。

第二に、偏見は生来の絶対的な好みとはちがう。いわゆる人種差別主義者と呼ばれる人にしても、差別以外の問題にも関心がある。たとえばインド北部では一九九〇年代から二〇〇〇年代前半にかけてカースト制度に基づく二極化が著しく、下位カーストの有権者は、自分たちのカースト出身者が率いる政党を支持するのがふつうだった。だが二〇〇五年あたりを境に、この傾向が変わり始める。有権者は、カースト政党を支持することに意味があるのかと考えるようになった。最下層のダリットを支持基盤とする大衆社会党の党首マヤワティはこの流れを読み、二〇〇七年のウッタル・プラデシュ州議会選挙では上位カーストの貧しい人々も含めて貧困層の味方であることを訴え、過半数を獲得している。狭い階級意識を脱して包容を訴えたことが勝因につながったと考えてよいだろう。

最近では、アメリカでいささか驚くべき現象が起きた。医療保険制度改革法いわゆるオバマケアは、「あの黒人でケニア出身のイスラム教徒のオバマ」［実際にはハワイ出身のキリスト教徒］が積極的に提唱した制度として、共和党色の濃い多くの州で忌み嫌われてきた。すでに述べたように、オバマケアの下では低所得層向け医療保険メディケイドの対象範囲が拡大されたが、共和党出身の州知事の多くがこれを拒否したという経緯がある。だが二〇一八年の中間選挙が近づいてくると、メディケイドの範囲拡大が争点の一つとなる。こうした背景から、共和党支持者の多いレッド・ステート三州（ユタ、ネブラスカ、アイダホ）が拡大を承認した。またカンザス州とウィスコンシン州では、メディケイドの対象拡大に賛成する民主党の知事が誕生した。これらの州の住民が突然民主党支持に回ったわけではない。彼らは相変わらず共和党の議員に、場合によってはかなり保守的な思想の持ち主にも投票している。だがメディケイドに関する限り、住民は自分たちの理解に基づいて自分にとってよいと考えたほうに票を投じたということだ。経済的判断がトランプに勝ったわけである。

第二の点とも関連するが、第三に、たとえ有権者が人種や民族や宗教に基づいて投票するとしても、いやそれどころか人種差別を唱える人物に投票するとしても、その主張に熱烈に賛同しているわけではない。政治家が自分の都合のいいときに民族や人種のカードを切ることを、有権者はとっくに承知している。それでもそういう政治家に票を投じるのは、有権者が政治にすっかり白けていて、誰が議員になろうとたいしてちがいはないと諦めているからだ。このような状況では、有権者は自分と同じ集団に属す同類に投票する可能性が高くなる。つまり人種や民族に基づく投票態度は、無関心の表れに過ぎないとも言える。しかし彼らの考えを変えるのは驚くほどたやすい。カースト政治のはびこるウッタル・プラデシュ州で二〇〇七年に行われた選挙の際に、アビジットのチームは投票のおよそ一〇%をカースト政党から引き剝がすことに成功した。使った道具は、歌と人形劇と街頭演劇だけである。どれもたった一つの単純なメッセージを発信した。「カーストではなく開発を考えて投票しよう」[90]。

ここから、最後のいちばん重要な学びが得られる。差別や偏見と闘う最も効果的な方法は、おそらく差別そのものに直接取り組むことではない。ほかの政策課題に目を向けるほうが有意義だと市民に考えさせることだ。大きなことを公約し、大掛かりな政策を打ち出す政治家は、往々にして竜頭蛇尾に終わる。大きなことをやり遂げるのは容易ではない。私たちは政策論議に対する信頼を取り戻し、無能力を大言壮語でごまかすばかりが政治ではないのだと証明しなければならない。そして言うまでもなく、多くの人がいま感じている怒りや喪失感をいくらかでも和らげるためにできることを試みなければならない。ただしそれは容易ではなく時間もかかると認識している。

第一章で述べたが、これが本書で私たちが始めた長い旅路である。旅の最初で取り上げたのは、多くの人が知っている問題――移民と貿易だった。だがこれらの問題でさえ、経済学者は十分な説明もなく留保条件もつけずに断定的な答を出す癖がある（移民はよいことだ、自由貿易はよいことだ……）。これでは人々の信頼は得られない。

しかもこれから取り上げるのは、経済学者の間でも異論の多い問題――経済成長、気候変動、不平等である。これまでの章と同じく、この先も私たちは問題をありのままの姿で捉える姿勢を貫きたい。ただし、これまで取り上げてきた問題と異なり、やや抽象的になったり、十分な証拠に基づかない議論になったりする可能性があることをお断りしておく。これらの問題は私たちの将来（そして現在も）を考えるうえで外すことはできない。経済成長、気候変動、不平等等を取り上げずしてよい経済政策を語ることなど不可能である。

これらの問題のすべてで、人々の好みが果たす役割は大きい。人々は何を必要とし、何を欲しがっているのか、そして何を好むのかを考えずに問題を論じることはできない。とはいえ本章で論じたように、欲しいものが必要なものだとは限らない。人間は、社会保障番号に引きずられてワインに値付けをするようなところがあるのだ。それに、必要なものが欲しいものとも限らない。たとえばテレビは必要なのか、欲しいのか。これらの要素はこの先の章でも、ときに暗黙のうちに、ときに明示的に、議論の中で、また世界の見方においても重要な役割を果たすことになる。

Chapter 5

成長の終焉？

成長は一九七〇年代前半のどこかで終わった。もう戻って来ない。ロバート・ゴードンは著書『アメリカ経済――成長の終焉』［邦訳：日経BP］でそう強固に主張する。[1]

一九七〇年代前半と言えば、第一次石油危機があった時期だ。一九七三年にアラブ石油輸出国機構（OAPEC）が石油禁輸を発表して世界に激震が走った。禁輸が一九七四年三月に解除されるまでに原油価格は四倍に高騰。当時の世界経済は原油依存度が高まっていたうえ、原料の全般的な不足による資源価格の上昇基調にも直面していた。石油危機後の欧米先進国は、スタグフレーション（インフレを伴う景気停滞）の一〇年に苦しむことになる。低成長はいずれ高度成長に転じるものと期待されたが、ついにそうはならなかった。

スタグフレーションの一〇年に見舞われた富裕国では、大方の市民が終わりなき繁栄を予見させる環境で育ってきた。政治指導者は、自国の成功をたった一つの物差しで測ることに慣れきっていた。それは国内総生産（GDP）である。この慣行はいまもさして変わっていない。あの一九七〇年代の決定的な瞬間はいまなお頻繁に話題に上る。何がまちがっていたのか。政策が悪かったのか。成長を取り戻し、維持することはできるのか。どこかに魔法のボタンはないのか。中国は成長の終焉とは無縁なのか、等々。

経済学者はこれらの問いの答を探すのに忙しい。数えきれないほどの論文や本が書かれ、多くのノーベル経済学賞がこの分野に与えられた。それはそれで結構なことだが、先進国経済の成長を加速するにはどうすればいいのか、自信を持って言えることはあるのだろうか。これほど多くの論文や本が書かれたこと自体、経済学者には打つ手が何もないことの証ではなかろうか。いやそもそも、成長の終わりを心配する必要はあるのか。

栄光の三〇年

第二次世界大戦の終わりから石油危機までの三〇年間、欧米先進国の経済成長は史上最高のペースを記録した。

一八七〇〜一九二九年には、アメリカの一人当たりGDPは年一・七六％増というささやかな数字で推移していた。一九二九年からの四年間は、悲劇的な二〇％の大幅減となっている。大恐慌と呼ばれる所以だ。だが回復は早かった。一九二九〜五〇年の平均成長率は大恐慌前をいくらか上回る程度だったが、一九五〇〜七三年には二・五％に達する。[2]たいしてちがわないじゃないか、と思われただろうか。じつは大ちがいなのである。年成長率が一・七六％の場合、一人当たりGDPが倍増するまでに四〇年かかる。だが二・五％なら二八年で倍増するのである。

ヨーロッパは二度の大戦の戦場となったこともあり、一九四五年以前の経済成長は浮き沈みが激しかった。だが一九四五年以降はまさに爆発的な成長を遂げることになる。エステルが生まれた一九七二年後半には、フランスの一人当たりGDPは、母親のヴィオレーヌが生まれた一九四二年の四倍になっている。[3]フランスだけでなく、西ヨーロッパはおおむねどこもそうだった。ヨーロッパの一人当たりGDPは、一九五〇〜七三年に年三・八％のペースで伸びたのである。[4]第二次世界大戦が終わった年から数えてフランス人がこの時期を「栄光の三〇年」と呼ぶのも故なきことではない。

経済成長を牽引したのは、労働生産性の急速な伸びである。つまり労働者一人一時間当たりのアウトプットが増えたということだ。アメリカでは労働生産性が年二・八二％のペースで伸びた。二五年で二倍になったわけである。[5]同時期に一人当たりの労働時間数は減少するのだが、生産性の伸びはこれを補ってあまりあるものだった。二〇世紀後半の欧米では、週当たり労働時間数が二〇時間も減少している。そして戦後のベビーブームのおかげで、全人口に占める生産年齢人口の比率も下がっているのだ（当然ながら増えた人口は赤ちゃんだったからである）。

なぜ労働者はこれほど生産的になったのだろうか。理由の一つは、教育水準が上がったことである。一八八〇年代に生まれた平均的な人は小学校しか出ていない。これに対して一九八〇年代に生まれた平均的な人は大学二年生程度までの教育を受けている[6]。もう一つの理由は、労働者の使う機械の性能がどんどん改良されたことだ。電気と内燃機関が動力の主力に躍り出たことも大きい。

いくらか大胆な仮定を設ければ、この二つの要素の労働生産性への寄与度を計算することが可能だ。ロバート・ゴードンは、教育水準の上昇でこの期間の労働生産性の伸びの約一四％が説明できるとしている。さらに機械設備の改良に投じられた資本投資で、一九％が説明できるという。

労働生産性の伸びの残りの部分は、経済学者に測定可能な要因では説明できない。そこで経済学者は説明できないと言う代わりに、固有の名前を与えた。全要素生産性（ＴＦＰ）がそれである。もっとも成長論の父と呼ばれるロバート・ソローは、全要素生産性は「われわれの無知を計量化したもの」だと言っている。ともあれ、計量できるものすべてを使って説明したのちに残るのがＴＦＰの伸びということだ。つまり同じ機械を使う同じ教育水準の労働者が同じインプットを投入しているのに、去年より今年の一時間当たりのアウトプットが増えたとすれば、それはＴＦＰが伸びたからである。たしかにつじつまは合う。人間は既存のリソースの効率的な活用をつねに追い求めるからだ。その重要な一翼を担うのが技術革新である。コンピュータのチップはより安価で高速になり、新しい合金が発明され、成長が速く水をあまり必要としない新種の小麦が開発される、という具合に。それだけではない。無駄を減らす新しい方法を発見したときや、原料や労働者の待ち時間を短縮する方法を考案した場合にもＴＦＰは伸びる。また、リーン生産方式など生産管理の高度化によっても、またトラクターのレンタル市場といった新しいビジネスモデルの出現によってもＴＦＰは伸びる。

一九七〇年までの数十年間が他の時期と比べて特別な時期になったのは、ＴＦＰがとくにハイペースに伸びたからでもある。アメリカでは一九二〇～七〇年のＴＦＰの伸びは、一八九〇～一九二〇年の四倍に達した。[7]実際、この時期のとくに後半においては、教育水準や資本投資よりもＴＦＰの寄与度が高かったと言える。ヨーロッパ、とりわけ戦後期のヨーロッパにおけるＴＦＰの伸びは、アメリカよりさらにハイペースだった。アメリカですでに発展した技術革新を導入できたことが一因だったと考えられる。[8]

この目を見張るＴＦＰの伸びは、国民所得統計に現れただけではない。生活の質がどの点から見ても向上した。一九七〇年のふつうの人の生活は、一九二〇年とはまったくちがう。欧米の平均的な人はいい食事をするようになり、冬はもっと暖かく、夏はもっと涼しく過ごせるようになり、さまざまなものを潤沢に消費し、健康に長生きできるようになった。[9]労働時間数は減り、退職年齢も下がって、苦役のような日々の重労働に追われる暮らしは姿を消した。一九世紀にはあたりまえだった児童労働も、欧米ではほぼ見られなくなっている。すくなくとも先進国の子供たちは子供時代を謳歌できるようになった。

冴えない四〇年

だが一九七三年あたりを境に、伸びは止まってしまった。平均すると、その後の二五年間のTFPの伸びは、一九二〇〜七〇年の三分の一程度にとどまっている。[10] 危機から始まった停滞がニューノーマル（新常態）になったのである。とはいえ、停滞が長引くことがすぐにわかったわけではない。経済成長の黄金時代に生まれ育った学者や政策担当者は、当初これは一時的な不調であってすぐに自律的に回復すると考えていた。低成長が単なる一時的な足踏みではないことが次第にあきらかになってからも、新たな産業革命に一縷の望みを賭けた。コンピュータが牽引する強力な産業革命がもうすぐ始まるというのである。なるほどコンピュータの性能はぐんぐん高度化し、またかつての電気や内燃機関のように普及もしていた。だから、生産性が再びハイペースで伸びる新しい時代がやって来て経済も浮上すると期待したのも無理はないと言えるだろう。その待ちに待った新時代は、一九九五年から始まったように見えた。TFPは数年にわたりハイペースで伸びた（ただし栄光の三〇年ほどではない）。だがこの新時代はあっという間に終わってしまう。二〇〇四年以降、アメリカでもヨーロッパでもTFPとGDP

は一九七三〜九四年の停滞期に逆戻りした。[11] アメリカのGDP成長率は二〇一八年半ばにいくらか持ち直したものの、TFPの伸びは低いままだ。この年のTFPの伸びはわずか〇・九四%で、一九二〇〜七〇年の一・八九%と比べると半分に過ぎない。[12]

この新たな停滞は経済学者の間で活発な議論を呼び起こした。早い話がシリコンバレーだ。イノベーションに満ちあふれ、創造と破壊が日々行われている。たしかに、コンピュータ、スマートフォン、機械学習……と進化は止まらない。イノベーションを目にしない日はないようにも思える。それなのに経済が成長の兆しさえ見せないとは、どういうことなのか。日頃耳にする明るい材料を考えると、この低迷ぶりは受け入れがたかったからである。

議論は二つの疑問を軸に展開されてきた。一つ目は、生産性の持続的なハイペースの伸びは復活するのか。二つ目は、ニューエコノミーがもたらす幸福や満足はGDPでは計測できないのではないか、ということである。

成長は終わったのか

この議論の中心にいるのは、ノースウェスタン大学（シカゴ）の二人の経済史学者である。一人はロバート・ゴードン。高度成長の時代はもう戻って来ないと主張している。私たちは一度だけ会ったことがあるが、とてももの静かで控えめな印象を受けた。だが彼の著書は控えめどころではない。もう一人はジョエル・モキールだ。彼のことはよく知っている。いたずらっぽい目をして誰にでも気さくに声をかける陽気な人物である。彼は見た目通り未来を明るく考えており、楽観論を力説する。

ゴードンは大胆にも今後二五年間の経済成長率は年〇・八％程度だろうと予想している。[13]彼はモキールとの対談で「私が調べた限りではあらゆるものが停滞している。オフィスで稼働しているコンピュータもソフトウェアも一〇年前か一五年前とたいして変わらない。小売店がバーコードを読み取る方式も以前と同じだし、棚を打ち付けるのは人間の大工であってロボットではない。それに、カウンターの向こうで肉やチーズを切るのも相変わらず人間だ」と指摘した。要するに今日の発明は、かつての電気や内燃機関ほどのスケールではないという。彼の著作は一段と手厳しい。未来学者が熱く語る未来のイノベーションを一つひとつ俎上に載せては、それがエレベーターやエアコンほど画期的とは言えないのはなぜか、高度成長時代を呼び戻す可能性に乏しいのはなぜかを逐一説明する。ロボットは洗濯物をたたむことすらできない。３Ｄプリンターは大規模生産には何ら影響をおよぼさない。人工知能（ＡＩ）と機械学習は「全然目新しいものではない」。[14]未来のイノベーションと称されるものは、二〇〇四年頃に登場した技術から特段の進歩を遂げていない、云々。

もちろんゴードンがこう予想したからと言って、何かまったく予想外の発明、おそらくはすでにあるものの予想外の組み合わせが出現し、経済を突然勢いづかせる可能性がないわけではない。そういうことは起きないだろう、というのはゴードンの直観に過ぎない。

一方のモキールは、輝かしい未来を描き出す。各国が科学技術で世界の先頭に立とうと競争し、イノベーションが次々に全世界に普及することによって経済は成長するというのである。彼がとくに有望とみているのはレーザー技術、医療、遺伝子工学、3Dプリンティングだ。どれも過去数十年間に生み出されたものと根本的には変わらないというゴードンの主張に、モキールはこう反論する。「今日われわれが使っているツールと比べたら、一九五〇年に使っていたものすら不細工な玩具にしか見えない」[15]。とはいえモキールが主張したいのはそこではない。彼は、世界経済が変貌を遂げグローバル化が進んだことによって、イノベーションが開花し世界を変える環境が整ったことを重視する。成長を加速させる要因として彼が予見するのは、脳の老化スピードを抑えられるようになることだ。そうなれば人類はアイデアを生み出す時間をより多く持てることになる。七二歳にして精力的で創造的なモキールはその生きた証と言えるだろう。

これほど優秀な研究者が正反対の結論に達すること自体、この問題の複雑さを物語っている。経済学者が予想を試みた(そして大半は失敗した)中で、成長予測ほどお粗末な成績だった分野はほかにない。そのほんの一例を紹介しよう。アメリカ経済が大恐慌を経て景気拡大局面の入り口にさしかかっていた一九三八年のことである。アルヴィン・ハンセン(いやしくもハーバード大学教授にして、経済学部の学生がマクロ経済学の授業で最初に習うIS－LMモデルの共同開発者である)は当時の経済の状態を表す言葉として「長期停滞[secular stagnation]」という言葉を発明した。アメリカはすでに成長の機会を使い果たしたからもう二度と成長に転じることはない、というのである。とりわけ彼が懸念したのは、技術の進歩と人口の拡大が終わった（ように見えた）ことだった。[16]

欧米先進国で生まれ育った人の多くは、自身が高度成長期を経験しているか、親世代が高度成長期を経験している。だがロバート・ゴードンは、私たちに経済成長の長い歴史を思い出させる。一八二〇～一九七〇年までの一五〇年が例外だったのであって、その後の低成長が例外ではないというのだ。欧米は一八二〇年代まで成長していないも同然だった。一人当たりＧＤＰは、一五〇〇～一八二〇年に七八〇ドルから一二四〇ドル（恒常ドル）に増えただけで、成長率は年〇・一四％にしかならない。一八二〇～一九〇〇年の成長率は一・二四％で、九倍に跳ね上がるものの、二％の壁は遠かった。[17]もしゴードンが正しく、世界の経済成長率が今後〇・八％にとどまるなら、単に非常に長い期間（一七〇〇～二〇一二年）の平均成長率に戻るだけのことだ。[18]これはニューノーマルでも何でもない。ただのノーマルである。

もちろん、二〇世紀の大半を通じて持続した成長が前例のないものだったとしても、二度と起きないということではない。世界は豊かになり、教育水準もかつてなく高くなった。イノベーションを促す条件は整っているし、新たなイノベーションの創出が期待できる国も増え続けている。一部のテクノロジー信奉者が考えるように、数年以内に第四次産業革命が起きて爆発的な成長に点火する可能性は大いにあるのだ。おそらくその革命を牽引するのは、人間より巧みに控訴趣意書を書き、人間より笑えるジョークを飛ばすようなインテリジェントなマシンだろう。だがその一方で、ゴードンが考えるように、電気や内燃機関は生産や消費のあり方を劇的に変える一度限りの大イノベーションであって、これに匹敵するようなものはもう出現しないのかもしれない。あの大イノベーションは人類を新たな高みに導き、それに伴って経済成長は飛躍的に加速した。だがそれが必ず再び起きると考えるべき理由は何もないのである。だからといって、それが起きないと考えるべき決定的な証拠もない。いまはっきりしているのは、起きるかどうかはわからないし、待つ以外に何もできないということだけである。

幸福の創出とＧＤＰ

子供の頃、玩具を買ってもらえなかったアビジットは、長い午後を花で戦争ごっこをして過ごしたという。長い茎を持つサンタンカの尖った蕾が敵だ。敵はマツバボタンの歩兵の丈夫な葉に向けて石を投げてくる。ゲッカコウが衛生兵で、負傷者を爪楊枝で治し、ジャスミンの柔らかい花びらでくるんでやる。

アビジットによれば、あの長い午後は子供の頃の最も楽しい時間の一つだったという。これはまちがいなく幸福の一つとしてカウントすべきだろう。だがＧＤＰの従来の定義では、この幸福はまったくカウントされない。経済学者はこのことにずっと前から気づいていたが、ここで改めて強調しておくべきだと感じる。もしコルカタで人力車の車夫が仕事を休んで恋人とひとときを過ごしたら、ＧＤＰは減る。だが幸福の合計はどうして増えないのか。ナイロビで木が伐採されたら、使われた労働力と生み出された木材がＧＤＰに加算されるが、失われた木陰と景観は差し引かれない。ＧＤＰは、値段がついていて販売できるものしか対象にしないのである。

成長がつねにＧＤＰでのみ数値化されていることを考えると、これは大きな問題だと言わねばならない。ＴＦＰは一九九五年に急伸した後に二〇〇四年に再び伸びが鈍化したが、ちょうどこの頃フェイスブックが人々の生活の中で大きな地位を占めるようになる。二〇〇六年にツイッターが、二〇一〇年にはインスタグラムが続いた。これらのプラットフォームに共通するのは、名目上は無料であること、運営にあまりコストがかからないこと、広く人気があることだ。現在のＧＤＰの計算では、料金を払えばカウントされる。だが動画を見ても、オンラインに投稿しても、ほとんどの場合に料金は発生しない。それどころか、フェイスブックの側にサービス提供のコストが生じている。これでは、幸福の創出へのフェイスブックの寄与度があまりに過小評価されていると言えないだろうか。もちろん、自分の最新の投稿に「いいね！」がつかないかイライラして待つ時間は全然楽しくない、という人もいるかもしれない。自分の友達はみんなフェイスブックをやっているから脱けるわけにはいかない、という人もいるだろう。もしＧＤＰがフェイスブックの幸福寄与度をカウントする場合には、過大評価することも十分あり得る。

いずれにせよ、GDPにカウントされるフェイスブックの運営コストとGDPにカウントされないフェイスブックが創出する幸福（または不幸）との間にはほとんど何の関係もない。しかし、計測された生産性の伸びが鈍化した時期と、SNSが爆発的に浸透した時期がほぼ同じであることは、意味深長だ。GDPにカウントされたものと幸福度の上昇としてカウントすべきものとのギャップがこの時期に拡大したと考えることは十分に可能である。幸福を増やしたという意味では、真の意味の生産性が伸びたと言えるのではないだろうか。それなのにGDPではまったく無視されている……。

ロバート・ゴードンは、こうした見方に否定的だ。それどころか、生産性が伸び悩んでいるのはフェイスブックに責任の一端があるという。あまりにも多くの人が近況アップデートやら何やらに無駄な時間を使っている、というのがその理由だ。だがこれはひどく的外れのように思える。もしアップデートの時間を使ったことで前より幸福になったとしたら、その時間に価値があったかどうかを決めるのはその人自身であり、したがって幸福計算に繰り入れるべきかどうかを判断するのも本人ではないだろうか。[19]

無料のサービスの価値をどう計測するか

ＳＮＳのカウントされていない価値は、先進国における生産性の伸びの鈍化（と見えるもの）を埋め合わせられるのだろうか。これは悩ましい問題である。無料のサービスの価値は、どのように計測すればいいかわかっていないからだ。だが、このサービスに人々がいくら払ってもいいと考えているかは推定することができる。たとえば、インターネットの閲覧に費やした時間を計測し、その時間働いて得られたはずのお金に換算する方法はその一つだ。この方法で試算した研究によると、アメリカ人にとってのインターネットの価値は、二〇〇四年が一人当たり年間三〇〇〇ドル、二〇一五年は三九〇〇ドルになるという。[20] 後者を二〇一五年のＧＤＰに加算すると、同年の「失われたアウトプット」三兆ドル（二〇〇四年以降の生産性の伸びの鈍化がなかったとすれば達成されたはずのＧＤＰから実際のＧＤＰを差し引いた差額）の約三分の一が埋め合わされることになる。[21]

このアプローチの問題点は、インターネットに費やす代わりにその分だけ労働時間を増やしてお金を稼ぐ選択肢が人々にあるとの前提になっていることだ。だが決まった時間だけ働く人々にとっては、そのような選択肢はない。となれば、一日のうち働いていない時間は何か楽しみ（すくなくとも退屈しないための何か）を見つけることになる。それがインターネットであれば、人々は本を読んだり家族や友人と過ごしたりするよりはインターネットのほうが好きだというだけのことになる。となれば、それに年間三九〇〇ドルの価値をつけるわけにはいくまい。

また、別の問題もある。インターネットなしの人生は考えられない、毎朝フェイスブックやツイッターをチェックしないと気が済まないという人がいるとしよう。この人は友人知人の近況を知り、楽しいイベントや有意義な情報を収集するのに至福の一時間を過ごし、次に敵対的な投稿に対して喧嘩にならないように反論したり、なだめたりするのに頭を使う一時間を過ごす。一方、半分忘れていたような友人やもう忘れてしまいたいような友人からの投稿を見てとりとめもなく二時間を過ごす人もいるだろう。そのどちらも同じ二時間としてカウントしたら、前者にとっての価値を過小評価することになる。

費やした時間に基づく方法ではインターネットの価値を大幅に過大評価したり過小評価したりする可能性があるとなれば、別の方法を探さなければならない。その一つとして、フェイスブックへのアクセスを遮断したらどうなるかという実験（もちろん被験者の許可を得て）を行うランダム化比較試験（ＲＣＴ）が何種類か行われている。中でも最大規模の実験は二〇〇〇人以上を対象に行われたもので、被験者になにがしかの報酬を払ってフェイスブックへのアクセスを一カ月間遮断してもらった。すると結果は――幅広い幸福度・生活満足度に関する項目で、本人が申告する評価が上昇したのである。また興味深いことに、意外に退屈しなかったと答えた人も多かった。そう回答した人たちの多くは、友人や家族と時間を過ごすことに楽しみを見つけたようである。[22]

実験後にフェイスブックを再開した人たちの多くは、閲覧の頻度が実験前より大幅に下がり、数週間後になってもフェイスブックで費やす時間は以前の二三％減にとどまった。これと呼応するように、もう一度フェイスブックを遮断するとしたらいくら払ってほしいですかという質問に対しては、実験終了時（つまり一カ月の遮断を経験後）には実験開始前より金額が大幅に下がっている。

以上の調査で判明したことは、フェイスブックには中毒性があるという見方と一致する。大方の人はフェイスブックが病み付きになっており、それなしでは生きられないとまで感じている人も少なくないが、実際にやめてみるとそうでもなかった。とはいえ、実験に参加して一度遮断を経験した人も、二度目の遮断に（少なくなったとはいえ）やはり報酬をもらいたいと考えていることは注目に値する。つまり彼らも、やめることがよろこばしいとは思っていないわけだ。この点を踏まえ、やはり利用者はフェイスブックがないとさみしく感じるのだろう（思ったほどさみしくないにしても）と研究者は推定し、フェイスブックは利用者一人当たり年間二〇〇〇ドルの価値を生むと結論づけている。

だがこの数字は、現実に遮断した人が平均すれば前より幸福になり生活満足度が上がったことをどう折り合いがつくのだろうか。言うまでもなく、平均というものがすべてそうであるように、この場合の平均も、中にはフェイスブックを心から楽しんでいる人がいることを隠してしまう。それに、もしかすると被験者からすれば、いま友人仲間のうちでフェイスブックを遮断しているのは自分だけだということが重大な問題であって、ただではやりたくないという気持ちになるのだとも考えられる。この不便さや不利益は、遮断する期間が長いほど深刻化するだろう（ちょっとばかり休みをとるのはかまわないが、完全に脱けたと思われるのは困る）。もちろんフェイスブック自体が存在しなくなれば、この問題は片付く。

となれば、フェイスブックの価値はいったいどの程度なのか。はっきりした答は出ない。いくらかでも自信を持って言えるのは、フェイスブックは熱烈なファンが信じているほど全人類に貢献しているわけではないが、それでも人々は現在の無料以上の価値を認めているということぐらいである。すくなくとも、友人がみなフェイスブックかインスタグラムかツイッターのどれか（または全部）をやっているという状況では、そう言える。では、こうした新技術を「ほんとうの価値」で評価したら、経済成長のペースはもっと加速するのだろうか。現在手元にあるさまざまな研究成果を見る限りでは、おそらく答はノーだ。

ヨーロッパの栄光の三〇年やアメリカの黄金時代は、**計測された**ＧＤＰのハイペースな伸びに現れていた。だがそのような高度成長の復活を予見させるような証拠は、残念ながら存在しないと言わざるを得ない。

ソローの直観

だがそう言ったからといって、とくに驚きではあるまい。なにしろ戦後の高度成長期の最中だった一九五六年に、ロバート・ソローははやくも成長がいずれ減速すると予想しているのである[23]。彼の基本的な考えは、こうだ。一人当たりGDPが増えると、人々はより多く貯蓄するようになる。よって投資に回るお金が増え、労働者一人当たりに投下される資本（資本装備率）は増える。すると資本の生産性は低下する。機械が一台しかなかった工場に機械が二台になったとしよう。すると同じ数の労働者で二台の機械を同時に動かさなければならない。もちろん工場の人員を増やすことは可能だが、経済全体でみれば（移民の流入数は変わらないとすると）、未就労労働者の予備軍を使い切ってしまえば、もはや増やすことはできない。したがって導入された追加的な機械は、前より少ない労働者で動かすことになる。となれば追加的に投入された資本もその結果である追加的な新しい機械も、ＧＤＰへの寄与度がどんどん減っていく。かくして成長は減速する。そのうえ、資本生産性が低下すれば資本のリターンも減る。すると貯蓄意欲が薄れ、ついに人々は貯蓄をしなくなって成長はますます減速する。

この論理は、資本の乏しい国、潤沢な国、どちらにも当てはまる。資本の乏しい国は、追加的な投資の生産性がきわめて高いのでより速いペースで成長する。資本の潤沢な富裕国は、追加的な投資の生産性がさほど高くないので成長が遅い。よって、労働力と資本の大幅な不均衡はいずれ是正されると考えられる。労働力が資本に比して大幅に豊富な国では、経済がハイペースで成長し、所得が増えるので、貯蓄も増える。こうして資本が急速に蓄積されて資本が潤沢になる。逆に、労働力に比して資本のほうが大幅に豊富な国では、資本蓄積のペースはのろい。

こうしたわけだから、資本と労働力の伸び率の乖離は、長期的には持続しない。たとえば資本が労働力より速いペースで増えると、労働力に対して資本が大幅に多くなり、先ほどの理由から成長は減速するからだ。短期的には、不均衡は存在しうる。たとえば今日のアメリカがそうだ。GDPに占める労働者への報酬（労働分配率）は下がり続けている。[24] だが長期的には、経済には自ずと均衡成長経路に近いところで安定する傾向がある。すなわち労働も資本もおおむね同じペースで成長する。人的資本［資本の一部で、労働者のスキルなどを意味する］もそうだ。GDPも結局のところ労働、技能、資本の生産物であるから、ソローはGDPもやはり同じペースで成長すると主張した。

労働力人口の増加が過去の出生率と就労希望者の数によって決まる以上、これを左右するのは人口動態だとソローは考えた。となれば、その国の経済の状態や経済政策よりも歴史と文化のほうが重要な意味を持つ。ただし、全要素生産性（TFP）の改善を加味しなければならない。たとえば、技術の進歩などによって労働者の生産性が高まり、二人分の仕事を一人でこなせるようになれば、労働力人口は実質的に二倍になったことになる。ソローは、このような大きな変化は一国の経済や政策とは無関係だと考え、実質的な労働力人口の増加率を経済の範疇から除外した。ソローが労働力人口の増加率を「自然成長率」と呼んだのはこのためである。ソローの理論からは、GDPも長期的には労働力人口の増加率と同じペースで成長するので、やはり自然成長率ということになる。

ソローの理論からはいくつかの仮説を導き出すことができる。第一は、成長は鈍化する可能性があるということだ。大転換後の高度成長期を過ぎると、経済は均衡成長経路に回帰する。これは、一九七三年以降にヨーロッパに起きたこととぴたりと符合する。戦争で破壊され、資本が払底したヨーロッパでは、遅れを挽回するためにやるべきことは多く、資本の生産性は高かった。だがキャッチアップによる高度成長時代は一九七三年までに終わっている。一方アメリカでは、ソローの考えた投資主導の成長は戦後あきらかに鈍化する。だが幸運なことに、それに代わってTFPが一九七三年までハイペースで伸び続けた。その後はすでに論じたように、アメリカでも成長は減速傾向にある。先進国で金利は軒並み低いという事実は、まさにソロー・モデルのとおり、資本が潤沢であることを示しているように見える。

収束仮説

第二のより衝撃的な仮説は、経済学者が収束仮説と呼ぶものである。資本が少なく、それに比して労働力が豊富な国(多くの貧困国がそうだ)は、まだ均衡成長経路に達していないので、成長ペースが速い。労働と資本の均衡を改善することで高度成長を遂げ、その結果として長い間には富裕国との一人当たりGDPの格差は縮まる。他の要素も同じ経過をたどるので、貧困国は次第に富裕国に追いつく。

ソロー自身は用心深く、必ずそうなるとは言っていない。貧困国の多くが最初はそうであるように、労働力は豊富だが資本はごくわずかしかないという場合、食べていけるだけの賃金を払ってもらえる労働者は労働力人口のごく一部にとどまる。このため、せっかくの豊富な労働力を十全に活用することができない。この場合、収束は起きるにしても、おそらく非常にのろいペースでしか起きないだろう。

ソローがこう但し書きを付けたにもかかわらず、どんな国もキャッチアップの過程を経て均衡成長経路に到達するのだ、悲惨な貧困からまずまずの豊かさへと秩序正しく移行するのだ、という見方が有力になる。そこに生活水準も世界的に収束するという見通しが加わり、資本主義の下での進歩というじつに心地よい神話が形成された。この神話は三〇年にわたって信奉され、それからようやく経済学者たちは、ソロー・モデルが現実と全然一致しないと気づき始めたのである。

まず、貧困国が富裕国より速いペースで成長する**とは言えない**。一九六〇年の一人当たりGDPとその後の成長率の間の相関係数は、ゼロにきわめて近い[25]。では、第二次世界大戦後のヨーロッパがみごとにアメリカに追いついた事実をどう説明するのか。ソローは答を用意している。ソロー・モデルは**本来なら同じだったはずの**国同士について記述しているのだというのである。なるほど西ヨーロッパとアメリカは多くの点でよく似ているし、戦争がなければ同じだったはずだろう。ならば収束するのも頷ける。その一方で、ソロー・モデルによれば、生得的に倹約家で、アウトプットのうち投資に回す比率が高い国ほど長期的には富裕になる、とは言える。また、自然成長率に落ち着くまでは、当初は貧しい国がより多くの投資を行えば、一人当たりＧＤＰが高い水準に収束するまではハイペースで成長する、ということも言える。

では、発展途上国と欧米に差がついたのは投資不足が原因なのだろうか。以下で検討するが、どうやら答はノーのようだ。

なぜ成長するのか

ソロー・モデルから導き出される第三の、そして最も大胆な仮説は、一人当たりＧＤＰの伸びは、相対的に富裕な国の間では、いったん経済が均衡成長に達するとさして差がなくなるというものである。基本的にソロー・モデルでは、この差はＴＦＰ成長率のちがいに由来する。そしてソローは、すくなくとも富裕国にとってＴＦＰ成長率はほぼ同じだと考えていた。

ソローの考えでは、ＴＦＰの成長はただ起きるものであって、なぜ起きるのか、どうすれば起こせるのかはよくわからない。だから政策当局もほとんど手の打ちようがない。これは大方の経済学者にとってたいそう居心地の悪いことだ。成長率は各国経済の成績表の最大項目なのだから、せめて「よい」経済政策を実行した国ほどＴＦＰは伸びるとでも言ってくれればよかったのに、ソローはそうは言わなかった。彼は敢えて無知を装ったのだろうか。現にたくさんの新しいテクノロジーが富裕国で開発され活用されているではないか。

一国の均衡成長率は政策にはほとんど左右されないという見方に反論が出るのはある意味で予想されたことだが、この反論はさまざまな意味でソローの鋭い視点を見落としている。第一に、ソローが技術の進歩を促す要因を問題にしたとき、それは、**すでに最先端にいる**国が対象だったということだ。そうした国々にとって、なるほど新しいアイデアの創出が成長の重要な要因だったにちがいない。だが、アイデアがなぜ国境で止まってしまうのかの説明がつかない。たとえばドイツで新製品が開発されたら、他のいくつもの国で、おそらくはドイツ本社の子会社がある国で、それが生産されるだろう。そうなれば、発明した国は一つでも、生産する国ではほぼ同じようなペースで生産性が伸びるはずだ。

第二に、ソローが問題にしたのは均衡成長率に達した国の成長率だった。そして、富裕国の一部はすでに均衡成長率に達していたと考えられるので、その時点で資本が不足している国にとっては、そこに追いつくのはかなり先になる可能性が高い。ケニアとインドがソローの言う均衡成長率に達するまでには、両国は現在よりはるかに富裕になり、最新技術の多くを活用しなければなるまい。現時点で両国が技術面で大幅に遅れをとっているのは、資本の欠如の表れと考えられる。

最後に、均衡成長経路をめざす途上にある国は、すでに経路に乗っている国よりも、技術をアップグレードするペースが速い。そんなばかな、と思われたかもしれない。たしかに自動運転車、３Ｄプリンターといった華やかなブレークスルーが出現するのは、決まって先進国である。だがそうした見た目に派手な技術は毎日のように誕生するわけではない。アップグレードの大半は一昨日の技術が昨日の技術になるといった漸進的な性格のもので、まったく新しい何かをひねり出すのではなく、言わばすでに存在する何かを引き出しから取り出すようなものだ。先行する国で試され、改良され、使われてきた技術なのだから、未知の領域を切り拓くより容易であることは言うまでもない。

　こうした理由から、ソローは国によって均衡成長率に差が出る原因を探ることを敢えて断念したのだと考えられる。そして単純に、ＴＦＰ成長率は神秘的な要因の産物であって、その国の文化や政策といったものとは関係がないと想定することにした。ということはつまり、資本蓄積のプロセスが終わって資本のリターンが低くなったら、もはや長期的な成長についてソローに言えることはほとんどないということだ。ソローのモデルは、経済学者の言う**外生的**成長モデルである。「外生的」とは、外からの影響や外から来た要因による、という意味だ。内側からは長期的成長率について何もできることはない、と認めたわけである。要するに成長は私たちの手には余る、と。

私にテコを与えよ[26]

多くの貧困国が現に成長していないこと、ソロー・モデルでは長期的な成長をどのように生み出すか説明できないことを、いまや経済学者ははっきりと理解している。それでも、成長を手助けするために何かできることはないのかと経済学者たちは必死に知恵をしぼった。ロバート・ルーカスもその一人である。反ケインズ経済学の旗印であるシカゴ学派の重鎮で、今日では最大級に影響力のある経済学者だ。その彼が、一九八五年のマーシャル記念講演でこんな告白をした。「インド経済がインドネシアやエジプトのように成長するためにインド政府に何かできることがあるならぜひ知りたい」というのである。「もしあるなら、それは具体的にどのような政策か。もしないなら、なぜないのか。もしそれが〝インド固有の性質〟によるものだとすれば、それは何なのか。人類の幸福にかかわるようなこうした問いは、きわめて重い。この問いの答を考え始めると、もはやほかのことは考えられなくなってしまう」。この率直な言葉は、その後たびたび引用されている。[27]

だがルーカスはただの問いかけで終わらせてはいない。経済学者は何か重要なことを見落としているにちがいないと考え、インドが貧困から脱け出せないのは技能と資本の欠如が原因だとの結論に達する。そして、アメリカに比べてインドの技能と資本が少ないのは、植民地だった歴史とカースト制度に起因すると推定した。だが、アメリカとインドの一人当たりＧＤＰの差は膨大である。この膨大な差をもし資本不足だけで説明するとなれば、資本は途方もなく少ないということになる。そしてそれほど稀少なら、非常に貴重になるはずだ。たとえばようやく手に入れた一台のトラクターを、何千人もの労働者が開墾した何百もの農場でフル活用する、という具合に。となれば、トラクターのレンタル料金は目の玉が飛び出るほど高いにちがいない。このロジックに基づいて、ルーカスはアメリカとインドのGDP格差がインドの資本不足だけで説明できるとすれば、インドにおける資本の価格はアメリカの五八倍になるはずだと試算した。[28]だがこれほど高い値段がつくなら、アメリカにある資本はすべてインドに流入しそうなものだが、実際にはそうはなっていない。そこでルーカスは、インドの資本の価格はそれほど高くないと結論づける。別の言い方をすれば、インドにおける資本の本来的な生産性はアメリカより大幅に低いにちがいない。さもないと、これほど稀少なインドの資本が、ルーカスの試算通り天文学的なリターンを生み出さない理由は説明がつかない。あるいはソローの言葉を使うなら、インドにおけるTFPの伸びはアメリカより大幅に低いということになる。

ルーカスは、経済学者ではありがちなことだが、市場の役割について楽観的過ぎた。経済は硬直的であり、どの要因も急速には変わらないことがいまではわかっている。それは、アメリカでもインドでも同じだ。それでも大勢の研究者が、ルーカスの基本的なアイデアを発展させてTFPの謎を解こうと試みた。たとえば、単純に各国が持ち合わせているリソースの総量でGDP格差を説明しようとすると、貧困国の技能と資本が絶望的なほど足りないのはたしかだとしても、一人当たりGDPはその不足から予想される水準をはるかに下回ることに気づく。[29] つまり貧しい国は、乏しいリソースすら有効活用できていないということだ。また貧しい国の間でも、リソースは同程度でもうまくやっている国もあれば、そうでない国もある。なぜだろうか。

ルーカスの博士課程の教え子だったポール・ローマーは、成長を何とか内生的要因で説明したいというルーカスの情熱的な呼びかけに応えた一人である。しかしソローの答は経済学においておそらくは最も基本的な二つの考え方に依拠しているため、これを打破するのはむずかしい。第一は、資本家はより高いリターンを求めて投資するということである。リターンが下がれば、資本蓄積も減る。第二は、階級としての資本家は資本を増やす傾向にあるので、資本の生産性は徐々に下がる。資本に対して労働者の数が足りなくなるからだ。経済学では、これを「収穫逓減［diminishing returns］の法則」と呼ぶ。収穫逓減の歴史は古く、ルイ一六世の治世で財務総監を務めたあのジャック・テュルゴーが、一七六七年にすでに収穫逓減について書いている。[30] テュルゴーは、フランスの財政再建のために尽力したが失敗し、結局はフランス革命を招くことになったが、それを目にすることなく死去した人物である。カール・マルクスも収穫逓減を前提として論理を組み立てていた。マルクスによれば、資本家階級は飽くことのない強欲を発揮してより多くの資本を追い求める。その結果、資本の収益性は落ち込む（マルクスは「利潤率の低下［falling rate of profit］」の法則と呼んだ）。そして資本主義はいずれ必ず崩壊するという。[31]

資本の収益性は逓減するという仮定は直観的にも頷ける。資本の蓄積に労働力が追いつかず、たとえば新しい機械を導入しても労働者が払底して動かせなかったら、と想像してほしい。とはいえ、反証が存在することもたしかだ。たとえばアマゾンのコスト削減の大半は、巨大な販売規模によって初めて可能になった。あれほど巨大な倉庫や配送網のシステムを構築するなどということは、取扱商品に対する需要が常時なかったら意味がないし、その巨大なシステムにはもちろん巨額の資本が必要だ。アマゾンがいまの一〇〇分の一の規模だったら、利益は到底捻出できなかっただろう。現にアマゾンは巨大化するまでほとんど利益を上げられなかった。巨大化して初めて利益は急拡大し、二〇一八年七月の時点で二五億ドルに達している[32]。

ソロー世代の経済学者もこうした収穫逓増現象が起きる可能性には気づいてはおり、これを「大きいことはいいことだ」と表現した（アマゾンが今日繁栄しているのはまさにこのためだ）。だがもし収穫逓増の法則というものが成り立つとすれば、規模の大きい企業ほど利益が増え、他社を押しのけられるようになるので、必然的に市場は独占にいたることになる。たしかにインターネット通販などではそうなっているが、重要なプレーヤーが何社か共存しているような市場も少なくない。ソーシャルネットワークやハードウェアなどがそうだ。それに、自動車、アパレル、チョコレートなどごく身近な商品では多数の企業の乱立状態である。こうした理由から、経済学者は理論構築にあたって収穫逓増に過度に依存することを慎重に避けている。ローマーにしても、個々の企業は収穫逓減の法則に縛られると考えた。そして、ソロー・モデルから脱却するには、全体として多くの資本を備えている経済は、より生産的な資本ストックを備えていると仮定すればよい、と閃く。たとえ個々の企業には収穫逓減の法則が当てはまるとしても、経済全体としては資本の生産性が高まるなら、企業が巨大化して独占にいたることにはならない。ローマーが想定するのは、新しいアイデアが次々に創出される場所、たとえばシリコンバレーのような場所だ（ローマーが論文を書いた時点では、シリコンバレーがまだ現在の姿にはほど遠かったことを忘れてはいけない）[33]。シリコンバレーの企業群は、ソローが想定する企業とよく似ているが、ある重要な一点で異なる。一般に考えられている資本（機械、工場など）をあまり使わない一方で、人的資本を多く使うことだ。とくにさまざまな分野の専門的なスキルが活用される。シリコンバレー企業の多くが高度な知識を備えた人材に投資するのは、何か市場価値の高い卓越したアイデアを生み出してくれると期待するからだ。そして実際、そうなっている。

収穫逓減の法則は、シリコンバレー型の企業にも当てはまる。天才肌の人間ばかりいて、お金の管理をしたり仕事中にゲームをやっていないか監督したりする勤勉タイプの人間がいないと、天才の収益性は低下する。だとしても、大事なのはシリコンバレーという全体としての環境だ、とローマーは主張する。アイデアがどこかで湧いてくると、それはカフェやバーやパーティーなどで口づてに伝えられて広まっていく。誰かがひょいと口にした変わったアイデアが別の人に思いがけない刺激を与え、やがて形になって世界を変える……。大事なのは、天才がたくさんいることに加え、その天才たちが競い合うことだ。天才が点在するのではなく、シリコンバレーのような場所に群れていることである。世界の超一流の頭脳が集まってきて互いに・・・人工授粉ができるような環境が整うことが望ましい、とローマーは主張する。そうなれば産業、都市、地域のレベルで収益性が高まる。企業レベルで見ればどの企業も収穫逓減の法則に縛られていても、シリコンバレーにいる天才たちの数が二倍になれば、全員の生産性が高まるのだという。

ローマーは、繁栄した産業都市はみなそうだと指摘する。一八世紀半ばのマンチェスターしかり、金融イノベーションが相次いだ時期のニューヨークとロンドンしかり、今日の深圳やベイエリアしかり……。これらの都市や地域では、おおむね土地や労働者が稀少だ（労働者が稀少になるのは、土地が稀少なため高すぎて住めないことが一因である）。しかしこの稀少性に由来する収穫逓減の法則の力も、互いに学び新しいアイデアを交換する活力とエネルギーに打ち消されるのだという。この活力に惹かれてより多くの頭脳が流れ込んでくれば、ソローの神秘に満ちた外生的要因がなくとも、成長は永遠に続くというのである。

一国の経済全体のレベルでは収穫逓減の法則から逃れられるのだとすれば、アメリカの資本がインドに向かわない理由も説明がつく。ローマーの世界では、インドでもアメリカでも資本の収益性はほぼ変わらない。インドのほうが資本ははるかに少ないにもかかわらず、である。なぜなら、ソロー・モデルでは収穫逓減の法則がインドに有利に働くとしても、富裕国ではアイデアの生まれるスピードが速いため、収穫逓減の不利を埋め合わせてくれるからだ。なるほど大いに結構。だが超優秀な頭脳に頼って安心していてよいのだろうか。ローマーが強調するアイデアの力は全世界に働いているのではなかったのか。

成長の物語

この疑問を検討する前に、賢明な読者がすでにお気づきの点を取り上げておきたい。それは、成長理論について書き始めてから、どうも話が抽象的になっていることである。ソローとローマーが語ったのは、長い間には経済全体に何が起きるかという物語(ストーリー)だ。語るにあたっては、彼らは現実の世界の途方もない複雑さをごく少数の要素に整理している。たとえばソローは、経済全体に収穫逓減の法則が働くことを理論の中心に据えた。一方ローマーは、企業間のアイデアのフローに着目した。いずれにせよ理論は理論であって、手で摑むことはできない。摑めるのは、経済全体のレベルにもたらされたとする利益だけである。一国の経済を構成する要素はきわめて多様であるから、ソローとローマーの大局的なコンセプトをいくらかでも感じ取るのはむずかしい。まして実証するのは至難の業である。

ソローは、調達できる資本の総額が増えたら経済に何が起きるかを考えた。だが経済というものが資本を蓄積できるわけではない。蓄積するのは個人である。それから、その資本で何をするかを考える。誰かに貸す、新しくパン屋を始める、家を買う、等々。そうした決定一つひとつが多くのことを変えていく。パンの値段が下がるかもしれないし、腕のいいパン職人が払底するかもしれないし、住宅価格が上がるかもしれない。こうしたすべての複雑さを、ソローは資本に比して労働力の供給がどう変化するか、というたった一つの変数に還元しようとした。同様にローマーは、高度なハイテク人材が都市に流入したら、多くのことが変わると考えた。その都市ではおしゃれなカフェが増えておいしいエスプレッソが飲めるようになるかもしれないし、多くの低所得層が押し出されるかもしれない。こうしたすべての複雑さを、ローマーはアイデアの交換というたった一つの変数に還元しようとした。ソローもローマーも、何が重要かという着眼点に関しては正しいのかもしれない。だが彼らの抽象的な議論を現実の世界に押し広げるのはむずかしい。

さらに困るのは、私たちにとってデータが唯一の拠りどころなのに、そのデータがこの問題に関してはあまり助けにならないことだ。ソローやローマーの理論は経済全体のレベルで成り立つのだとすれば、個別企業や個別の集団ではなく、国（最低でも都市）同士の経済の比較テストを実行する必要がある。だが貿易を取り上げた第三章で述べたように、各国経済はさまざまな点で異なるので、それを比較するのは非常にむずかしい。

しかも、仮に各国経済の比較を行って結論が出たとしても、そこから何が得られるかがはっきりしない。たとえば、経済全体のレベルにおける収穫逓減について考えてみよう。資本蓄積に成功した国では資本の生産性が下がることをテストする場合、またしても問題になるのは、資本を蓄積するのは国ではなく個人だということである。個人は資本を企業に投資するかもしれない。すると企業は機械や土地を買い、それらを有効活用するために労働者を雇おうとするだろう。すると労働市場で需給が逼迫し、企業は予定より少ない人数で機械を稼働せざるを得なくなる。かくして資本の生産性は予想通り下がったわけだ。ではここで、外国資本の流入によって資本の生産性が下がったとしよう。これも、ソローの言う収穫逓減に当てはまるのだろうか。また、どちらのケースでも、資本の投資先が不適切だったために生産性が下がったという可能性はないのだろうか。あるいは資本が全然投資に回らずに単に寝かされていたら、どうだろう。おそらく適切に投資されていたら、資本の収益性は上昇し、ソローの言うようには低下しないのではないだろうか。

さらに、成長理論で主張される多くのことは、長期的にはこうなる、ということである。つまりソローの世界では成長は長期的には鈍化し、ローマーの世界では鈍化しない。だが長期的とはどのぐらいの期間なのか。また、ずっと鈍化し続けるのか、不運による一時的な落ち込みであってすぐに回復するものなのか。

私たちは成長理論を裏付ける証拠をがんばって探したが、勇気づけられる結果が得られたとは言いがたい。そもそも成長を計測するのはむずかしいが、成長を牽引する要因をこれとはっきり特定するのはもっとむずかしい。だから、成長を促す政策とはこういうものだと自信を持って言うこともできない。となれば、いまはもう経済学者は成長に取り憑かれるのをやめるべきではないだろうか。すくなくとも富裕国で答を探すべき問いは、どうすればもっと成長しもっと富裕になるかということではなくて、どうすれば平均的な市民の生活の質を向上できるか、ということではないだろうか。そのほうがずっと有益である。たしかに発展途上国では、経済理論のとんでもない誤解や誤用によって成長が阻害されているケースがままある。それについては経済学者に何か役に立つアドバイスができるかもしれない。しかし後段で述べるように、それすらも限られている。

一〇〇万ドルの工場

ローマーの語るハッピーな物語のキーワードは、スピルオーバー（漏出）効果である。高度なスキルを持つ人たちが一都市、一地域に集中していれば、互いにアイデアやスキルを高め合い、ちがいを生み出すというものだ。シリコンバレーでこの効果が信じられていることはまちがいない。カリフォルニア州にはシリコンバレーより快適な町がいくらでもあり、そこはもっと地価が安いというのに、多くの企業がシリコンバレーを拠点にし続けているのはそのためだ。実際、今日ではアメリカ中の州や都市が企業を誘致しようと躍起になっており、巨額の補助金や優遇措置の提供を申し出ている。二〇一七年九月には、ウィスコンシン州がすくなくとも三〇億ドルの税制優遇措置を用意してフォックスコン（鴻海科技集団）を誘致した。フォックスコンは同州に液晶ディスプレイ工場（総工費一〇〇億ドル）を建設している。[34]そこで雇用されるはずの労働者一人当たりでは二〇万ドルの投資だ。同様にパナソニックは一億ドル以上の補助金を受けて北米本社をニュージャージー州ニューアークに移転した（労働者一人当たり一二万五〇〇〇ドル）。またエレクトロラックスは一億八〇〇〇万ドルの租税軽減措置を受けてテネシー州メンフィスに新工場を建設している（同一五万ドル）。[35]

最近の例では、アマゾン第二本社（ＨＱ２）の誘致合戦が記憶に新しい。アマゾンは全米二三八都市から魅力的な申し出を受け、最終段階でバージニア州アーリントンとニューヨークに絞った。[36]これらの都市がスピルオーバー効果に期待していたのはまちがいない［最終的にニューヨークでの建設は断念した］。

そしてアマゾン自身も期待していた。第二本社の候補地選びにあたり、「人口一〇〇万以上の大都市圏であること」「高度なハイテク人材を惹きつけ定着させられるような都市または都市近郊であること」などを条件にしたのはその何よりの証拠と言えよう。[37]アマゾンにとっては「厚みのある市場」が控えていること、この場合で言えばハイテク人材が大勢いる市場にこそ価値がある。そうした市場があれば、有望な人材を見つけ、呼び込み、あるいは取り替えるのはいとも容易だからだ。

ローマーの理論では、一都市に集まった優秀な人材が共通のトピックに関心を持ち、インフォーマルな会話を交わすことでスピルオーバー効果が得られる。たとえば、特許出願者が同じ都市における過去の発明を引用する頻度が高ければ、スピルオーバー効果の地域的な偏在が確認できる。[38]

ローマーの仮説のさまざまな発展型が考案され、人材が集積する都市をシリコンバレーに限定せず、教育水準の高い人間が周囲にいるほど全員の生産性が上がることを立証する試みが行われた。だがそうなると、高等教育を受ける人が増えるにつれて全員の生産性が上がることになるが、実際にはそうはなっていない。なるほど、教育水準の高い人の多い都市部の所得は他より多いが、その原因はスピルオーバー効果以外にも多数考えられる。たとえば都市部には教育水準の高い人が多いだけでなく、高報酬の企業（好業績の企業、労働の質を重視する企業など）も多い。希望する人材を見つけやすいからである。しかし教育水準が大幅に上がった都市の多くでは、他の要素（政策、投資など）も同時に変化していることが多く、人的要因だけを取り出すのはむずかしい。

とはいえ、都市全体が巨額の投資の恩恵を受けることはまちがいない。ここではマイケル・グリーンストーン、リック・ホーンベック、エンリコ・モレッティの研究を紹介しよう。モレッティは『年収は「住むところ」で決まる』［邦訳：プレジデント社］の著者で、スピルオーバー効果は都市を繁栄に導くが、農村部ではそれは期待できないと論じている。[39] モレッティらは、アマゾンのような著名企業を誘致すれば都市にとって全体として利益になるのかどうかを調べた。[40]

この問いに答えるために、彼らは企業誘致合戦に勝利した郡と次点に終わった郡を比較するという方法を採用している。その結果、全要素生産性（ＴＦＰ）は誘致に成功した郡で急伸したこと、これがスピルオーバー効果と整合することがわかった。工場建設から五年後のＴＦＰの伸びは、誘致に失敗した郡と比べて平均一二％高かったのである。これは、誘致に成功した郡にとって年間四億三〇〇〇万ドル以上の利益に相当する。雇用と賃金水準も押し上げられた。平均的な州や郡が誘致にどの程度の予算を投じたのかはわかっていないが、いくつかの例では金額が確認されている。たとえばＢＭＷの工場の場合、ネブラスカ州オマハを抑えてサウスカロライナ州グリーンビル・スパータンバーグに進出が決まったのだが、このときの補助金が一億一五〇〇万ドルだった。これで同州経済が年一二％成長したのなら、投資は十分に元がとれてお釣りが来たことになる。ニューヨーク市でも、アマゾン第二本社の誘致に補助金を出すにあたり、同じことが主張された。これはやる価値のある投資だ、ということである[41]。

地元に企業を誘致するもう一つの方法として、インフラを整備するという選択肢がある。テネシー川流域開発公社（ＴＶＡ）がテネシー州と近隣州で一九三〇〜六〇年にやったのは、まさにそれだ。公的資金を投じて道路、ダム、水力発電所などを建設した。インフラが整えば企業が進出してくる、そうなれば他の企業もやって来る、という発想である。もっとも、都市開発に関して二〇世紀アメリカで最も影響力のあった作家ジェイン・ジェイコブズ（代表作は『アメリカ大都市の死と生』〔邦訳：鹿島出版会〕）は、この考え方に懐疑的だ。彼女は単刀直入に「なぜＴＶＡは失敗したのか」と題する論文を一九八四年に発表している[42]。

だがモレッティは失敗していないという。モレッティのチームは、ＴＶＡの対象地域と、当初は同様の投資が検討されていたが政治的理由から見送られた他の六地域とを比較した。するとＴＶＡ対象地域では、一九三〇〜六〇年に農業・製造業ともに対照群より雇用が伸びていることがわかった。一九六〇年に外部からの投資が打ち切られると、農業はその後横ばいになったものの、製造業は二〇〇〇年まで好調を維持している。このことは、スピルオーバー効果が農業より製造業に顕著に現れるという、広く支持されている見方と一致する。効果はかなり大きく、モレッティらの試算によると、ＴＶＡはコストを差し引いても長期的に六五億ドル相当の所得増をもたらしたという[43]。

となれば、複数の地域で同時に地域開発計画を推進することによって、国家は恒久的な高度成長の条件を整えられるのだろうか。残念ながら、二つの理由からそうはなるまい。第一に、初期投資だけでは不十分である。企業はまず、土地、労働者、スキルの不足といった成長阻害要因を克服するだけの利益を上げなければならない。モレッティは、今日の雇用が一〇％増えれば将来の雇用は二％増えるというが、これでは長期にわたって持続的な成長を生み出すには十分とは言えない。初期投資の効果というものは意外に早く薄れてしまう[44]。

第二に、地域の成長は、一国の成長とはちがう。一地域の成長は、他地域から資本や労働者やスキルを奪うことによって、つまり共食いによって実現する部分があるからだ。アマゾンの誘致に成功した都市の繁栄の一部は、他の都市の犠牲の上に成り立つことになる。モレッティは、成功した地域の繁栄と他地域の衰退はおおむね打ち消し合うと推定しており、そうなれば一国の成長は一地域の成長に何ら影響されないことになる。[45]

モレッティは膨大な研究報告を精査した結論として、地域開発は成長の終焉を回避するテコにはなり得ないと結論づけている。[46] 彼の評価はやや悲観的すぎるかもしれないが、その主張は正しい。ある都市が他から雇用機会を奪うことは、それぞれの都市にとっては意味がある。だがシンガポールのような小さな都市国家を除けば、一国全体の繁栄には貢献しないのである。

チャーター・シティ

とはいえ、モレッティの論拠を支えているのは主にアメリカとヨーロッパの事例であることは強調しておかねばならない。発展途上国では事情がちがうことは大いにあり得る。発展途上国の多くでは、質の高い都市インフラが少数の都市に集中していることを考えると、優秀な頭脳の集中する「高品質」の都市を建設するか、既存の大都市の住環境を改善するなどして、国全体の経済成長を押し上げることは可能かもしれない。これはまさに世界銀行が追求した政策である。たとえば二〇一六年のインドの都市化に関する報告書では、スラムとスプロール現象に蝕（むしば）まれる「無秩序」な「見えない」都市化が指摘されている。[47] 基本的に都市というものは、境界を外へ外へと押し広げて水平方向に発展する。クオリティの高い高層ビル建設による垂直的な発展はごく一部の例外に過ぎない。南アジアでは、合計一億三〇〇〇万人（メキシコの人口より多い）が都市部の居住区に無秩序に住んでいる。通勤距離は長く、公共交通機関はないか麻痺しており、大気汚染がひどい。これで都市部に優秀な頭脳を集めようというのは無理な相談だ。また、生産や取引の場としての都市機能も大幅に制限されてしまう。理想的な都市とは、他地域から成長潜在性を奪うことなく、一国にとって新たな成長機会を創出できる都市である。

ローマーは世銀のチーフ・エコノミストとして多難な一時期を送る前から第三世界の都市の問題を研究しており、現在でもこれを重要な研究テーマにしている。創造性豊かな人材を惹きつけ、相互の人工授粉によってアイデアがどんどん生まれるような都市を発展途上国に建設することが経済成長につながると彼は期待した。事業活動に適していて、なおかつ住環境が整った都市——言うなれば、公害と交通渋滞のない深圳のような都市である。ローマーの構想するこうした都市は、言わば国家内都市国家とも言うべきもので、憲章［charter］に基づく高度なガバナンスを保障される。ローマーがチャーター・シティと呼ぶ所以である。大学者にはめずらしく自分の構想の実現可能性を信じると同時に十分に注意深いローマーは、非営利のシンクタンクを発足させ、チャーター・シティの実現をめざした。ローマーの構想では、いずれ世界各地に飛び地のように一〇〇以上のチャーター・シティを建設し、一〇〇〇万人が住むようになるという。チャーター・シティのガバナンスは先進国から派遣された第三者による政府が受入国政府と契約を結んで請け負い、チャーター・シティの住人は、国家とは別のルールに従うことになる。これまでのところ、チャーター・シティに乗り気になり具体化にこぎ着けたのはホンジュラスだけだ。ホンジュラス政府は二〇の特別開発地域を設置する計画を立てた。だが、ホンジュラス政府はローマーのアイデアにヒントを得たと主張しているものの、残念ながら彼らの計画は、二〇世紀前半にチキータ・ブランドで名高いユナイテッド・フルーツが経営していたバナナ農園に近い。彼らのバナナ農園では、会社の命令がすなわち法律だった。同じくホンジュラス政府には、第三者による政府の監視を受ける気など始めから毛頭ない。しかも、ローマーの名声を利用するだけで、彼の助言を受け入れるつもりもなかった。ホンジュラス政府が市場原理主義的なアメリカ企業に特別開発地域の運営を一任する契約を結ぶ運びとなったとき、ローマーは手を引く。この件は、チャーター・シティのような国家内都市国家の建設が発展途上国の持続的成長を促すというシナリオはまず期待できないことを雄弁に物語っている。なぜなら、憲章（チャーター）は政府の干渉を頑としてはねつけようとするが、政府のほうはもっと強（したた）かだし権力も持ち合わせているからである。

知的財産権の保護はどこまで必要か

本章のここまでの議論をまとめると、地域的なスピルオーバー効果はたしかに存在するにしても、私たちに集められた数少ないエビデンスを見る限りでは、国家レベルでの成長を維持できるほど強力ではないと思われる。おそらくこのことを予期していたのだろう、ローマーは第二のストーリーを用意している。そのストーリーで成長を牽引するのは企業だ。企業が次々に新しいアイデアを開発し、そのアイデアがより生産的な技術を生み出すという。[48]

ローマーは、技術の限りない進歩を可能にするある要因を想定した。ローマーの描く世界では、ソローの世界とは異なり、技術の進歩はもはや誰にもコントロールできない神秘な力に拠るのではない。技術の進歩の促進要因はちゃんと存在し、それはイノベーション奨励策をとる国ほど力強く作用するという。

とはいえすでに多くのものが発見されてしまった現在、新しい独創的なアイデアを生み出すことはどんどんむずかしくなっている。これは科学者や技術者なら誰でも実感していることだ。この現実に対抗できる要因がないと、イノベーションが次々に出現して成長が加速するモデルを構築することはできない。そこでローマーが想定したのは、新しいアイデアというものはいったん生み出されたら誰もが自由に使える、だからそれに基づいて次のアイデアを生み出せる、ということだった。知識のスピルオーバー効果である。すでにあるアイデアを活用するのは、まさに「巨人の肩の上に乗る」ようなものだ。まったく新しい何かを発明する必要はなく、前の発明をちょいと手直しするだけで次の何かを生み出すことができる。こうして成長は永遠に続く……。

ローマーは正真正銘の楽観主義者にちがいない。チャーター・シティを悪名高いホンジュラス政府から完全に守れると考えたのも、楽観的でなければできることではない。その同じ楽観主義が、彼のイノベーション・プロセスにも色濃く反映されている。彼の世界では、新しいアイデアはふわふわと風の中を浮かんでいる。ちょうど夏のそよ風に香る薔薇のように。

だが現実の世界では、新しいアイデアを生み出すのはたいへんな難事業であり、難産の末に生まれたアイデアをふわふわ浮かばせておくわけにはいかない。市場性のあるアイデアが創出されたら、企業はそれを独占したがるものだ。たとえば製薬会社やソフトウェア開発会社は、合法的な手段はもちろんのこと、いささかあやしい手段を使ってまで、新しいアイデアの権利を独占しようとする。今日では産業スパイは一大産業を形成しており、これに対抗して特許の保護を得るべく、特許の出願のほうも一大産業となっている。経済学者のフィリップ・アギオンとピーター・ホーウィットは、ローマーより数年あとに発表した内生的成長理論に関する著名な論文で、イノベーション主導型の成長が可能になるのはローマーが考えるよりもっと競争の激しい環境だと論じた。[49] というのも企業がイノベーションを創出するのは、知識欲に駆り立てられるからではなく、競争に先んじたいからだ。彼らによれば、特許による保護が過去のアイデアの活用を完全には排除しない限りにおいて、新しいアイデアは生まれ続けるという。

この視点の転換は、結果に影響をおよぼさずにはおかない。ローマーのモデルでは、イノベーションは創造的な頭脳が世界にもたらす「お恵み」である。もちろん天才たちも利益を手にするが、経済が得るリターンはそれとは比べものにならないほど大きい。なにしろ将来の何世代にもわたるイノベーターがただでそれを利用できるのだから。そこでローマーは、イノベーターを最大限に厚遇すべきだと訴えた。イノベーション創出企業の利益やキャピタルゲインに対する優遇税制、起業支援、インキュベーターの育成、イノベーターの権利を保護する特許の期間延長、等々。

一方アギオンらは、イノベーターに対してこれほどロマンティックな考えは抱いていない。興味深いのは、アギオンはイノベーションの創出プロセスを目の当たりにする機会に恵まれた稀有な経済学者だということだ。彼の母親はユダヤ系の両親の間に生まれ、一九五〇年代前半にエジプトを追われた後、フランスに移ってクロエというファッション・ブランドを立ち上げた。クロエが単なる洋装店からグローバル・ブランドに飛躍を遂げる過程をつぶさに観察したアギオンによれば、イノベーションはまさに「創造的破壊［creative destruction］」だったという。彼らの理論がシュンペーター・アプローチと呼ばれる所以だ。[50] 創造的破壊とは、一つのイノベーションが新しいものを生み出すと同時に古いものを破壊するというほどの意味である。[51] アギオンらのモデルでは、ときに創造が支配するものの、それ以外は破壊が圧倒する。新しいものが創造されるのは、有用だからではなく他人の既存特許を無価値にするからだ。だからイノベーションの見返りを大きくしすぎると、かえって裏目に出る可能性がある。もともとイノベーターは、既存の特許権者に取って代わる幸福な瞬間から自分の特許が失効する不幸な瞬間までの時間があまりに短いと感じているにちがいない。特許による保護は、イノベーションに報い、より多くのイノベーションを促すために、もちろん必要である。だが保護期間を長くしすぎれば、特許権者が長く居座り続けることになる。だからいま必要なのは、まったく新しいイノベーションを促すことと、多くの人々のアイデアを取り入れる余地を残すこととのバランスなのだとアギオンらは主張する。

減税は成長を加速させるか

ルーカスを始め多くの経済学者がソロー・モデルに満足できない理由の一つは、このモデルではいったいどんな政策を立てればいいのか、何ら方向性を示せないことだった。だがローマー・モデルにはできる。しかも都合のいいことに、さほど革命的な政策提言ではない。ローマーが政府に提言するのは、がんばって新しいアイデアを生み出す気になるようなインセンティブ、端的に言って減税である。

ローマーはアメリカでは民主党支持者であるらしい。すくなくとも経済学者仲間の噂ではそうだとされている。コロラド州知事だった父親は民主党員だった。だが減税がイノベーションを促し長期的な成長に寄与するというのは、長らく共和党の唱えてきたお題目である。レーガンからトランプにいたるまで、共和党の政治家は何かにつけて減税を公約し、成長の推進をその理由に挙げてきた。それも、最富裕層の税率を引き下げなければならない、なぜならビル・ゲイツのような人たちに新しいアイデアを生み出し、第二、第三のマイクロソフトを発明するインセンティブを与え、国全体の生産性を押し上げる必要があるからだという。

だが果たして減税にそのような効果があるのだろうか。一九三六〜六四年には最高税率が七七％を上回っており、うち半分の期間は九〇％を超えていた（一九五〇年代の大半は共和党政権だった）。一九六五年に最高税率は七〇％以下に引き下げられる（このときは民主党政権だった）。以後三〇％台半ばまで徐々に引き下げられたが、共和党が政権をとるとさらに下げようとし、民主党が政権をとると及び腰ながらいくらかでも上げようとすることが繰り返されてきた。興味深いのは、二〇一八年に民主党内で最高税率を七〇％以上に引き上げる案がそれなりの支持を得たことである。これは、過去五〇年間で初めてのことだ。

ともあれ一九六〇年代以降の成長率を見る限り、レーガンに始まる低税率時代に成長が加速していないことはあきらかだ。レーガン政権の初期には景気が後退し、その後の回復局面で成長率は景気後退前の水準に回帰した。クリントン政権では成長率がいくらか上向いたものの、その後は下がっている。全体としては、一〇年移動平均で見た成長率は一九七四年以降おおむね横ばいで、三％と四％の間で推移した。レーガン減税にせよ、クリントンの最高限界税率の引き上げにせよ、ブッシュ減税にせよ、長期成長率に何らかの影響を与えたことを示す証拠は存在しないのである。[52]

とは言え下院議長を務めた共和党のポール・ライアンが指摘するとおり、減税が成長率に影響を与えなかったことを示す証拠も存在しない。そもそも成長率に影響を与えたと考えられる要因が多すぎるのである。ライアンは記者会見で、なぜ増税の結果がよく見え、減税の結果が悪く見えるかについて苦しい説明をした。

「相関関係が因果関係を示すと言うつもりはない。私が言いたいのは、こうだ。クリントンはＩＴによる生産性の向上を実現した。たしかにそれはすばらしかった。貿易障壁もなくした。平和の配当も謳歌した……ひるがえってブッシュ時代の経済はＩＴバブルの崩壊、９・11、複数の戦争、金融危機などに対処しなければならなかった。そのうちのいくつかは偶然ブッシュ時代に起きたのであって、ブッシュのせいではない……ケインジアンは（オバマがやったような）景気刺激策をとらなかったら経済は一段と悪化していただろうと言う。だがわれわれの立場からすれば、まさに逆のことも言える」[53]

ライアンは、すくなくとも一点については正しい。それは、長期的なスパンで変動を見る限りにおいて、税率と成長の間に因果関係が存在するとは結論できない、ということである。何らかの関係性はあるとしても、同時期にさまざまな出来事が起きているため、その関係性をあきらかにすることは困難だ。そのうえ各国の税率の変化を調査すると、成長率と税率の間には相関関係すら存在しないことがわかった。一国における一九六〇年代～二〇〇〇年代の減税幅と成長率の変化の間には、何の関係も見受けられなかったのである。[54]

アメリカの州経済についても同じことが言える。二〇一二年にカンザス州の共和党幹部は州議会で大型減税法案を成立させ、これで州経済は上向くと約束した。だがまったくそうはならないどころか州の財政は破綻し、教育予算を切り詰め、学校を週四日に減らした挙句、教職員がストライキを起こすにいたっている。[55]

シカゴ大学ブース経営大学院は、富裕層に有利な減税と富裕層以外に有利な減税との成長寄与度を比較する調査を最近実施した。アメリカでは、たとえばコネチカット州ではメーン州より富裕層がはるかに多いという具合に州ごとに所得分布が大幅に異なり、したがって富裕層への減税効果もかなりばらつきがある。ブースの調査はこの点に注目し、第二次世界大戦以降に実施された三一回におよぶ税制改革のデータを比較した結果、所得上位一〇％に有利な減税では雇用と所得いずれの増加も見られなかったが、それ以外の九〇％に有利な減税では雇用も所得も増えたことがわかった。[56]

では、増税をすると高所得層の所得は伸び悩むのだろうか。この点に関しては、一国の成長率に与える影響よりずっと正確に答えることができる。というのも、税制改革は所得階層によって異なる影響を与えるので、影響が大きかった人と影響が少なかった人の行動の変化を比較できるからだ。広範な報告書や研究成果をこの分野の第一人者であるエマニュエル・サエズとジョエル・スレムロッドが分析した結果、「所得分布の最上位層に適用される税率に何らかの実質的な経済効果があることを示す確実な証拠はいまのところ見当たらない」という結論に達した[57]。

これまでのところ、高所得層に対する減税はそれだけでは経済成長にはつながらない、という点で経済学者の大多数の意見は一致している。二〇一七年のトランプ減税についてIGMパネルが実施した質問調査でも同様の結果が得られた。トランプ減税では法人税率が恒久的に三五％から二一％に引き下げられたほか、最富裕層に適用される最高税率は三九・六％から三七％に引き下げられ、最高税率の課税対象所得の下限が引き上げられ、また不動産税が廃止されている。最富裕層以外に適用される減税ははるかに小幅のうえ、大半が時限措置だ。IGMパネルの「現在議会を通過した減税法案と同じような減税をアメリカが実施し、他の税金や歳出方針に変更がないとしたら、アメリカのGDPは現状維持だった場合と比べ、いまから一〇年後に大幅に増えているでしょうか」という質問に対し、イエスと答えた経済学者は一人のみだった。五二％は「そうは思わない」か「まったく思わない」と回答している（残りは「わからない」か無回答[58]）。

にもかかわらず財務省の覚書では、減税により経済成長率は年〇・七％押し上げられるとしている（裏付けデータは示されていない[59]）。なぜ彼らは、専門家がまじめに信じていないようなことを表明してただで済まされるのか。もちろん、それがトランプ政権のやり方なのさ、と片付けるのは簡単である。だが富裕層への減税が経済成長を導くと言われて世の人がすぐに信じてしまうのは、一時代前の高名な経済学者たちがそういうことを言い続けたせいではないだろうか。当時は統計も未整備だったから、データなしに直観に基づいて発言することがあたりまえのように行われていた。著名な経済学者が何世代にもわたって呪文のように同じことを主張すれば、まるで子守唄のように耳になじんでしまう。いや一昔前だけではない。今日でもデータに依拠する必要性をとんと感じない評論家や自称専門家が同じようなことをメディアで発言している。このため「減税＝経済成長」が常識になっているらしい。現にＩＧＭパネルの先ほどの質問を私たちのレギュラー回答者一〇〇〇人（第一章を参照されたい）にしてみたところ、回答者の四二％が、減税をすれば五年以内に成長率が上昇するかという問いにイエスと答えたのである。ノーと答えたのは二〇％だけだった。

トランプ減税に関しては、尊敬されているが旧世代に属す保守的な経済学者九人が減税を支持する書簡に署名して政権に送った。この書簡によると、成長率は上向き、「長期的にはＧＤＰは三％押し上げられるだろう。すなわち一〇年にわたり年〇・三％の押し上げ効果が期待できる」という。[60] これに対して直ちに、何の根拠もない、都合のいい実証研究の結果だけを踏まえているに過ぎない、との批判が相次いだ。[61] だが書簡の趣旨は世間やマスコミが経済学者に期待するものとまさに一致していたため、疑う余地はないものとされた。

こうしたことが起きると、喫緊の課題について、大多数の経済学者が最新の研究に基づいて合意している政策をイデオロギー抜きで推奨することが困難になってしまう。だからと言って道理の通じない政治の世界に対して経済学者が何もせず手をこまぬいていたら、経済学者自身が意味のない存在に成り下がるだろう。だからここではっきりさせておこう。富裕層への減税は経済成長を生まない。

産業集中

税制の変更は、すくなくとも世間の注視の中で行われる。だがアメリカ経済の成長率に直接影響する大きな変化はひそかに進行中だ。それは産業集中、すなわち一つの産業における上位企業への売り上げの集中である。ソロー、ローマーいずれのモデルでも、長期的な成長を牽引するのはイノベーションだということになっている。人々は絶えず新しい製品や新しい手法［生産工程やビジネスプロセスなど］に投資し、それが全要素生産性（TFP）を押し上げ、経済成長に結びつくからだ。だがアギオンとホーウィットが示したように、イノベーションは無から生まれるわけではない。何らかの経済的なインセンティブがないと、イノベーションは生まれない。

イノベーションを創出した企業は、製品化して市場に打って出ようとする。だが一部のデータによると、新規参入企業が市場にアクセスすることは次第に困難になっているという。一国のレベルでみると、大方の産業部門（ハイテク部門を含むが、それだけではない）で寡占化が進んでいる。たとえば経済諮問委員会（ＣＥＡ）の二〇一六年の報告によれば、各産業部門の国内売上高に占める上位五〇社の割合が、一九九七〜二〇一二年にほぼすべての部門で増加したという。[62]集中度の進行の主因はスーパースター企業のシェアが拡大したことにあるが、アメリカが買収合併にかなり寛容であることも一因だ。[63]おそらくこのためだろう、どの産業部門でも、上位四社が部門売上高に占める割合は一貫して増えている。製造部門では、上位四社の占める割合が一九八〇年には三八％だったのが、二〇一二年には四三％に達した。また小売部門では、同じく一四％だったのが三〇％と倍以上に増えている。[64]

このような産業集中の進行が消費者にとって悪いことかどうかは必ずしもはっきりしない。依拠するデータや計算方法によって、経済学者の間でも意見が食い違う。企業の利幅（販売価格と原価の差）が大幅に増えたと指摘する研究者もいれば、利幅の変化は認められなかったとする研究者もいる。[65]小売部門で消費者を守っている要因の一つは、たとえ全国レベルで産業集中が進んでも、地方レベルではそうではないことだ。ウォルマートのような大規模スーパーマーケットが進出してきたら、家族経営の小さな店は立ち行かなくなるかもしれないが、地元のスーパーは品揃えや値段で対抗してくるので、競争はなくならないと考えられる。[66]またアマゾンは自社のプラットフォーム上で多数の売り手の激しい競争を促している。[67]

だが全国レベルで集中が進み、その主因が巨大企業のシェア拡大による競争衰退だとすれば、問題である。競争が減れば、参入障壁を高くして破壊的技術を持つ新興企業の参入を阻害できるので、イノベーションが停滞すると考えられるからだ。アギオンとホーウィットによれば、特許取得などによる（一時的な）市場独占の可能性はイノベーションを活性化するインセンティブになり、万人を利する技術をもたらす結果につながるという。そうなれば成長は加速するだろう。だが独占が恒常化すれば、イノベーションも成長も停滞する。独占企業は獲得した地位にあぐらをかき、何も新しいことを試みようとしない。こうした状況がすでに起きていることを示す証拠も存在する。とくに、トーマス・フィリポンらによる調査の結果は示唆的だ。大型の買収合併案件が直前に予想外の理由で不発に終わると、その産業部門はその後数年にわたり以前より競争が活発になるというのである。こうした「ニアミス」を経験した部門では新規参入が相次ぎ、投資やイノベーションが増えるという。となれば、このところのＴＦＰの伸びの鈍化は、産業集中の進行が一因と考えてよかろう。[68]

資本を何に投じるか

産業の集中化がアメリカの成長鈍化の一因だとしても、独占さえ解体すればそれだけで高度成長を取り戻せると考えるのは合理的ではあるまい。現にヨーロッパの規制当局は独占の企てに対してアメリカよりはるかに厳しい態度で臨んでいるが、ヨーロッパでも低成長が続いている。このことは、過去数十年の経験から学べる唯一の教訓をまたしても思い出させる。つまり、恒久的な高度成長をどうすれば生み出せるかはわかっていない、ということだ。高度成長は単に起きる（または起きない）。

だが富裕国で爆発的な成長が起きそうもないなら、これらの国はどんどん蓄積される資本をどうするつもりなのか。いや富裕国だけでなく、もうすぐその仲間入りをしそうな中所得国（中国やチリなど）しても同じことである。頭のいい投資家や経営者は欧米の成長にはもはや期待できないとちゃんと理解しており、ありあまる資本の使い道について新たな方法を探り始めた。私たちはあるとき突然彼らから発展途上国について質問されたものである。賢明にも彼らはイデオロギーに踏み込まないように注意しながら、発展途上国の経済見通しをさりげなく聞いてきた。自分たちの専門は貧困経済学だとかなり率直に伝えると、すぐに私たちに見切りをつけ、もっと役に立つ情報を教えてくれる専門家を探し始めたらしい。ところが二〇年ほど前から突然、貧困国が関心の的になった。

産業界が貧困国に興味を持つようになったのは、一部の貧困国が高度成長を遂げているからである。成長のあるところでは必ず資本が必要だ。そして貧困国への投資は、富裕国を悩ませる収穫逓減の亡霊に対抗する有効な手段になりそうだった。富裕国の成長鈍化を防ぐ一つの方法は、資本の生産性の高い国へ資本を送ることである。それは富裕国の労働者を助けることにはつながらないが、すくなくともＧＤＰの持続的成長にはつながる。資本家は、海外投資によって潤沢な利益を上げられるからだ。

たしかに貧困は減っている

経済学者や実業家は、言うまでもなく単に利益のために貧困国の成長を望んでいるわけではない。貧困国の成長は、人類の幸福にとっても好ましい。過去数十年間は、世界の貧困国にとってまずまずよい時期だった。一九八〇〜二〇一六年には、世界人口の下位五〇％の所得は残り四九％（欧米の大半の人がここに含まれる）よりハイペースで増えている。下位五〇％より所得が大きく伸びたのは、富裕国の最富裕層および発展途上国のスーパーリッチで構成される最上位一％だけだ。この最上位一％は、世界のGDP成長率のなんと二七％相当分を占める。下位五〇％はわずか一三％だ。[69]

それでも、おそらくは富裕層がさらに富裕になったという事実が脳裏に焼き付いているのだろう、アメリカ人の二〇人に一九人までが、世界の貧困は拡大したか横ばいだと考えている。[70]だが実際には、絶対貧困率（購買力平価でみて一日一・九〇ドル未満で生活する人々が世界人口に占める割合）は一九九〇年から現在までに半分になったのである。[71]

その一因が経済成長にあることはまちがいない。非常に貧しい暮らしであれば、所得がごくわずか増えるだけで生活水準は改善される。したがって、ほんのスズメの涙ほどの所得増であっても、一日一・九〇ドルの貧困ラインを越えることができる。

もしかしたら、絶対的貧困の定義が低すぎるということはあるかもしれない。だが過去三〇年間を振り返ってみると、単に貧困が減っただけではないことがわかる。貧しい人々の生活のクオリティを大幅に改善する出来事がいくつも起きているのだ。一九九〇年以降、乳児死亡率と妊産婦死亡率は半分まで下がった。[72] その結果、一億人以上の子供の死が回避されている。[73] 今日では、大規模な社会的混乱さえなければ、子供たちのほぼ全員が小学校教育を受けられる。[74] また成人の識字率は八六％に達する。[75] HIV／AIDSの死者数でさえ、二〇〇〇年代前半にピークを打ってからは減少に転じた。[76] このように、貧困層の所得増は単に数字上のことではない。

新たな「持続可能な開発目標」では、極度の貧困（一日一・二五ドル未満で生活する人々）を二〇三〇年までに撲滅することが掲げられている。この目標を達成することは十分可能だと考えられるし、すくなくとも現在のペースで世界が成長を続けるなら、目標にかなり近づくことは可能である。

成長の決め手はあるのか

このことから、貧困国にとって経済成長がいかに重要かがわかる。ソロー・モデルの信奉者にとっても、ローマー・モデルの信奉者にとっても、世界になお残る極度の貧困は悲劇的な損失である。なぜ悲劇的かと言えば、そこから脱する簡単な方法があるからだ。ソロー・モデルでは、貧困国には貯蓄と投資によって成長を加速する余地がある。にもかかわらず貧困国が富裕国より速いペースで成長しないとなれば、ローマー・モデルによれば、それは政策が悪いからだということになる。ローマーは二〇〇八年に発表した論文の中で「貧困国において先進国の高い生活水準を実現するために必要なのは知識である」と主張し、成長の処方箋を示している。

「貧困国が教育に投資し、市民が他国からアイデアを取り入れることを妨げなければ、全世界に蓄積された知識のうちすでに公知のものをすぐに活用できるようになるだろう。さらに、貧困国の政府が外国の特許・著作権・ライセンスの保護、外国企業による直接投資の許可、知的財産権の保護などの方針を打ち出すとともに、過度の規制や高い限界税率を手控えるなどして民間のアイデア創出を促す環境を整えれば、市民は生産的な事業を始めるにちがいない[77]」

これは、右派が唱えるお題目と変わらない。税率を下げよ、規制を緩和せよ、政府は教育と知的財産権の保護以外は干渉するな、云々。二〇〇八年にこの提言が書かれる頃には、私たちはさまざまな研究成果を知っており、懐疑的にならざるを得なかった。

一九八〇年代から一九九〇年代にかけて成長理論を専門とする経済学者が好んで行った実証分析に「クロス・カントリー成長回帰分析」と呼ばれる手法がある。教育、投資、汚職・腐敗、不平等、文化、宗教、さらには海からの距離や赤道からの距離など、あらゆるデータに基づいて成長予測を行い、ある国の政策の中から成長を予測させる（願わくは促進させる）要因を見つけようというのである。だがこの方法は手強い壁にぶつかった。

問題は大きく分けて二つある。第一は、ウィリアム・イースタリーが指摘したとおり、同じ一つの国でも、とくに他の要因に変化はないのに成長率が時期によって大幅に変わることだ。[78]イースタリーは経済学者だが、成長に役立つ提言を経済学者ができるとはまったく考えていない人物である。一九六〇年代と七〇年代のブラジルは、世界の成長競争で先頭を走っていた。だが一九八〇年から二〇年にわたって成長が止まってしまい、二〇〇〇年代に入ってまた始まり、二〇一〇年からはまた低迷している。ルーカスが成長に失敗した国としてしきりに引き合いに出すインドは、本章で引用したあの有名な発言「インド経済が成長するために……何かできることがあるならぜひ知りたい」をしたあたりから順調に成長し始めた。そしてこの三〇年間というもの、インドは世界の成長スターだった。一方、ルーカスがインドのお手本にしたいと述べたインドネシアとエジプトは不調に陥っている。そして一九七〇年代にアメリカ国務長官ヘンリー・キッシンジャーに「自力では何もできない」と見放されたバングラデシュは、一九九〇年代から二〇〇〇年代の大半を通じて五％を上回る成長率を記録した。さらに二〇一六年と一七年には七％を上回り、世界の高度成長国上位二〇位にランクされている。

第二は、より根本的な問題で、成長を予見させるものを見つける努力にはさして意味がないことだ。そもそも国レベルで起きることの大半には、複合的な原因がある。たとえば教育を考えてみよう。教育は初期のクロス・カントリー成長分析で例外なく重視された項目である。なるほど教育は政府の学校運営方針と教育予算方針の産物にはちがいない。しかし教育をうまく提供できる政府は、ほかのことにも長けているだろう。たとえば先生や子供たちが学校へ通うための道路を整備できる、などのように。となれば教育水準の上がった国で成長が加速したとしても、一概に教育のおかげとは言えず、同時に実行された他の政策も貢献している可能性が高い。さらに、経済が好調のときには子供たちの教育にお金をかけようという人が増えるので、教育が成長の原因であるばかりでなく、成長が教育の原因になるとも考えられる。

より一般的には、国も国の政策もさまざまな点で異なるので、成長を説明しようとすると国の数よりも多い要因を考慮しなければならず、その多くは到底計測できない。[79] したがって、そうした分析の価値は、分析に投入する要素にどれほど信頼が置けるかということに大きく左右されることになる。投入する要素の選択を正当化しうる証拠をほとんど持ち合わせていない以上、唯一合理的な態度は、成長を説明する企て自体を放念することしかない。

だからと言って、成長分析から得られるものが何もないというつもりはない。一部の分析からは驚くべき結果が得られている。ダロン・アセモグル、サイモン・ジョンソン、ジム・ロビンソン（彼らの名字の頭文字を取って、敬愛を込めてＡＪＲと呼ばれている）による古典的な論文はその代表格だ。[80] ＡＪＲの研究によれば、ヨーロッパが植民地を開拓していた時代に初期入植者の死亡率が高かった国は、今日でもうまくいっていないという。なぜなら、そのような国にはヨーロッパ人は入植せずに搾取的な植民地を建設し、一握りのヨーロッパ人で強権的に統治できる制度を構築したからだ。ヨーロッパ人より圧倒的に多い先住民はサトウキビや綿花の栽培やダイヤモンドの採掘に従事させられ、それをヨーロッパ人が売り捌いた。対照的に、植民地にならずほぼゼロからのスタートとなった国々（たとえばニュージーランドやオーストラリア）で、マラリアなどによる初期入植者の死亡率が低かった場合には、ヨーロッパ人が大挙して入植した。そこではヨーロッパ流の制度が構築され、それが近代資本主義の基礎となった。つまりAJRによれば、数百年前の入植者の死亡率から、現代において事業経営に適した環境が整備されるかどうかを正確に予測できるというのである。そして大昔に入植者の死亡率が低く今日では事業環境の整った国は、そうでない国よりはるかに豊かになるという。

この研究は、事業環境の整備が成長の原因になることは立証していない（成長の原因となったのはヨーロッパ人が持ち込んだ文化や政治的伝統かもしれない）。ただし、非常に長期的な要因が経済的成功に寄与することは示唆している。このひどくおおまかな結論はその後の多くの研究で裏付けられているし、ある意味で歴史家がずっと言い続けてきたことでもある。

だがこう結論できるとして、各国にいま何ができると言うのか。高度成長を遂げたかったら、一七世紀から二〇世紀の間に植民地化されず、マラリアなどがなく、大勢のヨーロッパ人が入植していたらよかった（だが当時の先住民にしてみればまったく好ましくないことだったにちがいない）というのだろうか。それとも、いまこのときにヨーロッパからの入植者を誘致せよということなのか。もちろん、そうではあるまい。前近代には入植者が地元の習慣や生活を暴力的に無視して都合のいい制度を作ることができたが、今日ではありがたいことに、それは不可能だ。

では、かつて入植者が作った制度をいまから作ればいいかというと、そうでもない。AJRの結論は、数百年前に制度のちがいが生まれたから差がついた、ということだからである（たしかに今日のアメリカ憲法は起草された当時とはずいぶんと様変わりしているが、それは、二〇〇年におよぶ法学の発展、公の場での議論、世間の関心などによって改良と修正を加えられてきたからだ）。だとすれば、ケニアやベネズエラの市民はひたすら待つしかないのか。

さらに言えば、おおむね事業経営のしやすい環境が整った国同士を比べると、「よい」マクロ経済政策の指標とされてきたものが必ずしも一人当たりGDPの伸びと相関しないこともあきらかになった[81]。ちなみによいマクロ経済政策の指標とは、自由貿易や低インフレなどで、ローマーはどの国もこれらを実現することを期待している。たしかに「悪い」政策をとっている国の成長は遅いが、そうした国は、AJRの基準で言えば「悪い」制度（事業経営に対する厳重な規制など）に足を引っ張られている可能性が高い。したがって、そうした国が成長しないのは政策のせいなのか、お粗末な制度のせいなのかはっきりしない。制度の広範な影響を上回ってまで政策が独立した影響をおよぼすという証拠はほとんど存在しないのである。

では、どうすればいいのか。比較的はっきりしているのは、ハイパーインフレ、自国通貨の過大評価、ソビエト型、毛沢東型、北朝鮮型の共産主義は避けるべきだということである。もっと言えば、民間企業に対する政府の過度の介入や規制も避けたほうがよい。たとえば一九七〇年代のインドでは造船から靴にいたるまで国営企業が手がけていた。だがこれらを避けるべしと言ったところで、今日の大半の国が抱える問題の解決には役に立たない。ベネズエラを別にすれば、ハイパーインフレをわざわざ起こそうという政治指導者などどの国にも存在しない。たとえばベトナムやミャンマーのような国は、北朝鮮モデルを避けるべきかどうかなど知りたがっていない。彼らが知りたいのは、驚異的な成功を収めている中国型の経済モデルをお手本にしていいのかどうか、ということだろう。

中国は、ベトナムやミャンマーと同じく市場経済を採用してはいる。だが資本主義への中国のアプローチは、古典的なアングロサクソン・モデルともヨーロッパ・モデルともかなりちがう。二〇一四年にフォーチュン・グローバル五〇〇社にランクされた中国企業九五社のうち七五社までが、一見すると民間企業のように経営されているが、実際には国営なのである。[82]

また、中国の銀行の大半も国営である。国レベルでも地方レベルでも、政府は土地や信用をどう割り当てるか決めるうえで中心的な役割を果たしている。政府は企業の人事にも介入するし、産業別の労働者の割り当ても指示する。さらに中国は人民元のレートをここ二五年にわたって実力以下の水準に維持し、その代償として超低金利でアメリカに何十億ドルも貸す格好になっている。加えて土地はすべて国家の所有である中国では、どの土地を誰が耕作してよいかを地方政府が決めているのだ。これが資本主義だと言うなら、中国型資本主義とでも言うほかあるまい。

昨今もてはやされている中国経済の奇跡を予想していた経済学者は、一九八〇年には、いや一九九〇年にもほとんどいなかった。しかしいまでは、貧困国のどこかが中国をお手本にしないのはなぜだろう、という質問が経済学者から出るまでになっている。もっとも、中国の発展過程のうちどこをまねすればいいのかははっきりしない。貧しく汚かったが教育と医療だけはすばらしく、所得分配が均等に行われていた鄧小平の中国だろうか。それとも、かつてのエリートの文化的優位を一掃し万人平等を実現しようとした文化大革命時代の中国、あるいは日本の侵略と屈辱を受けた一九三〇年代の中国、あるいは中国五〇〇〇年の歴史そのものだろうか。

日本と韓国の場合は、もうすこし話が簡単になる。両国はいずれも政府が積極的な産業政策を導入し（今日でもある程度はそうだ）、どの産業を輸出産業として振興すべきか、どこにどれだけ投資すべきかを指導していた。またシンガポールでは、国民は所得のかなりの割合を強制的に中央積立基金に徴収され、当人の医療費や年金に充当される。

こうした特徴的な政策が経済学者の間で話題になるときはいつも、日本や韓国やシンガポールが驚異的な成長を遂げたのはこうした政策を実行したからなのか、それともこのような政策が行われたにもかかわらず成長したのか、ということが問題になる。そして読者のご想像のとおり、結論は出ない。東アジア諸国は単に幸運だったのか、それとも彼らの成功から学ぶべきことはあるのだろうか。これらの国々はいずれも高度成長を遂げる前に戦争で荒廃している。となれば、高度成長の一部は自然な揺り戻しだった可能性はある。東アジア諸国の経験から成長の要因を抽出できると考える人たちは、まだ夢を見ているのだろう。成長の決め手といったものは存在しないのである。

富裕国の成長要因がわからないのと同じく、貧困国についても誰もが納得する決定的な成長の処方箋は見当たらない。今日では、専門家もこの事実を認めている。二〇〇六年に世界銀行が、ノーベル経済学賞を受賞したマイケル・スペンスに成長開発委員会の委員長を引き受けてほしいと要請した。スペンスは最初断ったが、高名な学者ぞろいのメンバーの中にあのロバート・ソローも含まれると知って引き受ける。だが彼らの報告書は、要するに成長を導く一般原則といったものは存在しない、という結論に終わっている。過去の成長事例には二つとして似通っているものはないというのである。イースタリーはこの結論について、あまり思いやりがあるとは言えない口調で、しかしきわめて正確にこう論評した。「二一人の世界一流の専門家で構成される委員会、三〇〇人もの研究者が参加した一一の作業部会、一二のワークショップ、一三の外部からの助言、そして四〇〇万ドルの予算を投じて二年におよぶ検討を重ねた末、高度成長をどのように実現するかという問いに対する専門家の答は、わからないというものだった。しかも、専門家がいつか答を見つけることを信じろという[83]」。

ハイテクは奇跡を起こすのか

シリコンバレーの熱狂に包まれている若い社会起業家たちは、スペンス報告など読んでいないにちがいない。彼らはきっと、どうすれば発展途上国の成長を促進できるかよく知っているということだろう。彼らに必要なのは最新の技術だけ——中でも重要なのはインターネットである。フェイスブックのCEOマーク・ザッカーバーグはインターネットの接続性が計り知れないプラス効果をもたらすと信じているが、そうした信念を共有する人は大勢いるらしく、多くの報告書や論文にそれが反映されている。たとえばアフリカなど新興国に特化した戦略コンサルティング会社ダルバーグが発表した報告書には、「インターネットの持つ疑う余地なく膨大な力がアフリカの経済成長と社会変革に寄与することはまちがいない」（傍点筆者）と書かれている。[84]

この事実はほとんど自明なので、あれこれ証拠を挙げて読者を煩わせるまでもないと考えたのだろうか、何のデータも引用されていない。これは賢い判断だったと言うべきだろう——そんなデータは存在しないからだ。先進国に関する限り、インターネットの出現によって新たな成長が始まったという証拠はいっさい存在しない。世界銀行の代表的な発行物である「世界開発報告」の二〇一六年度版も、いかにも歯切れ悪く、インターネットの与えたインパクトについてはまだ結論が出せないと述べている。[85]

もっともインターネットは、ハイテク信奉者が貧困国の経済的成功と成長エンジンになると期待するさまざまなテクノロジーの一つに過ぎない。貧しい人々の生活を変え、ボトムアップで成長を促すとされる「ピラミッドの底辺向け」イノベーションは尽きることがないらしい。バイオマス燃料を使うクックストーブ、遠隔治療、手回し発電で動くコンピュータ、水中のヒ素検出キット……これらはほんの一例である。

インターネットを別にすれば、これらの技術に共通する特徴は「質素」な技術者によって開発されたことだ。たとえばMITメディアラボの学生や、社会的投資のアキュメン・ファンドの支援を受けた起業家などである。アキュメンを始めとする社会的投資ファンドが考えたのは、発展途上国が貧しいままなのは、「北」で開発された技術が必ずしも「南」には適していないからだ、ということだった。たとえばエネルギーを使いすぎるとか、教育水準の高い労働者が大勢必要だとか、必要な機械設備が高価すぎる、などである。加えて、そうした技術の多くは「北」のほぼ独占企業によって開発されているため、「南」は特許権料などを払わないと利用できない。だから「南」には独自の技術が必要である。だがそのために必要な資本を市場で調達することができない。これこそが多くの国で成長が滞っている原因であり、そこをアキュメンが埋め合わせよう、という発想である。

アキュメン・ファンドは、自分たちは支援組織ではなく貧困国向けのベンチャー・ファンドというまったく新しいタイプの組織だと自任している。だが技術志向の開発をめざすという意味では、一九六〇年代の開発支援を思い出させる。当時の途上国支援は技術者が中心で、彼我の「インフラ・ギャップ」を埋めるべく、貧困国に巨額の融資を提供してダム建設や鉄道敷設を行った。それが先進国のキャッチアップに役立つと信じられていたからである。このタイプの援助が貧困国の成長を後押ししたという証拠はないが、成長と開発の源泉となるのは電力だという電力信仰はいまなお消えていない。エクアドルは中国からの借款で巨大なダムを建設した結果、現在財政が逼迫している。ちなみにそのダムは一度もフル稼働したことがない。アキュメン・ファンドはもっと小粒だし、融資の対象は政府ではなく民間である。それでも、抱く夢は同じだ。技術が世界の問題を解決してくれる、というのである。アキュメン・ファンドの重点部門の一つは電気である。理想のエネルギー源は大型ダムからバイオマスや太陽に変わり、最近では貧しい村向けのソリューションとしてオフグリッド電力が注目されている。だがいずれにせよ、電力重視は五〇年前から変わっていない。

しかし、貧困国に適した技術であって、かつ貧困国でも利益の上がる技術を発明するのは容易ではない。アキュメン・ファンドの失敗例の大半はここにある。社会的投資の世界では、おおざっぱに言って元がとれるのは全体の一〇%、まずまずの利益が出るのは一%程度である。問題は、生活を変えるような新しいモノやサービスを見きわめるむずかしさもさることながら、そのための努力に対して、当の現地の人々の無関心、無理解という壁に突き当たることだ。

電力はまさにその代表例である。ケニアで最近行ったランダム化比較試験（RCT）では、研究者チームがケニア地方電化庁の協力を得て、いろいろな市町村に異なる料金で全国電力網への接続を申し出た。すると、料金が高いほど需要は顕著に減少し、電力網への接続コストをカバーできる水準の料金を払おうという村人はほとんどいなかったのである（まして電力網の建設など言うまでもない）[86]。

質素な技術の世界でも、同じような悲劇が多々起きている。教育のための一〇〇ドルＰＣ（実際には二〇〇ドルするものを一〇〇ドルで提供したが、子供たちの実際の勉強にはほとんど何の役にも立たなかった）[87]、誰もほしがらないクックストーブ[88]、さまざまな水濾過技術[89]、革新的な野外トイレ[90]など、枚挙にいとまがない。問題の多くは、これらのイノベーションの多くが、変えようとする人々の生活とは遠く離れたところで実情を十分に知らない人々の頭から生み出されることにあると思われる。とはいえもともとのアイデアは悪くないのだから、ある日現地の人々にピピッと来ることがないとは言えない。だがそれに賭けるのは、いまの時点ではむずかしい。

漁師たちと携帯電話

これまでに挙げた成長理論はどれも、ある経済の中でリソースが最も生産的な用途に円滑に供給されることが前提になっている。市場が完璧に機能しているなら、たしかにそうなるはずだ。最も生産的な企業が最も優秀な労働者を惹きつける。最も肥沃な土地が最も集中的に耕作され、農業に最も適していない土地は工業用地になる。他人に貸す資金を持っている人は、最も優良な事業家に貸す。マクロ経済学者がある経済の「資本」や「人的資本」のストックを問題にするときは、あたかも一国の経済というものが一つの巨大装置であるかのように、この前提で話しているのである。なるほど経済全体が一つの巨大な機械だとしたら、リソースが最適の企業に最適活用される限りにおいて、個々の企業はその歯車として円滑に機能するだろう。

だが現実は往々にしてそうではない。一国の経済には生産的な企業と非生産的な企業が混在しているし、リソースが最適活用されているとは言いがたい。

適切な技術を導入できていないのは何も貧困世帯だけの問題ではなく、発展途上国の工業部門においても同じである。どんな産業分野であれ、先頭を走る企業は世界の最新技術を駆使しているものだが、それ以外の企業は技術の導入が経済的に見合う場合ですら、いっこうに進んでいないのが現状だ[91]。その最大の原因は、生産規模が小さすぎることにある。たとえばごく最近までインドのアパレル生産は量産ではなく個人の工房で行われていた。だからインドでTFPが伸びないのは、不適切な技術を使っているからではなく、規模が小さすぎて最適技術を取り入れたところでメリットがないからである。むしろ不思議なのは、こうした非効率な生産形態がなぜ生き残っているのか、ということだ。

つまり発展途上国で技術が導入されないのは、利益をもたらす技術にアクセスできないからではなく、手元のリソースが十分に活用できていないからなのである。ことは技術に限らない。土地、資本、人材もそうだ。必要以上に雇っている企業があるかと思えば、人手不足なのに雇えない企業もある。アイデアはあるのに資金調達ができない起業家がいる一方で、現状にあぐらをかいたまま存続している企業がある。こうした状況を指して、マクロ経済学者はリソースの非効率な配分［misallocation］と呼ぶ。

非効率配分の顕著な例を、インドのケララ州の漁業に見ることができる。ケララの漁師たちは、朝早く漁に出て昼前には戻り、釣ってきた魚を売り捌く。携帯電話がなかった頃は、いちばん近い港に入港するとそこに買い手が集まり、魚が売り切れるかお客さんがいなくなるまで市が立つという形だった。漁獲量も需要も日によって大幅に変動するので、ある市場では魚が余り、別の市場では魚が足りないということがめずらしくない。まさに非効率配分である。だが携帯電話の登場で、状況は一変した。漁を終えると漁師たちは電話をしてどの市場にいちばん買い手が多く、競争相手が少ないかを確認するようになる。その結果、売れ残りはほぼ消滅し、価格は安定して、売り手、買い手ともに満足が得られるようになった[92]。

話はまだ終わらない。漁師たちにとって最大の生産手段は漁船である。よい漁船は頑丈で長持ちする。漁船の製造技術にさほど差があるわけではないが、腕のいい船大工はよい漁船を作ってくれる。携帯電話が登場する前は、漁師は地元の船大工に頼むほかなかった。だが携帯電話のおかげであちこちの市場で売るようになると、腕利きの船大工の情報も集められるようになる。その結果、評判のいい船大工に注文が集中し、そうでない船大工は商売上がったりになった。平均的な漁船の品質が向上しただけでなく、注文がたくさん来るようになった船大工は生産設備を改善し、よりローコストでより多くの注文をこなすようになる。すると、人材も、木材などの材料も、そこに集まるようになり、リソースの非効率配分も解消された。[93]

発展途上国では非効率配分がそこここで見受けられる。たとえば第三章で紹介したTシャツの町ティルプルがそうだ。[94] ティルプルには二種類の事業者が存在する。外からやってきてTシャツ製造を始めた事業者と、この町で生まれ育った事業者だ。後者はまず例外なく、地元で手広く農園経営をする富裕なガンダー一族の息子たちで、農業以外のことをやろうとアパレルに手を出した連中である。Tシャツ製造に長けているのはおおむね外からやって来た移住者たちで、地元の生産者より少ない機械で多くのTシャツを製造し、ハイペースで成長した。

だがアビジットはカイバン・ムンシとの共同研究で、あることに気づく。移住者が経営するTシャツ事業は、生産性は高いものの、地元事業者より規模が小さく、機械の数も少ないことだ。理由は、ガンダー家が息子たちの事業に資金を注ぎ込んでいるからだった。ガンダー家は、移住者に貸せば高い金利を得られるにもかかわらず、こうした「生産性の高い」投資をやろうとしない。その結果、同じ町に生産的な事業者と非生産的な事業者が長年にわたって共存している。[95]

なぜ有能な移住者に投資して利益を得るのではなく、息子たちの事業に金を出すのかとアビジットが質問すると、ガンダー家の当主はこう答えた。「だってよそ者は貸した金を返してくれるかどうかわからないからね」。金融市場がきちんと機能していないがために、彼らは無能な息子たちに貸して少ないが安全なリターンを得るほうがましだ、と判断したのだった。もっとも、そこそこの暮らしができるだけのお金を与えることが親の義務だと感じた、という理由もあるにちがいない。

同族経営企業は、ごく小規模なものから大規模なものまで世界中に多数存在する。そのどれもが効率的に経営されているとは言いがたい。娘のほうが経営の才があるのに息子に継がせる例が多いし、[96]さまざまな事業を拡大するほうがいいのに一人（多くは息子）の事業にだけ一族のリソースが注ぎ込まれる例も少なくない。[97]これは、ブルキナファソやインドやタイだけの問題ではなく、アメリカでもそうだ。ある研究者が同族経営企業を調査したところ、三三五件のCEO交代のうち一二二件は、新任CEOが現職CEOの子供かその配偶者だった（現職CEOの多くは創業者か創業者の子供である）。CEOの後任が発表された日の株価を調べると、同族ではない外部のCEOが指名された場合は株価が上昇し、同族CEOの場合には下落することもわかった。株式市場ははっきりと外部者の指名を歓迎したわけである。これにはちゃんと根拠があった。同族CEOを選んだ企業のその後三年間の業績は、外部CEOを選んだ企業と比べてかなり見劣りするのである（総資産利益率［ROA］が一四％低かった）。[98]

こうした事例を考えれば、リソースが最適の用途に当然のごとく流れ込むと仮定するのは現実離れしていることがわかる。一つの家族や一つの町の中でさえ最適配分ができないとなれば、一国の経済全体にそれを期待するのは無理というものだ。リソースが適切に配分されないと、全体として生産性が低下する。貧困国が貧しいままである一因は、リソース配分がうまくいっていないことにあると言ってよかろう。裏返せば、既存のリソースを適切な用途に配分するだけで、成長の余地が大いにあるということだ。マクロ経済学者は過去数年にわたり、リソース配分の改善でどれだけの成長が可能か数値化を試みてきた。正確な数値化はむずかしいにしても、現時点で非常に勇気づけられる試算結果が出ている。ある信頼できる推定によると、ある特定産業内で一九九〇年に生産要素の再配分を行っていたら、インドのＴＦＰは四〇～六〇％、中国のＴＦＰは三〇～五〇％は高かったはずだという。もっと幅広い産業で再配分を行ったら、ＴＦＰはさらに大幅に伸びたにちがいない[99]。

このほかの非効率なリソース配分の例として、日の目を見なかったアイデアも挙げられるだろう。ベンチャー・キャピタルはインドよりアメリカでアイデア発掘を熱心に行っていることを考えると、インドは多くの天才を埋もれさせている可能性が高い。

鈍い新陳代謝

リソース配分の失敗はなぜ起きるのだろうか。インド企業はアメリカ企業より成長スピードがかなり遅いが、にもかかわらず、廃業に追い込まれる企業の数ははるかに少ない[100]。言い換えれば、アメリカ経済は「成功するか退場するか」どちらかで、新しいことを試みてから数年後には成功にせよ失敗にせよ結果が出る。これに対してインド経済は新陳代謝が鈍く、よい企業が成長せず悪い企業も退場しない。

この二つのことはおそらく密接に関係している。よい企業がハイペースで成長できないから悪い企業が生き残るのである。最適の企業が急成長すれば、製品なりサービスなりの価格を押し下げ、他の企業を市場から押し出すはずだからだ。価格競争に生き残れるのは、同じぐらい生産性の高い企業だけだろう。同様に、急成長を遂げる企業は賃金水準も原料価格も押し上げるので、生産性の低い企業はますます立ち行かなくなる。対照的に、生産性の高い企業がいつまでも小粒のままで地元の需要に応じるだけにとどまるなら、すぐ隣の市場で生産性の低い企業も生き延びることができる。

そうなってしまう原因の一つは資本市場にある。たとえばティルプルの例では、あきらかに資本市場に問題があった。インドの最も生産的なTシャツ・クラスターで最も生産性の高い起業家が資金を調達できず、非効率な地元事業者の規模をいつまでたっても凌駕できない。インドと中国に関しては、リソースの再配分を行うだけで、リソース配分の失敗に起因するTFPギャップの大半が解消されるという試算もある[101]。

このことは、中国とインドがともに銀行部門に深刻な問題を抱えているという一般的な感覚とも一致する。インドの銀行は、超優良企業以外には融資を渋ることで知られる（たぶん、今日の経営不振企業が往々にして昨日までは超優良企業だったことを忘れているのだろう）。中国の銀行部門では、新規参入を容易にすることと国有銀行のガバナンスを改善することを目標に、一九九〇年代以降に大規模な改革が行われた。だが四大国有銀行は政治的なしがらみから、相変わらず疑わしいプロジェクトに気前よく貸している。[102]このため、若くて野心的な起業家が有望なアイデアに資金調達をしようとしても、政治家のお友達がいないせいで借りられないことが多い。

インドの銀行も同じような問題を抱えるうえ、甚だしく人員過剰だと言われている。必要以上の人員に給料を払うとなれば、貸出金利と預金金利に相当な差をつけなければならない。その結果、インドの貸出金利は他国に比べてひどく高く、[103]預金金利はひどく低い。[104]このように資金調達コストが嵩むため、投資したい人が借りられない。この状況は、ティルプルのガンダー家のような裕福な親戚を持っている者に有利に働くことになる。このような悪い銀行は、二重の意味で非効率だ。まず、貯蓄率が下がる。そのうえ既存の貯蓄は効率的に運用されない。

さらに、企業はリスク資本を必要とする。株式会社で言えば株主資本がそれだ。銀行からの借り入れとは異なり、株主資本は経営危険に見舞われたときに最後に身を守る楯となる。だが中国の株式市場はいまだに広く信頼を得られていない。インドの株式市場は中国より歴史も古く、円滑に運営されているが、取引はやはり超優良企業が中心である。

不動産市場が発達していないことも、企業の成長を妨げる要因となる。生産的な企業がさらに成長するためには、新たな土地や建物を買い入れ、新しい機械を導入し従業員を増やす余地を作らなければならないからだ。また土地や建物は銀行から借りる際の担保にもなる。こうしたわけだから、未発達な不動産市場は重大な問題を引き起こす。よくある例で言うと、多くの国で不動産の所有権がたびたび紛争の種になる。AがBの土地の所有権を主張し、裁判になり、決着がつくまで何年もかかるのはよくある話だ。最近の研究では、インドでは土地と建物がリソースの非効率配分の最たる例であることが判明した。[105]なにしろインドの県の約半分では、生産性の高い企業の所有する土地・建物が、最も生産性の低い企業より少ないのである。土地の所有権がきちんと管理されていない国では、似たような問題が起きている可能性が高い。

心理的な理由

だが、インド、ナイジェリア、メキシコといった国で優良企業が不良企業に取って代われない理由はほかにもある。それはもっと心理的な理由だ。おそらく創業者は息子に事業経営を任せたくなるものなのだろう。それに、外部から資金調達して外部が口を出してくることも好まない。たとえば株式市場で調達するとなれば、独立した取締役会を設置しなければならず、そうなると後継者選びに干渉される可能性が大いにある。

それに究極的には、多くは創業者である会社のオーナーは、自社の成長に膨大なリソースを投じるほどには成長に関心がないのかもしれない。ほかに急成長中の競争相手がいなければ、市場から押し出される心配はない。十分に暮らして行けるだけのものはすでに持っている。このうえ躍起になって事業を拡大する必要がどこにあるのか……。最近行われたある興味深い調査では、インド企業と欧米企業との経営格差が浮き彫りになった。[106] アメリカの基準からすれば、インド企業の経営はまったくなっていない。こんなことを言うと、それは偏見だ、いろいろな経営手法があっていいのだ、と反論する人がいるかもしれない。とりわけインド人自身は、ジュガード［jugaad］という自分たちのやり方に誇りを抱いている。ジュガードとは、限られたリソースでもって創意工夫により（多くはその場しのぎの）解決方法を見つけるといった意味である。[107] 実際に現場のマネジャーの多くはそうしているだろう。だが単なるその場しのぎに終わるケースも多々ある。たとえば産業廃棄物の処理方法を考えつくまで工場の片隅に積み上げておきそのまま放置する、未使用の資材にラベルもつけずに梱包して倉庫に放り込んでしまい永久に使えないままに終わる、などだ。研究者チーム（うち一人は経営コンサルタントの経験がある）が、ランダムに選んだ企業の現場に優秀なコンサルタントチームを無料で派遣してさまざまな点を改善したところ、平均して一社当たり三〇万ドルもの利益が上乗せされたという。しかも改善の多くはごく簡単なことだった。たとえば廃棄物を移動させる、在庫品にラベルをつけるなどである。マネジャーたちがなぜこれをやらないのか理解に苦しむ。こんなことは、ひ

ど く料金の高いコンサルタント（もし実際に払っていたら二五万ドルはとられただろう）に言われなくてもすぐできるはずだ。インドのマネジャーたちは、指摘されればそれまでやらなかったことに恥じ入り、熱心に改革に取り組む。だが自分たちだけではやろうとしない。これは、結局は、なにもそんなにがんばらなくてもいい、という創業者の姿勢が影響しているのだと思えてならない。

待ち続ける若者たち

企業は言うまでもなく労働者を必要とする。おそらく大方の人は、労働力が豊富な貧困国には人手不足という問題だけは起きないと考えているだろう。だが実際には、起きている。インドで貧困率が高い州の一つであるオリッサ州では、未熟練労働者でさえ「適正賃金」を要求し、そのせいで仕事に就けなくてもあくまでこだわる。いわゆる適正水準より低い賃金を受け入れた労働者はいじめに遭う土地柄なのである。[108]

インド全土で行われる全国標本調査の二〇〇九年と二〇一〇年の報告によると、二〇～三〇歳で一〇年以上の教育を受けたインド人男性の二六％は働いていないという。仕事がないからではない。教育を八年未満しか受けていない同年齢の男性の場合は、無職は一・三％に過ぎないのである。また、一〇年以上の教育を受けた三〇歳以上の男性も、無職は約二％だ。[109]同じパターンは一九八七年、九九年、二〇〇九年にも見られるから、今日の若者だけが働かないわけでもない。[110]

インドには仕事はたくさんあるが、若い男性が希望する仕事が十分にない、ということである。しかし彼らも三〇歳を過ぎると、若いときには選ばなかった仕事を選ぶようになる。おそらく年をとるにつれて経済的な必要に迫られるからだろう（家と食事を提供してくれる両親が退職する、あるいは死去する、あるいは自分に結婚相手ができた、など）。また、就職先の選択肢が狭まるという事情もある（公務員の多くは応募資格が三〇歳までである）。

エステルは、同じような問題がガーナでも起きていることを発見した。一〇年ほど前のことだが、二〇〇〇人のガーナ人の若者が高校進学適性試験（難関である）に合格したものの、学資不足から入学手続きをとらなかったことがあきらかになった。[111]そこでエステルのチームはその中からランダムに三分の一を選び（介入群）、高校在学中の費用を全額まかなう奨学金の提供を申し出ることにする。三分の一を選ぶ前に、チームは親たちに質問調査を行い、高校へ進学するとどんな経済的メリットがあるかを訊ねた。親たちはおおむね楽観的で、高校を出れば、出ていない人の四倍は稼げると信じていた。それに、大学へ進学できる可能性も出てくるし、学校の先生や看護師など公務員になる道も開けるという。こうした状況だから、ランダムに選んだ生徒に奨学金の提供を申し出ると四分の三が大喜びし、ちゃんと高校に通って無事卒業する。これに対して、奨学金をもらっていない一般の生徒（対照群）は半分が高校を中退した。エステルのチームは卒業後の彼らを追跡調査し、年一回定期的にインタビューも行ったところ、高校で勉強できたことは人生を変えた、多くの知識を現実の状況で活用できるようになった、といったさまざまな肯定的な返事が返ってきた。また女の子の場合はあまり早く結婚せず、産む子供の数も減ったという成果があった。

その一方で、芳しくない結果もあった。首尾よく公務員になった一握りの生徒を除き、高校を出たからといって平均所得はさほど増えなかったのである。親たちは、ある一点では、つまり高校卒業は大学進学に必須の条件であり、大学を出れば希望の職業に就ける可能性が高まるという点に関しては正しかった。たしかに高校を出れば、公務員になれる確率や福利厚生の手厚い優良企業の正社員になれる確率は、いくらかは高まる。だが、高校卒業が必要条件であっても十分条件ではないことを親たちは見落としていた。介入群（とくに女生徒）はたしかに大学進学率が高くなったものの、そもそも進学率そのものがきわめて低い（対照群の一二%に対し、介入群は一六%）。そのうち公務員になれる確率はさらに低い。介入群が公務員になる確率は通常の倍ではあったものの、三%が六%になったに過ぎず、ごくごく低い確率からごく低い確率になっただけだった。

しかも追跡調査の結果、奨学金をもらって高校へ行った若者たちはすでに二五歳か二六歳になっているにもかかわらず、もっといい仕事があるはずだと大半がまだ夢を見ていることがわかった。そのかなりの割合がまったく働いたことがないという愕然とする事実も判明した。過去一カ月間に何かしら働いて収入を得ていたのは、全体（介入群と対照群）の七〇％だけだったのである。

いったい残りの若者たちは働かずに何をしているのだろうと興味をそそられた私たちは、何人かを訪ねてみた。スティーブはその一人である。若くて愛想がよく、話し好きの若者だ。訪問した時点で高校を出てから二年以上経っていたが、一度も働いたことはないという。大学へ行って政治学を勉強したい、そしてラジオ番組のキャスターになりたいという希望を抱いていたが、いまのところ入学試験の成績はまったく振るわず、合格ラインにはほど遠い。それでも再受験すると言い、いまは祖母の年金で食べていると話した。いい加減に夢を諦めるべきだとはつゆ考えていないらしい。いずれは諦めることになるのだろうが、まだ若いから夢を追い続けてよいと考えているのだろう。

こうした背景から、失業率がおそろしく高い南アフリカのような国（一五～二四歳の失業率は五四％に達する）でさえ、募集をかけても欲しい人材が集まらないという摩訶不思議な状況が出現する。[112] 欲しい人材と言っても、けっして高度な条件ではない。それなりの教育を受け、働く意欲もあり、こちらが申し出る給与水準で働くというだけのことだが、そういう若者がいないのである。インド政府は、拡大する経済が生み出す労働需要を満たすべく、企業の職業訓練に巨額の公的資金を投じてきた。アビジットは数年前に、職業訓練を実施している企業の協力を得て調査を行ったことがある。その企業はサービス業で、訓練を終えた若者のうち優秀者にはウチで働かないかと声をかける。だが成果は芳しくなかった。職業訓練を申し込んだ若い男女五三八人のうち、四五〇人が訓練を最後まで修了した。うち一七九人に採用を申し出、九九人がこれに応じて入社している。だが六カ月後に残っていたのは五八人だけだった。つまり申込者に対して一〇％をようやく上回るという成績である。このほかに一二人は、あろうことか他社に就職したという。[113] そこで私たちは、採用担当者に声をかけられたのに断った若者や、入社はしたもののすぐに辞めてしまった若者がいま何をしているのか調査した。すると、難関試験（公務員試験または政府系銀行など準公的機関の採用試験）の準備をしているか、公務員試験を受けるべく学位取得の準備をしているか、でなければ家計が苦しいのに家でぶらぶらしているか、どれかであることがわかった。

せっかく採用してくれるという会社をなぜ断ったのか。そう質問すると彼らはいろいろな理由を口にしたが、結局のところ、好きじゃない、ということだった。勤務時間が長過ぎる、ずっと立っていなければならない、移動や出張が多い、給料が安すぎる、云々。

問題のかなりの部分は、期待のミスマッチである。インドで私たちがインタビューした若者たちは、小学校の先へ進めば一家の誇りだ、というような家庭で育ってきた。父親の平均教育年数は八年、母親は四年未満というところである。彼らは、がんばって勉強すればいい仕事に就ける、と言われて育った。いい仕事とは、デスクワークか教育職である。両親の世代には、たしかにそうだったかもしれない（とくに、アファーマティブ・アクションで高等教育を受けることのできた下位カーストの人々にとっては)。だが政府財政が苦しくなってきたこともあり、増え続けてきた公務員の採用数はここに来て横ばいになった。[114] その一方で、高等教育を受ける若者の数は、下位カーストの間でも増え続けている。[115] 親世代と比べてゴールははるかに遠のいたのである。

同じような現象は、南アフリカ、エジプトを始め、中東や北アフリカなど、インドより経済的に先行した国でも見られる。これらの国では、高校を出ただけでは十分ではないが、大学を出ればまずまちがいなく国家公務員になれるという時期があった。学位証明書が官庁に就職する切符代わりだったのである。だがもはやそうではない。それでもこれらの国々では、アラビア語や政治学などの学位を何百万も量産している。こうした学位を持っていても、就職には全然有利にならない。いまどきの学生はこちらが必要とするスキルを備えていない、というのは世界のどの国の企業もこぼす愚痴だが、いま挙げた国ではとくに顕著である。

現実と期待のミスマッチが深刻化する原因の一つは、若者の多くが労働市場の実態を知らなさ過ぎることだ。アビジットはサンドラ・セケイラとの共同研究で、南アフリカの黒人居住区(アパルトヘイト時代のなごりである)育ちの若者に就職活動のための交通費を支給するプログラムの評価を行った。支給対象の若者はランダムに選ばれる。交通費をもらった若者たちは精力的にあちこちの企業に出かけて行ったが、採用結果に好影響があったとは言えない。しかしこのプログラムのおかげで、彼らは現在の雇用の実情を知ることができた。まず、若者たちは期待値が高すぎた。なにしろ実際の初任給の一・七倍を期待していたのである。現実を知って期待を下方修正し、浮世離れした要求を口にしなくなった。[116]

こうした甚だしいミスマッチで労働市場が機能不全に陥るのは、まったくのリソースの無駄である。若者たちは、永久に手に入らない仕事をひたすら待ち望んでいる。インドでは、公務員の採用が狂気じみた様相を呈していることがたびたび報道される。たとえば国有鉄道が下級職員九万人を募集したところ、二八〇〇万人が応募したという。[117]

発展途上国の場合、こうした問題の一部は自ら招いたことだ。ごく一部の仕事が、生産性とは無関係に、他の多くの仕事より飛び抜けて魅力的なのである。その代表例が国家公務員だ。最貧国では、官民の給与格差が途方もなく大きい。公的部門の労働者は、民間部門の平均賃金の倍以上をもらう。しかもそのうえに、健康保険や年金という手厚い福利厚生が加わる。[118]

これほどの格差があると、労働市場自体が崩壊してしまう。政府部門の仕事が民間よりはるかによいが、就職できる確率はきわめて低く、なんとかして公務員になりたいものだと大勢の若者が考え、長い長い待ち行列を作る。このあこがれの職に就くには試験に合格しなければならないとなれば、その余裕がある者は働かずに試験の準備に貴重な時間を費やす。本来ならとっくに働いているはずの年齢でも、である。国家公務員がこれほど魅力のある職業でなければ、生産年齢にある若者の多くの時間は遠い夢を追うことに無駄に費やされずに、経済に活用されていたはずだ。もちろんインドや最貧国以外の国でも、国家公務員は多くの国で魅力的な職業ではある。とくに、身分保障があり安定している点で人気が高い。だが他国では賃金格差がこれほどひどくないいし、待ち行列もこれほど長くはない。

公務員の給与引き下げは激しい反発を招くにちがいない。だが、応募回数に制限を設けるとか、年齢制限を大幅に引き下げるといったことなら、さほどむずかしくないと考えられる。こうすれば、いつまでも待ち続ける若者の膨大な時間の無駄を減らせるはずだ。合格者の選抜に籤(くじ)など運の要素を加味するのも悪くないアイデアかもしれない。その結果が現行システムより悪くなるとは思えない。というのも現行システムでは、家が裕福で待ち続けられる者ほど有利になるしくみになっているからだ。ガーナでスティーブが夢を見続けている間に、経済的にそんな余裕のない若者たちは職を見つけて働いている。若者たちは、けっして世間知らずで想像力が欠如しているから公務員しかなりたいものが思いつかなかったわけではない。彼らが豊かな想像力を持ち合わせていることは、就いた職業を見ればあきらかだ。ナッツ農園を始めた者、葬儀専門の司会者になった者、牧師の修行中の者、マイナーリーグのサッカー選手など、私たちはじつに多種多彩な若者たちに会うことができた。

とはいえ発展途上国における労働市場の問題点は、公的部門が桁外れに高待遇だということだけではない。たとえばガーナでは、高校を卒業していれば、高報酬、雇用保障、福利厚生の整った高待遇の企業に就職する道も開ける。つまり発展途上国の労働市場は、極端に二極化しているのである。一方には一生安泰の高待遇の正規部門があり、他方には大勢の人が何の雇用保障もなく働き、あるいは自営で細々と事業を続ける非正規部門がある。もちろん一定の雇用保障は必要である。労働者が雇用主の気まぐれに翻弄されるようでは困る。だが労働市場の規制が厳重すぎれば、効率的なリソースの再配分は期待できない。

みんな正しく、みんなまちがっている

本章でこれまで論じてきたことを総合すると、経済成長について何がわかったと言えるだろうか。まず、ロバート・ソローは正しかった。一国の一人当たり所得が一定の水準に達すると、たしかに成長は減速するように見える。技術の最先端にいる国、これは主に富裕国だが、これらの国々における全要素生産性（ＴＦＰ）の伸びは、謎である。どうすればＴＦＰを押し上げられるかはわかっていない。

そして、ロバート・ルーカスもポール・ローマーも正しかった。貧困国にとって、ソローの言う収束は自動的には起きない。これはおそらく、スピルオーバー効果が期待できないからだけではあるまい。貧困国のＴＦＰの伸びが先進国より大幅に低いのは、市場の失敗が最大の原因だと考えられる。裏を返せば、事業経営に適した環境が整っていれば市場の失敗を是正できる限りにおいて、アセモグル、ジョンソン、ロビンソンも正しかったことになる。

それでもなお、彼らはみなまちがっていた。一国の経済成長も一国のリソースも総和として

捉え（労働力人口、資本、ＧＤＰなど）、その結果として重要なことを見逃してしまったからである。非効率なリソース配分についてわかったことを踏まえると、私たちがすべきなのはモデルで考えることではなく、現実にリソースが**どう使われているか**を見ることだ。ある国がスタート時点ではリソース配分がひどくお粗末だとしよう。たとえば共産主義経済だった頃の中国や極端な経済統制を行っていた時期のインドがそうだ。このような国では、リソースを最適の用途に再配分するだけで大きなメリットが得られる。中国のような国があれほど長期にわたって高度成長を続けられたのは、彼らが人材や資源をまったく活用できていない状態からスタートし、それを最適活用できるようになったからだと考えられる。このようなことは、ソロー・モデルでもローマー・モデルでも想定されていない。彼らのモデルでは、成長するためには新しいリソースか新しいアイデアが必要だということになっている。これが正しいなら、無駄になっていたリソースの再配分が一段落すると、成長のためには新たなリソースが必要になるので、成長に急ブレーキがかかることになるのかもしれない。中国の成長鈍化の可能性について多くの分析がなされてきたが、とうとう現実に成長は減速しているし、これは将来も続きそうだ。中国の指導者がいま何をしても、この流れは止まらないだろう。中国はキャッチアップをめざしてひた走っていた時期にハイペースでリソースを蓄積し、あきらかに非効率な配分は是正された。したがって、現在では改善の余地が乏しくなっている。中国経済は輸出に依存しているが、世界最大の輸出国になってしまったいまとなっては、世界経済の成長より速いペースで輸出を拡大することはもはや不可能だろう。中国は（そして他国も）、驚異的なスピードで成長できる時代はもう終わりに近づいているのだという現実を受け入れなければなるまい。

ではこの先どうなるのか。これについては、アメリカはすこし安心できそうだ。一九七九年にハーバード大学教授のエズラ・ヴォーゲルが『ジャパン・アズ・ナンバーワン』［邦訳：TBSブリタニカ］を発表し、日本はもうすぐすべての国を抜き去って世界一の経済大国になると予言した。欧米は日本モデルから学ぶべきだと教授は主張している。良好な労使関係、低い犯罪率、すばらしい学校教育、エリート官僚、先見的な政策こそが恒久的な高度成長の処方箋だというのである。[119] たしかに教授の言うとおり、日本が一九六三〜七三年の平均成長率をその後も続けていたら、一人当たりGDPで一九八五年にはアメリカを抜き、一九九八年にはGDP総額でも抜いていたはずだ。だがそうはならなかった。『ジャパン・アズ・ナンバーワン』が出版された翌年の一九八〇年に日本の経済成長率はがくんと落ち込み、その後は以前の水準に戻っていない。

ソロー・モデルによれば、理由は単純だ。低い出生率とほぼ移民の流入がないせいで、日本の人口が急速に高齢化したからである（それはいまも続いている）。生産年齢人口は一九九〇年代後半にピークを打ってからは減り続けている。したがって、成長を維持するためにはTFPが以前にも増して伸び続けなければならない。さもなくば、何か奇跡を起こして労働生産性を大幅に押し上げるほかない。なにしろ、どうすればTFPを伸ばせるかはわかっていないのである。

日本が絶頂期にあった一九七〇年代には、奇跡が可能だと考える人もいた。彼らは貯蓄をし、一九八〇年代に入って成長が鈍り始めたにもかかわらず日本に投資し続ける。一九八〇年代のいわゆるバブル経済の中、あまりに多くの資金がわずかばかりの有望そうなプロジェクトに投じられた。その結果、一九九〇年にバブルが崩壊すると、銀行は多額の不良債権を抱えて立ち往生することになる。一九九〇年代の日本は危機に翻弄された。

中国はいまある意味で同様の問題に直面している。中国も高齢化がハイペースで進行中だ。その一因は一人っ子政策にあり、この政策の影響を逆転するのはむずかしい。中国の一人当たり所得はいずれアメリカに追いつくのかもしれないが、現在の成長鈍化を見る限りでは、それはだいぶ先になるはずだ。中国の成長率が年五％に落ち込んでそのまま横ばいになることは大いにあり得るし、おそらくこれでもかなり楽観的な予想と言えるだろう。そしてアメリカの成長率が一・五％程度まで戻してくれれば、中国が一人当たり所得でアメリカに追いつくのは最低でも三五年はかかる計算だ。思うに中国政府はソローの言うことを受け入れてすこし気を楽にすべきだろう。そう、成長というものは減速するのである。

おそらく中国はそのことに気づいており、国民にこの事実を知らせようと意図的に努力もしている。それでも、彼らの掲げる成長目標はいまだに高すぎるようだ。危険なのは、指導部がその目標に縛られてしまい、なんとしても成長を取り戻そうと偏った決定を下してしまうことである。日本はまさにこれをやっていた。

もしリソースを非効率に配分すれば経済成長を牽引できるなら、あれこれ奇抜な戦略を採用すれば成長を実現できることになる。一国の中でリソースを歪んだ形で割り当てるような戦略は、これに該当するだろう。たとえば中国と韓国の政府は、規模が小さすぎて経済上のニーズを満たせていない部門を見きわめ（過去に鉄鋼や化学品など重工業を優遇してきたせいである）、政府による投資その他の介入を通じて資本を優先的にこうした部門に投下し、効率的なリソースの活用を促進した。[120]

この戦略は両国ではうまくいったが、だからと言ってどの国でもうまくいくとは限らない。経済学者は一般に産業政策というものを非常に警戒する。これにはもっともな理由がある。国家主導で行われた投資の過去の成績は、ひどくお粗末なのである。たとえ誰かお友達や既得権団体を依怙贔屓しない場合であっても判断ミスが多いうえ、依怙贔屓が横行しているのだからなおさらだ。市場の失敗があるのと同じで、政府の失敗も大ありである。したがって、政府が選ぶ「次世代の有望産業」といったものを鵜呑みにするのはじつに危険と言わねばならない。その一方で市場の失敗も掃いて捨てるほどあるので、リソースの最適配分を市場だけに委ねるわけにもいくまい。政府が産業政策を立案するのであれば、これらのリスクを十分わきまえることが重要である。

リソースの非効率配分で成長が減速するのだとすれば、インドのように現在ハイペースで成長している国は、自己満足に注意すべきだろう。もともと無秩序状態だった経済が高度成長を遂げるのはさほどむずかしくない。よりよいリソース配分で得られるメリットが大きいからだ。インドの製造業では、二〇〇二年頃から工場レベルで最新技術の導入が進み、各産業のトップ企業にリソースが集中するようになった。このプロセスは政府の経済政策とは無関係であるように見えたため、「インド製造業奇跡の謎」などと言われたものである。[121]だがそれは奇跡でも何でもなく、最悪のスタートからの小幅の改善に過ぎない。改善が実現した理由はいろいろと考えられる。たとえば、親世代から子世代への世代交代が進んだのかもしれない。その子世代の多くは留学経験があり、野心的で、ハイテクにも通じ、世界の市場も知っている。あるいは、それまでの小幅の利益の積み重ねのおかげで、近代的な大規模プラントへの投資が可能になったのかもしれない。

だが経済から非効率な企業や工場が姿を消すにつれ、改善の余地は当然ながら狭まっていく。インドの成長は、中国と同じく鈍化するだろう。そして、インドの成長が鈍化し始めるときに、一人当たり所得が中国と肩を並べているという保証はどこにもない。中国の一人当たり所得が今日のインドと同水準に達した時点では、中国は年一二%のペースで成長していた。だが現在のインドは、八%をめざしている状況だ。となればインドの一人当たり所得は、中国よりかなり低い水準で横ばいになると推定される。成長という上げ潮はすべての船を浮かばせるかもしれないが、すべての船を同じ高さまで浮かばせるとは限らない。多くの経済学者が、もしかすると中所得国の罠［middle-income trap］というものがほんとうに存在するのではないかと懸念している。中所得国の罠とは、低所得国を脱してGDPが中間的な水準まで達したものの、その後に伸び悩み、なかなか高所得国の仲間入りができないことを指す。世界銀行によると、一九六〇年には中所得国が一〇一カ国あったが、そのうち二〇〇八年までに高所得国に昇格したのは一三カ国だけだったという。[122] マレーシア、タイ、エジプト、メキシコ、ペルーなどは苦戦しているようだ。

言うまでもなく、インドについての先ほどの推定がまちがっている可能性もある。現に成長しているのだし、何も心配する必要はないのかもしれない。インドにはリソースの非効率配分がまだまだ残っており、今後の成長の余地は大きいとも考えられる。それに、創造的な起業家が出現し、未開拓の事業機会をどしどし開拓していくかもしれない。

成長という蜃気楼を追いかけて

たとえそうだとしても、インドはそうした機会がついに出尽くしたらどうするのかということは考えておくべきだろう。不幸なことだが、経済学者はなぜ成長するのかをわかっていないうえに、なぜ停滞する国としない国があるのか（韓国は成長し続けているのになぜメキシコはそうでないのか）も理解しておらず、停滞からどう脱け出すかもはっきりわかっていないのである。ただ一つ言えるのは、インドのような国や成長鈍化に直面している国にとって、遮二無二高度成長の維持を試みるのは非常に危険だということである。将来の成長の名の下に、現在の貧困を顧慮しない政策を追求しがちになるからだ。成長のためには「事業経営に有利な環境」が必要だという議論は、たとえばレーガン＝サッチャー時代の英米でさかんに行われた。だがこのような主張は、貧困層を放置して富裕層を優遇する政策（債務超過になった企業を公的資金で救済するなど）を容認するものとも言えよう。しかし他の大勢を犠牲にして富裕層を優遇しても、成長にはつながらない。

レーガン＝サッチャー時代の政策は、結局のところ、貧困層は我慢していろ、富裕層にインセンティブを与えれば繁栄のおこぼれがいずれ回って来るから、ということに尽きる。しかしこの政策は成長には寄与しなかったし、まして貧困層にとっては言うまでもない。当時の政策が引き起こしたことと言えば、もはや成長しない経済の中で格差を爆発的に拡大させたことだけである。これは成長にとっても非常に好ましくないことだ。というのも、多くの人の政治的反感を買い、奇跡の一発大逆転の処方箋をまことしやかに唱えるポピュリスト政治家の台頭を招くからである。そのような奇跡が起きることはめったになく、大方はベネズエラのような悲惨な結末に終わる。

興味深いことに、長らく成長至上主義を唱えてきた国際通貨基金（ＩＭＦ）でさえ、いまや貧困層を犠牲にして成長を推進するのは悪しき政策だと認めるようになった。ＩＭＦは各国担当チームに対し、政策ガイダンスおよびＩＭＦの支援を受ける条件を示す際には不平等も考慮するように指導している[123]。

何より重要なのは、ＧＤＰはあくまで手段であって目的ではないという事実を忘れないことである。役に立つ手段であることはまちがいない。とりわけ、雇用創出、賃金上昇、政府予算の再分配といったことを考える際には有力な手がかりになる。だが最終目標はＧＤＰを増やすことではなく、平均的な市民の、そしてとりわけ最貧層の生活の質を上げることだ。生活の質を上げるとは、単に消費を増やすことではない。前章で論じたように、自分は見捨てられた、価値を認められていない、という感覚に人間は非常に敏感だ。自分も家族も敗残者だと感じることは人を傷つけ苦しめる。たしかに、よりよい生活の一部はより多く消費することで実現するだろう。だがどんなに貧しい人であっても、親の健康を気にかけるし、子供たちによい教育を受けさせたいと願う。そして自分たちの訴えを聞いてほしい、人生に希望を与えてほしいと思っている。ＧＤＰを増やすのは、貧しい人々の願いをいくらかでも叶える一つの方法ではあるだろう。だが唯一の方法ではないし、最高の方法でもない。それに、生活の質は中所得国の間でもばらつきが大きい。たとえばスリランカとグアテマラは一人当たりＧＤＰがほぼ同水準だが、妊産婦死亡率、乳幼児死亡率はスリランカのほうがはるかに低い（アメリカと肩を並べる水準にある）[124]。だからＧＤＰを増やしさえすればいいということにはならない。

幸福を実現するには

振り返ってみれば、過去数十年間における目立った成功の多くは、乳幼児死亡率の低下といった具体的な目標を追求する政策の直接的な成果だったことがわかる。そうした政策は、いまなお貧しい国々でも功を奏している。たとえば、五歳以下の乳幼児死亡率が最貧国でも大幅に減ったのは、新生児医療、ワクチン接種、マラリア予防のおかげである。[125] このことは、貧困撲滅のための他の政策、たとえば教育、職業技能、起業家の育成、医療などにも当てはまる。カギを握る問題に焦点を合わせ、どうすればそれを解決できるか理解することが大切だ。

とはいえ、これは忍耐を要する作業である。お金を出すだけではほんとうの教育はできないし、よい医療も提供できない。ただし心強いのは、どうすれば経済成長を実現できるかはわかっていないが、教育や医療をよりよくする方法はわかっていることだ。明確に定義された政策のよい点は、計測可能な目標が定まっており、したがって直接的に評価できることである。実験を行ってうまくいかない政策を排除し、有望な政策を強化することも可能だ。

マラリア撲滅の試みは、その好例である。マラリアは子供の最大の死因の一つである恐ろしい病気だが、蚊に刺されなければかかることはない。一九八〇年代からずっと、マラリアによる死者数は年々増え続けてきた。二〇〇四年には一八〇万人がマラリアで亡くなっている。だが二〇〇五年は劇的なターニングポイントとなった。二〇〇五～一六年にマラリアによる死者数は七五％減ったのである。[126]

これには多くの要因が寄与したと考えられるが、とくに重要な役割を果たしたのが防虫剤処理を施した蚊帳（かや）の配布だったことはまちがいない。蚊帳の効果が大きかったことは広く認められている。二〇〇四年に、広範囲で実施された二二例のランダム化比較試験（ＲＣＴ）の結果評価が行われ、平均すると蚊帳で守られた子供一〇〇〇人当たり年間五・五人の命が救われたことがわかった。[127]だが『貧乏人の経済学』にも書いたように、蚊帳を売るべきか（補助金を出して安価にする）、無料で配布すべきかについては激しい議論が闘わされた。[128]そこでパスカリーヌ・デュパとジェシカ・コーエンがＲＣＴを実施し、[129]さらに他の調査の裏付けも得て、無料配布しても代金を払って買った場合と同じように蚊帳が活用されていることが確かめられた。それに無料配布のほうがはるかに普及率が高くなる。この点を説明した『貧乏人の経済学』が二〇一一年に出版されて以来、関係者もマラリア撲滅には無料での大量配布がいちばん効果的だと納得したようである。二〇一四〜一六年には合計で五億八二〇〇万枚の蚊帳が世界で配布され、うち五億五〇〇〇万枚がサハラ以南のアフリカ向けだった。その七五％が大量に無料配布されている。[130]ネイチャー誌は、防虫剤処理蚊帳の配布のおかげで、二〇〇〇〜二〇一五年に四億五〇〇〇万人がマラリアを免れたと結論づけた。[131]

エビデンスの蓄積にはなお時間を要するが、蚊帳が効果を発揮していることはまちがいないし、これには懐疑論者も納得している。二〇一一年に蚊帳の無料配布を批判したイースタリーでさえ、この件に関する限り宿敵ジェフリー・サックスのほうが正しかったとツイッターで認めた。[132] このように適切な政策を選択すれば、悲惨な状況を驚くべきペースで改善することができる。

本章の結論は、こうだ。経済学者が何世代にもわたって努力してきたにもかかわらず、経済成長を促すメカニズムが何なのかということはまだわかっていない。富裕国で再び成長率が上向きになるのか、どうすれば上向くのか、ということははっきり言ってわからないのである。それでも、できることはある。富裕国でも貧困国でも、現在の甚だしいリソースの無駄遣いを断ち切ることは十分に可能だ。それをしたからといって恒久的な高度成長が始まるとは言えないが、市民の幸福を劇的に改善することはできる。さらに、いつ成長という機関車が走り出すのか、いやほんとうに走り出すのかさえわからないにしても、貧困国の人々は健康で読み書きができ多少なりとも先見の明がありさえすれば、列車に飛び乗れるチャンスは大きい。グローバル化で勝ち組になった国の多くがかつて共産圏に属していたのはけっして偶然ではなかろう。共産主義だった国は教育や医療など人的資源に精力的に投資した（中国、ベトナムがそうだ）。また共産主義の脅威にさらされていた国も、それに対抗すべく同様の政策を実行した（台湾、韓国が好例である）。したがってインドのような国にとって最善の政策は、手元にあるリソースで市民の生活の質を改善することである。教育、医療の質的向上を図り、裁判所や銀行の機能不全を解消し、インフラを整備する（道路建設、都市部の生活環境の改善など）。

このことが政策当局にとって意味するのは、富裕国の成長率を二%から二・三%にする方法を躍起になって探すよりも、最貧層の幸福にフォーカスすれば、何百万人もの生活を根本的に変える可能性が開けてくるということである。次章以降では、成長率を押し上げる方法などわからなくても、よりよい世界に向けてできることはまだまだあることを論じる。

Chapter 6

気温が二度上がったら…

二〇一九年のいま経済成長を考えるなら、成長がもたらす直接的な影響を無視するわけにはいかない。それは、気候変動である。

今後一〇〇年間で地球の大気温が上昇することはすでにわかっている。問題はどれだけ上がるのか、ということだ。一・五度か、二度か、もっとかによって気候変動の影響は大幅にちがってくる。気候変動に関する政府間パネル（ＩＰＣＣ）が二〇一八年一〇月に発表した報告によると、一・五度の場合は珊瑚礁の七〇％が失われる。二度なら九九％だ。[1]海面上昇や農地の砂漠化によって直接被害を受ける人々の数も、一・五度と二度では大きくちがう。

気候変動の原因が人間の活動にあることで圧倒的多数の科学者が合意しており、悲惨な結末を避けるためにはCO$_2$排出量を減らし続けるほかないという点でもコンセンサスができている。[2] 二〇一五年のパリ協定では、世界の平均気温上昇を産業革命前と比較して二度未満に抑えることが定められ、加えてより野心的な目標である一・五度未満をめざすことが決まった。IPCC報告は科学的根拠に基づき、二度未満に抑えるには、温室効果ガス排出量をCO$_2$換算で二〇三〇年までに二五％（二〇一〇年比）減らす必要があるとしている。[3] 一・五度未満の場合には、二〇五〇年までに四五％減らす必要がある。

気候変動は、地球上で公平に起きるわけではない。温室効果ガスの大半は、富裕国か、富裕国で消費されるものを生産している国から排出される。だが最も深刻な影響を被るのは貧困国だ。つまり最も責任のある国が、急いで解決する動機を持ち合わせていない状況である。となれば、いったいこの問題は解決できるのだろうか。

五〇対一〇ルール

IPCC報告では、温度上昇を一・五度未満に抑えるためのありとあらゆる可能性を詳細に示しており、その一部はすでに実行に移されている、電気自動車への移行、ビルのゼロ・エミッション化、道路輸送から鉄道輸送へのシフトなどだ。もちろんどれも排出削減に役に立つ。だがいくら技術が進歩し、また石炭の使用をきっぱりやめたところで、持続可能な消費へと舵を切らない限り、将来の経済成長が気候変動に拍車をかけることは避けられない。なぜなら、消費が増えれば、消費されるものを作るためにより多くのエネルギーを必要とするからだ。私たちは車を運転しているときだけCO_2を排出しているわけではない。ガレージに駐めてある車を作るのにも（ガレージを造るのにも）エネルギーが使われたことを忘れてはいけない。これは電気自動車にしても同じことである。所得と炭素排出量の関係を調べた研究がさかんに行われてきた。結果は、気象条件、家族構成などによってばらつきはあるものの、おおむね両者の間に密接な関係があることがわかっている。さまざまな研究の平均をとると、所得が一〇％増えると、炭素排出量は九％増える。[4]

　このことから、ヨーロッパとアメリカが今日までの世界の排出量のかなりの部分に責任があるにしても、台頭する新興国（とくに中国）が現在の排出量の相当の割合を占めていると察せられる。実際、中国は単独では世界最大の炭素排出国だ。だがそうなった原因の大半は、世界のあちこちで消費されるものの多くを中国が生産していることにある。排出した国ではなく消費した国に炭素排出量を割り当てるとすれば、北米の一人当たりCO_2消費量は年間二二・五トン、西欧が一三・一トン、中国が六トン、南アジアは二・二トンということになる。

　発展途上国の中でも、富裕層は貧困層よりはるかに多くCO_2を消費する。インドと中国の最富裕層は、じつは世界で最も排出量の多い上位一〇％のグループに属している（インドの最富裕層の排出量はこのグループの一％、中国は一〇％を占めており、また世界の排出量のそれぞれ〇・四五％、四・五％を占めている）。対照的に、インドで最も貧しい下位七％は一人当たり年間〇・一五トンしか炭素を排出しない。以上を総合すると、五〇対一〇ルールが導き出される。すなわち、世界で最も排出量の多い上位一〇％は世界のCO_2排出量のおよそ五〇％を占める一方で、最も排出量の少ない五〇％は世界のCO_2排出量のおよそ一〇％を占めるに過ぎない。

よって富裕国の住民、より一般的に言えば世界の富裕層は、将来の気候変動についてきわめて大きな責任があるということになる。

温度が上がるとどうなるのか

一九九〇年代前半の六月のある日、アビジットはスウェーデン出身の同僚にそそのかされて、バルト海へ泳ぎに行った。が、彼は海に入るなり飛び上がり、その後三日間歯の震えが止まらなかったという。二〇一八年のやはり六月に私たちはストックホルムへ行き、またバルト海へ行ってみた。前回訪れた場所より数百キロ北である。だが今回は、文字通り児戯に等しかった。子供たちはばしゃばしゃ海水浴を楽しんだのである。

スウェーデンへ行くたびに、例年にない暖かい気候がよく話題に上る。これが何か悪い兆で（きざし）あるとはみなうすうす感じているものの、当面はどちらかといえばうれしいことだ。屋外で活動できる期間が長くなったのだから。

だが貧困国にとっては、どちらかといえばうれしいなどとは言っていられない。地球の大気温が一度か二度上がったら、ノースダコタ州（北緯四五度）の住民はたぶんとてもうれしいだろう。だがニューメキシコ州（同三一度）の住民はさほどよろこばないと思う。そしてデリー（同二八度）やダッカ（同二三度）の住民にとっては、耐えがたく暑い日が増えることを意味する。一例を挙げるなら、一九五七〜二〇〇〇年にインドでは気温三五度以上の日が年平均五日あったが、[5] このまま世界が気候変動対策をとらずにいたら、今世紀終わりには七五日になると見込まれる。またアメリカでも、平均すると二六日が三五度以上になる見通しだ。問題は、貧しい国ほど赤道近くに位置していることだ。そこでは、気温の上昇はたいへんな苦痛を伴うことになる。さらに悪いことに、貧困国の人々は温度上昇の悪影響から身を守る手段が乏しい。まず、エアコンがない。また農業、建設業、窯業など身を守りようのない環境で働く人が多い。

気候変動に伴う気温の上昇は、貧困国の生活に実際にどのような影響をおよぼすのだろうか。単に暑い地域と寒い地域を比べるだけでは、この質問に答えたことにはならない。二つの地域はほかにも何百もの点でちがいがあるからだ。温度変化がおよぼす影響について何か言えるとすれば、それは、同じ地点の同一日において年によって温度が変動した場合だけである。夏が猛暑の年、冬の寒さがとくに厳しい年、どちらもおだやかな年など、いろいろな年がある。環境経済学者のマイケル・グリーンストーンは、この前年比の変動を使って将来の気候変動の影響評価を試みたパイオニアである。たとえば、インドのある県である年の夏がとくに暑かった場合、農業生産高は同じ県の他の年度より落ち込むか、またさほど暑くなかった他の県より落ち込むか、といったことを調べるわけだ。

ただし、この評価の結果を鵜呑みにするわけにはいかない。温度がこのまま上がり続けると思ったら、農家たちは必ず何か対策を講じるだろう（暑さに強い品種に切り替える、または開発する、など）。ただし対策の効果が出るまでには時間がかかるので、前年比ベースでは現れない。その一方で、恒久的な変化は一時的な変化では発生しない問題を引き起こす。たとえば地下水面の低下などである。言い換えれば、前年比の変動に基づく影響評価は過大になる場合もあれば過小になる場合もあるということだ。それでも、富裕国・貧困国どちらの予想にもバイアスは同じようにかかるので、グリーンストーンの手法はやってみる価値があると考えられる。この手法を使った研究では、気候変動によって貧困国が被るダメージのほうがはるかに深刻になる、との結論が出ている。もちろんアメリカの農業も痛手を受けるが、インド、メキシコ、アフリカの損害のほうがずっと大きい。ヨーロッパの一部、たとえばモーゼル川沿いのブドウ畑などでは、より多くの太陽光を浴びられるようになり、ワインの品質も生産量も上がると見込まれる。[6]

とはいえ高い気温は、農業部門以外の労働者の生産性にも幅広く影響を与える。暑くなれば、当然ながら労働生産性は下がる。とくに屋外労働がそうだ。たとえばアメリカの調査データによると、気温が三八度を上回ったときの屋外労働への労働供給は、二四〜二六度の場合と比べ、一日当たり一時間分減るという。[7] 外気に直接さらされない仕事への影響に関してはデータがないが、猛暑の年の学期末試験では生徒の成績が落ちるという報告がある。学校に空調設備があれば成績に変化はないので、貧しい国の生徒ほど影響を受けると言えそうだ。[8]

インドでは、空調設備のある工場はほとんどない。インドのある縫製工場で温度と労働生産性の関係を調べたところ、二七〜二八度以下では生産性にほとんど影響がないことがわかった。だが日中の平均気温がこのラインを上回ると（工場稼働日の四分の一以上が実際にそうだった）、一度上がるごとに生産性は二％下がったという。[9]

各国についてさまざまな要因を勘案すると、ある年に気温が一度上がるだけで、一人当たり所得は一・四％減る、ただし減るのは貧困国だけである、とこの調査は結論づけている。[10]

そしてもちろん、温度上昇は所得だけでなく健康にも影響をおよぼす。このことはすでに多くの研究で確かめられている。アメリカでは、猛暑日（アメリカ国立気象局の定義では最高気温三二度以上）には涼しい日（一〇〜一五度）と比べて年換算の死亡率（年齢調整済み）が〇・一一％上昇するという。[11] そしてインドではこの数字が二五倍になる。[12]

命を守るには

アメリカを見ると、豊かになり技術も進歩すれば、温度上昇のリスクが減ることがよくわかる。一九二〇年代～三〇年代のアメリカでは、高い気温が死亡率に与える影響は今日の六倍に達したと見込まれる。これほどちがうのは、空調の普及が大きな要因だ。空調のおかげで富裕国の住人は猛暑の影響を免れていると言っても過言ではない。[13] このため富裕国では、気温が上がるとエネルギー需要が大幅に増大する。一方、貧困国では空調はまだまだめずらしい（二〇一一年の時点で、アメリカの世帯の八七％には空調があるが、インドではわずか五％だった）[14]。このため気温が上がると生産性は落ち込み、死亡率が上昇するという結果になっている。こうした国では空調は必需品であって、贅沢品とみなすべきではない。ところが実際には贅沢品とみなされている。

貧困国も豊かになるにつれて空調を備えられるようになる。中国都市部の世帯の空調普及率は、一九九五年には八％だったのが二〇〇九年には一〇〇％を上回った（都市部では一世帯一台以上の空調がある）[15]。だが空調自体は温暖化を加速させる。標準的な空調装置に使われているハイドロフルオロカーボン（ＨＦＣ）、いわゆる代替フロンは、オゾン層は破壊しないもののCO_2の数百倍～数万倍の温室効果がある。となると、状況は複雑だ。気候変動に伴う猛暑から人々を守る技術そのものが、気候変動を加速させることになる。新たに開発されたＨＦＣ不使用の空調は、たしかに温室効果ガスの排出量は少ないが、現時点ではかなり高価だ。となると、安価な空調にちょうど手が届き始めたインドのような国は、とりわけおぞましいトレードオフに直面することになる。今日の命を守るか、それとも明日の命を救うために気候変動の緩和に努めるべきか。

オゾン層保護のためのウィーン条約に基づきルワンダのキガリで二〇一六年一〇月に開かれた締約国会合では、代替フロンを新たに規制対象とする改正案が採択された。この改正案は、いま述べたトレードオフを世界がどうやってうまく乗り切るか（乗り切れるとしての話だが）を示している。キガリ改正では、締約国が三グループに分けられた。先進国グループ（アメリカ、日本、ヨーロッパ）は代替フロンの段階的廃絶を二〇一九年から開始する。途上国第一グループ（中国など大半の途上国）は二〇二四年まで、途上国第二グループ（インド、パキスタン、イラン、イラク、湾岸諸国）は二〇二八年まで猶予される。インド政府は、気候変動の犠牲者であると同時に加害者でもあることを市民に認識させつつも、いますぐ問題に取り組むのではなく、今日の命を守る選択をした。猶予期間中の経済成長によって、代替フロンを使わない高価な空調に手が届くようになる（それに、その頃までに高価な空調も多少は安くなっているだろう）ことに賭けたのだろう。だがその一〇年間に、インドでは代替フロンを使った安い旧型品が急速に普及してしまうかもしれない。旧型品メーカーとしては、いずれ廃棄に追い込まれる製品の売り込み先を探しているのだからなおのことだ。これらの製品は年限の二〇二八年が過ぎてもなお稼働し、環境を破壊することになるだろう。あとになってみたら、この一〇年の遅れは地球にとって致命的だったとわかるかもしれない。

いま行動すべきか？

空調を巡る問題は、現在と未来の狭間に立たされたインドの苦悩を象徴するものと言えよう。二〇一五年にパリ協定が締結されるまでは、インドは排出制限を頭から拒絶していた。自分たちは経済成長を後回しにする余裕などない、排出削減の重荷は富裕国が引き受けるべきだ、という理屈である。だがパリ協定に批准したとき、インドの立場は変化する。エネルギー転換を図るために国際基金（資金の出し手は富裕国である）から資金援助を受けるのと引き換えに、具体的な削減目標にコミットすることになったからだ。インドの排出量が現時点の排出量世界合計に占める割合はまだ小さいが、やがて中所得国の仲間入りをすれば、重要なプレーヤーになることはまちがいない。しかもアメリカとは異なり、インド国民の大部分は気候変動の深刻な影響を被るのだから、今日の選択の代償をよく知る立場にあるわけだ。にもかかわらず、そのインドがいますぐ問題に取り組もうとしないのはじつに懸念すべきことと言わねばならない。気候変動に直接影響をおよぼすことももちろんだが、政治家の間に目先の利益に拘泥する傾向が強いことが心配である。

では、インドが（いやアメリカもだが）直面するトレードオフはそれほど差し迫ったものなのだろうか。今日何かをあきらめなければならないほど、ことは急を要するのだろうか。よりよい技術を開発し、そちらに切り替えれば、いまのライフスタイルをあきらめずに温暖化を抑えられるのではないだろうか。ほんの数年前には、エネルギー専門家たちはこう断言していた――再生可能なエネルギー資源（太陽光、風力など）はとにかく高すぎる。化石燃料に代わるものとしてそんなものに投資するのはばかげている、と。だが再生可能エネルギーは、技術が進歩したおかげで、今日では大幅にコストが引き下げられた。エネルギー効率は飛躍的に改善され、今後もさらに改善されるだろう。二〇〇六年にイギリス政府は世界銀行の元チーフエコノミスト、ニコラス・スターンに気候変動が経済におよぼす影響についての調査を依頼した。「スターン報告」として知られる調査報告は、次のように楽観的な結論を下している。[16]

「温室効果ガスの排出は、今までも、そして今も、経済の成長によって進むが、大気中の温室効果ガス濃度の安定化は実現可能であり、経済成長の継続と矛盾しない。一人当たりCO_2排出量は、一人当たりＧＤＰと強い相関がある。結果として一八五〇年以来、北米とヨーロッパが、エネルギー生産に伴ってCO_2排出量合計の七〇％を排出してきた。一方、発展途上国は全体の四分の一以下を占めるに過ぎない。だが将来の排出増のほとんどは、今日の発展途上国からもたらされる。なぜなら、これらの国では急速な人口増、ＧＤＰの拡大に加え、エネルギー集約型産業の割合が増加するからである。

だがこの歴史的なパターンおよび何ら対策をしない場合の予測（ＢＡＵ予測）にもかかわらず、世界が気候変動の回避と成長の促進との二者択一をする必要はない。エネルギー関連技術と経済構造の変化によって、とくに最も豊かな国々の一部では、所得が増えてもエネルギー消費がそれほど増えなくなった。強固かつ意図的な政策の選択がなされるなら、先進国、発展途上国いずれにおいても、それぞれの経済成長を維持したまま、気候の安定化に必要な程度まで、〝脱炭素化〟を行うことは可能である」

大いに結構。だが、脱炭素化はただではできない。スターン報告は、環境関連の技術の進歩のペースを近い過去のパターンから推定し、世界GDP合計のおおよそ一％を毎年投じれば、温暖化を食い止めるのに必要な水準まで排出量を安定させられると試算している。だがこの金額は、未来の世界を危険から救うには少なすぎるのではないだろうか。

一つ希望が持てるのは、研究開発はインセンティブに応じて拡大することである。[17]研究開発予算は、新技術の市場規模に大きく左右されることがわかっている。[18]したがって、たとえば炭素税を導入して古い技術の使用が高くつくようにしたり、クリーン技術の研究に助成金を出すなどしてクリーン技術の研究にテコ入れすれば、雪だるま式に需要の拡大が期待できる。クリーン技術が安くなって一段と魅力的になれば、需要は膨らみ、研究も元がとれるようになる。やがては、クリーン技術が古い技術を退場させ、万事がうまく回り始める。小さかった成長エンジンは軌道に乗り、風力、水力、太陽光といったものに後押しされて以前のような成長を取り戻せるだろう。そして税金や助成金を打ち切ってもクリーン技術は伸びていくはずだ……。

　こんな具合にすべてがうまくいくと期待するのはたやすい。だがそうはならないと予想するのもじつにたやすい。古い技術は退場せずに居座る。石炭や石油を使う人が少なくなれば、価格は急落するだろう。となれば、石炭や石油に逆戻りする誘因は強まる。石炭も石油も再生可能ではないから、いずれ枯渇するので価格は上昇するとされている。だが地球破滅の日が来るまで使い続けられるほどの埋蔵量があるのかもしれない……というわけで、あまり楽観的になるわけにはいかないのである。

うまい話……

　楽観論者は、最終的には好循環によって全員が勝ち組になると期待している。技術の進歩によってクリーン技術が現在よりはるかに安くなれば、企業も個人もよりクリーンな技術を導入することで節約になる。そうなれば、企業にとっても個人にとっても地球にとっても好ましい。専門家は、今後も引き続きエネルギー効率の改善に向けて投資が行われ、エネルギー支出が減り、投資は自ずと採算がとれると予想している。たとえば大きな話題になった二〇〇九年のマッキンゼー報告「アメリカ経済におけるエネルギー効率改善」では、エネルギー効率の改善をめざす投資を「包括的なアプローチ」で行えば「一・二兆ドル相当の省エネを実現できる。これは、二〇二〇年までの先行投資に必要な五二〇〇億ドルを大きく上回る」としている[19]。また二〇一三年に国際エネルギー機関（IEA）が行った試算によると、エネルギー効率改善策を講じるだけで、他の条件が同じでも、CO_2排出量は四九％減るという。[20]

この試算が正しいなら、問題はたやすく解決できるのかもしれない。必要なのは、「エネルギー効率ギャップ」を埋めることだけ。消費者（および企業）がエネルギー効率改善に投資するのを妨げている要因を見つけ出して取り除けばいい。おそらく大方の人はクリーン技術の存在を知らないか、当面のコスト負担ができないか、目先のことしか考えられないか、無気力で現状を変える気がないだけだろう……。

残念ながら、技術の進歩に比して、容易にできるはずのことの世帯レベルでの進み具合は芳しくない。住宅耐候化支援プログラム（WAP）は、家庭向けのエネルギー効率化プログラムとして全米最大規模を誇る。このプログラムは一九七六年に発足して以来、七〇〇万世帯に補助を行ってきた。マイケル・グリーンストーンのチームは、ミシガン州の三万世帯からランダムに選ばれた七五〇〇世帯について調査したことがある。[21]選ばれた世帯は省エネ投資に五〇〇〇ドルの補助金を受け取ることができ、断熱材の導入や窓枠の交換などをいっさい自己負担なしで行うことが可能だ。選ばれた世帯（介入群）と選ばれなかった世帯（対照群）を調べたところ、次の三つのことがわかった。第一に、プログラムに対する需要は乏しい。熱心に（しかも相当な予算を投じて）省エネ・キャンペーンが展開されたにもかかわらず、選ばれた世帯のうち実際に補助金を受け取ったのはわずか六％にとどまった。第二に、省エネ投資は実際に効果があることが確認できた。補助金を省エネ投資に使った世帯では、エネルギー支出が一〇〜二〇%減っている。だがこの数字は専門家の予想の三分の一に過ぎず、これでは初期投資は採算割れしてしまう。第三に、省エネ効果が予想を下回ったのは、けっして介入群の世帯がエネルギー支出の縮小を当て込んで景気よく暖房や冷房を使ったからではない（これをリバウンド効果と呼ぶ）。その証拠に、補助金をもらう前と後では各戸の室温は変わっていない。つまり専門家の予想は現実の世帯にはうまく当てはまらなかった。楽観的すぎたのである。

専門家のバラ色の予想と現実との間に大きな乖離があるのは、世帯の場合だけではない。ある研究者チームはグジャラート州政府の気候変動担当局の協力を得て、中小企業向けの省エネ・コンサルティングを実施した。[22] ちなみにグジャラート州はインドで最も工業化が進み、最も大気汚染がひどい州である。ランダムに選ばれた企業は無料でエネルギー監査を受けることができる。監査では改善点をリストアップし、州から潤沢な補助金を受けられる項目を洗い出す。監査を受けた企業の中からさらにランダムに選んだ企業には、無料で定期的に省エネ・コンサルタントを派遣して技術の導入を指導した。監査を受けただけでもクリーン技術の導入にそれなりの効果はあったが、コンサルティングを受けると技術の導入はよりスムーズになった。その一方で企業の取り組みそのものが変わり、生産量が増えた分、エネルギー消費も増えて、差し引きでエネルギー消費に変化はないという結果に終わる。これはリバウンド効果そのものだ。ここでもまた、専門家の予想は必ずしも現場には当てはまらなかった。クリーン技術さえ導入すればエネルギー消費が減ると考えるのは、楽観的に過ぎるということである。

思うに、そうそううまい話があるはずもない。よりよい技術の導入でエネルギー消費を減らすことには何の種も仕掛けもないのであって、要するにエネルギー消費が減らなければならない。私たちはクリーンな車で満足するだけでなく、小さな車で満足しなければならないし、もっと言えば車なしで満足しなければならないのである。

習慣や好みは変えられる

これは、大方の経済学者にとってうれしいことではない。第一に、経済学者は物質的な消費が幸福の目安になると現時点では信じている。そして第二に、人々の行動を変えるということに懐疑的だ。まして好みは変えられないと考えている。多くの経済学者は人々の選好を操作することに哲学的な反感を抱いていると言ってもいい。

経済学者のこの反感は、人々の選好には何か本源的なものに根ざしていて、人々はそれに基づいて行動するほかないのだという長年の信念に由来する。人々に好みとはちがうことをするように働きかけるのは、そうした本源的な選好の侵害だという（たとえば消費を減らせとか、これではなくあれを消費せよ、など）。だが第四章で論じたように、実際には首尾一貫した選好など存在しない。マグカップやワインといった日常的なものについてさえ、自分がどう感じるか自分でわかっていないとすれば、気候変動のような大問題について明確な好みがあるとは考えられない。孫たちが暮らす地球はどうあってほしいだろうか。モルディブが海面下に没してしまっても気にならないだろうか。モルディブを救うために自分のライフスタイルを変える気があるだろうか。

経済学者は、人間がまだ生まれていない人々や遠く離れた人々のために自ら何かを犠牲にすることは想定していない。だがこれはおそらく真実ではあるまい。すくなくとも、本書の読者には当てはまらない。もし何も犠牲にするつもりがないなら、とっくにこの本を放り出していただろう。ついでに言えば、経済学者の大半にも当てはまらない。経済学者というものは、自分たちには直接関係のないさまざまなことに頭を悩ませる。たとえお金にならないとしても、だ。

この点は重要である。というのも、政策介入をどう考えるべきかに影響をおよぼすからだ。誰もが明確な選好を持っていて、それに基づいて行動する（たとえば他人が被る損害はまったく気にならない、など）のであれば、理想的な環境政策は、ありとあらゆる環境汚染に価格付けをし、それ以外は市場に委ねるということになる。炭素税はこうした考え方に基づいており、今日では私たちも含め大方の経済学者が炭素税を支持している。環境経済学の先駆者で炭素税を提唱したウィリアム・ノードハウスは、二〇一八年にノーベル経済学賞によって報われた。地球を汚す温室効果ガスの排出に対して明確な価格が設定されれば、企業は深刻に受け止める。積極的に排出削減に取り組んで成果を挙げた企業から排出する権利を買えるようにするカーボン・

クレジット取引も、排出削減に効果的だと考えられる。なぜなら、排出量の少ない企業にも、たとえば植林をするなどしてさらに排出を減らすインセンティブを与えることになるからだ。加えて、炭素税収入も新たな環境技術開発の財源として役に立つ。

だが、カーボン・クレジットの活用だけで満足すべきではあるまい。たとえば、気候変動の抑制に協力したいと考える人がいるとしよう。だがこの人は、エネルギー効率の高いＬＥＤ電球を使っていない。単にＬＥＤのことを知らないのだろうか、それとも、いつも買い忘れてしまうのだろうか。あるいは、高価なＬＥＤに見合う環境改善効果が得られるのか、疑問に感じているのだろうか。こういう人にとって、政府がＬＥＤ以外の電球を禁止するのはいいことなのか、それとも悪いことなのだろうか。

あるいは禁止は行き過ぎだと言うなら、政府がよりクリーンな技術へと人々をそれとなく導くのはどうだろう。たとえばスマートメーターの導入に伴い、ピーク時間帯には高い電力料金、それ以外の時間は安い電力料金を徴収するといった料金プランの導入が可能だ。これはピーク時の節電など電力消費のよりよい管理につながると期待できる。ところが最近カリフォルニア州サクラメントで行われた調査では、そうした料金プランの選択が可能になったときに選んだ世帯は二〇％に過ぎないことがわかった[23]。だが、ランダムに選んだ世帯に節電型プランをデフォルト設定にすると、九〇％がそのままそのプランを選び、そしてほんとうに電力消費量が減ったのである。ならばどうして始めから積極的に選ばないのだろうか。自分から選ばなくても、いいとわかれば続けるということなのだろうか。この質問にはっきりした答が出ないのであれば、政府が環境によいほうを選んでもさしつかえないと言えないだろうか。

また、エネルギー消費はどの程度まで習慣に根ざしているのか、という問題がある。ある種の消費の仕方は言わば中毒のようなもので、ずっとそうしてきたからなかなか変えられない。パリ・スクール・オブ・エコノミクスでは、省エネ型校舎の新築と同時に暖房の設定温度を下げた。あそこで働いていたときは、みんな冬の間中寒い寒いとこぼしていたものである。だが厚手のセーターをオフィスに置いておく、というちょっとした工夫一つで不平はぴたりと止まった。じつに簡単なことである。考えてみれば私たちは、アメリカのオフィスが暖房のかけ過ぎで暑いことに長年文句を言ってきたのだった。セーター一枚で快適になるなら、暑すぎるオフィスよりずっといい。ささやかな工夫で地球を救うことに貢献できたという心の満足が得られるのだから、十分に報われるというものである。

エネルギー消費に影響を与える行動の多くは、繰り返されることによって習慣化する。車に乗らずに電車を利用する、部屋を出るときは電気を消す、等々。このような日常の行動は、それまでやってきたことを繰り返すのがいちばん簡単であり、変えるのは努力がいる。だがいったん変えてしまえば、続けるのはやさしい。さらに、もっと機械的にやる方法もある。サーモスタットを導入すれば、朝晩だけ暖房を強めにし、日中は弱くするといったことを自動的にやってくれる。つまり、今日の選択が明日のエネルギー消費量を抑えてくれるというわけだ。現に、エネルギー消費に関する選択は長続きするという証拠もある。あるランダム化比較試験（RCT）では、ランダムに選んだ世帯に定期的にエネルギー報告を届けた。報告には、エネルギー消費量の近隣世帯との比較が記載されている。報告を受け取るようになった世帯は、受け取らない世帯と比べて省エネに熱心になり、エネルギー消費量があきらかに減った。しかもそれは、**報告書の送付を打ち切ってからも続いた**のである。これは、省エネに努めるうちに習慣が変わったからだと考えられる。[24]

エネルギー消費習慣がある種の中毒のようなものだとすれば、今日湯水のごとくエネルギーを使う人は、将来もどしどし使うことになる。となれば、タバコ税のようにエネルギー消費に高い税金をかけるのがよいのかもしれない。高い税率の導入で消費に急ブレーキがかかれば、その後は省エネ行動が習慣化するはずだ。その後も高い税率に据え置いても差し支えあるまい。すでに全員が税金を避けるべく省エネが身についているので、高い税金は誰にも損害を与えないからだ。

言うまでもなく、エネルギーを消費するのは冷房や暖房や輸送だけではない。私たちが買うものもエネルギー消費に加担している。そして何を買うかには好みが大きく関わってくる。経済学者は、人々の好みにおいて「習慣」が果たす役割をようやく意識し始めたようだ。小さいときから消費してきたものが今日の自分の好みを形成している。たとえば移民は、新しい国に来てからも子供のときから食べてきたものを食べ続ける。たとえその国では故郷ほどその食べ物が安くなくても、である。[25] 習慣づいているものを変えるのは、短期的には苦痛を伴う。だが変えることは可能だ。それだけではない。人は、未来の変化に備えて行動を変えることもする。[26] したがって、エネルギーを大量に消費する行動に対して将来の増税を予告しておくことは、人々がその事実を受け入れて行動を変えやすくする効果があると考えられる。

汚れた空気が人を殺す

富裕国は、節約すべきエネルギー消費の大半が、もともとなくても済ませられるものである（すぐ近くのスーパーマーケットまで車で行く、冷房の効き過ぎの部屋で上着を着込んでいる、など）。この点で、富裕国は非常に有利だと言える。だが発展途上国にとっては、エネルギー消費をすこしでも減らすのは大打撃だ。過去二〇年間でインドの石炭消費量は三倍になり、中国は四倍になった。一方、アメリカを始めとする先進国ではやや減っている。今後数十年のエネルギー消費量は、経済協力開発機構（ＯＥＣＤ）以外の国が加盟国の四倍は増えると見込まれる。

だが大方のインド人にとって、増えた消費も増えたエネルギー消費もけっして贅沢ではない。今日のインドの農村部ではエネルギー消費量がとても少ない。これはだいたいにおいて、辛くて危険な生活を送っているからだ。彼らがこれ以上消費を減らすことは不可能であり、むしろもっと増やす権利がある。このような状況で、貧困国が気候変動を巡る議論から完全に疎外されているのは何か根拠あってのことなのか。逆に、富裕国と同じライフスタイルを楽しんでいる貧困国の最富裕層についてまで排出削減を猶予するのは合理的と言えるのか。

　これは悩ましい質問だ。世界の富裕層が耽溺してきた現在・過去の無節制や贅沢のツケを貧困層が払うことには、何か非常にアンフェアな匂いがすることはまちがいない。不幸なことに、ここには二つの問題が絡んでいる。第一に、すでに論じたように、発展途上国に一時的な猶予期間を設けた結果、クリーンでない古い技術が何年にもわたって生き延びることになってしまった。一時的な猶予の効果は一時的では終わらないかもしれず、しかもその犠牲になるのは主に途上国の住民である。したがって先進国は猶予を与えても安穏としていられる。

　第二に、現実にいちばん深刻な問題なのは、たとえ気候変動の恐れがないとしても、発展途上国は現在の排出レベルをいつまでも続けられるのか（さらには増やせるのか）、ということである。CO_2の排出は、将来世代のみならず現世代の命を脅かす大気汚染に直接結びつく。中国とインドの環境は急速に悪化し、大勢の人々の健康への影響が急を要する問題となっている。他の新興国でも状況は似たようなものだ。

　大気汚染は命を奪う。中国では、石炭による屋内暖房に淮河以北では補助金が出るが、以南では出ない。北部は寒いという理由からである。このため、淮河を南から北へ渡ると、大気の質の悪化をはっきりと感じることができる。大気汚染に伴い、平均寿命も短くなっている。[27] ある試算によると、中国が大気中の微小粒子状物質濃度を世界標準まで下げることができれば、三七億年相当の寿命が延びるという。

そうは言っても中国の空はインドの大都市に比べればずっとましだ。首都デリーを始めとするインドの大都市は、地球上で最も大気汚染が深刻とされる。[28] 二〇一七年一一月には市長自身がデリーをガス室に擬(なぞら)えたほどだ。在インド・アメリカ大使館の測定によると、当時のニューデリーの大気汚染は、世界保健機関（ＷＨＯ）が定めた基準の四八倍に達していたという。中国もそうだが、インドの汚染レベルはまちがいなく命にかかわる。[29] 汚染がとくにひどくなる一一月には、毎年入院者数が急増する。汚染と健康に関するランセット委員会の推定によると、二〇一五年の大気汚染による死者数は世界全体で九〇〇万人に達したという。[30] うち二五〇万人以上がインドで、単独の国としては最も多い。[31]

デリーの冬期の大気汚染は、地理条件などさまざまな要因に起因するが、その中には変えられる行動も含まれている。たとえばデリーの近隣州では刈り入れ後の畑に残された刈り株を燃やす習慣があるが、これは大気汚染の大きな原因となる。立ち上った煙が、都市内で発生する建設工事のほこりや自動車の排気ガス、ゴミ処理場の煙、貧しい人々が暖をとるための焚火などと混じって深刻な汚染源となる。デリーのスモッグの深刻さは、直ちに行動に移す十分な理由になるはずだ。もはや今日の命か明日の命かというトレードオフは存在しない。今日の命が脅かされているのである。唯一のトレードオフがあるとすれば、それは、消費を減らすか喘息で死ぬか、ということだけだ。このトレードオフでさえ幻想に過ぎないかもしれない。インドの繊維産業と中国の旅行代理店について行われた二種類の調査によると、汚染のひどい日はいずれも生産性が低下することが確かめられている。[32] となれば、汚染がひどいほど消費は減るのかもしれない。[33]

デリーは比較的裕福な都市である。デリーの住民には、近隣州の農民に刈り株を燃やさずに埋めてくれと頼み、そのための作業機械を提供する余裕があるはずだ。また政府は戸外での焚火を禁止し、寒い夜には貧しい人々のために暖房の効いた施設を提供してはどうだろう。ゴミ焼却場に最新の処理設備を備え、汚染物質を出さないようにすることも考えられる。さらに、排ガスをまき散らす旧型の自動車やディーゼル燃料車を全面的に禁止するとともに、混雑時間帯の都心部乗り入れに対して通行料をとるなどの措置を導入することも検討してはどうか。[34] もっと踏み込んで、厳格な産業汚染規制を行うことも理論上は可能だが、おそらく企業は守らないだろう。その一方で、公共輸送機関の整備は有望と考えられる。また、都市部で操業する大型火力発電所は最新技術を導入するか、それができないなら閉鎖すべきだ。いま挙げた対策はどれも一つでは不十分かもしれないが、積み重ねることによって状況改善に奏功すると期待できる。

これらの対策には、さほどの予算を必要としない。ある試算によると、パンジャブ州とハリヤナ州の農民が刈り株を鋤き込む農機を購入するための助成金は二〇〇億ルピー（三億ドル）もあれば十分だという。これは、デリー州の住民一人当たり一〇〇〇ルピー（現行レートで一四ドル）にしかならない。ところが驚いたことに、大気汚染対策は喫緊の課題であるにもかかわらず、政治の反応は鈍い。その一因は、汚染の軽減には多くの人の協力を必要とすることにあるだろう。だがそれだけでなく、大気汚染が健康を害することが正しく理解されていないという理由もあるようだ。最近のランセットの調査では、屋外の大気汚染による死亡の大きな原因はバイオマス（木の枝や葉など）の燃焼だが、その多くは屋内のストーブで燃やされていることがわかった。[35]つまり、屋内の汚染もひどいということである。となれば、各世帯がもっといいストーブを購入すれば屋内・屋外両方の汚染が減るわけだ。しかし、クリーンなストーブに対する需要は乏しい。[36]非政府組織（NGO）がクリーンなストーブを無料で配布しても、人々はあまり興味を示さず、壊れるとあっさり捨ててしまい、修理に出す手間をかけようとしない。[37]きれいな空気の価値を重視しないのは、おそらく大気の質を健康や幸福や生産性と結びつけるだけの知識がないのだろう。

だがこの状況は変えられるはずだ。スラムの住人に都市の生活と故郷の村の生活とを比べてどちらがいいかと質問すると、大半の人がデリーのほうがいいと答える。[38]ただし、デリーでいやなのは環境、とくに大気汚染だという。二〇一七〜一八年の冬にデリーではついに怒りが爆発した。大気汚染が危険なレベルに達したとして学校が閉鎖されたとき、生徒たちが街頭に繰り出してデモを行ったのである。民主主義国家でない中国でさえ、世論の圧力を受けて政府は何らかの汚染対策を講じざるを得なくなったと報道された。となればインドでは、人々の要求が遠からず改革につながると期待される。優先すべきは、クリーンな消費パターンの定着につながるような政策の策定である。コストもさほど大きくはないはずだ。というのも多くの場合にインドは段階を踏むことなく一気にクリーン技術を入手できるからである（たとえば、貧困世帯に電気が引かれたときには、最初からLED電球が使える）。新しいクリーンな技術が古い技術より高価なケースもあるだろう（クリーンな自動車は旧型車よりかなり高い）。その場合には、貧困層に補助金を出す必要が出てくる。それでもさほどの予算は必要としないし、政治的意志さえあれば、エリート層に負担させることができるはずだ。

グリーン・ニューディール？

二〇一八〜一九年冬のアメリカでは、民主党の政治家がさかんにグリーン・ニューディールを喧伝し、気候変動対策を経済的正義と再分配に結びつけようとした。というのも、世界中の政治の場で厳しい闘いが繰り広げられていたからである。パリでもウェスト・バージニアでもデリーでも、気候変動対策はエリートの贅沢と位置づけられていた。そんなものに富裕層以外からも取り立てた税金を使うな、というわけだ。

私たちはその一つに実際に行き合わせた。二〇一八年末にフランスで始まった黄色いベスト運動である。発端はガソリン税の引き上げだった。これに反発した人々がパリの街路に毎週土曜日に繰り出して激しい抗議運動を繰り広げ、フランス政府を窮地に陥らせたことは記憶に新しい。最終的に増税は延期された。抗議運動家の言い分は、こうだ。ガソリン税の引き上げは、富裕層（彼らは職場へ地下鉄で通えるところに住んでいる）が貧困層を犠牲にして良心をなだめているに過ぎない。郊外や田舎に住む貧困層は、車で通勤するしか選択肢がないのだ……。フランス政府が富裕税［富に対する連帯税］を廃止したことを考え合わせると、彼らの主張は筋が通っていると言うべきだろう。またアメリカでは、かつての石炭戦争が再燃したかのように、貧困層に無関心な富裕層の代名詞としてリベラルのエリート層に対する反感が高まっている。石炭戦争とは、全米二位の産炭地であるウェスト・バージニア州で炭鉱労働者と鉱山会社が武力衝突した一九二〇年代の出来事で、このケースでも搾取された炭鉱労働者に対する都市部の反応は鈍かった。そして言うまでもなく発展途上国では、富裕国の過去の選択のツケを払わされることについて、政治家が折りに触れて不満を表明している。これはもっともなことだ。

グリーン・ニューディールは、まさにこの分裂に橋渡しをする試みである。新しくグリーンなインフラ（太陽光パネル、高速鉄道など）を建設することは、雇用の創出にも気候変動の抑制にもつながるというのである。グリーン・ニューディールの提唱者たちは、炭素税にはあまり関心がないようだ。左派の多くは、炭素税は市場のメカニズムに依存しすぎだと考えているし、フランスでは、炭素税は貧しい人たちに払わせる新たな方法だとみなしている。

炭素税が受け入れやすい選択肢でないことは、承知している。なにしろまだ存在していない人たちが最も多くを払わされることになるのだ。それでも、炭素税を政治的に受け入れられる形にすることは可能だと考えている。そのためには、炭素税は政府の歳入を増やすものではないことをはっきりと明確にすることだ。政府は税収中立的に炭素税の構造を設計しなければならない。具体的には、炭素税の税収をそのまま補償に充当し、最低所得層への補助金とする。こうすれば、最低所得層は炭素税で払った分を取り戻し、さらにクリーン技術の導入に当てることができる。このようなしくみにすれば、電気自動車に買い替えるか車を使わずに電車を利用するなど、エネルギー節減のインセンティブを与えることができるはずだ。ただし貧困層がそのために払う必要はないことをはっきりさせる。すでに述べたようにエネルギー消費が習慣の問題であることを考えると、炭素税の導入をかなり前から予告することによって、人々は習慣を変える準備ができるだろう。

言うまでもなく気候変動を防ぐには多額の予算が必要だし、すでに一部の対策は進んでいる。今後はさらにインフラ投資を進めなければならないし、気候変動で生計が脅かされる人々への再分配も必要になるだろう。貧困国では、平均的な市民が地球の未来を傷つけない方法で生活の質を向上させるための予算も必要になる。たとえば空調を巡る議論を思い出してほしい。インドにクリーンな空調を購入する資金をなぜ世界は提供しないのだろうか。貧しい人々はそもそも消費が少ないのだから、ささやかな支援で消費を増やすことができるし、大気汚染を減らし排出を減らす技術を導入することができる。世界の最富裕国は、その程度の支援は容易にできるほど豊かなはずだ。

ここで重要なのは、貧困国の貧困層が富裕国の貧困層を攻撃することのないような解決策を議論することである。望ましい政策の一つは、税金と規制の組み合わせで富裕国の排出を抑えるのと並行して、貧困国におけるクリーン技術への移行に資金援助することだ。それをすれば、富裕国の経済成長は鈍化するかもしれない（もっとも、成長の要因が何かはっきりわかっていないのだから確実ではないが）。だがコストの大半を富裕国の最富裕層が負担するなら、それはあきらかに地球にとって利益になる。それをしない理由は見当たらない。

デリーでもワシントンでも北京でも、排出規制を求める声に対して政府は腰が重く、成長を楯に行動に移ろうとしない。ＧＤＰの拡大はいったい誰を利するのか、という議論は後回しにされている。

成長信仰については経済学者にかなりの責任があると言わねばならない。経済学の理論からしても、またデータを見ても、一人当たりＧＤＰの最大化がつねに望ましいという証拠はどこにも存在しないのである。それでも経済学者は、リソースは再分配できるし、必ずされると基本的に信じているため、とにかくパイをできるだけ大きくするのだという罠に陥っている。このような姿勢は、過去数十年間に学んだ教訓を頭から無視するものだ。こちらについては、明白な証拠、エビデンスがある。ひたすら成長をめざす過程で不平等は近年大幅に拡大し、どの国の社会にも重大な影響を引き起こしているということだ。

Chapter 7 不平等はなぜ拡大したか

『プレイヤー・ピアノ』[1]〔邦訳：早川書房〕は、アメリカの偉大な小説家カート・ヴォネガット・ジュニアの最初の長編である。この小説で描かれるのは、ほとんどの仕事が消えてなくなってしまったディストピアだ。小説が書かれたのは一九五二年で、戦後の好景気で雇用が増えている時期だったから、ヴォネガットはじつに先見の明があったと言うべきか、でなければ何か勘違いをしていたのだということになる。ともあれ、まさに今日のために書かれた小説であることはまちがいない。

プレイヤー・ピアノとは、自動演奏ピアノのことである。『プレイヤー・ピアノ』の世界では、機械は自分で自分を操作するので、人間はもはや必要ない。人間にはあれこれと不要不急の仕事が与えられるが、どれもまったく無意味で何の役にも立たないものばかり。ヴォネガットが一九六五年に発表した『ローズウォーターさん、あなたに神のお恵みを』〔邦訳：早川書房〕の主人公が言うとおり、「問題は、何の役にも立たない人間をどうやって愛せというのか」ということだ。[2]いや、さらに言えば、何の役にも立たない人間が自分自身を憎み、蔑まないようにするにはどうしたらいいのか。

ロボットが次第に高度化し、人工知能（ＡＩ）が進化するにつれて、人々は懸念をつのらせている。刺激的な仕事ができるのはほんの一握りの人だけで、残り全員は仕事がないか、ひどくつまらない仕事しかないとしたら、そしてその結果として不平等が拡大したら、いったい社会はどうなるのか……。とりわけ悩ましいのは、この流れは大方の人間にはどうにもできないことである。ハイテク界の大物たちは、自分たちの愛するテクノロジーが大問題を引き起こしかねないと気づいて、何とか解決すべく躍起になっている。だがじつは、技術の進歩が大勢の市民を置き去りにしたときに何が起きるかは、想像で議論する必要はない。なぜなら、アメリカでは一九八〇年からすでに起きているからだ。

ラッダイト

ＡＩやロボット、広くは自動化が進んだとき、新たに創出される雇用よりも失われる雇用のほうが多いのではないか、多くの労働者が不要になるのではないか、国内総生産（GDP）に占める賃金の割合は大幅に減るのではないか――多くの経済学者が（そしてもちろん多くの経済評論家が）懸念している。今日では、成長楽観論者が同時に雇用悲観論者であることが多い。彼らは、人間の労働者がロボットに置き換えられることによって将来の成長が実現すると考えている。

マサチューセッツ工科大学（MIT）の同僚であるアンドリュー・マカフィーとエリック・ブリニョルフソンは、著書『ザ・セカンド・マシン・エイジ』［邦訳：日経BP］の中で、機械との共存について楽観的な見方を示しながらも、デジタル化によって消えて行く仕事は少なくないと認める。[3] デジタル化の進行によって、「ふつうの」スキルしか持たない労働者は次第に不要になるというのだ。自動車の塗装からスプレッドシートの操作にいたるまで、さまざまな仕事をコンピュータやロボットがこなすようになり、高度な専門教育を受けプログラミングやロボットの設計のできる人間がますます貴重になる一方で、それ以外の人間は極端に低い賃金に甘んじない限り、仕事がなくなりかねないという。つまりAIは、ふつうの労働者にとってとどめの一撃になる。

最初のIT革命では、やはりMITのデビッド・オーターが指摘したとおり、定型的な反復作業は消えたが、迅速な判断や直観が求められる仕事は消えなかった。[4] タイピストや組立ラインの工員はいなくなったが、役員秘書やハンバーガーをひっくり返す人はいなくならなかった。

だが今回はちがう、と大勢が考えている。人工知能とはつまり、機械が作業を重ねるうちに自分で学び、定型的な仕事でなくてもこなせるようになるということだ。たとえば碁を打つことも、洗濯物をたたむこともできるようになる。二〇一八年六月に、ロボットの調理したハンバーガーを出す店がサンフランシスコに出現した。注文をとるのもソースを作るのもまだ人間だが、ゴージャスなハンバーガーを焼くのはロボットである。たとえば「料理番組『トップ・シェフ』第一六期の担当シェフのレシピによる黒胡椒と塩を利かせたハンバーガー、燻製牡蠣に椎茸とマッシュルームを加えた特製アイオリソース添え、トッピングにピクルス、オニオン、レタス」なるものがわずか五分で提供される。お値段は六ドルだ。[5] エステルの妹アニー・デュフロは、大規模なＮＧＯ「貧困解決のためのイノベーション（ＩＰＡ）」のＣＥＯだが、人間のアシスタントは雇っていない。ＡＩ秘書のフィン君がホテルや飛行機の手配、スケジュール管理、出張旅費の精算など万事をやってくれる。悲しいことに、アニーは人間よりＡＩ秘書のほうが快適だと言う。人間よりずっと信頼できるうえ、彼（いや、彼女？　ソレ？）に払う賃金は断然少ない。オフィスには人間のアシスタントもいるが、どんどん数は減っている。この流れは止まりそうもない。

　ＡＩ革命はこのように幅広い仕事を直撃している。会計士、宅地建物取引士、経営コンサルタント、ファイナンシャル・プランナー、パラリーガル、スポーツ・ジャーナリストなどはすでに何らかの形でＡＩと競争している。もしまだだとしても、すぐそうなるだろう。皮肉屋は、こうした「高級な」仕事があやうくなっているのでみんな騒いでいるのだ、と言うかもしれない。その言い分はかなり正しい。だがＡＩは、商品補充、清掃、調理、タクシー運転手といった職業にも打撃を与えている。マッキンゼーはＡＩの現在の仕事ぶりを踏まえたうえで、アメリカの仕事の四五％は自動化される可能性があると結論づけた。[6]またＯＥＣＤは、加盟国の労働者の四六％は、機械に取って代わられるか、仕事内容が激変すると見込んでいる。[7]ただしこの見積もりには、機械によって人間が労苦から解放され、別の仕事を割り当てられるケースは勘定に入っていない。

となれば差し引きではそう悪くもないのか、どうなのか。もちろん経済学者はこの問題に強い関心を示しているが、意見は完全に割れている。ＩＧＭパネルが経済学者に「労働市場と職業訓練が現状のままの場合、ロボットやＡＩの台頭により、先進国で長期にわたり失業する労働者の数は大幅に増える」という記述について意見調査を行ったところ、「同意する」「強く同意する」が二八％、「同意しない」「まったく同意しない」が二〇％、「わからない」が二四％という結果になったのである。[8]

最後の審判の日はいずれ来るのかもしれないが、すくなくとも現時点ではまだ来ていないことが事態を複雑にしている。経済学者のロバート・ゴードンは今日のイノベーションをあまり高く評価しておらず、旅行中は「ロボットがやっているサービスを見つける」ことが趣味だという。[9]そして結局のところ、ホテルのチェックインで対応するのは人間だし、部屋を掃除するのも人間だし、コーヒーを運んでくれるのも人間だと指摘する。

たしかに現時点では、人間が完全に不要になったとか、すっかり役立たずの邪魔者になったなどとは言えない。アメリカの失業率は、本書を執筆している二〇一九年初めの時点で歴史的な低水準にあり、なお下がり続けている。[10] また女性の社会進出が進んだ結果、労働力人口に占める女性の比率は二〇〇〇年まで大幅に上昇し続けた（だがそれ以降は横ばいか減っている）。[11] 省力化技術の導入が進んでいるにもかかわらず、働きたい人は何かしら仕事が見つかる状況だ。

そうは言っても、現在はＡＩが加速する自動化時代のほんの入り口にさしかかっただけなのかもしれない。ＡＩはまったく新しいタイプの技術だと言われるが、もしそうだとすれば、この先どうなるかは予想がつかないことになる。未来学者は「シンギュラリティ［singularity］」という言葉をよく口にする。シンギュラリティとは、自律的に作動する機械的知性が無限にバージョンアップを繰り返すようになる技術的特異点を指す。そうなれば生産性の伸びは劇的に加速するという。とはいえ大方の経済学者は、そのような地点に近づいているとの見方には甚だ懐疑的である。それでも、今後数年のうちにゴードンのロボット探しがもっと忙しくなることはまちがいなさそうだ。

今回の自動化の波はまだ始まったばかりだが、過去にも自動化の大波が襲ってきたことはあった。自動紡績機、蒸気機関、電気、コンピュータ、機械学習は、ちょうど今日のＡＩと同じように多くの仕事を自動化し、人間の手を不要にした。[12] そのとき起きたのは、今日まさに懸念されていたことだった。多くの産業で労働者が機械に取って代わられ、自動化が強力に推進されて、人間の労働者は不要になった。とりわけ打撃を受けたのが、産業革命初期の繊維産業に従事していた紡織の熟練職人である。お払い箱になった彼らは怒りを爆発させ、一九世紀初めにラッダイト運動を引き起こす。腕利きの職人としての生計を台無しにした機械化に抗議するために、機械を叩き壊して回った。ラッダイトという言葉は今日では進歩を頭から否定する頑固者を指して軽蔑的な意味合いで使われており、技術が失業を生むという懸念を否定する目的で引用されることが多い。結局のところ、ラッダイト運動家たちはまちがっていたではないか。仕事はなくならなかったし、賃金も生活水準も大幅に改善された……。

だがラッダイトは、いま私たちが考えるほどまちがっていたわけではない。誰が何と言おうと、産業革命の嵐の中で熟練職人の仕事は消えてなくなったのである。紡績産業だけでなく、職人の腕を要するような仕事はあらかた姿を消した。長期的にはすべての人の生活が上向いたと言われるが、その「長期」はほんとうに長かった。イギリスのブルーカラーの賃金は、一七五五〜一八〇二年におよそ半分に減っている。一八〇二年に底を打つまで、ずっと右肩下がりが続いたのである。上昇に転じたのはようやく一九世紀に入ってからのことで、一七五五年の水準を回復したときには一八二〇年になっていた。六五年を要したことになる。[13]

イギリスで技術が猛烈な勢いで進歩したこの時期は、同時に貧困が深刻化し、生活条件が悪化した時期でもあった。経済史家のロバート・フォーゲルは、この時期のイギリスの少年たちの栄養状態は、同時期のアメリカ南部の奴隷以下だったと指摘する。[14] 当時の文学を読んでも、フランセス・トロロープからチャールズ・ディケンズにいたるまで、経済や社会がいかにおぞましい状況だったかが克明に書き綴られている。まさに苦難の時代だった。

いまでは、ついにイギリスにターニングポイントが訪れたことがわかっている。一部の労働者は職を失ったものの、省力化技術の導入によって利益率は上がり、労働需要も押し上げられた。たとえば紡績産業ではジョン・ケイの発明などによって生産性は上がり、糸の需要が急増したほか、多くの雇用が創出されている。またこの過程で富裕になった資本家は新しいモノやサービスの需要を生み出した。たとえば、弁護士や会計士や技術者や仕立屋や庭師などが新たに必要になり、雇用機会の拡大につながった。

とはいえ、ターニングポイントが必ず来ると保証されているわけではない。今回のＡＩと自動化の波では、いったん減少した労働需要がいずれ再び盛り返すとは限らないのである。ことによると、利益の多かった部門は労働者を増やさずに、さらに省力化技術に投資するかもしれない。新たに築かれた富は、どこかよその国で作られた製品の購入に充当されるかもしれない。

今回がどうなるかということは、端的に言ってわからない。長期的には雇用が回復するとしても、その長期はまだ終わっていない。現在の自動化の波はおおむね一九九〇年に始まっており、私たちはまだ二五年ほどの経過しか目にしていないのである。それでも、今回の波がこれまでのところ雇用に悪影響を与えていることはまちがいないようだ。ここで、自動化の影響に関する調査を一つ紹介しよう。この調査では地域ごとに産業ロボットの普及度を調べ、普及度の高い地域と低い地域とで賃金水準・雇用水準の変化を比較した。[15]調査を実施した研究者たちは、いったん落ち込んだ雇用が回復する要因を検討した論文を書いたこともあり、[16]雇用に関して楽観的だったのだが、調査結果は見通しを裏切るものとなった。ロボットの普及度が高い地域では、ロボット一台につき雇用が六・二人減り、賃金も下がったことがわかった。また、この現象は製造業でとくに顕著であること、高卒以下で定型的な肉体労働に従事している人が最も打撃を受けることも判明した。では、その分を埋め合わせるような需要がどこかで発生しているかというと、そうではなかったのである。他の職種あるいは他の教育水準のグループに雇用増は認められなかった。ロボットが雇用と賃金に与える地域的な影響は、国際貿易が雇用と賃金に与えた影響を想起させる。両者がじつによく似ていることには驚かされる。ある地域でかなりの割合の仕事が自動化されると、多くの労働者が不要になる。すると、それを当て込んで進出してきた事業に雇用されるか、でなければよそへ行って働くと考えたくなるかもしれないが、実際にはそううまくはいかない。また、単純作業がロボットに置き換えられた場合には、必ずしもエンジニアの雇用が増えるとは限らない。これは、中国との競争が未熟練労働者に打撃を与えることとよく似ている。硬直的な経済においては、労働者がスムーズに転職したり移住したりすることは、まずもって期待できないことを思い出してほしい。

たとえ雇用の総数が減らないとしても、今回の自動化の大波は、ある種のスキルを要する仕事（会計士、経理担当者など）を駆逐する一方で、高度なスキルを要する仕事（ソフトウェアのプログラミングなど）やまったくスキルを必要としない仕事（犬の散歩など）の需要を増やすなど、偏りがあることはまちがいない。プログラミングも犬の散歩も、機械で置き換えるのは現時点ではむずかしい。ただし言うまでもなく、両者の賃金格差は大きい。ソフトウェア・エンジニアが裕福になれば、犬の散歩をしてくれる人を雇うゆとりができる。しかも大学を出ていない人間にはほかに仕事がなくなっているので、たいして賃金を払わずに済む。たとえ教育水準の低い人がまだ企業に雇われているとしても、賃金格差がどんどん拡大することは確実だ。一握りの人間が高い報酬をもらい、残り全員はとくにスキルを必要としない仕事に追いやられ、賃金も労働条件も悪化する。この傾向は一九八〇年代から続いている。大学を出ていない労働者は、次第に中程度のスキルの仕事（事務など）から低スキルの仕事（清掃、警備など）に格下げされてきた。[17]

自動化は行き過ぎか

では自動化に向かう動きを止めるべきなのだろうか？　最近の自動化は行き過ぎではないかと疑う理由は十分にある。なにしろ企業は、人間よりロボットのほうが生産性が低い場面でも自動化を導入したがっているようなのだ。だが過度の自動化は、ＧＤＰを増やすどころか減らすることになる点でも問題である。

なぜ企業はそんなことをするのか。理由の一つはアメリカの税制に偏りがあることだ。資本より労働に高い税金をかけているのである。雇用主は、人間を雇用したら給与税を払わなければならない（失業給付およびメディケアの原資となる）。だがロボットには払う必要がない。それどころかロボットに投資した瞬間に、資本支出に対する加速償却を適用して節税をすることが可能だ。またロボットへの投資資金を借り入れで調達していれば、利払い分を利益から差し引くこともできる。こうした税法上のメリットが誘因となって、経営者は自動化を押し進める。たとえ人間の雇用を維持するほうが生産性が高く安上がりであっても、である。[18] 仮に税制面で優遇されていなくとも、労使関係ではさまざまな制約や軋轢があることを考えれば、経営者としては人間のいない工場を夢見たくもなる。端的に言って、ロボットは育児休暇を要求しないし、不況時の賃金カットに抗議もしない。ヨーロッパで、組合の力が強い小売部門で自動化が最初に導入されたのは（自動レジなど）、けっして偶然ではあるまい。

産業集中と寡占化もこの傾向に拍車をかける。独占企業はもはや競争相手を恐れる必要がないので、顧客によりよい製品やサービスを提供するために絶えずイノベーションを追求する理由がない。そこで、コスト削減に関するイノベーションに力を入れることになる。そのほうが、利幅が大きくなるからだ。対照的に競争環境に置かれた企業は、シェアを急拡大しようと画期的なイノベーションを追い求める。

仮に企業が生産性を大幅に押し上げるようなテクノロジーを開発し、労働者が不要になったとしても、生産性の向上によって得られた利益は何か新しい事業に投じられ、不要になった労働者をそちらで活用できるはずである。だがここに一つ問題がある。労働者にとって最も危険なのは、「ほどほどの」自動化技術だ。つまり、税制の歪みなどの理由から導入するだけの価値はあり、労働者を不要にはするが、そこまで生産性の向上に寄与しないので大きな利益は生まない、という技術である。[19]

しきりにシンギュラリティが話題を賑わせているが、実際には今日の研究開発費の大半は機械学習を始めとするビッグデータ関連分野に投じられている。これらは、新たな労働力つまりは新たな雇用を生み出すような新製品の開発ではなく、すでに存在する仕事の自動化をめざすものだ。[20]労働者をロボットに置き換えることは経済的利益の観点から企業にとっては意味があるかもしれない。だが本来であれば革命的なイノベーションの創出に投入すべき有能な研究者やエンジニアを横取りしているのではあるまいか。たとえば、医療関係者が患者支援（手術後のリハビリを病院ではなく自宅で行えるようにする）に使えるソフトウェアやハードウェアの開発などはどうだろう。これなら保険会社にとっては保険金の大幅節約になるし、患者の満足度向上にもなり、かつ新たな雇用を創出することにもつながる。だが現在、保険会社が熱心に自動化を進めているのは、保険請求の承認可否を自動化するアルゴリズムの開発である。これはコスト削減にはなっても、雇用を切り捨てることになる。既存の仕事の自動化にばかり力を入れていると、今回の自動化の波は、労働者が苛酷な打撃を受けることになりかねない。

無節操な自動化が労働者を深刻に脅かすということは、右派、左派を問わず大方の人々が本能的に感じとっている。ある調査では、どこまで自動化を進めるか企業に任せるべきではないという点で共和党支持者と民主党支持者の意見が一致した。これは注目に値する。アメリカ人の八五％が、自動化は「危険で汚い仕事」に限定すべきだと答え、共和党支持者も民主党支持者もこの点では変わりがなかった。さらに「たとえ機械のほうが人間より効率的かつローコストだとしても、機械に置き換えてよい雇用の数に制限を設けるべきでしょうか？」という質問に対しても、アメリカ人の五八％がイエスと答えており、うち半分が共和党支持者だった。[21]

自動化は社会的にも深刻な問題と化している。企業にしてみれば、労働者を解雇すればそれで話は終わりだが、その労働者の幸福に対する責任を今度は社会が引き継ぐことになるからだ。社会としては、労働者が餓死したり、その家族がホームレスになったりするようなことは、ぜひとも防ぎたい。社会にとって望ましいのは、解雇された労働者が満足のいく新しい仕事に就くことである。とりわけ懸念されるのは、失業者が怒りを爆発させ、今日の世界にうようよいるポピュリストや過激な主張をする政治家に投票することだ。その一方で、企業は解雇した労働者の職業再訓練にも、生活保護にも、あるいは怒りが招く社会費用にも責任を負わない。

この種の主張に対する伝統的な解決は、解雇を困難にすることだった。たとえばインドの労働法では、大企業の社員を解雇することは事実上不可能である。またフランスの法律でも、正社員の解雇は非常に厳しい条件が付くうえ、労働者は職場復帰と未払い給与の支払いを求めて訴訟を起こすことが可能だ。解雇がこれほど困難で代償が大きいとなると、仕事のできない従業員を抱えた雇用主、あるいは生き残りをかけて短期間で人員整理をせざるを得ない経営者は苦しい立場に立たされる。そしていっそのこと、始めから雇用を控えることになってしまう。これでは失業を深刻化させるだけだ。[22]

解雇制限や人間に代わるロボットの導入禁止に代わって浮上してきたのが、ロボット税である。生産性の向上効果がよほど大きくない限り、導入を見合わせたくなるような高い税金をかけるわけだ。ロボット税は目下真剣な議論の的になっており、ビル・ゲイツは賛成に回っている。[23]二〇一七年に欧州議会は導入を検討したが、イノベーションの創出にブレーキをかけることになりかねないとして最終的に否決した。[24]一方、同時期に韓国は世界で初めてロボット税の導入を発表している。韓国の方式では、自動化に投資する企業に対して税制優遇措置の適用を制限すると同時に、アウトソーシングに課税する。こうすれば、ロボット税の対象になる企業がアウトソーシングに逃れることを防げるというわけだ。[25]

とはいえ、自動運転車（それ自体がいいことかどうかは別として）を禁止するのは簡単でも、大方のロボットは『スターウォーズ』に出てくるR2‐D2のようないかにもロボットらしい格好はしていない。ロボットたちは機械の中に埋め込まれており、その機械には人間のオペレーターが、数が減ったとはいえまだ必要だったりする。そうなったら規制当局は、どこまでが機械でどこかからがロボットか、決められるのだろうか。ロボット税を課税したところで、企業は法律をすり抜ける新たな手口をすぐに見つけるのではないだろうか。そうなれば、経済はますます歪むことになる。

こうした理由から、人間をロボットで置き換える現在の流れが、すでにどんどん減っている「よい仕事」をさらに減らすことは食い止められないのではないか、と私たちは危惧している。この現象はまず富裕国で、だが近い将来にどの国にも起きるだろう。そのうえ、本書の前半で取り上げたチャイナ・ショックを始めとする大きな変化が、程度の差こそあれ労働者階級を直撃している。これらが重なれば、失業率は上がり、賃金水準は下がり、多くの人が不安定な仕事しか見つけられなくなるのではないか。

この見通しを前に、責任を感じるとともに脅かされてもいるエリート層の不安はつのる一方だ。ユニバーサル・ベーシックインカム〔最低所得保障〕というアイデアがシリコンバレーで多くの支持を得ているのは、その表れと言えよう。もっとも大方の人は、現実にロボットの出現で自分がクビになるのは、技術がもっと進歩して定着する遠い将来のことだと高をくくっている。だが拡大し続ける不平等は多くの国ですでに社会問題と化しており、とりわけアメリカでは深刻だ。過去三〇年のアメリカを振り返ると、この問題が不可避的な技術革新の副産物だとは思えない。不平等は、政策決定の結果なのである。

自ら招いた結末

一九八〇年代までにはアメリカもイギリスも以前より成長が鈍化していたうえ、大陸ヨーロッパ各国や日本の追い上げをひしひしと感じるようになっていた。何としても経済規模で日欧に追い抜かれないことが、国家のプライドを懸けた使命と化していたのである。単に成長するだけでなく、他の富裕国との競争に勝たなければならなかった。数十年にわたって高度成長を続けてきた米英両国にとって、国家のプライドを規定するのはＧＤＰの規模になっており、これを拡大し続けることが至上命令となった。

イギリスのマーガレット・サッチャーとアメリカのロナルド・レーガンにとって、一九七〇年代後半の景気低迷の原因ははっきりしていた（いまにして見れば、彼らが何もわかっていなかったことは明白だが）。米英はともに左に寄りすぎていたというのである。労働組合は強すぎ、最低賃金は高すぎ、税金は重すぎ、規制は厳重すぎた。成長を取り戻すには、経営者をもっと優遇しなければならない。そのためには減税、規制緩和、組合の弱体化、そして小さな政府にすることが必要だ。企業にせよ、国民にせよ、政府に頼ってくれるな、というわけである。

すでに述べたが、景気回復には減税だ、というアイデアは最近の流行である。アメリカでは、一九五一～六三年には最高税率がじつに九〇％を超えていた。その後は引き下げられたものの、まだまだ高水準だった。レーガンと父ブッシュ時代に最高税率は七〇％から三〇％以下に引き下げられ、ビル・クリントンが三九・六%まで引き上げる。以来、大統領が民主党か共和党かによって多少の上げ下げはあったものの、四〇%を大幅に上回ることはなかった。減税とともにレーガンが「福祉改革」と称するもの（実体は福祉の骨抜き）を行い、さらにクリントンがその仕上げをした。いずれも、貧困層はもっと自己負担すべきであり、福祉は勤労者のためのものであるべきだとの原則の下に行われたのだが、内実は税収減に伴う予算不足が原因だった。労働組合関連の法改正が行われて労働組合は悪役にされると同時に、政府が直接権力を行使して弱体化を図る。レーガンが、航空管制官のストライキに際してストに参加した管制官全員を解雇し、空軍の管制官を投入したことは有名だ[26]。またさまざまな産業規制は次第にゆるやかになり、十分に納得できる理由がない限り政府は企業活動に介入すべきでない、ということになった。

イギリスも同じような経過をたどった。一九七八年に八三%だった最高税率は、一九七九年に六〇%に、その後四〇%に引き下げられ、以来おおむねこの水準を保っている。戦後の強い労働組合の時代は、政府の強硬な措置によって幕が下ろされた。分水嶺となったのが、採算性の低い炭鉱の閉鎖計画に対してイギリス全土で行われた一九八四年の炭鉱ストライキである。あらかじめ組合法を整備するなど周到な準備をして臨んだサッチャー政権が相手では組合側に勝ち目はなく、以後、組合の弱体化には歯止めがかからなくなった。規制緩和も次々に行われたが、ヨーロッパはおおむね規制を重んじる気風があるため、アメリカほどの緩和にはいたっていない。英米の決定的なちがいの一つは、イギリスは福祉の縮小には手を出さなかったことである（サッチャーはやりたかったようだが、閣僚が止めた）。サッチャー時代に政府支出はＧＤＰ比四五％から三四％に落ち込んだが、その後の政権ではやや増えている。[27]

なぜこれほど過激な改革が可能だったのだろうか。低成長に対する不安と焦燥が大きな原因の一つだったと考えられる。富裕層に大幅減税を適用すれば経済成長を促すという証拠はどこにも存在しないにもかかわらず（英米両国が約束された高度成長に転じるのをいまだに大勢が待っている）、減税が断行された。一九七三年に成長に急ブレーキがかかったとき、多くの人が自然な反応として、一九六〇年代、七〇年代に実行されたケインズ流マクロ経済政策の批判者の主張に耳を傾けた。その筆頭が、シカゴ学派の双璧ミルトン・フリードマンとロバート・ルーカスである。いずれもノーベル経済学賞を受賞している。

当時を席巻したレーガノミクスは、成長が恩恵をもたらす際に不平等を伴うことをあまり気にしなかった。なるほど富裕層が最初に恩恵を被るだろう、だが次には貧困層にも恩恵が回ってくる、というわけだ。この有名なトリクルダウン理論［富める者が富めば、貧しい者にも自然に富が滴り落ちる］をこのうえなくみごとに言い表したのが、ハーバード大学のジョン・ケネス・ガルブレイスである。彼はトリクルダウンとは「馬にたっぷり餌をやれば、それが道にこぼれ落ちてスズメがついばむ」ことに過ぎない、とはやくも一九八〇年代に揶揄している。[28]

実際、一九八〇年代はアメリカとイギリスで社会契約に劇的な変化が見られた時期でもある。

一九八〇年以降の経済成長は、どこからどう見ても、富裕層に吸い上げられたと言うほかない。これはレーガノミクスやその英国版の責任ではないのだろうか。

方向転換

一九八〇年代には、成長は引き続きぱっとしなかったのに、不平等は大幅に拡大した。トマ・ピケティとエマニュエル・サエズの労作のおかげで、いまや何が起きたかははっきりわかっている。一九八〇年は、レーガンが大統領に選ばれた年である。そしてまさにこの年に、最富裕層一%の所得が国民総所得に占める割合は、五〇年にわたる減少から増加に転じたのだった。アメリカではその後もこの割合は増え続けることになる。「狂騒の二〇年代」と呼ばれた時代が終わりにさしかかる一九二八年には、最富裕層一%の所得は国民総所得の二四%を占めていたが、七九年まで趨勢的に減り続けて一〇%を割り込む。そこから上昇し、二〇一七年には再び一九二九年の水準に達した。しかも所得格差の拡大は富の格差の拡大を伴う（所得は毎年の収入、富はそれが蓄積された財産である）。最富裕層一%が所有する富は、一九八〇年にはアメリカ全体の富の二二%だったのが、二〇一四年には三九%に達した。[29]

イギリスの経過もこれとよく似ている。転換点を迎えたのは、アメリカとほぼ同じ一九七九年、サッチャーが首相に就任した年である。このときまで、最富裕層一%の所得が国民総所得に占める割合は一九二〇年から減り続けていた。だが一九七九年以降は、途中二〇〇九年にグローバル金融危機による一時的な停滞を挟んで、アメリカと同じく増え続ける。ただしアメリカとはちがい、格差はいまのところは一九二〇年の水準に達していない。だが達するのは時間の問題だろう。[30]

一方、大陸ヨーロッパ各国はまったくちがうパターンを示している。最富裕層一%の所得が国民総所得に占める割合は、一九二〇年まではアメリカやイギリスとほぼ同じだったし、その後どこかの時点でこの割合が減り始めるのも同じだったが、アメリカとは異なり減ったままだったのである。多少の増減はあり、スウェーデンは一九八〇年代から増え始めるものの、アメリカに比べればささやかなものだ。[31]

所得に関するいま挙げたデータはすべて税引前である。したがって、富裕層から貧困層への再分配は考慮されていない。アメリカでは所得税率が引き下げられてきたので、一九七九年以降の所得格差は、税引後であっても税引前ベース以上に拡大したのではないか、と私たちは予想した。だが一九八六年の税制改革で一時的に拡大したものの、税引前と税引後の所得格差はおおむね同じだった。[32] このことは、税は重要な再分配手段ではあるが、格差の拡大はもっと根の深い現象であって、税による機械的な再分配では埋められないことを示すと考えられる。

ほぼ同時期の一九八〇年頃から、教育水準の低い労働者の賃金上昇は止まってしまう。アメリカの非管理職労働者の平均時間給（インフレ調整済み）は、一九六〇年代、七〇年代前半を通じて一貫して上昇した。そして一九七〇年代半ばにピークに達した後、レーガン＝ブッシュ時代を通じて下がり続け、それから徐々に回復する。その結果、二〇一四年の時点の平均実質賃金は一九七九年とほぼ同水準で、すこしも増えていない。しかも教育水準が最も低い労働者だけを取り出すと、同時期（一九七九年から今日まで）の実質賃金は下がっている。二〇一八年における高校中退者、高校卒業者、短大卒業者の正規雇用の実質週給は、一九八〇年の水準より一〇〜二〇％低い。[33] 減税賛成論者が主張するトリクルダウン効果がほんとうにあるなら、レーガン＝ブッシュ時代に賃金の伸びは加速したはずだ。だが実際には、正反対のことが起きている。労働分配率［生産された付加価値のうち労働者が賃金として受け取る比率］は一九八〇年代から一貫して下がり続けているのである。製造業では、一九八二年の時点では売上高の約五〇％が賃金として払い出されていた。だが二〇一二年には一〇％になっている。[34]

この方向転換が起きたのがレーガン＝サッチャー時代だったのは、おそらく偶然ではあるまい。とはいえ、レーガンとサッチャーが元凶だったとまでは断定できない。そもそも彼らが選挙で勝ったのは、時の政治の流れからだ。当時はアメリカでもイギリスでも、成長がもう終わってしまったのではないかとの不安が充満していた。自分たちが負けてどこかの国が勝ち、彼我の差が開く一方になるというのは受け入れがたい……。

加えて、所得格差拡大の主因がレーガンとサッチャーの政策にあったかどうかは、なお検証の余地がある。当時のさまざまな要因を洗い出し、どれが政策に影響を与え、どの政策が格差拡大を招いたのかは、いまだに経済学者の間で活発に議論されている。ピケティを始め一部の学者は政策転換を批判するが、大方の経済学者は経済の構造的転換、とりわけ技術革新が大きな役割を果たしたとの立場をとる。[35]

この議論に簡単に結論が出ない理由は、当時は世界経済に重要な変化が次々に起きた時期でもあったからだ。まず一九七九年に中国が市場改革を開始し、八四年にはインドが自由化に向けた第一歩を踏み出した。これらの国がいまや世界の二大市場になったことは読者もよくご存知のとおりである。こうした要因もあって、世界の貿易は世界GDP比で五〇%も拡大し、[36]第三章で取り上げたさまざまな問題を引き起こした。

コンピュータの本格的な登場も、当時の大きな出来事である。一九七五年にはマイクロソフトが設立された。七六年には最初期のマイクロコンピュータApple Iが発売され、七七年にはApple IIが大成功を収める。八一年にはIBMが最初のパーソナルコンピュータを売り出した。また七九年には電電公社〔現NTT〕が世界初の自動車電話サービスを開始している。

技術革新とグローバル化は、アメリカとイギリスにおける格差拡大にどの程度寄与したのだろうか。また、政策（とくに税制政策）はどの程度の役割を果たしたのだろうか。

コンピュータの普及に伴い、幅広い分野でさまざまな技術革新が起きた。それらはロバート・ゴードンの言うとおり、蒸気機関や内燃機関ほど革命的ではなかったかもしれない。それでも多くの仕事を駆逐した。もはやいまではタイピストで生計を立てることはできまい。速記者もほとんどいなくなった。ホワイトハウスでさえ、速記者が姿を消す日は近い。

技術の進歩はだいたいにおいて未熟練労働者に不利に作用しており、このことから大学教育のリターンは大きくなっている。[37] そうだとしても、最富裕層のスキルだけが抜きん出て卓越したのでない限り、所得分布に起きたことは説明がつかない。ふつう、さまざまなスキルは教育水準が上がるにつれて次第に修得されると考えられている。だから、教育水準が高いほど賃金も上がるわけだ。もし最上位所得層との格差が技術の進歩に伴うスキルの格差だけで説明できるのであれば、最上位層だけでなくただの上位層とも差がつかなければおかしい。だが実際には、年間所得が一〇万～二〇万ドルの層では、所得の伸びは平均をわずかに上回る程度に過ぎない。これに対して年間所得が五〇万ドル以上の層では、所得が爆発的な勢いで伸びている。[38]

となれば、技術の進歩だけで最上位層の途方もない所得の伸びを説明するのはむずかしい。ついでに言えば、アメリカとヨーロッパとのちがいも説明できない。技術革新はどの富裕国にも同じように広まっているのだから。

勝者総取り？

だが技術が経済のある種のしくみを変えたということは言えるだろう。ハイテク革命からは大成功した発明が数多く生まれたが、その大半が「勝者総取り」の製品だった。たとえばツイッターは、誰かが自分の発信したツイートをリツイートしてくれないと、あまり意味がない。フェイスブックも、みんながフェイスブック上でつながっているから意味がある。こうしたわけだから、フェイスブックが世界を制圧すると、SNSのはしりだったマイスペースに生き残る余地はなくなった。技術革新は既存産業も様変わりさせ、たとえば病院や輸送などの産業に接続性を提供して大きなメリットをもたらしている。ここでも勝者総取りの傾向が強い。たとえば潜在的な利用者がみな同じライドシェア・プラットフォームを使っているなら、ドライバーもそのプラットフォームを使う。逆にドライバーがみな同じプラットフォームを使っているなら、利用者もそれを使う、というふうに。利用者が増えるほどそのサービスやインフラの価値が高まるこうしたネットワーク効果は、グーグル、フェイスブック、アップル、アマゾン、ウーバー、エアビーなどの巨大テクノロジー企業が圧倒的優位に立つ一つの要因となっている。いや、従来型産業の巨人であるウォルマートやフェデックスなども、ネットワーク効果の恩恵にあずかっていると言えるだろう。さらに、需要が全世界に広がり、ブランド価値が大きく押し上げられたことも、勝者総取りに寄与している。中国やインドの富裕層がこぞって著名ブランドを欲しがるからだ。しかも商品やサービスをオンラインで簡単に閲覧し比較できるため、価格や品質に敏感な消費者は、結局はみな同じものを買うようになる。それをフェイスブック上で自慢し合うことも、大流行の発生と勝者総取りにつながっている。

このような勝者総取り（総取りは言い過ぎなら大半取り）経済では、一握りの企業が市場の大半のシェアを握ることがめずらしくない。第五章で述べたように多くの産業で集中が進んでおり、いわゆる「スーパースター企業」の市場支配力が高まっている。そして産業集中度の高い部門ほど、労働分配率は下がっているのである。これは、独占や寡占に近づいた企業の場合、増えた利益を株主に分配する傾向が強いからだ。となれば、賃金がＧＤＰと同じペースで増えない理由は産業集中の進行である程度説明がつく。[39]

スーパースター企業の台頭は、賃金格差が拡大した一因でもある。一握りの企業が競合他社よりずっと利益が多いとなれば、その企業は賃金を潤沢に支払うことができる。利益率の差は以前よりずっと大きくなっており、スーパースター企業とそれ以外の企業との差はもちろん、ふつうの企業同士でも意外に差は大きい。[40]現にアメリカでは、企業間の平均賃金の格差だけで、格差拡大の三分の二を占めている（残り三分の一は、同じ企業内の賃金格差である）。企業間でこのように賃金格差が拡大したのは、人の移動にあると考えられる。低報酬企業で最も高い報酬をもらう人は、もっと払ってくれる企業に転職する。高い報酬は高い生産性を反映すると仮定すれば（平均的にこう仮定してまちがいではない）、生産性の高い労働者は次第に生産性の高い労働者が大勢いる企業に移ることになる。[41]

このことは、スーパースター企業が資本と質の高い労働者を引き寄せるという原理とも一致する。[42]生産性の高い労働者が他の生産性の高い労働者と一緒に働くことでより多くの利益を上げるなら、その企業は一段と高報酬で報いるので、さらに多くの生産性の高い労働者が集まり、その企業の生産性はますます高くなる。かくしてその企業は他社より飛び抜けて高い報酬を払えることになる。また、このような生産性の高いタレント集団を抱えた企業としては、せっかくの才能を有意義に活用しなければならない。そのためには有能なCEOが必要である。CEOに先見性があれば有能な社員を活かして何かとてつもなく大きなことができるだろう。しかし道を誤れば、あたら才能を無駄遣いすることになる。そこで、タレント集団を抱えたスーパースター企業は、望みうる最高のCEOに来てもらいたいと考える。たとえ常識はずれなほど報酬が高くても、である。[43] こう考えれば、最上位所得層の所得の急伸は、スーパースター企業の台頭とセットになっていることがわかる。彼らは、最高の経営者を招聘するためならいくら払ってもいいと考えているのだから。

経済が硬直的だということも、企業間格差の拡大を助長する。一部の産業で生産や売り上げがスーパースター企業に集中すれば、その産業の他の企業は、たとえスーパースター企業から遠く離れていても、廃業せざるを得ない。たとえばアマゾンの攻勢で、地方の百貨店は立ち行かなくなった。新技術の出現や貿易の影響で企業が廃業に追い込まれたときもそうだが、労働者はそう簡単には移動しない。すると影響を被った地域の賃金は横ばいになり、ついには減っていく。自力で生き残れる企業にとっては、これはけっこうな話である。廃業した企業のシェアを棚ぼた的に獲得し、設備投資に回せるからだ。だがその地域が全般的に衰退していくのであれば、おそらくそう長くは生き延びられまい。結局は若くて野心的で有能な労働者から順にその地域を離れ、衰退に拍車をかけることになる。

以上のように、技術の進歩と情報技術分野のスーパースター企業の台頭に伴う勝者総取り、グローバル化、硬直的な経済が相俟って、勝ち組と負け組の差がくっきりつくようになった。これが、不平等を拡大する原因となっている。じつに不幸なことだが、この流れは止められまい。

デンマークはなぜちがうのか

だが勝者総取りだけでは、不平等が拡大した説明としては十分ではない。というのも、ある技術や分野が勝者総取りだとしたら、それはどの国にも当てはまらなければおかしいが、当てはまらない国が現に存在するからだ。その代表例がデンマークである。デンマークはまちがいなく資本主義経済を営んでおり、最富裕層一％の所得が国民総所得に占める割合は一九二〇年代には二〇％を上回っていた点でアメリカと同じである。だがその後、この割合は減り始め、そのまま五％前後の水準にとどまっている。[44] デンマークは小さな国だが、世界的に知られた大企業がいくつもある。たとえば、世界最大の海運会社マースク、すぐれたデザイン家電のバング＆オルフセン、そして誰もが知っているビールのツボルグなどだ。だが最上位層の所得が常識はずれに高くなったことは一度もない。デンマークだけでなく、西ヨーロッパの多くの国と日本もそうだ。[45] アメリカとどうしてこのようにちがうのだろうか。

一因は金融にあると言えるだろう。アメリカとイギリスは、「ハイエンド」な金融、平たく言えば金持ち向けの金融で他国の追随を許さない。投資銀行、ジャンク債、ヘッジファンド、モーゲージ担保証券、プライベート・エクイティ、クォンツの類いは英米の独壇場だ。そしてこの方面では近年天文学的な報酬が支払われている。ある試算によると、金融仲介業者を使う投資家は、投資総額の一・三%を毎年ファンドマネジャーに払うという。つまり退職に備えて三〇年にわたって資産運用を行うとすると、最初の投資額の約三分の一がファンドマネジャーの懐に入る計算だ[46]。結構な金額ではあるが、ハイエンドの代表格であるヘッジファンド、プライベート・エクイティ・ファンド、ベンチャー・キャピタル・ファンドを運用する連中に比べたら微々たるものである。これらのファンドでは、すくなくともつい最近まで、投資家は投資額の三〜五%を毎年払わなければならなかった。投資額が年々増えるとすれば、この手のファンドのマネジャーたちが途方もなくリッチになるのも不思議ではない。

金融部門で働く人たちは、同等の専門的スキルを持つ他部門の労働者と比べ、五〜六割増しの報酬をもらっている。一九五〇年代〜七〇年代まではそうではなかった[47]。最上位所得層に現れた変化の大半は、金融部門の所得急増で説明がつく。一九九八〜二〇〇七年のイギリス経済は金融主導で展開されており、金融部門の従事者は最上位一%の五分の一を占めるに過ぎなかったにもかかわらず、この層の所得増のじつに六〇%を担っていたのである[48]。またアメリカでは、最上位所得層に占める金融従事者の割合が一九七九年から二〇〇五年にかけて二倍になった。[49]対照的に、金融と言えばまだ銀行と保険が大半だというフランスでは、所得格差の変化は絶対額で見てはるかに小さい。最富裕層〇・一%の所得がGDPに占める割合は、一九九六年に一・二%だったのが、二〇〇七年に二%になっただけである（その後グローバル金融危機でこの比率は下がったが、二〇一四年にはいくらか戻した）。[50]ただし増加分のおおむね半分は、金融部門の報酬の増加によるものと推定される。[51]

スーパースターによる勝者総取りという図式は、金融部門にはあまり当てはまらない。金融はチームスポーツではなく、個人プレーで支えられる産業だとされている。その時々に市場で起きている不合理な評価や価格差を見抜く能力、あるいは第二のグーグル、第二のフェイスブックを発掘する能力が勝敗を決するというわけだ。もっともらしく聞こえるが、これでは天才的なマネジャーだけでなく、並みのマネジャーまで高報酬を毎年もらう理由が説明できない。それにほとんどの年は、アクティブ運用［平均株価指数などのベンチマークを上回る成績をめざす運用スタイル］ファンドの投資成績はパッシブ運用［ベンチマークに連動する成績をめざす運用スタイル］をさほど上回っていない。それどころか、アメリカの平均的な投資信託は、アメリカの株式市場より成績が悪いのである。[52]アクティブ運用ファンドで発揮されているのは、どうやらファンドマネジャーの才能よりも弁舌らしい。金融従事者に払われる高報酬の大部分は、まずもってレントである。レントとは超過利潤という意味だが、ここでは、能力や勤勉に対してではなく、たまたま金融業に就職した幸運によって得られる過剰な報酬を意味する。[53]

第五章では、一部の貧困国では公務員になると桁外れの報酬すなわちレントが得られるという話をした。このような偏った報酬は、労働市場の機能を歪ませる。金融のプロの無責任と無能力が原因とされる二〇〇八年グローバル金融危機が始まった時点では、ハーバード大学卒業生の二八%が金融業界に就職または転職していたという。[54]これに対して一九六九〜七三年には、金融を選ぶ卒業生は六%程度だった。[55]心配なのは、仕事の有用性とは無関係に高い報酬が払われる状況では、有能な若者が金融部門に吸い寄せられてしまうことである。もっと社会に役立つ製品やサービスを開発できるはずの若者が、高頻度（ＨＦＴ）取引用のソフトウェアを書くために雇われるのはいかがなものか。高頻度取引は瞬時の差で大きな利益をもたらすのかもしれないが、すでに反応時間はミリ秒の単位に入っており、これ以上高速化したところで経済全体におけるリソースの最適配分にさして効果があるとも思えない。一流大学の学生を採用することは金融業界にとってはよい宣伝材料になるとしても、その産業が社会に貢献していないなら、世界にとっては能力の浪費と言わざるを得ない。もっと良識ある世界だったら、その能力は癌の治療薬の開発に活かされていたかもしれない。

最富裕層の報酬を巡っては、また別の問題もある。大企業の場合、ＣＥＯの報酬とボーナスを決めるのは報酬委員会である。報酬委員会では、同等の企業のＣＥＯの報酬を参考にして決めることが多い。すると、たとえば金融部門のある企業がＣＥＯに高い報酬を払うと、金融業でない企業まで報酬を引き上げる傾向がある。そうしないと自社のＣＥＯの待遇が見劣りすることになってしまうからだ。他社のCEOとゴルフをしたときに、自分の報酬は意外に少ないなどと感じては具合が悪いということだろう。CEOのお抱えコンサルタントたちは「同等の」企業で何が起きているかを常時ウォッチしているので、とりわけ高い報酬を払っている企業を見落とすようなへまはしない。他社との報酬の比較を使って契約交渉をする慣行は、大企業の役員の間にすっかり定着している。こうした次第で、どこかで高報酬を払うとあっという間に広範囲に「伝染」することになる。

そのうえCEOは、金融に限らずどの産業でも、取締役会を自分の息のかかった人間や自分の言うことを聞く人間で固めようと躍起になっている。その結果、たまたま株価が上がったとか、為替レートが有利になったという理由であっさりCEOの報酬が増えることになる。唯一の例外は、単独の大株主が取締役会ににらみを利かせている場合である。この大株主は大金が懸かっているので、真に生産的な経営にのみ報いようとする。[56]

役員報酬の急増に寄与しているもう一つの要因として、ストックオプションが挙げられる。この報酬形態の根底にあるのは、CEOを始めとする役員の報酬は株主価値と直接連動すべきであって、それ以外の何物も考慮するにはおよばないという考え方である。しかも役員報酬を株式市場と直結させるからには、会社の給与体系とはまったく別物ということになる。全員が同じ給与体系だった頃は、CEOはまず最低基本給を引き上げないと自分の報酬を増やすことはできなかった。だがストックオプションをもらうなら、最低基本給を引き上げるにはおよばない。それどころか、コスト削減を理由に支払給与を切り詰めようとする。かつて大企業には、社員の忠誠と引き換えに会社は社員の面倒をみるという美徳があったが、いまや影も形もなくなったようだ。

以上のように、デンマークの謎は、アメリカとイギリスではヨーロッパより金融業が発達していること、両国の一流大学の卒業生にとって金融業界への就職がひどく魅力的になっていることで、ある程度まで説明できると考えられる。[57]これと関連して、ストックオプション（および株価と連動した報酬全般）がアメリカとイギリスでは他国より多用されていることも挙げられよう。米英両国では株取引に慣れ親しんでいる人が多く、またある程度の規模に達した企業は上場するなど、上場企業の数も多い。

最高税率と文化の変容

トマ・ピケティが主張するとおり、低い税率も所得格差を拡大させた大きな原因だと考えられる。最高税率が七〇％以上になったら、企業はおそらく天文学的な報酬を払うのは無駄だと考え、最高報酬額を引き下げるだろう。これだけ所得税が高いと、取締役会は厳しいトレードオフに直面することになる。一ドルの報酬を会社が払い出しても、役員の懐に入るのは三〇セントに過ぎない。となれば、その一ドルは会社が設備投資などに回すほうが有意義ではないか、と考えるかもしれない。最高税率が高ければCEOにとって報酬の価値は下がるから、金銭とはちがう形で報いるほうがよいという発想が出てくるだろう。たとえばCEOが「夢のプロジェクト」を追求することを許す、というように。それは必ずしも株主の望むことではないかもしれないが、労働者にとって、あるいは世界にとっては好ましい。CEOがやりたがることとしては、たとえば会社の規模の拡大、画期的な新製品の開発などがありそうだ。そして取締役会も株主も気長に結果を待つということになる。高い最高税率の下で役員報酬は切り詰められても、会社がこうした意欲的なプロジェクトを実行するなら、一般社員の給与は上がるとも考えられる。

こう考えれば、一九五〇年代、六〇年代の高い最高税率は、非常に高い所得にのみ適用された点からしても、言われるほど「金持ちから搾り取る」ものではなかったのではないか。それに最高税率がひどく高いと、その税率を適用されるような報酬をもらう人はどんどん減っていく。[58] 最高税率が三〇%まで引き下げられると、高報酬の価値が再び高まる。

言い換えれば、高い最高税率は税引後の所得格差を減らすだけでなく、**税引前**の所得格差も減らす。この点は重要だ。というのも先ほど指摘したように、ここ数十年のヨーロッパとアメリカの所得格差のちがいは主に税引前だったからである。さらに、最高税率の引き下げ、すなわち最富裕層向け減税が格差拡大を助長したことを一部のデータは示している。一九七〇年から現在までの最高税率の引き下げ幅と所得格差の拡大との間には、国レベルで強い相関関係が認められるのである。ドイツ、スウェーデン、スペイン、デンマーク、スイスでは最高税率が高いままだが、これらの国では最高所得層が国民総所得に占める割合が急増するという現象は見受けられない。対照的に、最高税率が大幅に引き下げられたアメリカ、アイルランド、カナダ、イギリス、ノルウェー、ポルトガルでは、この割合が急増している。[59]

だがアメリカの場合、原因は最高税率だけではあるまい。文化が変容し、高報酬を容認する社会環境が生まれたことも大きな原因だと考えられる。結局のところ、金融業界は高い報酬を払うことを株主に納得させたのである。そして、金融業の利益はレントだという私たちの主張が正しいかどうかはともかく、会社側には高い報酬を払う余裕があるということだ。

思うにレーガン＝サッチャー革命の支柱となったのは、インセンティブという謳い文句である。この魔法の一言で、飛び抜けて高い報酬も正当なのだと国民を説得した。最高税率の引き下げはその表れに過ぎず、重要なのは考え方の変化のほうだと思われる。富裕層はどんどん働いてどんどん高報酬を手にしてよい、なぜならそのお金を「儲けて」いるのは彼ら自身だから だ、という理屈である。無条件にインセンティブを愛する大半の経済学者たちは、この謳い文句の浸透と正当化の片棒を担いだ。すでに述べたように、経済学者の多くは最高税率の引き上げに反対ではないが、今日のCEOの高報酬には肯定的である。いまではアメリカでもイギリスでも大勢の人々が経済の現状に不満を抱いているが、高報酬は正当だとする文化が根付いているせいもあって、怒りの矛先は移民や貿易自由化に向けられている。

最も生産性の高い人々に最大限に能力を発揮させ、残りの人々のために富を生み出してもらうためには、飛び抜けて高い報酬を払わなければならない、という前提は果たして正しいのだろうか。税金は富裕層の能力発揮にどのような影響をおよぼすのだろうか。

サラリーキャップ

ヨーロッパはアメリカよりずっと平等な社会であり、税引前所得の格差ははるかに小さいし、税負担は大きく、税の累進性も強い。ところがここに興味深い例外が存在する。トップ・アスリートに対する報酬である。アメリカのメジャーリーグ（ＭＬＢ）では贅沢税［luxury tax］を導入しており、球団側が選手に支払う年俸総額が一定額を超えた場合、超過分に課徴金が課される。過去五年間で初めて限度額を超えた球団は、超過分の二二・五％の課徴金を払う。たびたび限度額を超えると、上限の五〇％を払わされる羽目に陥る。アメリカでは他のメジャーなスポーツリーグ、すなわちアメリカンフットボール（ＮＦＬ）、バスケットボール（ＮＢＡ）、サッカーなどでは、チームが支払う年俸総額に限度額を設けるサラリーキャップ制を導入している。ＮＢＡの場合、二〇一八年の上限は一億七七〇〇万ドルだった。けっして小さい金額ではないが、同じ二〇一八年にサッカー選手のリオネル・メッシは所属クラブのバルセロナから総額八四〇〇万ドルの年俸を得ている。この金額は、アメリカではまずもらえなかったはずだ。

プロスポーツにおけるサラリーキャップは、けっして平等主義の理念から生まれたものではない。サラリーキャップの第一義的な理由は、コスト抑制である。つまりチームオーナーがカルテルを形成し、選手の取り分を抑えて自分たちの懐に入る分を増やそうというわけだ。それはそれとして、サラリーキャップの根拠として謳われている善き意図もある。年俸を抑えることでチーム間にある程度の平等を実現し、試合をおもしろくしようということだ。年俸が無制限だと、金回りのいいチームに有力選手が集中し、優勝の可能性があるのは現実的にはほんの数チームしかない、という状況になりかねない。現にサラリーキャップのないヨーロッパでは、一部のチーム（イングランドのプレミアリーグで言えばマンチェスター・シティ、マンチェスター・ユナイテッド、リヴァプール、アーセナル、チェルシー）が潤沢な資金力にモノを言わせて一流選手を集め、圧倒的優位を維持している。だから二〇一六年のオッズでは、レスターがプレミアリーグで優勝する可能性は五〇〇〇分の一とされていた。その五〇〇〇分の一の可能性がほんとうになったとき、ブックメーカーは合計で二五〇〇万ポンドの損害を被ったと言われる。

アメリカではサラリーキャップ制に対する反対意見が噴出している。たとえばフォーブス誌は「アメリカらしくない習慣」であるとし、「資本主義の原理に基づけば、従業員（プロスポーツの選手は従業員に該当する）には能力と実績に基づいて払うべきであって、制度の制約を受けるべきではない」と主張する。[60] 選手たちがこの制度を忌み嫌っているのは言うまでもない。サラリーキャップはフェアでないとしてたびたびストライキが行われている。興味深いのは、すこしでも（いや、たくさん）報酬が増えれば選手はもっとやる気を出す、とは誰も言わないことだ。能力を最大限に発揮するだけの報酬はすでにもらっている点では、万人の意見が一致しているということだろう。

勝利がすべてなのではない[61]

プロスポーツ選手に当てはまることは、富裕層全般にも当てはまる。

二〇一八年末のアメリカでは、富裕層に対する税金の問題が政治的議論の的になった。アレクサンドリア・オカシオ＝コルテス下院議員が最高税率を七〇％以上に引き上げることを提案し、エリザベス・ウォーレン上院議員は累進的な富裕税の導入を二〇二〇年大統領選挙の公約の柱として掲げている。

所得税率は長らく重要な政策課題であり、所得税が引き上げられるとどの時点で労働意欲が失せるかについては多くの研究が行われてきた。エマニュエル・サエズのチームによる研究文献評価では、労働意欲は最高税率と相関しないが、節税・脱税の意欲は最高税率が上がるほど高まるという結論が出されている。[62] たとえば一九八六年のレーガン減税の直後には、一時的に個人の課税所得が急増した。この現象は、多くの人がそれまで隠していた所得をあかるみに出したただけで、所得を恒常的に増やそうと努力したわけではないことを意味する。その証拠に、税法に抜け穴がなく、投資所得を含むあらゆる所得が漏れなく課税される国では、課税所得は税率に左右されない。

これは、納得できる。アメリカン・フットボールの伝説的な指導者ヴィンス・ロンバルディは、「勝利がすべてなのではない。勝利しかないのだ」と言ったとされる。いやしくもプロのスポーツ選手が、最高税率が引き上げられたからといって力の出し惜しみをするとは思えない。おそらく優秀なＣＥＯも、優秀なＣＥＯをめざす人たちも、きっとそうだろう。

では、企業は最高のＣＥＯに来てもらうために最高の報酬を払うとされるが、最高税率が上がっても高報酬を払うのだろうか。答はイエスだ。最高のＣＥＯは最もやり甲斐があって最も利益を上げられるところへ行く。このことは、最高税率が七〇％を超えたとしても変わらない。税率がすべての企業に適用される限りにおいて、最高の報酬の仕事はやはり最高の報酬の仕事である。

ただし最高税率の引き上げは、ひどく報酬はいいが必ずしも社会的に役立つとは言えない仕事、たとえば金融業の魅力を減らす。手取りの報酬が減るとなれば、優秀な人材は、それならもっと生産的な仕事に就こうと考えるだろう。二〇〇八年のグローバル金融危機に何かメリットがあったとすれば、それは、優秀な人材にとって金融業の魅力が薄れたことである。ＭＩＴ卒業生の進路調査をしたところ、二〇〇九年の卒業生は、二〇〇六〜〇八年の卒業生に比べ、金融を選ぶ人が四五％も少なかった。[63] 人材のよりよい配分につながるのだから、これは結構なことである。また金融業界の給与水準が他の産業に波及していたことからすると、所得格差の縮小にも貢献するかもしれない。

以上のように、飛び抜けて高い所得にのみ適用される最高税率の引き上げは、最高所得層とそれ以外の層との所得格差の急拡大を抑える賢明な手段だと考えられる。最高税率の引き上げが不当だとは思えない。そもそもこの税率を適用されるのは一握りの人だけだ。ふつうの企業経営者は、そこまでの所得は手にしていないだろう。それに、ここまでに論じてきたことからしても、最高税率の引き上げでやる気を失う人がいるとは思えない。人々の職業選択に影響を与えるという点では、むしろ好ましい方向に向かうと考えられる。だからと言って、最高税率の引き上げだけで万事が解決するとは考えていない。教育水準の低い人の社会階層の上への移動がますます困難になり、最富裕層一％を除く残り九九％の間でも不平等が拡大していることを踏まえると、[64] 構造的な改革が重要であることは言を俟たない。そのためのアプローチはいろいろあるだろう。だが私たちは、まずウルトラスーパーリッチの排除から始めるのがよいのではないかと考えている（念のためにお断りしておくと、この世から排除するという意味ではもちろんなく、ウルトラからただのスーパーリッチにするというほどの意味である）。

パナマ文書

だが最高税率を引き上げると富裕層がまず必ず試みるのは、何とかして税金を払わずに済ますことである。

ヨーロッパのサッカー選手にサラリーキャップがなく、天文学的な年俸が支払われる結果として、選手たちはあの手この手で税逃れをするようになった。二〇一六年にリオネル・メッシは四一〇万ユーロを脱税したとして有罪判決を受け、執行猶予付きの禁錮刑を言い渡された。また二〇一八年七月には、スペイン税務当局とクリスティアーノ・ロナウドが取引し、罰金一八八〇万ユーロ［二四億円］の支払いと引き換えに収監を免れた。彼はスペイン国外のダミー会社を使って二〇一一〜一四年の肖像権収入を隠蔽し、一四七〇万ユーロ相当の脱税をしたとされる。脱税まではしない選手も、タックスヘイブンなど税金の低い国を探して「節税」を試みる。異なる時期に増税または減税をしたヨーロッパの国を比較したある調査によると、税率を一〇%引き上げた国では外国人選手の数が一〇%減ったという。[65] 二〇一八年にロナウドがスペインを離れてイタリアへ行ったのも、税金を安く済ませるためだろう。

二〇一六年に世界を震撼させたいわゆるパナマ文書の流出事件は記憶に新しい。流出したのはパナマのモサック・フォンセカ法律事務所の租税回避行為に関する秘密文書である。同事務所は全世界の企業や資産家と取引があり、無数のダミー会社を設立して彼らの脱税を助けていた。この事件で改めてわかったのは、いかに脱税が世界に蔓延しているかという嘆かわしい事実である。なにしろアイスランド、パキスタン、イギリスの元首相の名前もパナマ文書に含まれていたのだ。正直なことで知られる北欧諸国も例外ではなく、平均するとわずか三%の所得税を逃れるために超富裕層が重大な犯罪行為を犯していた。ある調査によると、ノルウェー、スウェーデン、デンマークの最富裕層〇・〇一%だけで個人所得税の二五～三〇%を脱税したという。[66]

税金が大幅に引き上げられれば、脱税も増える。問題は、どの程度増えるのか、ということだ。レーガン減税を取り上げた箇所ですでに述べたとおり、増税の場合にも直後には大きな反応がある。税率が引き上げられると、課税所得が大幅に減るのである。所得隠しのできる者はさっさとやるからだ。だが増税から時間が経つにつれて反応は小さくなる。

こうした点も踏まえて、アメリカの一部の政治家と経済学者は累進的な富裕税の導入を主張している。[67]すでに触れたが、二〇二〇年大統領選で民主党有力候補者の一人であるエリザベス・ウォーレンは、保有資産が五〇〇〇万ドル以上であれば二%、一〇億ドル以上であれば三%の富裕税を課税する案を打ち出した。富裕税というアイデア自体は目新しいものではない。現に家を所有しているアメリカ人の大半は、地方政府に不動産税を納めることになる。ただし不動産税は、次の意味で逆進的だ。持ち家に三〇万ドルの価値がある場合、不動産税は一%（三〇〇〇ドル）である。家を抵当にして二七万ドルのローンを借りていたら、持ち家の正味資産額は三万ドルになるので、一〇%相当の税金を納めることになる。しかしもし三〇万ドルの家のほかに二七〇万ドル相当の金融資産を保有していて、住宅ローンは借りていないとすれば、正味資産額は三〇〇万ドルになるので、納める税金は資産の〇・一%に過ぎない。

これに対して富裕税は累進的であるうえ、不動産のみならずあらゆる資産に適用される。不平等と闘う観点からすると、きわめて高額の資産に課される税金には次のようなメリットがある。まず、非常に富裕な人々は、資産から得た所得の大半は消費に回さない。ごく一部を手元に置き、残りは家族信託など富を蓄積して運用できる何らかの形で積み立てる。ところが多くの国の現行の税法では、信託に回した額には何の税金もかからない。[68] ウォーレン・バフェットがほんのわずかしか所得税を払っていない理由の一部もここにある。[69] こんな方法で最富裕層の所得が効果的（かつ合法的）に税を免れるとすれば、所得税による再分配は成り立たなくなる。そのうえ、この節税効果は増幅される。新たに獲得した富は新たな投資収益を生み、その大半は信託に回せば税を課されないので、富裕層はますます富裕になるというしかけだ。だが巨額の資産そのものに課税する富裕税を導入すれば、この問題は解決される。政治家や経済誌は、富裕税とは富裕層が社会に「お返しをする」ための手段だと説明しているが、この説明がよいとは思わない（もっとも、富裕層がこの説明を心地よく感じているならかまわないが）。それよりも、富裕税は富裕層のすべての所得に対し、用途の如何を問わず一括で課税する便利で手続きも簡素な方法だと説明するほうがすっきりする。五〇〇〇万ドルの資産を持っている人は、平均的な年には投資収益が二五〇万ドルは上がると推定される。保有資産に対して富裕税二%(一〇〇万ドル)を課すとすれば、投資収益に対しては四〇%の税率になる。これはけっして法外に高い税率とは言えまい。

不人気な不動産税とは異なり、富裕税はなかなか人気が高い。二〇一八年にニューヨーク・タイムズ紙が行った世論調査によると、回答者の六一%が賛成と答えた。うち半分は共和党支持者だったことがわかっている。[70] となれば、政治的にも十分実行可能なはずである。ところが近年では多くの国が富裕税を廃止しており、いまでも実施しているのはごくわずかな国だけだ(コロンビアはその一つである)。フランスでは、二〇一七年の選挙後にマクロン政権が最初にやったことの一つが富裕税の廃止だった。それと同時にガソリン税を引き上げたことが黄色いベスト運動のきっかけになったことは、読者もよくご存知のとおりである。運動を鎮静化するためにマクロンはあれこれ譲歩したものの、富裕税の復活はしていない。

富裕税の導入が政治的にむずかしい理由は二つある。第一は、富裕層が効果的なロビー活動を行うことだ。潤沢な資金力にモノを言わせ、右であれ左であれ政治家の選挙運動を応援する。そうなると、富裕税を支持する政治家はほとんどいなくなる。第二は、富裕層にとって、合法であれ違法であれ、税逃れをするのはひどく簡単だということである。資産の国外移転が容易なヨーロッパの小国では、とくにそうだ。かくして多くの国が税引き合戦を展開することになる。

だが、こうした現象が起きるのは、そもそも世界が脱税を容認しているからだという事実から目を逸らすべきではない。多くの国の税法は抜け道だらけのうえ、資産の国外移転に対する罰則は不十分である。抜け道のない簡素な税法を備えた国では、たとえ増税をしても脱税はさほど起きない。[71]タックスヘイブンの研究で知られる経済学者ガブリエル・ザックマンは、脱税や税逃れを減らすのに効果的で単純明快な方法はたくさんあると主張し、具体的に次のことを提案している。まず、全世界の資産登記簿のようなものを作成する。これがあれば、資産がどこへ移転しようと追跡し、課税することが可能になる。また多国籍企業の利益は、売り上げが発生した国で申告・課税するように法人税制度を改革する。さらに、タックスヘイブンを利用した脱税を手伝う銀行や法律事務所をもっと厳しく規制する。[72]

とはいえ、こうした実務的な方法を提案するだけではもちろん不十分だ。必要なのは、それを実行する政治的意志である。ザックマンの三つの提案はいずれも国際的な協力を必要とするが、保守派の政治指導者たちはとんと協力する気がないように見える。強固な政治的意志のない限り、人材や資本を誘致しようともくろむ国々は税引き合戦に血道を上げるだろう。現にベルギー、デンマーク、フィンランド、オランダ、ポルトガル、スペイン、スウェーデン、スイスは、高技能外国人労働者に対する優遇税制を導入した。たとえばデンマークでは、高技能を持つ外国人は、たとえ高報酬を得ても、三年間は三〇%の一律課税の対象になる（ちなみに同国の最高税率は約五六%である）。これは、高技能労働者を外国から呼び込む効果的な方法だ。

ただしデンマークにとっては結構なことだが、他国にとってはそうではない。デンマーク以外の国は、高技能を持つ高額所得者に対する税率を引き下げるか、みすみす彼らが国を出て行くのを手をこまぬいて見ているか、苦渋の決断を迫られる。[73] 個人所得税の設計において、一国の利益を優先するのか世界にとってよりよい方法を考えるべきかというせめぎ合いは、悩ましい問題として立ちはだかっている。

とは言えこれらは政治の問題であって、経済学的に不可能ということではない。ここで、本書の基本的な主張を改めて繰り返しておきたい。よりよい世界、より健全で人間的な世界をつくることを経済学はけっして邪魔しない。

富と権力の集中

経済効率の観点からだけ言えば、政府が累進性のきつい所得税制で最高限界税率を非常に高く設定することは十分に可能である。デンマークが、税率の低い隣国に資本が流出することなく、また富裕層がアイルランドやパナマに資産を移すことなく最高税率を引き上げることができるなら、デンマークより規模が大きく他国との経済統合がデンマークほど深化していないアメリカのような国も、経済的観点からはまったく問題なく最高税率を引き上げられるはずだ。最高税率の引き上げがむずかしいのは、結局は政治が絡んでくるからである。現代は、富と権力が集中するという悪循環に陥っている。富裕層が一段と富裕になると、自分たちに都合のいい社会を維持することの利益がますます大きくなる。そこでカネにモノを言わせて減税志向の政治家の選挙運動を後押しするなど、政界とのつながりをいっそう強めるわけだ。二〇一〇年に米最高裁は、法人にも「表現の自由」があるとして、政治献金の制限は違憲だとの判決を下した。この判決は、保守系政治団体シチズンズ・ユナイテッドが米選挙管理委員会を相手取って起こした訴訟で下されたもので、これで企業は事実上無制限に選挙に政治資金を提供できることになった［ただし候補者個人を支援することはできず、スーパーPACと呼ばれる政治行動委員会が献金の受け皿となる］。

だがこのようなことがいつまでも容認されるとは思えない。必ず大規模な反発を招くはずだ。現に最富裕層に対する増税は広く世論の支持を集めている。ある世論調査によると、一〇〇〇万ドル以上の所得に対して最高税率を七〇％とすることに有権者の五一％が賛成だと答えた[74]。私たちの調査でも、年間四三万六〇〇〇ドル以上の所得がある人（最高所得層一％に該当する）が払う税金は少なすぎる、とレギュラー回答者の三分の二以上が回答した（彼らは他の問題に関してはとくにリベラルではない[75]）。

アメリカで近年ポピュリストが勢力を伸ばしているのも、反発の表れと言えよう。ポピュリスト台頭の背景には、根深い無力感があると考えられる。どうせエリートたちがすべてを決めてしまう、どうあがいても庶民にはどうすることもできない、という無力感だ。トランプはあれほどの資産を保有し、エリートとの太い人脈を持っているにもかかわらず、労働者の味方だと訴えて大統領に就任した。だが大統領のうしろにがっちりと陣取る共和党の政治家たちは、結局のところトランプは金持ち贔屓だとみている。たしかにトランプは減税を断行したが、このおとり商法がいつまでも続けられるとは思えない。富裕層は、繁栄の共有へと舵を切るほうが自分たちの利益に適うといずれ気づくかもしれない。さもないと、そのうち手痛い方法でしっぺ返しを喰うことになるだろう。というのも、不平等が行き過ぎれば社会には不安と不満が蔓延することになるからだ。

自分の位置づけ

社会科学者はずいぶん昔から、人々の自負心や自信といったものは、その人が帰属すると考えている集団（住んでいる地区、同業者、国など）における位置づけと深く関わっているのではないか、と論じてきた。もしこれが正しいなら、不平等は幸福感を大きく損なうことになる。だが社会科学者の指摘は正しいように思えるけれども、これをデータで裏付けるのは意外にむずかしい。たとえば自分の所得水準がどうあれ、住んでいる地域の平均所得のほうが自分の所得より高ければ、人々はいたく不幸に感じるという調査結果はある。[76] しかしそれは、たまたまその人の住んでいる地域が家賃からコーヒー一杯にいたるまでモノの値段が何でも高いせいかもしれない。要するに、人々が不幸に感じる理由を所得格差だけで説明することはできない。

最近ノルウェーで行われた調査では、所得分布における自分の位置がはっきりわかるようになった場合、幸福感が所得に左右されるとの結果が報告されている。[77] ノルウェーでは、納税記録がだいぶ前から閲覧可能になっている。ただし従来はハードコピーのみだったため手続きが面倒だったが、二〇〇一年からはオンラインで閲覧できるようになった。透明性を推進すると共に、みなが同じように税を負担していることを知って進んで税を納めてもらいたい、という理念からだ。しかしクリック一つで隣人や同僚の納税記録を調べられるため、一時は「覗き見」が大流行し、誰もが自分の立ち位置を知ってしまった「現在では匿名検索はできず、また自分の記録を誰が閲覧したか調べることが可能になっている」。かくして貧しい人はますます不幸に、裕福な人はますます幸福に感じることになった。トーテムポールのどの位置に自分がいるのかを知ることは、幸福感に深刻な影響を与えるらしい。

もっとも、ある意味で私たちはみなノルウェーに近い環境に置かれているとも言える。他人の生活が画像付きでインターネットやソーシャルメディアで公開されるのだから、知らずにいることは不可能だ。すると、誰それには遅れを取りたくない、できれば上回りたい、という欲望が芽生えてくる。これが、「見せびらかし」のための消費につながる。最近行われた実験では、インドネシアのある銀行が、やや高所得の顧客（多くは都市部の上位中流階級）グループ（介入群）にプラチナカードへの切り替えが可能だと伝え、対照群には既存のクレジットカードのアップグレードを提供した。アップグレードではプラチナカードと同等の恩典を付けるが、外見はもとのままである[78]。すると顧客たちはカードの中身は同じだとわかっているにもかかわらず、プラチナカードへの切り替えを要求したのである。介入群では二一％がプラチナカードを欲しがったが、対照群では一四％だった。

興味深いのは、自分に自信があるときや自分に満足しているときには、プラチナカードをあまり欲しがらなくなることである。実験では、参加者に自分で自分を褒めたくなるような経験について短い文章を書いてもらったところ、プラチナカードの要求が大幅に減った。逆に言えば、自分は経済的に劣っていると感じる人は、ことさらに自分の価値を見せつけようとして無理に背伸びした消費に走るといった罠に陥りがちだ。それにつけ込んで、返せるはずもないローンを提供する業界が存在するから始末が悪い。

アメリカン・ドリームと絶望死

アメリカ人は、固有の問題を抱えている。それは、「アメリカン・ドリーム」だ。アメリカ人なら毎日のように聞いて育ってきた魔法の言葉である。結局何があっても、たとえどれほど社会が不平等でも、最後には勤勉と努力は報われるのだ、と。最近、アメリカ人とヨーロッパ人に社会階層の移動性について意見を聞く調査が行われた[79]。調査では、「五〇〇人の子供を家庭の貧富の度合いによって一〇〇人ずつ五グループに分類するとします。最も貧しいグループの子供のうち何人がもとのグループにとどまるでしょうか？　何人が一つ上のグループに、何人が二つ上のグループに、何人が最上位のグループに上がるでしょうか？」という質問に答えてもらう。すると、アメリカ人はヨーロッパ人よりかなり楽観的であることがわかった。たとえばアメリカ人は、平均すると、いちばん貧しいグループ一〇〇人のうち一二人がいちばん上に上がり、三二人が貧しいままだと答えた。これに対してフランス人は、九人がいちばん上に上がり、三五人が貧しいままだと答えている。

しかしアメリカ人のバラ色の人生観は、今日のアメリカの現実を反映していない。最貧困層の所得が低迷している現状に伴い、世代間の移動性は大幅に低下している。社会階層の移動性は、アメリカのほうがヨーロッパより低いのである。OECD加盟国の中では、下位五分の一の子供が下位五分の一にとどまる可能性はアメリカが最も高く（三三・一％）、スウェーデンが最も低い（二六・七％）。ヨーロッパ大陸の平均は三〇％を下回っている。また、下位五分の一の子供が上位五分の一に移動する可能性は、アメリカの七・八％に対し、ヨーロッパは平均すると一一％近い。[80]

もはや時代遅れになったアメリカン・ドリームにしがみついているのは、アメリカの中でも最もそれが実現できそうもない地域である。アメリカ人は一般に努力は必ず報われると信じており、したがって貧乏人の窮状は自己責任だと考えやすい。おそらくはそのためだろう、アメリカはがんばれば上に行ける社会だと信じ込んでいる人たちは、貧困問題への政府の介入に否定的だ。[81]

社会階層の移動性に対する過度の楽観論が厳しい現実にぶちあたったとき、おぞましい真実を直視したくないという強い衝動が起きる。所得がいっこうに増えず、日々目にする裕福な連中と自分との差が開くばかりだと気づいた人たちは、社会が与えてくれた（はずの）チャンスをものにできなかった自分を責めるか、自分の仕事を横取りした誰かを責めるか、どちらかになる。前者は絶望を、後者は怒りを生む。

さまざまなデータは、今日のアメリカで絶望が大きく膨らみ、文字通り致命的な水準に達したことを示している。教育水準の低い中年白人男性の死亡率が前例のない上昇を記録し、平均寿命が低下しているのだ。平均寿命はすべてのアメリカ人について二〇一五年から三年連続で下がっているのだが、とくに顕著なのは白人、とりわけ大学を出ていない白人である。一方、白人を除くすべての人種集団の死亡率は下がっている。他の英語圏の国でアメリカとおおむね同じような社会モデルを踏襲している国、具体的にはイギリス、オーストラリア、アイルランド、カナダも同様の傾向を示してはいるものの、その度合いははるかにゆるやかだ。一方、他の富裕国では死亡率は低下傾向にあり、とくに教育水準の高い層より低い層（もともとは死亡率が高かった）で顕著に下がっている。言い換えれば、世界の他の国では大学卒業者とそれ以外の人との死亡率が収斂する傾向にあるが、アメリカはそうではないということだ。経済学者のアン・ケースとアンガス・ディートンは、アメリカの死亡率上昇の原因が中年白人男女の「絶望死」の急増にあることを示した。絶望死とは、薬物、アルコール、自殺、アルコール性肝臓疾患、肝硬変などによる死を指す。自己申告の健康状態やメンタルヘルスも悪化している。一九九〇年代から、教育水準の低い中年白人男女は健康状態が悪化したと申告する例が増えており、体のあちこちにさまざまな痛みを訴えるようになった。抑鬱症状を訴えるケースも増えている。[82]

これはおそらく、所得が少ない（または不平等である）ことだけが原因ではあるまい。黒人も同時期にけっして所得が増えたわけではないが、絶望死が増えたということはない。西ヨーロッパでも、グローバル金融危機後の大不況で所得が伸び悩んだ時期でさえ、死亡率が急上昇するということはなかった。一方、ソ連が崩壊した一九九一年には、ロシア人の死亡率が大幅に上昇している。増加分の多くを占めたのは、心臓血管系の病気を除けば、若年〜中年層の変死（自殺、殺人、毒物の誤飲、交通事故など）だった。[83]

ケースとディートンは、アメリカの死亡率上昇が始まったのは一九九〇年代からではあるが、もっと前からの傾向が顕在化したに過ぎない、とも指摘している。一九七〇年代後半に労働市場に入ってきた集団は、多くの点でその前の集団より待遇が悪化しているという。[84]どの年齢でも、教育水準の低い白人集団は、前の世代より社会生活に順応しにくく、肥満になりやすく、精神的な悩みを抱えがちで、抑鬱症状や慢性的な痛みを訴えることが多い。そして自殺や薬物の過剰摂取で死ぬ率が高い。死亡率の高さは、こうしたさまざまな喪失感が積もり積もった結果だと考えられる。

徐々に進行するさまざまな要因が、教育水準の低い集団の幸福を蝕んでいったのだろう。労働人口に加わったどの年齢集団も、一つ前の集団よりよい生活を送る確率は低い。実質賃金は前の集団より高くならず、ときには下回り、一カ所で長く働き続けることができない。結婚する率も、安定した人間関係を築く率も低い。すべての点で、大学を出ていない白人労働者階級は一九七〇年代以降に苦しい状況に追い込まれた。これは、アメリカの偏った経済成長が引き起こした結果だと言えるのではないか。

怒りを募らせる人たち

絶望に向かわない人は怒りを募らせている。

社会の梯子を上れないとわかったからと言って、人々がすぐに再分配を支持するかと言えば、そうではない。先ほど紹介した社会階層の移動性について意見を聞く調査では、質問調査のあとで研究者チームはランダムに選んだ回答者に移動性が思う以上に低いことを示すグラフを見せ、別のランダムに選んだ回答者には思う以上に高いことを示すグラフを見せた。すると前者は、ふだんは共和党贔屓の人も、現政権に対する不信感を示したのである。[85]

このような不信感は、制度に対する反抗という形で現れることもある。インドのオリッサ州で行われたある実験では、会社が給与を裁量的に決めていると感じた場合、そうでない会社に比べ、従業員の手抜き、サボり、欠勤が増えることが確かめられた。また、会社の目標実現に協力しなくなることもわかった。労働者が賃金格差を容認するのは、あきらかに実績と連動している場合に限られる、と調査は結論づけている。[86]

アメリカでは、怒りが別の形で現れている。多くの人がアメリカの市場システムは基本的にフェアだと認めているため、何かほかに捌け口を求めざるを得ない。そこで仕事に就けないと、エリートどもが共謀して本来自分に来るはずだった仕事を黒人かヒスパニックか、でなければ中国の労働者に回してしまったのだろうと恨む。こんな奴らが動かしている政府を信用できるわけがない。政府は再分配をしきりに口にするが、どうせカネはみな「他の奴ら」に行ってしまうのだ……。

経済成長が止まってしまうとか、成長しても平均的な人間には利益が回ってこないという状況では、スケープゴートが必要になる。これはアメリカにとくに顕著な現象だが、ヨーロッパでも起きている。標的にされるのは、いつも決まって移民と貿易だ。第二章で論じたように、移民反対論には二つの誤解が潜んでいる。まず、流入する移民の数を過大に見積もっている。次に、技能の低い移民が賃金水準を押し下げると思い込んでいる。

国際貿易が拡大すると、富裕国の貧困層が打撃を受けることは第二章で論じたとおりである。すると当然ながら貧困層は貿易に反感を抱く。それだけでなく、国の制度や指導者層も敵視する。デビッド・オーターらは二〇一六年に発表した論文で、チャイナ・ショックの影響を強く受けた選挙区では、穏健な候補者が落選し過激な候補者が当選する傾向が見られたと指摘する。もともと民主党色の強かった郡では、中道派の民主党候補者を退けてリベラル寄りの候補者が当選し、共和党色の強かった郡では、穏健派の共和党候補者を退けて保守的な候補者が当選したという。貿易の影響を強く受けた郡の多くは伝統的に共和党を支持していたため、こうした傾向の影響により、多くの選挙区で保守色の強い候補者が当選する結果となった。この傾向は、二〇一六年の大統領選挙の前から見られたという。[87] 言うまでもなく、保守的な政治家は何によらず政府の介入に反対する（とくに所得再分配には大反対だ）。したがって、貿易で最も打撃を受ける人々には何の埋め合わせも行われないことになり、不平等を一段と深刻化させることになった。たとえば、貿易の影響を強く受けた州で保守的な共和党議員が過半数を占める場合、メディケイドの対象範囲拡大を拒否するケースが相次いだ。すると、医療サービスを受けられない貧困層はますます貿易に反感を抱くことになる。

大勢の人が、自分たちが暮らしている社会は思うよりずっと不平等で、上に行くチャンスはほとんどないのだと気づき始めるにつれて、こうした悪循環が社会に広がっていくだろう。この人たちはもはや政府を信用せず、それどころか敵視する。

ここから、二つの結論を引き出すことができる。一つ目は、取り憑かれたように成長をめざすのはやめるべきだということだ。レーガン＝サッチャー時代の成長信仰以来、その後の大統領も成長の必要性をつゆ疑わなかった。成長優先の姿勢が経済に残した傷跡は大きい。成長の収穫を一握りのエリートが刈り取ってしまうとすれば、成長はむしろ社会の災厄を招くだけである（現にいま私たちはそれを経験している）。すでに述べたように、成長の名を借りた政策はどれも疑ってかかるほうがいい。成長の恩恵がいずれ貧困層にも回ってくるといった偽りの政策である可能性が高いからだ。成長は少数の幸運な人々に恩恵をもたらすだけだとすれば、そのような政策がうまくいくと考えることのほうを恐れるべきである。

二つ目は、この不平等な世界で人々が単に生き延びるだけでなく尊厳を持って生きて行けるような政策をいますぐ設計しない限り、社会に対する市民の信頼は永久に失われてしまう、ということだ。そのような効果的な社会政策を設計し、必要な予算を確保することこそ、現在の喫緊の課題である。

Chapter 8

政府には何ができるか

市場がつねに公正な結果をもたらすとか、万人が受け入れられる結果を実現すると期待するのはまちがいだ。それどころか、市場がつねに効率的であるとも言いがたい――本書では繰り返しこう主張してきた。たとえば硬直的な経済においては、不利益を被った人々を助けるために、どうしても政府の介入が必要になるときがある。ただし介入に際しては、人々が誇りを持って生きていけるようにすることが大切だ。不平等と勝者総取りが蔓延する現在の世界では貧富の差は拡大する一方であり、市場が社会にもたらす結果を漫然と放置していたら、取り返しのつかないことになってしまうだろう。

すでに述べたように、所得と富の分布における最上位層との格差を解消するために租税が活用されている。だが、一%の最富裕層を消滅させることが社会政策の目的ではない。残り九九%をどう救うかを考えなければならない。

社会政策を改革するとなれば、必ず新たな財源が必要になる。ウルトラスーパーな富裕層といえども、その財源を全部まかなえるほどには富裕ではあるまい。私たちが期待するように税引前所得格差が縮まっていくようなら、なおのことである。しかも、歴史が何らかの指針になるとすれば、超富裕層は必ず抵抗するし、その抵抗はある程度の成功を収めるだろう。だから、残り九九%もそれなりの負担はしなければならない。多くの国の例を見る限り、国民全員が痛みをともにする社会政策改革は、十分に実行可能である。問題は、政治だ。国家の正当性が失われているのである。国は信用できないと多くの有権者が考えている。失われた信頼を取り戻すにはどうすればいいのか。

税と支出

民主国家では、租税が財源となる。二〇一七年のアメリカにおける連邦政府から地方政府にいたるすべての税収合計は、国内総生産（GDP）比二七%だった。これは、OECD平均より七ポイント低い。アメリカの数字は韓国とほぼ同程度で、OECD加盟国のうちGDP比でみた税収がアメリカより少ないのは、メキシコ、アイルランド、トルコ、チリの四カ国だけである。[1]

財源を確保するためには、もっと大胆な税制改革が必要だ。だが仮にアメリカがデンマークと同程度まで富裕層に対する税率を引き上げたとしても、アメリカのGDP比でみた税収は、二〇一七年のデンマーク（四六％）、フランス（四六％）、ベルギー（四五％）、スウェーデン（四四％）、フィンランド（四三％）よりはるかに低い水準にとどまるだろう。なぜなら、アメリカで最高税率がそこまで引き上げられると、企業は報酬を抑えて別のことに利益を使うようになるからだ。それはそれで結構なことだが、税収を増やすという本来の目的にとってはプラスにならない。つまり所得格差是正の点では好ましいとしても、最高税率を七〇％以上に引き上げて社会政策の財源を確保するという目的は実現できない。

富裕税を導入すれば、税逃れ対策をしっかり講じる限りにおいて、税収は増えるだろう。サエズとザックマンの見積もりによれば、アメリカで資産額五〇〇〇万ドル以上の人（約七万五〇〇〇人）に二％、資産額一〇億ドル以上の人に三％の富裕税を課税すると、一〇年間で二・七五兆ドル（GDP比一％）の税収が見込めるという。[2] すでに述べたように、五〇〇〇万ドル以上の資産に二％の富裕税をかける案は、所得税の最高税率を引き上げる案よりも市民に人気がある。[3] だがそれでも、GDP比一％の税収増が見込めるに過ぎない。

最高税率がアメリカより高く、富裕税も導入しているヨーロッパでさえ、税収の大半を占めるのは、じつは平均的な所得の人々が納める税である。言い換えれば、「九九％はほんのすこししか税金を払わない」という夢のような税制改革は、現実には不可能だということだ。そんな改革をしたら、再分配など到底できない。税制改革は、ウルトラスーパーリッチのみならず、ただのリッチにも、それどころか中流層も巻き込まずにはおかないのである。

こうしたわけだから、アメリカの政治家は右も左も税制改革を避けて通ろうとする。国民ほぼ全員に増税を提案するなどということは誰もやりたがらない。私たちの調査では、レギュラー回答者の四八％が中小企業経営者は税金を払い過ぎだと感じており、税金が安すぎると考える人は五％足らずだった。給与所得者も同じ傾向を示した。[4] アメリカで税制改革をするとなったら、おそらく最も困難なのは、公共サービスを充実させるためにもっと税金を払ってくださいと平均的な納税者を説得することだろう。多くの人が増税を嫌うのは、経済学者にも責任の一端があるような気がしてならない。

第一に、多くの経済学者は、増税は労働意欲を失わせると主張してきた。たとえばミルトン・フリードマンが「いかなる状況においても、またいかなる口実、いかなる理由であれ、減税が可能であるなら私は減税に賛成だ」と述べたことは有名である。[5] データの裏付けがないにもかかわらず、税金が高いとみなやる気を失って成長は止まってしまうと彼らは断言する。だがすでに述べたとおり、増税をすると富裕層が働くのをやめるかと言えば、そんなことはない。では残り九九％はどうだろう。彼らは引退して田舎に引っ込んでしまうだろうか。多くの研究文献は、増税を理由に仕事をやめる人はいないと結論づけている。[6]

その好例をスイスに見ることができる。一九九〇年代後半から二〇〇〇年代前半にかけて、スイスでは納税方式を変更した。従来は二年分の所得に対して納税していた（たとえば、一九九五年と九六年の所得に基づいて所得税を計算し、一九九七年と九八年に納税する）。二一世紀を迎えるにあたり、スイス政府はその年度の所得に基づいて納税する標準的な方式に改めることを決める（たとえば、二〇〇〇年の所得に対して同年末に納税し、翌年早々に申告を行い、多すぎたら還付を受け、少なすぎたら追加で納税する）。新方式への移行にあたり、二重課税を防ぐため、タックス・ホリデーと呼ばれる免税期間が設けられた。たとえばトゥールガウ州は一九九九年に移行したが、納税者は一九九七年と九八年は一九九五年と九六年の所得に対する税金を納め、一九九九年からはその年の所得に対する税金を納める。一九九七年と九八年は免税である。各州は一九九九～二〇〇一年の任意の時期に移行したので、住民は異なる時期に免税の恩典を受けることになった。

この措置は早くから告知されていたので、人々はどの年はがつがつ働いて所得を増やしても税金を払わずに済むか、よく承知していた。研究者にとっては、減税が労働意欲にどのような影響を与えるかを実地に知ることができる願ってもないチャンスである。タックス・ホリデー前、ホリデー中、ホリデー後の労働供給を比較すればよいのだ。結果は――まったく何の変化もなし、だった。働くか働かないかはもちろんのこと、どれだけ働くかにも何の影響もなかったのである。[7]

スイスは顕著な例だが、類似の結果は広く認められており、大方の人は税金が上がったからといって働く意欲をなくすわけではないことが確かめられている。[8] それでも有権者は増税に反対する。理由は、おもしろいことに、他の人が労働意欲を失うからだという。私たちの調査では、レギュラー回答者の一部に「増税になったら仕事をやめたり労働時間数を減らしたりしますか」と質問した。回答者の七二％は、仕事をやめることは絶対にない、と回答し、六〇％は前と変わらず働くと答えた。これは、実際の統計とも一致する。また別のレギュラー回答者に「平均的な中流階級の人は増税になったらどうすると思いますか」と質問したところ、彼らが前と変わらず働くと考えた人は三五％しかいなかった。なんと五〇％の人が、平均的な中流階級の人は増税になったら働かなくなるだろうと答えたのである。[9] つまりアメリカ人は自分のことはおおむね正しく判断できるが、他人の行動に関してはひどく悲観的になるようだ。

政府が原因なのか

多くの人が増税を忌み嫌う理由の第二として、アメリカでは（いや他の国でも）政府の介入に対して全般に懐疑的な風潮が挙げられる。そこにも一部の経済学者の影響があるのかもしれない。ともかくもレーガン時代以降、「現在の危機において、政府は問題の答ではなく、問題そのものだ」という言葉を人々は呪文のように聞かされてきた。[10]

二〇一五年の調査では、政府は「つねに」または「だいたいにおいて」信用できると考えるアメリカ人は二三％に過ぎず、五九％が政府を信用していないこと、二〇％は政府には貧富の格差解消はできないと考えていることがわかった。また、富裕層と企業の税金を減らして投資を促すほうが、社会福祉のための増税より好ましいと考えている人が三二％に達することも判明した。[11]

政府に対するこの甚だしい不信感は、ほんとうに救済を必要とする人々を助けるうえで最大の障害となりそうだ。というのも、じつに矛盾するようだが、政府に対する激しい不信感を露にしたのは、まさにこの人たちだからである。若くしてインドのパンジャブ州の財務相に就任したマンプリート・シン・バダルは、この問題で政治家としてのキャリアをあやうく棒に振るところだった。パンジャブ州では農家に無料で電気が供給され、地下水も自由に汲み上げてよい。その結果、農家は文字通り湯水のごとく地下水を使って過剰灌漑を行い、地下水層はあっという間に枯渇の危機に瀕する。かくして地下水の消費量を減らすことが喫緊の課題となった。そこでバダルの打ち出した提案は、こうだ。使用電力に課金するのと引き換えに一定額の補償金を払う。すると、電力のコスト負担が重石となって地下水の無駄遣いが減るだろう、という計算である。経済学的にはまことに理屈に適っている。だがこれは政治的自殺行為だった。この制度は二〇一〇年一月に導入され、一〇カ月後には撤廃に追い込まれる。そしてバダルは辞任、さらに離党を余儀なくされた。農民は政府が補償金を払うという約束を頭から信用せず、強力な農業団体が強硬に電力課金に反対したのだった。

驚くべきことに、二〇一八年にバダルは財務相に返り咲き、制度の導入を改めて試みている。今度は、最初にすべての農家の銀行口座に直接四万八〇〇〇ルピー（購買力平価で二八二三ドル）を振り込み、それから、その口座から引き落とす形で電力に課金した。補償金は、使用量が九〇〇〇電力単位未満であれば、農家が得をするような額に設定されている（同州の推定によると、平均的な農家の使用量は八〇〇〇～九〇〇〇電力単位である）。だから、スズメの涙程度の補償金で農家からお金を搾り取ろうという制度でないことは明白だ。しかも今回、州政府は慎重にことを進めた。まずは範囲を限定して試験的に運用し、その後に大規模なランダム化比較試験（ＲＣＴ）を行って、この制度が地下水消費量と農家の満足度におよぼす影響を確認する運びとなっている。農業団体は相変わらず「政府はいずれ農業向け補償金を打ち切ることをもくろんでいる」として反対の姿勢を崩していない[12]。今後の成り行きが注目される。

なぜこうも人々は政府に疑いの目を向けるのだろうか。原因の一つは、あきらかに芳しくない過去にある。インドでは、政府は約束破りを重ねてきた前科があるのだ。一方、アメリカでは独立不羈を尊ぶ精神が根強く存在する——もう長らくそれは幻想であるにもかかわらず。しかも厄介なことに、自主自立に誇りを持っている州ほど連邦補助金に依存しているのが現実だ（州政府の収入に対する連邦補助金の比率でみると、ミシシッピ、ルイジアナ、テネシー、モンタナがその筆頭である）[13]。すでに述べたように、政府に対する不信はエリート層に対する不信でもある。政府のプログラムとは、エリートの奴らが勤勉な白人男性以外に補助金を出す手段なのだ、と貧窮した白人男性は考えている。経済学者が何かにつけて政府の無駄や無用の政策を批判し、政府介入を冷笑することも、彼らの政府不信に拍車をかける。多くの、いや大方の経済学者は、政府が導入するインセンティブは必ず大失敗に終わると決めてかかっており、必要な政府介入まで不要だとか汚職の温床だと主張する傾向が強い[14]。

だが政府は信用できない、政府は悪いとして、何と比べて悪いのだろうか。政府にしかできないことがたくさんあるという事実を忘れるべきではない（もっとも、多くの政府が余計なことに手を出しているのは事実だ。たとえばインド政府は航空会社を、中国政府はセメント工場を経営している）。地震や水害に見舞われたら、生活困窮者が医療を必要としたら、ある産業がそっくり立ち行かなくなったら、市場は解決してくれない。ここに政府の出番がある。政府とはある意味で、他の組織の手に余る問題を解決するための存在だと言えよう。政府の無駄や無能を攻撃する向きは、現在の政府の仕事をよりよくこなせる組織の青写真を示すべきだろう。

どの国でも政府に無駄が多いことはたしかだ。インド、インドネシア、メキシコ、ウガンダなどさまざまな国で行われた研究は、どれも、政府のやり方をすこし変えるだけで大きな成果が上がると指摘する。たとえばインドネシアでは、政府プログラムの受給資格があることを明記したカードを対象者に送付するという一手間だけで、補助金の受給率が二六％上昇した。自分に資格があるとわかると、人々はちゃんとしかるべき役所に出向いて補助金を受け取る手続きをしたのである。[15] その一方で、第五章でも指摘したとおり、民間企業にも膨大な無駄が存在する。思うに、リソースの効率的なマネジメントは口で言うほどたやすくはないということだろう。

政府の無駄の削減にしても、想像する以上にむずかしい。政府がやるから無駄なのだとして、では民営化すればいいかと言うと、そうとも言い切れない。民間と公共のサービスを比較した調査は少ないが、一概にどちらがいいとは言えないという結果になっている。たとえばインドには、富裕層の子供たちが通う私立学校、政府が運営する公立学校のほかに、NGOが運営する学校がある。NGOスクールは寄付金で運営されているので授業料は無料だ。公立学校からランダムに生徒を選んでNGOスクールに通わせた実験があるが、どちらも試験の成績は変わらなかった（どちらも低かった）。[16] またフランスでは、民間が運営する職業斡旋所は、公的機関が運営する斡旋所より実績が低い。[17]

リベリア政府は二〇一六年に、公立学校九三校の運営を八つの異なる組織（NGOもあれば、営利企業もある）に委託し、ランダム化比較試験（RCT）を実施した。こちらも、どちらがいいとは言えないという結果が出ている。生徒たちの成績は、民営化された学校のほうが平均的によかったが、生徒一人当たりの予算が二倍近いので、競争条件が平等とは言えない。しかも四組織の運営する学校では、成績は公立学校とほぼ同じだった。八組織の中ではブリッジ・アカデミーの成績が最もよかったが、これも外部から多額の寄付を受け、かつ彼らの運営方針に基づき学級定員を上回る生徒をすべて切り捨てた結果である。[18] またアメリカの慈善団体モア・ザン・ミーが運営する学校では、性的虐待の不祥事を起こして紛糾する始末だった。[19] 要するに、民営化にすれば万事解決とはいかないのである。

腐敗という固定観念

政府不信論の根底にあるものの一つは、世界中どこでも政府というものは汚職の巣窟だという固定観念である。役人は納税者のカネでのうのうと暮らしているのだと考えて人々は腹を立て、政治運動ではさかんに政府の腐敗が攻撃の槍玉に挙げられる。大方の人が、政治的意志さえあれば腐敗を追放できるはずだ、と考えているのだろう。もちろん、そのためにやれること、やるべきことはたくさんある。だが、政府を率いる大統領や首相が清廉潔白とは言いがたいのに、腐敗が撲滅できるものだろうか。

意志さえあればできるという考え方は、腐敗の根本的原因を見誤っているし、腐敗撲滅の可能性を過大評価していると言わざるを得ない。市場ではできないことを政府が引き受けるというまさにそのことに、腐敗の入り込む余地がある。たとえば、汚染に対する罰金を考えてみよう。有害物質を垂れ流した企業は、汚染の証拠をもみ消してもらうためなら、公害防止局の担当者にいくばくか（罰金の数分の一程度）摑ませることを何とも思わないだろう。ではこのような賄賂がよくないからと言って、民間企業に罰金徴収を任せたら事態は改善するだろうか。答はおそらくノーだ。罰金徴収を任された民間企業にしても、役人に劣らず金をもらうのは大好きにちがいない。現に徴税を民間業者に委託した過去の例では、とるべきでない人からまで税を取り立てたケースが多発している。

あるいは、一流学校の入学選抜はどうだろう。学校当局者にしてみれば、出来の悪い息子を「裏口」から押し込むためなら寄付をはずもうという親からの申し出を受けたくなる誘惑は強い。中国の一流高校（もちろん公立である）では多額の寄付と引き換えに富裕層の子弟を入学させているとの噂が絶えない。だがこれは政府自体に問題があるというよりも、枠の狭いことが根本原因だ。誰もが望むもの、手に入れたがるものに限りがあって全員には行き渡らないとなれば、裏金を使ってでも自分が分け前に与りたいと切望する人が必ず出てくる。そのことをはっきりと見せつけたのが、イェール大学やスタンフォード大学に富裕層の子供たちが大量に裏口入学していた事件である。二〇一九年に発覚したこの事件では、裕福ではあるが裏口入学に必要な札束を用意できるほどではなかった親たちがあるコンサルタントに依頼し、もうすこし「お手軽」な方法（試験監督を抱き込む、スポーツコーチに金を払ってスポーツ推薦枠を利用する、など）で子供たちを名門私立大学に押し込んでいた。

一般的に、公共の目的の実現は市場原理には委ねられないと考えられている。罰金や税金の徴収を完全に民間に委託することはできまい。また、公立学校の授業料が安いのも、私立大学の授業料が本来ほど高くない（完全に市場原理に委ねたらもっと天文学的な数字になっていただろう）のも、貧しいが才能ある子供に機会を与えたいと人々が願うからだ。だが市場原理の前に政府が立ちはだかるからこそ、そこに鼻薬を効かせて活路を開こうとする輩が現れることになる。こうした構造になっている以上、腐敗の撲滅は思うほど簡単ではない。

それに、腐敗の追放がむしろコスト増になることも少なくない。公共支出を巡る汚職が相次いだイタリア政府は、支出合理化を図る目的で、一九九七年に公共事業コンシップ［Consip］を設立した。コンシップの目的は、国、地方自治体、大学、病院などの公共機関に代わって、オフィス用品からガソリンにいたるまでありとあらゆる資材調達を行うことにある。コンシップは一定の価格や保証条件を規定した一括調達契約を納入業者と結び、コンシップ経由で調達できる全品目のリストをオンラインで各機関に開示している。公共機関はコンシップの利用を義務づけられてはいないが、コンシップが保証する価格と品質を必ず参照し、同品質のものはコンシップ価格を上回る価格で購入してはならない。するとどうなったか――公共機関は、コンシップ経由で買えるものはすべてコンシップで調達するようになった。たとえ市場には同品質でもっと安いものが買えるとわかっていても、である（しかもそういうケースはかなり多い）。その結果、コンシップはむしろコスト高になっていることが判明した。各機関の調達担当者に任せておくほうが、すくなくともコスト的にはましだったかもしれない[20]。

公共機関はなぜもっと安く買えるとわかっていても、コンシップを利用するのだろうか。おそらく、コンシップ経由で調達する限り、賄賂を受け取ったと疑惑をかけられることはないからだ。なんとしてもトラブルは避けたい、というのは万国共通の官僚気質である。いや、公共機関だけではない。社員の出張手配を旅行代理店一社に任せている企業は少なくないが、彼らはまちがいなく損をしている。専属の旅行代理店は、すこしでも割安な航空券やホテルと抱き合わせのパッケージを探す、などという努力はしないからだ。しかしこの方法なら、社員が出張旅費との差額をポケットに入れるリスクは防ぐことができる。

以上の点から言えるのは、現在の腐敗との闘いで重視されているのは透明性だということである。政府のやっていることを、外部の独立監査人、メディア、世間の目できびしく監視すべし、というわけだ。たしかに、多くの状況で透明性は腐敗防止に役立つ。とくに最終受益者に対し、あなたはこれこれの受給資格があるのに、実際にはこれだけしか受け取っていませんよと知らせることは、きわめて有効だ[21]。だがコンシップの例からもわかるように、透明性はいいことばかりではない。また外部の独立機関に監視を任せるのは結構ではあるが、彼らは全体像が見えていないことが多いし、社会全体の目的に適うかどうかを評価できるわけでもない。せいぜい外部機関にできるのは、決められた手順通りに行われているかどうかをチェックすることだけである。そしてこのような外部監査が入るようになると、官僚はとにかく杓子定規に進めることにばかり注意が向きがちになり、法律の精神をわきまえずに字義に従うことにこだわるという弊害も生まれやすい。

昨今では、官僚や政治家は無能だとか金に汚いと決めつけるのが大流行であり、それには経済学者もかなり責任がある。しかしこうした風潮は、百害あって一利無しである。

第一に、そのようなイメージが定着すると、人々はいかなる政府介入にも反射的に猛反対するようになる。政府の介入があきらかに必要な場合であっても、だ。私たちの調査では、官僚を信用するというレギュラー回答者は経済学者を信用する人より少なかった。官僚を「いくらか」あるいは「たいへん」信頼すると答えたのはわずか二六％である。[22] これでは、政府に問題が解決できると考える人が少ないのも無理はない。

第二に、政府で働こうと志す人が減ってしまう。政府がうまく機能するためには、優秀な人材が欠かせない。だがアメリカでは政府の評判があまりに悪いため、有能な若者は官僚になりたがらない。私たちが教えている学部の四年生でも、政府機関に就職するという学生はいまのところ皆無である。これは悪循環につながりかねない。政府に優秀な人材が集まらなければ、政府はますます非効率になり、高級官僚の社会的地位は下がり、優秀な人材はますます寄り付かなくなるだろう。

政府機関のよろしくないイメージは、そこで働く官僚の誠実さにも影響をおよぼす。スイスの金融マンにコイン投げをしてもらった実験のことを思い出してほしい（第四章）。あれとよく似た実験をインドでもやってみた。[23] インドの実験では、参加者は大学生である。四二回サイコロを投げて一回ごとに出た目の数を記録してほしいと依頼し、一の目が出れば〇・五ルピー、二の目が出れば一ルピー、三の目が出れば一・五ルピーを進呈すると伝える。サイコロ投げの様子は誰も監視していないから、どの目が出たか、嘘を記録するのは自由だ。すると、嘘をつく確率はスイスの金融マンとほぼ同じだった。ただし、スイスの金融マンたちが、金融業界で働いていることを思い出させると嘘をつく率が高まったのとまさに同じように、インドの大学生の場合、政府機関への就職を考えている学生ほど嘘をつく率が高いという嘆かわしい結果が出た。[24] 対照的に、公的部門の規律と高潔さに評価の高いデンマークで同じ実験をしたところ、インドとは正反対の結果になる。政府機関への就職を考えている学生ほど嘘をつく率が低かったのである。[25]

第三に、大方の役人はカネに汚いか怠け者かどちらか（または両方）だとすれば、あらゆる意思決定権を官僚から奪ってしまえばよいことになる。だが、これがよい結果につながるのだろうか。最近パキスタンでは、病院と学校の調達担当者を対象に自由裁量の余地を増やす実験が行われた。必需品の調達用として自由に使える現金を手渡したのである。すると担当者は俄然精力的に供給業者と値引き交渉をするようになり、コスト削減に多大な効果があったという。[26]

官僚の行動や政府の契約にあまりあれこれうるさく制約を課すと、必要とされる能力が発揮されないという結果になりかねない。たとえばオバマケアのためのコンピュータ・システムを構築する大型契約の入札が行われた際、アメリカの大手ハイテク企業はどこも応札しなかった。理由はおそらく、あまりに契約条件が細かすぎるからだろう。なにしろ連邦調達規則は全部で一八〇〇ページもあるのだ。これでは落札するためには、いいシステムを作ることより書類手続きに長けていることのほうが必要になってしまう。[27] 開発分野では、アメリカ国際開発庁(USAID)の契約を決まって勝ち取る常勝軍団は、政府部内に取り入っているコンサルティング会社である。それ以外の組織は、たとえ経験や知識は十分にあっても到底歯が立たない。

そして第四に、これがおそらくいちばん重要だが、政府は腐っていて無能だと言い続けていると、市民はそのうち政府の行動に無感覚になる。そして、政治家が恥ずべき汚職をしたというニュースが流れても、「またか」とばかり肩をすくめ、それで終わりになってしまうだろう。アメリカだけではない、どの国でもすでにそうなりつつある。市民は政府に何も期待しなくなり、注意を払うことさえしなくなる。このように、メディアが小さな腐敗探しに熱中していると、大規模な汚職の余地を生むことになりかねない。

メキシコから学ぶべきこと

アメリカは袋小路に入り込んでいるように見える。もうすぐこの国はよくなるという空手形が四〇年にわたって連発されてきた結果、いまやあまりにも多くの人が政府を信用しなくなってしまった。富裕層が政治や経済にふるう影響力は大きくなる一方だ。蜃気楼のような成長をむなしく追い求める状況が続いたのだから、それも当然だろう。しかも富裕層は、自分たちの富の拡大に政府が介入しないよう、用意周到に政府に対する不信感を人々に植え付けてきた。このため政府は慢性的な機能不全に陥っている。増税は政治的に不可能だ。社会的意識の高い若者でさえ、政府で働くのはごめんだとそっぽを向く。社会改革を諦めていない人たちは民間組織で働くか、社会的インパクト投資の運用に加わる。そうでない人たちは臆面もなくひたすら金儲けに走るという具合だ。だが、政府の役割を拡大しない限り、できないことは多い。

他の多くの国もアメリカと同じ道をたどる可能性は大いにある。アメリカほどではないにせよ、フランスでも不平等は拡大している。一九八三〜二〇一四年に、最富裕層一%の平均所得は一〇〇%増を、最上位富裕層〇・一%の平均所得は一五〇%増を記録した。経済成長率は低いので、ふつうの人の生活水準はほとんどよくなっていない。残り九九%の所得は、同時期に二五%しか増えていないのである。つまり年一%以下ということだ[28]。この状況が、エリート層に対する不信の増大と移民排斥運動につながっている。中道のマクロン政権が着手した一連の税制改革では、累進性が薄れ、均等税の税率が引き上げられ、富裕税は廃止され、資本税は引き下げられた。この改革によりフランスは他国から資本を呼び込むことができる、というのが表向きの理由である。たしかにそのような効果は望めるかもしれないが、そうなればなったで、ヨーロッパの他の国も減税に走る可能性がある。これでは、底なしの減税競争に突入しかねない。アメリカの例からして、いったんそうなったら逆転させるのはきわめてむずかしい。ヨーロッパ各国は税の節度を保つよう協調行動をとるべきだ。

発展途上国の政府は、アメリカ以上に税収が少ない。中位低所得国の税収はGDP比で一五%に届いておらず、五〇%近いヨーロッパ（および平均三四%のOECD加盟国）と顕著な対照をなしている。税収が乏しい一因は、いくらかは経済の性質に由来する。経済の大部分を占めるのは中小企業や都会から遠く離れた農場なので、実際の収入の正確な把握がなかなかむずかしいという事情がある。とはいえ最大の原因は、政治的選択だ。インドと中国は、興味深い好対照をなしている。かつてはどちらの国も一人当たり所得が少なすぎて、課税する価値もなかった。だがインドは所得水準が上がるにつれて所得税の課税最低限を引き上げたため、全人口に占める所得税課税対象者の比率は二〜三%と一定だった。一方中国は課税最低限を変えなかったため、全人口に占める所得税課税対象者の比率は、一九八六年には〇・一%未満だったのが、二〇〇八年には約二〇%に達する。当然ながら所得税収も大幅に伸び、GDP比〇・一%未満から二・五%に躍進した。一方のインドは相変わらず〇・五%前後にとどまっている。所得税を含む税収合計で見ると、インドはここ何年もGDP比約一五%で安定しているが、中国は二〇%を超えており、政府はインフラ投資を増やす、社会福祉支出を増やすといった選択肢を手にしている。[29] インドでは物品・サービス税（GST）が導入され、脱税が困難になって税収増につながると期待されているが、GSTはモノやサービスの価格に比例しているので再分配効果は乏しい。

そのうえインドは、租税による最高所得層の税引前所得の抑制に失敗した点でも、アメリカとよく似ている。世界不平等データベース（WID）によると、インドでは最高所得層一％の所得は一九八〇年にはGDP比七・三％だったが、二〇一五年には二〇％を突破したという。[30]同時期の中国は六・四％から一三・九％だったので、いくらかましだと言えよう。

ここで興味深い反例となっているのが中南米である。中南米では長年にわたり成長が不平等の急拡大を伴ってきた（さらに悪いことに、その後に成長なしの不平等拡大が続いた）のだが、ここに来て不平等が大幅に減っているのである。これらの地域の主要輸出品である一次産品や資源の値上がりがその一因だが、政策介入、最低賃金の引き上げ、大規模な再分配などの寄与も大きい。[31]

これらの国で実行された再分配プログラムには学ぶべき点が多い。中南米でも、所得移転プログラムに対する政治的反対は強かった。貧困層への給付は労働意欲の減退につながるというのである。これは、生活保護は濫用と怠惰を招くという、アメリカの社会福祉論議でしばしば耳にする意見とよく似ている。そこでメキシコでは、プログレッサ［Progresa］と呼ばれる貧困削減策を導入するにあたり、経済学者のサンティアゴ・レビーに始めから制度設計に加わってもらうことにした。[32]こうして設計されたプログラムの特徴は、交換条件になっていることだ。すなわち、子供たちに健康診断を受けさせ、子供たちを学校に通わせることを条件に現金給付が行われる。ランダム化比較試験（RCT）が実施され、プログラムに参加した世帯では子供たちの健康と教育を向上させる効果があったことが確認された。[33]おそらくこのためだろう、プログレッサは他国でも模範とされるようになり、またメキシコでも非常に長続きしている。政権交代があって何度かプログラムの名称に変更はあったものの、(途中でオポルトゥニダデス［Oportunidades］という名称に変更され、その後プロスペラ［Prospera］となった)、数十年にわたり内容に大きな変更は加えられていない。二〇一九年には左派の新政権が一段の条件緩和を検討している。

こうした条件付き現金給付(CCT)は、中南米全域さらには他の地域(ニューヨーク市にまで)に普及していった。CCTプログラムの多くは当初同じような条件付きで開始され、併せてRCTが実施された。一連の実験で、二つのことが判明している。第一に、貧しい人に現金を渡しても何もおそろしいことは起きないと確かめられた。次章でくわしく取り上げるが、働かなくなるとか、全部飲んでしまう、という懸念は杞憂に終わっている。このことは、開発途上世界における再分配について認識を改める契機となった。二〇一九年に行われたインドの総選挙では、二大政党がどちらも初めて、貧困層への現金給付を公約の柱として掲げている。第二に、各国がメキシコを手本にして試験的導入に取り組み、いろいろなバリエーションが出てくる中で、当初の制度設計で予定していたようなこと細かな指図や手伝いを貧しい人々は必要としていないことが判明した。こちらもまた、再分配を巡る議論の転換点となっている。プログレッサ実験とその後継プログラムは、現金給付型貧困削減策に大きな貢献をしたと言えよう。

とはいえ不平等との闘いは、中南米でも恒久的な勝利にはほど遠い状況だ。最高税率はまだ低く、最高所得層の所得が制度的に押し下げられるしくみにはなっていない（世界不平等データベースによると、二〇〇〇年以降の最高所得層の所得は、チリで横這い、コロンビアで増加、ブラジルで減少後に急反発している）[34]。だがプログレッサは、注意深く設計されたプログラムの重要性を教えてくれた。プログラムの成功例を参考にすれば、アメリカ、そして世界がはまり込んだ袋小路を打開する手がかりがきっと見つかるだろう。

残り九九％の人たち、つまりふつうの人たちがよき生活を取り戻すカギを見つけることは現代における重要な課題の一つであり、宇宙旅行や癌の治療薬に劣らず重要だと言っても過言ではあるまい。リソースはある。欠けているのは、人々を分断する不信と不和の壁を乗り越えるためのアイデアである。この問題に真剣に向き合い、政府やＮＧＯその他の組織が協力して効率的かつ実行可能な社会政策の立案に取り組むなら、きっといまの時代は将来世代から感謝とともに思い出されるにちがいない。

Chapter 9

救済と尊厳のはざまで

北インドの都市ラクナウを訪れる観光客の多くは、旧市街の中心部にある一八世紀インド＝イスラム様式の遺跡バラー・イマームバラーを見学する。当時の建物としてはめずらしいもので、宮殿でもなければ要塞でもなく、寺院でも霊廟でもない。ガイドたちは客に合わせて適当な説明をするが、じつはこの建物は旱魃で収穫がなかった一七八四年に、臣民に仕事を与える目的でアワド太守のアーサフ・ウッダウラが命じて建てさせたものである。

この建設工事に関する逸話で、アビジットの脳裏に焼き付いているものが一つある。工事には異様に時間がかかったが、それは日中に住民が建てた分を夜の間に貴族が壊したからだというのである。要するに、貴族だって農作物を食べて生きているのだ。だからやっぱり飢えているし、何かして金を稼ぎ、生き延びなければならない。だが高貴な出自である彼らは、そんな苦境に陥っていると人に知られるくらいなら餓死する道を選んだだろう。そこで、太守が直々に貴族を雇い夜な夜な作業をさせるという妙案が編み出されたわけである。

貴族の鼻持ちならない体面や見栄のせいでこんなよけいな手間が必要になったのだという見方は成り立つだろうし、そもそもこの逸話がほんとうかどうかもわからないが、ともかくもこのエピソードはある重要なポイントを突いている。危機のときにはとくに忘れられがちだが、助けてもらう人の尊厳を踏みにじってはならない、ということだ。アーサフ・ウッダウラはそのことを忘れなかった点で称賛に値する。すくなくとも歴史はそう伝えている。

社会政策の設計においては、救済をすることと人々の尊厳に配慮することとのせめぎ合いにどう対処するかということをつねに考えなければならない。この議論の一方の極端な立場は、市場経済で割を喰った人々に対してできる最善の策は彼らにお金を渡して立ち去り、あとは好きにせよと本人に任せることだ、というものである。これとは反対の極端な立場は、貧しい人には自分で自分の面倒を見ることもできないと決めつけ、あれこれ介入して選択を制限し、条件を満たさない人は切り捨てる、というものだ。これではいずれにせよ、落ちこぼれた人々に罰を与えているようなものだ。公共プログラムの受益者の尊厳をないがしろにし、公的支援を受けたいなら我慢しろ、と言わんばかりである。だが自分をゴミのように扱わないでほしい、尊重してほしい、というのは人間が誰しも持っている気持ちである。公共プログラムが、ときに救われる当の人々からでさえ支持されない大きな理由は、そうした気持ちに対する配慮が欠けているからだ。プログラムが失敗する理由も多くはそこにある。本章では、人間の尊厳と社会政策のあり方を考える。

無条件給付にはたくさんのメリットがある

社会政策の設計として現在これ以上のものはない、というのがユニバーサル・ベーシックインカム（UBI）である。単純にしてエレガントかつ近代的な福祉政策であり、シリコンバレーの起業家、メディア、一部の哲学者や経済学者、ちょっと変わり者の政治家の間では絶大な人気を誇る。UBIを実施する場合、政府は国民全員に相当額のベーシックインカム（アメリカでは月一〇〇〇ドルという案が出ている）を渡す。所得とは無関係である。ビル・ゲイツにとっては端金（はしたがね）でも、失業してしまった人にとってはじつにありがたい金額だ。ベーシックインカムがシリコンバレーで人気なのは、自分たちの開発した人工知能その他のイノベーションが生身の人間の仕事を奪ってしまうという懸念が生じたからである。二〇一七年のフランスの大統領選挙に出馬した社会党のブノワ・アモンは、勝ち目のない選挙運動を活気づけるために、ベーシックインカムの導入を訴えた。ヒラリー・クリントンもベーシックインカムを持ち出している（やはり敗退した）。スイスではベーシックインカム導入の可否を巡って二〇一六年に国民投票が行われた(賛成票を投じたのは国民の四分の一に過ぎなかった)。インドでは、財務省の公式文書で最近ベーシックインカムが取り上げられたほか、二大政党は無条件の現金給付を選挙公約に謳っている(ただし国民全員が対象ではない)。

ミルトン・フリードマンなど、UBIの非干渉的なアプローチを支持する経済学者は少なくない。その多くが、人間は自分にとっていちばん必要なことをちゃんとわかっている、すくなくとも政府の役人が本人よりよく知っていると考えるべき理由はない、という立場だ。プログラム受給者に現金を渡せば、自分たちにとってベストの選択をするだろう、食べ物が必要なら食べ物を買うだろうし、服が必要なら服を買うだろう、と。アメリカの補充的栄養支援プログラム(SNAP)は食品にしか使えないので、過干渉だという。同様に、何らかの「善い行い」を条件とし、「ごほうび」として給付を行う現金給付プログラム(先ほど紹介したメキシコのプログレッサ[現プロスペラ]がそうだ)も貧しい人々に一方的に命令して「芸をさせる」ようなものだから、よろしくないとみなす。もしほんとうにそれが善い行いであるなら、人参をぶら下げられなくても人々はそれをするだろう。人々がそれをしないのは、政府より正しい判断かもしれないのだ、云々。左派系のメキシコ政府は二〇一九年に、プロスペラを無条件給付にする意向を発表している。「健康講習を受けるとか、子供の健診を受けさせるといった義務が女性に負担を強いる」という理由からだ。[1]

UBIのように全国民が対象で、特定層をターゲットにしないプログラムは、手続き上の魅力がきわめて大きい。大方の社会福祉プログラムは、給付が有資格者にだけ届くようにするために、手続きが面倒で審査にも時間がかかる。子供をちゃんと学校に通わせているかとか、健康診断を受けさせているか、といったことをチェックするのはコストもかかる。メキシコでは、一〇〇ペソを家庭に渡すのに一〇ペソの経費がかかった。一〇ペソの三四%は受給資格の審査に、二五%は条件を満たしているか継続的に確認するために使われている。[2]

手続きがあまりに厄介だと、そもそも申請することさえむずかしい。そのため、鳴り物入りでプログラムを発足させたはいいが、めざす相手に届かないというケースがめずらしくない。エステルはモロッコで、水道助成金プログラムを調査したことがある。対象世帯に助成付きの融資を提供し、各家庭と水道本管をつなぐというものだ。[3] 初めてプログラム対象地域を訪れると、プログラムを請け負ったフランスの環境サービス会社ヴェオリアが自慢げに「ヴェオリア・バス」を見せてくれた。このバスで各地域を回り、プログラムについて住民に情報提供するという。だがバスの中には人はいない。不思議に思ったエステルが一軒一軒訪ね歩くと、村人たちはプログラムについておおまかなことは知ってはいたが、どうやって申請すればいいのか、とんと理解していないことがわかった。なにしろ手続きが煩雑すぎて、書類は渡されたものの、到底バスの中でさっと書けるような代物ではない。住所と受給資格を証明する書類を仕上げて役場へ持参し、数週間後に再び出向いて承認されたかどうかを確かめる、という段取りだ。そこでエステルのチームは簡単なサービスを申し出た。必要書類のコピーをとり、申請書類に記入のうえ、役場に提出するというサービスである。これなら、住民は最後に一度だけ役場へ赴けばよい。このサービスには劇的な効果があり、申請者の数は七倍に跳ね上がった。

煩雑な手続きは、最も助けを必要とする人が漏れやすい点でも好ましくない。デリーでは、貧窮した寡婦と離婚した女性は月一五〇〇ルピー（物価調整後で八五ドル）の給付を受けられる。こうした境遇にある女性にとっては結構な金額だ。ところが申請者数は少ない。世銀の調査によると、受給資格者の三分の二が未申請だった。[4]理由の一つは、申請手続きの煩雑さにあると考えられる。受給資格者の多くは、書類に何が書かれているのか理解できないか、自分がどう記入すればいいのかがわからない。

プログラムのどの点が受給申請の阻害要因になっているのかを調べるため、受給資格のあるインド人女性一二〇〇人を四つのグループにランダムに分けて調査する実験を実施した。[5]第一グループは対照群である。第二グループにはプログラムについてくわしく情報提供した。第三グループには情報とともに申請の手伝いを提供した。第四グループには情報、手伝いに加えてNGOの現地スタッフが申請する事務所まで付き添うサービスを提供した。くわしい情報提供によって申請書類の記入に着手する人は増えたが、実際に申請する人はさほど増えなかった。対照的に、手伝いを提供すると申請までこぎ着ける人が六ポイント増えた。さらに付き添いサービスを受けると一一ポイント増え、申請者の比率は対照群の二倍に達した。ここで特筆すべきは、最も弱い立場の女性（字が読めない、被差別民である、など）が最も大きな恩恵を受けたということである。この人たちは、現行の煩雑すぎる手続きでは最初にめげてしまったはずだ。とはいえ手助けや付き添いがあってもなお、ただでもらえる給付金の申請者が二六％にとどまった点は問題である。おそらく彼女たちは政府がちゃんと給付するとは信用していないのだろう。それでわざわざ申請の手間をかけるにはおよばない、と考えたのではないだろうか。

似たようなことはアメリカでも起きている。二〇〇八〜一四年に学校給食の無償化条件が緩和され、数百万の子供が無料で給食を食べるようになった。貧困撲滅プログラムなど他の社会保障プログラムの受給世帯であれば、自動的に無償化が適用されるしくみになったためだ。じつは二〇〇四年から無償化は行われていたのだが、当時は親が給食費の免除申請をしなければならず、申請率が低かった。[6]

補充的栄養支援プログラム（ＳＮＡＰ）もそうだ。受給資格があると目されるにもかかわらずＳＮＡＰを申請していない高齢者三万人からランダムに選んで受給資格があることを説明し、やはりランダムに選んだ別のグループには申請の手伝いを提供するという実験を行った。九カ月後に追跡調査すると、対照群の申請者は六％だったが、説明したグループは一一％、手伝いを提供したグループは一八％に増えたことが判明している。[7]

アメリカの場合、すでに述べたように、誰にでも成功するチャンスがあるこの国で貧困と認定されるのは失敗者の烙印を押されるようなものだ、という意識が根強い。このため、給付を受ける資格があるほど自分は貧乏だ、と認めることに強い抵抗感がある。このことに関連して、私たちはカリフォルニア州で興味深い事例に遭遇した。SNAPでは無料で食品が買える「フードスタンプ」を配布するが、今日ではかつてのような紙製のクーポン券ではない。受給者は政府が発行した電子給付カード（EBT）を使ってATMから補助金を引き出すしくみになっている。EBTカードはデビットカードと同じようにスーパーのレジなどで使えるので、レジ係にクーポン券を手渡す屈辱を味わうことはない。ところが、受給資格者全員がそのことを知っているわけではない。そこで、税理士事務所H&Rブロックの協力を得て、ある実験を行った。一月に税理士事務所にやって来る人の多くは、税の還付を期待する低所得労働者である。その中からSNAP受給資格のありそうな人をランダムに選び（介入群）、カリフォルニア州のEBTカードについて広告会社が作成したおしゃれなパンフレットを手渡した。そこには、「ゴールデンステート・アドバンテージ・カード」は「食品店で豊かな買い物をする」ためのカードであり、勤労者世帯は受給できる可能性が高い、と書かれている。フードスタンプという言葉は一切使われていない。ちなみにゴールデンステートとはカリフォルニア州のことである。一方、対照群の人たちには「フードスタンプ」についての一般的な説明を行い、通常の地味なパンフレットを手渡した。すると、介入群の人たちは俄然SNAPに関心を示したのである。[8]

逆に、自分たちは不当にも社会保障プログラムから除外されそうだと感じて、最も助けを必要とする人がプログラムに申請しないことがある。貧困層の支援団体の多くが、受給対象を所得条件などで限定しないよう強く主張するのはこのためだ。貧困撲滅に尽力した社会運動家ティエリー・ローチは、ホームレスだった頃にフランス政府が貧困層の三〇%に補助金を出すと知り、「どうせ私と家族はその三〇%には入らない。支援が貧しい人全員のためでないなら、私は反対する」と述べている。彼は生涯にわたって「選ばれた受給者」になることを拒み、社会から追放された存在であり続けた。[9]

プログラムの意図に反するこうした悲観的な見方は、さほどめずらしいものではない。エステルのチームはモロッコでその例に遭遇した。タイシール〔Tayssir〕と呼ばれる条件付き現金給付プログラムでは、子供を学校に通わせることが条件になっている。チームはこの条件付きプログラムと、子供が実際に学校に通っていなくても給付が行われる無条件給付プログラムを比較した。対象年齢の子供が三人いるにもかかわらず、条件付きプログラムに申請していない家庭がかなりいるので、エステルが訪問して理由を聞いたところ、父親はこう答えた。自分は一日中村の外で働いており、帰りが遅くなることも多い。だから、子供たちがちゃんと学校へ通っているかどうか確かめられない。どうもウチの子供たちはしょっちゅうずる休みをしているらしい。だから、仮に申請してお金をもらったところで、条件に反するとしてそのうち没収されてしまい、自分はダメな親と思われるだろう。それぐらいなら初めから申請しないほうがいい、と。

データによると、このような家庭は意外に多い。子供たちが不登校になりそうな家庭では、自ら条件付きプログラムから脱退するケースも頻繁に見受けられる。条件違反で除外されるのは恥ずかしいと親が感じて自分から脱退してしまうのである。こうした状況を受けて、無条件給付プログラムが導入された。このプログラムでは、登校を義務づけるのではなく、学齢期の子供のいる家庭を支援することを目的に定めている。結果的にこちらのほうが、子供のことに手が回らない貧しい家庭に学校教育を奨励するうえで効果的であることが確かめられた。[10]

だが財源がない

以上のように、既存の条件付き現金給付プログラムにはさまざまなデメリットがあることがわかっている。ならば、なぜユニバーサル・ベーシックインカム（ＵＢＩ）を導入しないのか。完全に無条件に全国民を対象に実施している国がほとんどないのはなぜか。

答は単純明快だ。お金がないのである。国民全員を対象にしようとすると、途方もない予算が必要だ。たとえばアメリカ人全員に月一〇〇〇ドル渡すとなれば、年間三・九兆ドルが必要になり、現行の社会福祉プログラムに一・三兆ドルを上乗せする格好になる。連邦予算とほぼ同等の規模であり、アメリカ経済の二〇％に相当する。[11]政府の伝統的な役割（国防、教育など）を切り捨てずにこれだけの予算を捻出するためには、現行の社会福祉をすべて廃止したうえで、さらにアメリカの税率をデンマーク並みに引き上げなければならない。こうしたわけだから、熱心なＵＢＩ擁護論者でさえ、人々の所得が増えたら給付を減らすとか、一定限度を超えたら給付を打ち切るといった腰の引けた案を持ち出している。これではユニバーサルではない。もしアメリカ人のうち貧しい半分にだけUBIを導入するなら、予算は一・九五兆ドルで済む。だがこれでは受給資格が限定されるので、それに伴う欠点も出てくることになる。

福祉は怠け者を生むのか

アビジットは一二歳の頃、ご多分に漏れずオードリー・ヘップバーンの大ファンだった。中でもお気に入りは、ミュージカル『マイ・フェア・レディ』の映画版（原作はバーナード・ショーの戯曲『ピグマリオン』）で、ここではヘップバーンは花売り娘イライザ役で登場する。だがいま注目したいのはイライザではなく、その父アルフレッドだ。幸運に恵まれた娘のおこぼれに与ろう（あずかろう）とする（ありていに言えば娘を五ポンドでヒギンズ教授に売ろうとする）アルフレッドは、いくらか哲学的なすばらしいことを言う。

「あっしが誰かとお尋ねですかい？　恵まれない貧乏人の一人、それがあっしってもんです。どういうことかおわかりですかい。のべつ中流階級の道徳観念に邪魔されるってことでさあ。何かうまい話があって、ちっとばかりおこぼれに与ろうとすると、おまえはお呼びじゃない、あっちへ行けってね。これが毎度のことなんでさ。だがこっちだっていろいろと物入りなんだ。手厚く保護されている未亡人と同じぐらいにね。あちらはたった一人夫を亡くしただけで、一週間に六つもの慈善団体からお手当をもらってるんですぜ。あっしに受け取る資格がないたあ言わせねえ。なんであっしが、お手当をもらってる連中よりまずい食事をしなけりゃならないんだ。あっしだってもっと飲み食いしたいんでさ。それになけなしの頭を使ってんだから、ちっとばかり娯楽も必要さね。気分が落ち込んだときにゃ、楽しいことをしたり、歌ったり、してえじゃねえか。なのにあいつらは、施しをくれてやる連中にあれこれうるさく説教を垂れるような調子で、あっしのやることなすこと非難しやがる。いったいどこに中流階級の道徳観念があるってんですかい？　そんなものは、あっしに何もよこさないための言い訳だわな[12]」

『マイ・フェア・レディ』の時代設定はヴィクトリア朝であり、当時の貧しい人の悲惨さは現代の比ではなかった。慈善団体や篤志家のお恵みに与るためには爪に火を点すようにつましく暮らし、きちんと教会へ行き、何より勤勉に働かなければならない。それがいやなら、忌み嫌われる救貧院へ行くほかない。救貧院では夫婦は引き離され、労役が課される。もし借金があろうものなら、おそろしい債務者監獄送りか、オーストラリアへ島流しだ。一八九八年に作成された「ロンドン貧困地図」には、「犯罪者まがいの貧窮者が住む危険な地区」がいくつも記されている[13]。

だが福祉に対する考え方は、当時からそう変わったとは言えない。今日でも、アメリカであれ、ヨーロッパであれ、インドであれ、裕福な人たちの集まりで福祉を論じようとすると、少なからぬ人が否定的な態度を示す。貧乏人にただで恵んでやれば、彼らは単なる「穀潰し」になるというのだ。ヴィクトリア朝でよく聞かれた言葉だが、インドではいまも特定の階級で使われている。彼らは、貧困層に現金を渡せば働かなくなるか、全部飲んでしまうと懸念する。こうした見方の根底にあるのは、貧乏人は貧困を脱する意志が欠けているからいつまでも貧しいのだ、彼らに甘くするだけ無駄だ、という思い込みである。

アメリカでも一九三〇年代の大恐慌のときには、貧困層に対して一時的に寛容になった。どこを見ても貧しい人だらけで、誰でも知人や友人に一人や二人は突然貧乏になった人がいたからである。ジョン・スタインベックの『怒りの葡萄』の時代背景も、まさに大恐慌の頃だ。そこに描かれているのは、旱魃と砂嵐で疲弊した中南部の草原地帯からカリフォルニアをめざす勇敢なオーキー［オクラホマ出身者の蔑称］たちであり、痛烈な社会批判が込められている。大恐慌を克服するためにフランクリン・ルーズベルトがニューディール政策に取り組み始めたあたりから、貧困は闘うべき対象とみなされるようになり、政府の介入によって打ち負かせるものと考えられるようになった。この傾向は一九六〇年代まで続き、リンドン・ジョンソンの「貧困との戦い」に結実する。だが成長が鈍化し、資源が逼迫してくると、貧困との戦いは貧困者との戦いに変質する。ロナルド・レーガンは折りに触れて、いわゆる「ウェルフェア・クイーン」

を引き合いに出した。社会福祉プログラムから詐欺まがいのやり方で給付をせびりとる怠け者のことである。その最たる例がリンダ・テイラーだった。シカゴ出身のリンダは四つの偽名を使い分けて八〇〇〇ドルの給付をだまし取り、刑務所送りになっている。刑期は、レーガン時代の有名な金融スキャンダル「キーティング・ファイブ」の主役だったチャールズ・キーティングより一年半長い。このスキャンダルでは金融機関の救済に五〇〇〇億ドルもの公的資金が投入されたにもかかわらず、である。

レーガン時代には、貧乏人が犯すこうした卑劣な行為は、むしろ社会福祉プログラムそのものの弊害だとみなされるようになる。一九八六年にレーガンは、貧困との戦いは敗北に終わったと宣言する。負けたのは福祉のせいだ、福祉は労働意欲を失わせ、依存心を強め、「黒人か白人かを問わず、生活保護世帯に家庭崩壊の危機をもたらす」とレーガンは決めつけた。[14] 一九八六年二月一五日に全国民に向けてラジオ放送された演説で、レーガンは次のように述べている。

「われわれはいま、貧困が恒久的に根付く危機に瀕している。貧困が鎖や足枷（あしかせ）のようにアメリカをがんじがらめにしようとしているのだ。かつてのアメリカとはちがう第二のアメリカ、アメリカン・ドリームを失ったアメリカ、成長の止まったアメリカが出現しつつある。皮肉なことに、消滅しつつあった問題を国家的な悲劇に変えてしまったのは、慈悲心の名の下に制度化された誤った社会福祉プログラムだった。一九五〇年代からずっと、アメリカの貧困は減り続けていた。この奇跡を起こしたのは、チャンスに満ちたアメリカ社会である。経済成長は貧困を脱して繁栄へと上る梯子を何百万人もの人に与えた。だが一九六四年にあの有名な〝貧困との戦い〟が宣言されると、奇妙なことが起きる。経済的自立の度合いで測定した貧困が減らなくなり、むしろ深刻化したのだ。貧困が戦いに勝利したと言わざるを得ない。貧困が勝利した一因は、政府のプログラムが貧困世帯を助けるのではなく、貧しい家庭の絆を破壊したことにあると考えられる。

社会福祉の最も好ましくない点は、一家の稼ぎ手の役割を奪うことだ。たとえば給付が最も潤沢な州では、シングルマザーへの公的給付が最低賃金所得者の可処分所得を大幅に上回ることがありうる。言い換えれば、働かなくてよくなるということだ。多くの家庭は、父親がいないほうがはるかに給付は多くなる。すると男の立場から言うと、自分が法的に父親でないほうが子供たちは豊かな暮らしができる、ということになる。現行の社会福祉プログラムのルールでは、一〇代の女の子が妊娠した場合、部屋を借り、医療を受けられ、食べ物と服を買えるだけの公的給付を受けることが可能だ。結婚しないこと、父親を認定しないこと、という条件を満たしさえすれば……。福祉が招く悲劇は枚挙にいとまがない。いまは、福祉制度を見直すべき時だ。どれだけ多くのアメリカ人が福祉から自立して生きていけるか、ということが福祉制度の判断基準になるべきである[15]」

これはまた脅迫的な主張だと言わねばならない。この主張は、検証には耐えられない。福祉が家族構成に与えた影響については本棚に収まりきらないほどの本が書かれており、レーガンの言うような影響は、仮にあるとしてもごくわずかであるとの結論が出ている。[16] レーガンの憂慮に根拠はないのである。

だがあまたある学術的な証拠にもかかわらず、福祉が貧困を助長するとか、「依存者」を量産するとか、福祉頼みの文化を定着させる、家族の価値の危機だといった主張は、暗に人種や民族を連想させる表現と相俟って、時代と場所を越えて拡散してきた。二〇一八年六月にはフランスのマクロン大統領が、貧困撲滅プログラムの改革案についての演説を自ら録音した。このテープは、ふだんは見られない大統領の素の姿を紹介する試みとして公開されている。だがそこに映っているマクロンを見ると、時代や場所がまったくちがうにもかかわらず、レーガンの姿を重ね合わさずにはいられない。マクロンはまさにレーガンのような調子で、現行制度は失敗したと何度も強調する。そして、貧困層はもっと責任を分かち合うべきだと短い演説の中で六回も繰り返した。[17]

アメリカでは、この姿勢が具体的な行動につながっている。一九九六年にクリントン大統領が超党派の支持を得て、個人責任・就労機会調整法を制定したのである。この法律によって、児童扶養世帯扶助法（ＡＦＤＣ）は、就労を受給条件とする貧困世帯一時扶助法（ＴＡＮＦ）で置き換えられた。またクリントンは、貧しい労働者を対象とする勤労者所得控除を拡大した（すでに働いていることが受給条件となる）。そして二〇一八年にはトランプ大統領の経済諮問委員会（ＣＡＥ）が、三つの大規模な支援プログラム（メディケイド、ＳＮＡＰ、家賃補助）について、就労を受給条件とするよう勧告する報告書を提出している。[18] 二〇一八年六月にはアーカンソー州が全米に先駆けて、成人を対象に就労をメディケイドの受給条件とした。興味深いのは、ＣＡＥは貧困との戦いに敗北したとは考えておらず、逆に「貧困との戦いはおおむね勝利のうちに終わった」としていることだ。報告書は、「連邦税や給付プログラムを始めとするセーフティネットのおかげで、アメリカでは（正しく計測すれば）貧困は劇的に減少した。だがこれらの政策は、生産年齢で健常な成人の自立（社会福祉依存の点で）を損なう結果となっている。（メディケイドやフードスタンプなど）現金給付以外の社会福祉プログラムにおいて就労を条件とすれば、経済的自立は高まると期待される。しかも、物質的窮状の救済に取り組んできたこれまでの進歩を逆行させる恐れはほとんどない」と述べている。言い換えれば、食事のために人々を働かせるということだ。「アメリカ流の労働倫理がアメリカ人の勤労意欲を高めてきたのであり、どの週もどの年もより多く働こうとする姿勢こそがアメリカの成功を長く支えてきたのである」というのはＣＡＥの本音なのだろう。もちろん、このような条件付けは痛みを伴う。だが膨大な数の貧困層に怠け癖がつくのを防ぐためならやる価値があるというわけだ。怠惰はキリスト教の七つの原罪の一つである。ＣＡＥの報告書を読んだら清教徒はいたくよろこぶにちがいない。

お金でなくモノを渡すべきなのか

ついでに言えば、清教徒はお金を渡すことにも乗り気ではないだろう。現金給付は、時代を問わず右派からも左派からも反対されてきた。インドでは左派政権が食糧安全保障法を二〇一三年に成立させ、七億人に毎月五キロの穀物を支給している。これは、国民の六割近い。[19] またエジプトは、食糧補助プログラムだけで二〇一七〜一八年に八五〇億エジプトポンド（四九・五億ドル）、GDPの二％相当額を費やした。[20] インドネシアも、「繁栄のためのコメプログラム［Rastra、旧称Raskin］」を通じて三三〇〇万世帯にコメの現物給付を行っている。[21]

だが穀類を配布するのは手間もコストもかかる。政府はまず穀物を買い付け、貯蔵し、多くは僻地まで輸送しなければならない。インドでは、貯蔵・輸送だけでプログラムの予算が三割増になると見込まれている。そのうえ、間にたくさんの人間が介在するとなれば、受給資格者に指定量が指定価格で届くとは限らない。インドネシアのコメプログラムでは、予定通りコメを受け取ったのは三分の一だけで、しかも公定価格の四割増しを払わされた。[22]

そこでインド政府は現金給付への移行を検討している。食糧を配る代わりに銀行口座に送金するほうが大幅なコスト削減になるし、中間搾取もないからだ。だが現金給付に対しては、左派の知識人を中心に根強い反対がある。その一人がインド各地の一二〇〇世帯に質問調査を行い、現金給付と現物給付のどちらがいいかを確かめた。すると、全体としては三分の二が現物を好むことがわかったという。とくに食糧配布がうまくいっている地域（主に南部）ではこの傾向が一段と強い。その理由について、世帯の一三％は取引コストが大きい（銀行や市場が近くにないため、現金をもらっても食糧に変えるのが容易でない）ことを挙げている。しかしそれ以上に多かったのは、現金だと浪費しやすいからというもので、約三分の一に達した。ある回答者は「現物でもらうほうがよほど安全だ。カネはすぐ使ってしまう」と答え、別の回答者は「一〇倍のお金をくれると言われても、現物のほうがいい。現物なら無駄遣いするということはない」と答えている。[23]

とは言え、回答者が心配するほど無駄遣いが多いというデータは存在しない。二〇一四年の時点で発展途上国一一九カ国が何らかの形で貧困世帯を対象とする無条件現金補助プログラムを、五二カ国が条件付き現金給付プログラムを実施している。両方を合わせると、一〇億人がすくなくとも一つの現金給付プログラムの受給対象になっているわけだ。[24] これらのプログラムの多くは、全面的な実施の前に導入実験を行っている。これらの実験データから、貧しい人が必需品を買わずに浪費するという主張には何の裏付けがないことがわかった。給付を受け取った世帯では、合計支出に占める食費の比率が上昇したのである（つまり食費の絶対額が増えただけでなく、支出に占める比率が増えた）。おかげで栄養状態が改善され、また教育や医療にかける費用も増えている。[25] 支出に占めるタバコやアルコールの比率が高まったという証拠は存在しない。[26] また、現金給付の場合、現物給付とほぼ同じ額だけ食費が増えている。[27]

男性にも、とくに浪費傾向は認められない。現金をランダムに男性または女性に与えた場合、いくらを食費に充当し、いくらをたとえばタバコやアルコールに割り当てるかは、男女でちがいはなかった。[28] それでも私たちは、現金給付は女性に渡すほうがよいと考えている。家庭内の力関係がいくらか女性に有利になるし、何かやりたいこと（たとえば外で働くなど）のささやかな資金にもなるからだ。[29] けっして、男に渡したら飲んでしまうと考えたからではない。

現金給付は人を怠けさせるのか

現金給付を受けた人が働かなくなるというデータは存在しないが、[30] このことに経済学者は驚いているらしい。なぜ生きて行けるだけのお金をもらったのに働くのか？　怠けたいとは思わないのか？　それとも、聖書には怠惰の罪を犯した者は地獄の蛇の穴に投げ込まれるとあるが、それを恐れたのだろうか……。

実際には多くの人、いや大半の人が、生きている間は何かしらしたいと考えていると仮定してまちがいではあるまい。むしろ、ほんのわずかなお金で生きていかなければならないことのほうが人間を萎縮させる。いくばくかの余分なお金が入ってくると、人々は勇気づけられ、もっとがんばって働こうとか、何か新しいことをしてみよう、という気になるのではないだろうか。この点を確かめるために、アビジットのチームはガーナで実験をした。まず参加者にバッグの作り方の講習が受けられると持ちかけ、講習を受けた人の作品をチームがかなりいい値段で買い上げる。さらに受講者の中からランダムに選んだ女性労働者にヤギを与え、ヤギの育て方や活用の仕方を教えたうえで、大丈夫、きっとできると励ました（貧しい女性たちは、自分には何もできない、何をやっても失敗する、と思い込んでいるものだ）。ヤギを育てるとなると女性たちにとっては余計な負担になるわけだが、ヤギをもらった女性たちはバッグ作りにも精を出し、もらわなかった女性よりもたくさん作ってお金を稼いだ。とくに差が顕著に現れたのは、複雑なデザインのバッグになったときである。ヤギをもらった女性たちは仕事も速く、品質も平均を上回った。これをどう解釈すべきだろうか。思うに資産を手にした女性たちは、生活の心配から解放され、やる気が出て活動の幅が広がり、仕事に集中することができたのではないだろうか[31]。

また、発展途上国の貧しい人たちはまともな金融機関から融資を受けられず（どうしてもというときは高利貸しに頼るほかない）、生計が立ち行かなくなっても誰も助けてくれない。となれば、何かやりたいことがあっても、失敗が怖くてなかなか踏み切れない。何年かにわたって現金給付を受けられるとなれば、それが元手にもなるし、万一失敗したときの拠りどころにもなる。所得保障があれば、貧しい人たちはどこか新天地で仕事を探そうとか、新しいスキルを学ぼうとか、新しい商売を始めようという意欲が湧いてくるとも考えられる。

だがこれまでに述べたことは、発展途上国にしか当てはまらないかもしれない。そこでは貧しい人がほんとうに貧しく、現金をもらって初めて仕事探しが可能になるような状況に置かれている。だがアメリカでは事情がまったくちがう。アメリカでは、どんなに貧しい人も、選り好みさえしなければだいたいは仕事が見つかるものだ。この状況では、お金を渡すと怠けたくなるものだろうか。いくらか古いが一九六〇年代に行われた実験によると、アメリカでも怠惰の心配はいらないことがわかっている。この実験とはニュージャージー州で行われた負の所得税実験のことで、社会科学における最初の大規模なランダム化比較試験（RCT）として名高い。その名のとおり、負の所得税（NIT）の効果を調べるために行われた。負の所得税とは、最低所得をすべての国民に保障するとの構想の下に、所得税の課税最低限を下回る低所得世帯に対し、下回る金額の一定比率を負の所得税として国が給付する制度である。世帯の所得が増えるにつれて給付は減っていき、課税最低所得を上回った時点で税を納めることになる。

この制度は、ユニバーサル・ベーシックインカムとは異なる。というのも、受給者から納税者に転じる境界付近では、労働意欲を削ぐ強い誘因が存在するからだ。つまりこのような制度は、政策当局が頭を悩ます**所得効果**（もう十分にお金はあるから働きたくない）に加え、**代替効果**（働いて所得が増えると給付が減るから働くことに意味はない）も引き起こしかねない。

多くの学者や政治家は、党派を問わず、負の所得税に好意的だ。左派では、民主党のリンドン・ジョンソン大統領が発足させた経済機会局が、伝統的な社会福祉プログラムに代えて負の所得税を導入する計画を立てた。右派では、ミルトン・フリードマンが既存の給付プログラムを撤廃して負の所得税に一本化することを提言した。共和党のリチャード・ニクソン大統領は、一九七一年に福祉改革案の一環として負の所得税を提案したが、議会に否決されている。当時の議員たちは、受給者の労働意欲が減退し、政府は本来なら自分で生計を立てられるはずの人にまで払うことになる、と懸念したのである。

このときMITの経済学部で博士課程の学生だったヘザー・ロスが、経済学ではおそらく初めての実験のアイデアを思いつく。ロスは、政治家たちが逸話や断片的な情報を使って経済政策を正当化することに疑問を感じていた。貧困層が何らかの給付を受け取るとほんとうに働かなくなるのか、何も事実の裏付けがないではないか、と腹を立てたのである。そこで彼女は一九六七年に経済機会局にRCTの実施計画を提出する。そして承認を得て予算を獲得した。この実験は最終的に、ロス曰く「五〇〇万ドルの価値のある論文」を生むことになる。[32]

ロスの計画に基づいて行われたのは、ニュージャージー負の所得税実験だけではない。他州でも同様の実験が次々に実施された。一九七〇年代前半にドナルド・ラムズフェルド（そう、国防長官を務めたあのラムズフェルドである）がNITの全面導入を見合わせ、一連のRCTの実施を促したためである。ニュージャージーとペンシルベニア（一九六八〜七二年）に続いて、アイオワとノースカロライナの農村部（一九六九〜七三年）、インディアナ州ゲーリー（一九七一〜七四年）、そして最大規模のシアトル＝デンバー実験がワシントン州シアトルとコロラド州デンバーで一九七一〜八二年に行われた。この実験は四八〇〇世帯が対象になっている。[33]

これらのNIT実験は、政策立案におけるRCTの有効性と実行可能性を関係者に強く印象づける結果となった。とはいえ、当時はこのような実験が初めてだったことを忘れるべきではない。したがって、実験の設計や実施方法は完璧にはほど遠かった。実験参加者が意図を理解できなかったり、サンプル数が少なすぎて信頼性の高い結果が得られなかったり、データの回収方法に不備があったりした。[34] さらに、実験が短期間に限定され規模も小さかったため、期間が長く対象者の多い実際のプログラムで何が起きるかを推定することも困難だった。

それでも全体としては、NITの導入で労働供給が多少減る可能性はあるにしても、一般に懸念されているほどではないとの結論が得られた。平均すると、労働時間の減少は正規雇用の場合で年間二〜四週間程度と見込まれる。[35] 最も規模の大きいシアトル＝デンバー実験では、夫がNITを適用された場合の労働時間の減少は、適用されない男性の九％減にとどまった。一方妻の場合は、二〇％の減少が確認された。[36] 調査の公式評価では、NITの導入によって世帯の行動に大きな変化はない、とくに一家の中心的な稼ぎ手の労働に変化は認められない、との結論が出されている。[37]

アメリカでは、無条件給付プログラムを実施した例もある。アラスカでは一九八二年からずっと、永久基金が住民に配当を配ってきた。同州では産出される石油やガスからの収入を基金として積み立てて運用しており、これを原資として一人当たり年間二〇〇〇ドルが支払われる。それによって労働に悪影響が出たとのデータは見受けられない。[38] とはいえアラスカ永久基金は

ＵＢＩに比べるとはるかに額が少ない。もし配当だけで暮らして行けるようなら、人々は働くのをやめるかもしれない。もうすこしＵＢＩに近いものとしては、チェロキー族の居留地でのカジノ配当がある。部族員には一人当たり年間四〇〇〇ドルが配られるのだが、ネイティブアメリカンの一人当たり所得は年間八〇〇〇ドル程度なので、これは非常に大きい額と言える。スモーキー山脈周辺で配当をもらう資格のある世帯と資格のない世帯を比較した調査では、労働に影響はなかったが、配当をもらった世帯では思春期の子供の教育によい影響があったことが確かめられている。[39]

ユニバーサル・ウルトラ・ベーシックインカム

以上のように、無条件給付プログラムが浪費や怠け癖につながるとは言えない。このことは、社会福祉政策の設計について何を意味するのだろうか。

発展途上国では多くの人が貧窮に陥るリスクに毎日のように直面している。しかも、先進国にはいかに不完全とはいえそれなりのセーフティネット（緊急治療室、救護施設、食糧銀行など）が用意されているが、発展途上国にはそれもない。ＵＢＩのような最後の頼みの綱の価値は、不運に見舞われたときに路頭に迷わずに済むという点でも、新しい商売や仕事を試みられるという点でも、きわめて大きいと言える。

所得を失う恐れに備えて、発展途上国の貧しい人が自分の身を守るために講じている最も一般的な手段は、土地を持つことである。第二章で人々が移住をいやがることを取り上げたが、その理由の一つは、移住をしてしまうと土地の権利を失う恐れがあるからだ。今日では、インドの農村部で土地を所有する世帯の大半にとって、もはや農業は主な収入源ではない。だが何かがうまく行かなくなったとき、土地さえあれば自給自足ができるので、土地の所有権はやはり大事にされている。

だがこのように土地が細分化され小規模な地主が大勢いると、工業化はむずかしい。その一因は、土地改革の設計の悪さにある。土地の所有権の多くは、相続は可能でも転売はできないという条件が付いているのである。インドの西ベンガル州では、一九七七年の選挙で勝利した共産党がまっさきに行った改革は、小作人に耕作地の永久所有権を与えることだった。この権利は相続してよいが、転売してはならない。三〇年後に同じ共産党政権が、産業開発を促進しようと、農耕地の買い上げを計画する。だが農家の激しい抵抗に遭って、計画の棚上げを余儀なくされた。結局共産党政権は、土地収用に対する大規模な反対運動が命取りになって政権を追われる羽目になる。

西ベンガル州の農家が土地を手放すことと引き換えに望んだのは、雇用すなわち安定した収入源の約束だった。もしＵＢＩのようなプログラムが存在していれば、農家の反発もいくらかは和らぎ、工業用地への転用も進んだのではないかと考えられる。第五章で、土地の最適活用ができていないことがインドにおける非効率な配分の主要因であり、おそらくは経済成長の足を引っ張っていると指摘した。ＵＢＩがあれば、人々が土地にしがみつくことはなくなり、非効率な配分も減ると期待できる。また、土地を売ってより雇用機会の多い地域へ移住することが広く行われるようになれば、労働の非効率配分も緩和されるはずだ。

だがインドには、現時点でＵＢＩに類するものは一切存在しない。現在政府が提案しているスキームは、農家だけが対象で、金額も生計が立つ水準を大幅に下回る。野党陣営は、負の所得税に近い最低所得保障を提案している。野党案によれば、貧困層を対象とし、所得が増えるにつれて給付を減らすという。所得水準とは無関係に全国民を対象とする完全なＵＢＩを実行している国はほとんどなく、あるとしても、対象を貧困世帯に限定しているケースが大半だ。だが発展途上国で特定層を給付の対象にしたプログラムを実行するのは、途方もなくむずかしい。というのも、ほとんどの人が農業か零細企業で働いているからである。彼らの所得を政府が正確に把握することはまず不可能であり、対象者を特定して確実に給付を行うこと自体が難事業となる。[40]

それならいっそ、本人に申告してもらおうということになる。インドの全国農村雇用保障法（ＮＲＥＧＡ）がそうだ。ＮＲＥＧＡはこの種のプログラムとしては最も規模が大きい（アメリカで提案されている連邦雇用保障制度はこれをモデルにしたと考えられる）。農村部の世帯は例外なく、年間最低一〇〇日間の雇用が保障される。賃金は公定最低賃金で、これは市場の水準よりだいたいにおいて高い。政府による審査は一切行われないが、保障される雇用が未熟練肉体労働であり、多くは建設現場で働くことになるので、それが自然の審査となる。ほかにもっとましな仕事がある人は、一日八時間も暑熱の中で働く仕事には応募しないからだ。

ＮＲＥＧＡは貧困世帯にとってじつにありがたいプログラムであり、非常に人気がある。このため、二〇一四年の総選挙で勝利を収めたモディ政権も、選挙運動中はこのプログラムを批判したものの、実際には打ち切っていない。ＮＲＥＧＡのような雇用保障プログラムは、最低賃金を定めても強制がむずかしい地域で、すくなくとも部分的にその役割を果たすことができる。労働者はＮＲＥＧＡの公定賃金を拠りどころにして、民間の雇用主と賃金交渉ができるからだ。実際にもそうした習慣が定着していることがわかっている。[41] さらにある調査によると、賃金水準が上がっても民間の雇用が増えたという。あまり賃金が安いと、それではいやだという労働者がいるため、雇用が減っていたのだと考えられる。

雇用保障プログラムの最大の難関は、誰かが何百万もの雇用を創出しなければならないことだ。インドでは、パンチャーヤトと呼ばれる村の自治組織がこの役割を引き受けている。だが中央政府とパンチャーヤトは互いを信用しておらず、双方が相手の汚職を批判する状況のため、制度運用がうまくいっていない。雇用プロジェクトを政府に申請して実際に実行されるまで数カ月を要することもままあり、パンチャーヤトの側から強く働きかけないとなかなか許可が下りない。こうした状況だから、旱魃など突然のニーズの変化に機動的に応じられる制度にはなっていない。また、パンチャーヤトにやる気がないとせっかくのプロジェクトもなかなか実行に移されない。インドで最も貧しいビハール州では、NREGAで働きたい人の半分しか仕事をもらえていない。[42]

さらに、プログラム自体が腐敗の温床になりがちである。プログラムを監督する人間が権力を濫用して賃金をピンハネしたりするからだ。プログラムに関わる何層もの官僚を減らしたところ、NREGA担当者の平均的な収入は一四％減ったという。[43] おまけに運よく仕事にありついた人々も、支払いを数カ月待たされることがめずらしくない。

以上の点を総合すると、発展途上国ではあれこれのプログラムを実施するよりもUBIに一本化するほうがよいと考えられる。ただし、言うまでもなく最大の問題は財源だ。多くの発展途上国は増税の必要があるだろう。しかし増税はそうすぐにできるというものではないので、当面は他のプログラムをすべて、たとえば発展途上国でよく見られる電力補助金なども打ち切ることになる。多くのプログラムを廃止すれば、政府の限られた能力を重要なことにだけ集中できるというメリットもある。インド政府は何百ものプログラムを抱えており、その多くは予算が手当てできていない。したがってやることがないにもかかわらず、事務所を構えスタッフを割り当てていたりする。デリー首都圏を担当するある官僚は、予算項目に「アヘン」とあるのを見て驚いたという。かつてアヘン中毒のアフガニスタン移民のために用意したものらしい。もう必要がないのにそのまま予算に残っていたのだった。

貧困国の政府に導入可能なUBIは、「ベーシック」以下の「ウルトラ・ベーシック」である。つまりUUBIだ。インド経済調査局は二〇一七年にこれに類する提案をしている。インド人口の七五％に七六二〇ルピー（購買力平価で四三〇ドル）を給付すれば、最貧層以外の全員を二〇一一〜一二年の貧困ライン以上に押し上げられるという。七六二〇ルピーは、インドの基準からしても低い（一部の経済学者がインドのUBIとして提案する額をも下回る）。それでも、なんとか生き延びることはできる額である。調査局の試算によると、この提案に必要な財源はインドのGDPの四・九％に相当する見通しだ。二〇一四〜一五年にインドは肥料、石油、食糧に合計でGDP比二・〇七％の補助金を出しており、また主要一〇件の社会福祉プログラムが同一・三八％に達するので、両方を廃止すれば、人口の七五％をカバーするUUBIの財源の三分の二が確保できる計算になる。[44]

この提案は、プログラムから人口の二五％を除外するのは容易だという前提になっている。たしかに、ゆるやかな自己選択方式は実行可能だろう。たとえば、受給者は毎週ATMで生体認証によりログインし給付を受け取るといったしくみにすれば、十分な収入がある人はそんな手間をいやがるだろうし、なりすましを防ぐ効果も期待できる。ただし障害を持つ人や生体認証がうまく機能しない場合（とくに肉体労働者は指紋が傷つくことが多い）のために別の方法を用意する必要はある。だが給付を受けるには本人が出向いて本人確認をしなければならない方式にし、毎週ATMでログインするといった手続きを定めれば、二五％を無理なく除外するとともに、必要な人が給付を受け取ることは十分に可能だと考えられる。

これまでにわかった知識から、私たちはUBIに賛成している。ただし長期的な効果に関するデータが存在しないことは認めざるを得ない。ウルトラ・ベーシックとはいえ恒久的に所得保障が得られるとわかったとき、人々がどう反応するかはわかっていないのである。ありがたい臨時収入という新鮮な効果が薄れ、毎週給付を受けることが常態化したとき、労働意欲は減退しないだろうか。所得が保障された世帯では家族にどのような影響があるだろうか。これらのことを調べるために、ケニアのUBIに関して大規模なランダム化比較試験（RCT）が行われており、アビジットはこのプロジェクトに関わっている。ケニアの四四の村では、成人は全員一二年間にわたり一日当たり〇・七五ドルの給付を受け取ることができる。一方、七一の村では、成人は全員一人当たり五〇〇ドルの一回限りの給付を受け取ることができる。そして一〇〇以上の村は何の所得保障も導入されず、対照群として定期的にデータの収集だけを行う。合計すると、およそ一万五〇〇〇世帯が実験に関わることになる。結果は二〇二〇年前半に判明する予定だ。

もっとも、既存の条件付き現金給付プログラムからの長期的データはすでに収集済みだ。一九九〇年代にスタートしたプログラムの場合、当時の子供たちはいまでは成人に達している。データからは、給付プログラムが彼らの幸福に長期的に寄与したことがうかがえる。インドネシアでは、二〇〇七年から政府が四三八地区で条件付き現金給付プログラムを実施している（七三六地区からランダムに選んだ）。この介入群の世帯数は七〇万に上る。プログラムにはごく標準的な条件が付けられており、子供を学校に通わせ、予防接種や健診などを受けさせれば、世帯は毎月給付を受け取ることができる。このときプログラムの実施対象になった地区は、今日でも給付を受け取っている。だが政府が怠慢だったため、対照群だった村にはいまだにプログラムは導入されていない。介入群と対照群を比較すると、健康と教育の面で長期的な効果があったことが確かめられた。医師や助産婦立会いでの出産が劇的に増え、学校に通わない子供の数は半減した。時が経つにつれて、プログラムが人的資本の向上にも好影響をおよぼすことがあきらかになっている。発育障害は二三％減り、学校を無事卒業する子供の数が増えた。だが人的資本が向上し、また給付を受けているにもかかわらず、世帯が数字に現れるほど裕福になったとは言いがたい。これは重要な問題であり、現金給付の限界がここにあると言えそうだ。政府が捻出できる資金はあまりに少なく、所得水準に有意なちがいを生み出すことはできないのである（それに、膨大な数の世帯に給付すること自体にもコストがかかる）。[45]

以上を総合すると、すべての貧困世帯を対象にするＵＢＩに、極貧層を対象にした子供の健診や教育を条件とするより多額の給付を組み合わせるのがよいのではないか。受給条件を厳格に強制する必要はない。モロッコでは「標識付き現金給付」というものが行われている。このお金はお子さんの教育に使ってくださいね、と言って渡すのである。これだけで、従来の条件付き現金給付プログラムに劣らぬ効果があることがわかっている。[46] 先ほど紹介したインドネシアの条件付き現金給付プログラムでも、条件の強制や厳格な監督などは行っていない。この方法だと、運営費用があまりかからないし、いちばん助けを必要とする世帯を漏らす恐れがない。対象世帯の絞り込みは、貧困地域をターゲットにし、地域のリーダーやすでにあるデータを手がかりにすれば、比較的安上がりに行うことが可能だ。もちろんこのやり方だとエラーはある。だが、必要のない人に給付してしまうコストがかかっても、助けを必要とする人々を除外してしまうよりはまし、という姿勢で臨めば問題は少ないのではないか。加えて、すでにＵＵＢＩが実施されていれば、最後の頼みの綱と人的資本の向上の両方を実現することができる。

アメリカにＵＢＩは適しているか

アメリカを始めとする富裕国のほとんどについても、雇用保障プログラムの見直しが必要である。自分はずっとまともに扱われていないと怒っている人が多すぎる。彼らの気持ちが近い将来に収まるとは思えない。ではＵＢＩはアメリカでも解決策になるのだろうか。

国民が、政府はまちがったことはしないと信じてＵＢＩに必要な財源確保のための増税に快く応じるなら、可能かもしれない。ピュー研究所の調査によると、ロボットが人間の仕事を奪う事態になったとき、政府が国民の基本的ニーズを満たすための所得保障を行うことに、アメリカ人の六一％が賛成している。[47]支持政党別にみると、民主党支持者の七七％、共和党支持者の三八％が賛成だ。民主党支持者の六五％（ただし共和党支持者は三〇％）は、政府はロボットにより失業した労働者を支援すべきであり、増税もやむを得ないと回答した。これだけの支持があり、かつアメリカはおおむね税率が低いことを勘案すると、税収を現在のGDP比二六％から三一・二％に増やすことは十分に可能だろう。これだけあれば、アメリカ人全員に年間三〇〇〇ドルを渡すことができる。[48]四人家族の場合、年間一万二〇〇〇ドルが入ってくるわけだ。これで貧困ラインの半分に達することになる。もちろん裕福と言えるような額ではないが、所得の下位三分の一に属す人々にとってはかなりの額である。その財源を資本課税でまかなうとすれば、そして自動化が進んで経済に占める資本の比率が高まるとすれば、時が経つにつれてUBIの給付額を増やすことが可能になるだろう。

一方ヨーロッパでは、増税の余地は乏しい。それでも家賃補助や所得補助などの給付をすべてUBIに一本化するなら、導入は不可能ではないだろう。現にフィンランドでは二〇一七年と一八年にその実験が行われている。失業者の中からランダムに二〇〇〇人を選び（介入群）、従来の補助に代えてUBIを適用した。残り一七万三二二二人の失業者は対照群の役割を果たす。介入群と対照群との間に収入の差はほとんどないが、初期段階の結果を見る限りでは、UBI受給者のほうが満足度は高いようである。[49]

とは言えUBIを導入すれば、いま不満を抱いている人々の怒りは鎮まるのだろうか。UBI

批判論者の多く（ただし当人は貧困ではない）は、ＵＢＩはニューエコノミーに取り残され失業した貧しい人の問題をカネで片付けるものだと考えている。ＵＢＩを与えれば、彼らは仕事探しをやめてしまうだろう、と。だがさまざまなデータからこれまでに判明したことからすれば、その可能性はきわめて低い。私たちはレギュラー回答者に「もし毎年ＵＢＩとして一万三〇〇〇ドルをもらえ、無条件で何に使ってもよいとしたら、仕事を辞めるか職探しをやめますか？」と質問した。すると八七％がノーと答えた。[50] 本書でこれまでに取り上げたさまざまな調査結果も、ほとんどの人はお金が必要だという理由からだけでなく、仕事はやり甲斐や帰属意識や尊厳をもたらすという理由からも、働きたいと望むことを示している。

二〇一五年にランド研究所はアメリカ人三〇〇〇人を対象に、労働条件に関する詳細な調査を実施した。[51] この調査では、仕事が「目標実現の満足感」「役立つ仕事をしたという充足感」「個人的な達成感」「社会のためになることをする機会」「実力を存分に発揮する機会」「生きがい」をどの程度与えてくれるか、と質問した。するとアメリカ人労働者の五人中四人までが、仕事はこれらのうちすくなくとも一つをつねに、または頻繁に与えてくれると答えたのである。

同時期にピュー研究所は、アメリカ人の仕事満足度に関する調査で「仕事はあなたにアイデンティティを与えてくれますか」と質問したところ、約半分（五一％）がイエス、残り半分（四七％）はノーと答えた。[52] ノーと答えた人は、仕事は生計を立てる手段だと答えている。

この二つの調査から明確な結論を引き出すことはできないが、多くの人にとって仕事が重要な意味を持つことははっきりしていると言ってよいだろう。ただし、教育水準が高く収入が多い人ほど、仕事がアイデンティティの一部だと答える確率が高いことは注意したい。年収が三万ドル以下の層では、仕事が自分のアイデンティティになっていると答えた人は三七％にとどまった。また、産業によってもちがいが大きい。たとえば、医療に携わる人の六二％、教育に携わる人の七〇％が仕事に自分のアイデンティティを見出しているのに対し、接客業では四二％、小売・卸売業では三六％だった。

多くの人は、良い仕事と悪い仕事、やり甲斐のある仕事とない仕事、というふうに仕事を捉える。高報酬の仕事は一般に良い仕事とみなされやすいが、やり甲斐も重要な要素だ。自分が好きだった仕事から価値がないと感じる仕事に移ることには、たとえ収入がほぼ同じでも、多くの人が抵抗する。長い間やってきた仕事を失うと、次の仕事をうまく見つけられない人が圧倒的に多い。レイオフの対象になった労働者は、元の仕事の賃金水準を回復できないことが多くの調査で判明している。次の仕事の多くは、賃金が低く、不安定で、福利厚生面の条件も悪い。[53]

おそらくその一因は、第二章で論じたように、労働市場の主目的は労働者を求める雇用主と仕事を求める労働者のマッチングが主たる目的だということにあるのだろう。互いに価値を認め合い信頼し合う関係を築けるかどうかはまったくの運任せになる。運よく仕事を見つけた人は、できるだけそれを長続きさせ、安定した仕事人生を送りたいと考えるものだ。その仕事を失ってしまうと、再び一からやり直すのはむずかしい。とくに年をとっていて新しいことになじめない人はそうだ。

このことで、ある調査で判明したおそろしい事実はいくらか説明がつく。その調査によると、勤続年数の長かった人がレイオフで解雇されると、その後数年で死ぬ確率が高いという[54]。解雇は文字通り心臓に打撃を与えるのである。解雇が死亡率に与える影響は時が経つにつれて薄らいでいくが、けっしてゼロにはならない。というのも、アルコールや薬物依存、鬱病など長期的な問題が生じてくるからだ。中年以降に解雇された労働者の平均余命は一年から一年半縮まるとこの調査は推定している。

解雇から次の仕事が見つかるまでの期間には、さまざまなコストが発生する。収入がなくなることや、職探しに費やす時間と労力だけがコストではない。大方の経済分析では見落とされがちだが、仕事を失うこと自体がコストである。だがこのコストは経済モデルには含まれない。よって当然ながら、経済学者お気に入りのＵＢＩでもこのコストは考慮されていない。ＵＢＩモデルでは、レイオフされた人たちがもう働かなくてよいと解放感を味わうことになっている。ＵＢＩで生活を保障されるので新たな生き甲斐を探し、在宅でできる仕事をしたり、地域のボランティア活動にいそしんだり、趣味に没頭したり、世界を旅したりする……という。残念ながら、これまでの調査データを見る限り、仕事から遮断された状況でやり甲斐を見出すのは、多くの人にとって困難であることがわかっている。アメリカ人の時間の使い方調査（ＡＴＵＳ）

によると、一九六〇年代の調査開始以来、男女ともに余暇時間が増えているという。[55] 若年層の場合、二〇〇四年以降は余暇時間の大半がゲームに費やされている。[56] 他の年齢層では、テレビ視聴が圧倒的に多い。二〇一七年には、インターネット、テレビ、社交、ボランティアなどに費やす余暇時間は、男性が一日平均五・五時間、女性は五時間だった。このうちテレビ視聴が圧倒的に多く（一日二・八時間）、二位は家庭外での社交だが、こちらは三八分に過ぎない。[57] 大不況で労働時間が減ると、減った分の半分がテレビと睡眠に費やされた。[58]

だがテレビも睡眠も人を幸福にはしないことがわかっている。ダニエル・カーネマンとアラン・クルーガーは、回答者に一日を再現してもらう調査を行ったことがある。その調査では、一日の余暇時間を過ごしている各瞬間にどう感じていたかを思い出して話してもらった。すると、テレビを見ているとき、コンピュータを使っているとき、昼寝をしているときは最もよろこびが少なく、達成感も乏しいことがわかった。余暇にやることの中でいちばんよろこびが大きいのは社交だったという。[59]

多くの人にとって、独力で人生の意味を見出し、生き甲斐を構築することはそう簡単ではないようだ。やはり大方の人は労働環境が形成する規律を必要とする。おそらくそこに何らかの意義を見出しているのだろうし、それがあるから余暇時間の重要性が増すのだろう。人々がロボットによる自動化を懸念する理由はこのあたりにもありそうだ。ピュー研究所の調査によると、回答者の六四％が、先進的なロボットやコンピュータに仕事を奪われたら、自分の人生でやることを見つけるのに苦労するだろうと答えている。[60] 実際、定年退職や失業などの理由で自由な時間が増えた人と、フルタイムで雇用されている人を比べると、ボランティア活動をしている人は後者のほうが多いのである。[61] ボランティアは仕事に加えてやるもので、仕事の代わりにはならないということだ。

つまり、こうだ。自分を中流階級とみなしていた人々が慣れ親しんだ仕事がもたらす自尊心を失ってしまった場合、UBIは解決策にはならない。これこそが、富裕国における真の危機と言えるだろう。貧困国でのUBIを支持している私たちが富裕国については支持しない理由は二つある。第一に、UBIは実行が容易な政策手段であり、複雑な給付プログラムを実行する能力に欠けている国に向いている。だが欧米や日本にはこれは当てはまらない。

第二に、多くの発展途上国でも大方の人は、報酬や福利厚生などの条件がよい安定した仕事があればそちらを好むにちがいないが、残念ながらそういう仕事には、ふつうの人では就くことができない。世界の貧困国やこれに近い国（そのほぼ全部が発展途上国である）で暮らす人々の大半はいわゆる個人事業主で、多くはかけもちで仕事をしている。好きで選んだわけではないにせよ、この働き方に慣れていると言ってよい。仕事にありつく機会に応じて、季節ごとに、あるいは月単位、それどころか昼と夜でちがう仕事をすることがめずらしくない。たとえば午前中は弁当を売り午後は縫子として働くとか、モンスーンの間は農業をして乾期にはレンガ職人をする、という具合に。

こうした事情もあって、彼らの生活は仕事中心に組み立てられてはいない。隣近所や親戚や同じ階級や宗教の人たちとよい関係を維持することが、生活の中で重要な部分を形成している。アビジットの生まれ故郷である西ベンガル州では、クラブがそのための重要な場だ。どの村にも一つはクラブがあり、メンバーは一六〜三五歳ぐらいの男性である。男たちはほとんど毎日のようにそこに顔を出し、クリケットやサッカーをしたり、南アジア特有のボードゲーム「カロム」に興じたりする。仲間の家族が死んだときには、駆けつけて葬式の手伝いもする。葬儀代金や祝儀を捻出するためにメンバーから徴収する会費と、彼らを手足のごとく便利に使う地元の政治家からの寄付によって、こうしたクラブは成り立っている。クラブはメンバーが巻き込まれた問題の解決や仕事情報の提供などの役割も果たす。

フレキシキュリティを超えて

富裕国の経済モデルではUBIがうまく機能しないとなれば、ほかにどんな手立てがあるだろうか。経済学者や多くの政策担当者の目下のお気に入りは、デンマークの「フレキシキュリティ［flexicurity］」だ。柔軟性を意味するフレキシビリティと安全性を意味するセキュリティを組み合わせた合成語である。不要になった労働者を容易に解雇できる柔軟性を実現しつつ、手厚い失業保障によって労働者の経済的損失を補う政策で、政府は充実した職業訓練などを実施して労働者の再就労を後押しする。解雇された労働者が基本的に独力で何とかしなければならないアメリカの制度と比べると、フレキシキュリティは失業を人生の一大悲劇ではなく、よくある場面の一つにしてくれると言えるだろう。フランスでは無期雇用契約［いわゆる正規雇用］を結んだ労働者を解雇するのはきわめてむずかしいが、フレキシキュリティ制度であれば、事業環境の変化に応じて解雇することが可能だ。そのため、手厚く保護された雇用にありついた少数の幸運な「インサイダー」とそれ以外の「アウトサイダー」との軋轢や反目を防げるという効果もある。

フレキシキュリティは、経済学者の基本的な考え方とも一致する。すなわち、市場に任せられることは市場に任せるべきであり、そこで貧乏籤（くじ）を引いてしまった人を助ければよい、という考え方である。長い目で見れば、衰退する産業から成長産業への労働者の再配分を妨げるような制度や施策はいずれ立ち行かなくなるし、代償も大きい。経済活動に参加する多くの人、とりわけ若年層にとって、職業再訓練はきわめて有効だ。第三章で紹介した貿易調整支援制度（TAA）でも、貿易が原因で失業した労働者の職業再訓練が行われている。

それでも、フレキシキュリティが完璧だとは思えない。これまでに論じてきたように、仕事を失うことは単に収入を失うことではない。人生設計が崩れることであり、幸せな生活に暗い影が忍び寄ることである。とくに同じ土地、同じ会社で長いこと働いてきた中年以上の労働者にとって、新しい道を選ぶのは容易ではない。働ける年数が残り少ないことを考えると、彼らの再訓練はコストが大きい。本人にとっても失うものがあまりに大きく、新しい職に転じたとしても得られるものはあまりに少ない。ましてちがう土地へ移るとなればなおのことだ。このような状況で考えられる比較的容易な方法は、同じ土地、同じ産業で、これまでと同じような職に移ることだろう。

私たちが第三章の終わりで、貿易により打撃を被った産業や地域とそこで働く中高年労働者を対象に集中的な支援を行うという大胆な提案をしたのも、こうした理由からである。ある産業が貿易または技術革新によって壊滅的な打撃を受けた場合には、中高年労働者の賃金に補助金を出す。この政策が発動されるのは、特定地域の特定産業が著しく衰退した場合に限ることにし、対象は五〇歳または五五歳以上で勤続年数が一〇年（または八年または一二年）以上の労働者とする。

経済学者は本能的にこの提案に反対するだろう。政府の裁量の余地が大きいからだ。衰退産業かそうでないかの基準はどこにあるのか、というわけだ。

たしかに選別の失敗や権力濫用は、ある程度は避けられまい。だがそれを口実にして、現実に貿易が大勢の人から生計の手段を奪っているにもかかわらず何も手を打たず、貿易は万人の生活水準を押し上げると主張するのはいかがなものか。貿易はすべての人にとってよいものだと主張したいなら、そうなるようなメカニズムを設計しなければならない。万人に得にはならないなら、負け組を特定して埋め合わせなければならない。貿易を専門とする経済学者で、とくに政府部内にいる学者は、どの分野やどの地域で輸入が増えているか、アウトソーシングが増えているか、といったデータを持っているはずだ。二〇一八年にアメリカが発動した一連の関税は、そうしたデータに基づいていると考えられる。貿易戦争は大勢の人を苦境に陥れているが、もっと的を絞った補助金を最も影響を受けた集団に限定して渡すことができれば、新たな混乱を引き起こすことなく事態は改善されると期待できる。貿易だけでなく自動化についても、最も影響を受けた分野や地域を特定して的を絞った補助金を出すことが望ましい。

都市経済学を専門とするエンリコ・モレッティらは、地域特定の政策に懐疑的だ。そのような政策は、単にある地域から別の地域への再分配に終わってしまうとし、とくに最も生産的な地域から取り上げて最も非生産的な地域に配るのは悪しき政策だという。だがある程度以上の年齢の人は移住を好まない、あるいはできないとすれば、他にどんな政策が可能なのかは大いに疑問だ。今日では、取り残された人々がアメリカ全土に散らばっており、たくさんの町で人々が怒りをたぎらせている。出て行ける人はすでに町を後にしており、残された人の多くも移住を計画している状況だ。そうした土地で最後に残される人を助けるにはどうすればいいのだろうか。社会政策の目標は、現に存在する困窮した地域を救うべきことであるはずだし、さらに重要なのは、そのような地域を増やさないことであるべきだ。

ある意味で、ヨーロッパでは共通農業政策（ＣＡＰ）がその役割を果たしていると言える。経済学者はＣＡＰを毛嫌いする。というのも、ヨーロッパの農家は他の大勢を犠牲にして潤沢な補助金を受け取っているからだ。だがCAPを非難する学者は、多くの農家の廃業を防いでいるからこそ、ヨーロッパの田舎に活気があり、緑が豊かであることを忘れている。昔は農家向けの補助は生産量に比例していたため、農家は過耕作に走り、土地が荒れて風景も荒廃した。だが二〇〇五〜〇六年に補助金が生産量と連動しなくなり、環境保全や動物の幸福が重視されるようになった結果、耕作や品種改良に工夫を凝らす小さな農家も生き延びられるようになる。おかげで多くの人が高品質な農産物や美しい風景を楽しめるようになった。豊かな食と風物は、ヨーロッパの多くの人々が守り伝えるべきだと考えるものであり、人々の生活の質やヨーロッパらしさの価値に深く寄与すると言えよう。農業生産を集中化し、ひなびた農家を倉庫にしたら、フランスのGDPは増えるだろうか。たぶん。だがそれで生活満足度が高まるかと言えば、答はおそらくノーだ。

アメリカで製造業の雇用を守ることと、フランスで自然を守ることの間に類似性があると言ったら、奇妙に聞こえるだろうか。だが美しい田舎の風景は観光客を惹きつけ、若者を土地につなぎ止め、幸せな老後を実現する。同様に、栄える企業城下町には高校が建設され、スポーツチームが結成され、メインストリートには店が並び、人々には帰属意識が生まれる。これもまた、多くの人々が楽しむ環境の一つにほかならない。となれば社会は、森林を守るために資金を投じるのと同じように、その環境を守るために資金を投じてもよいのではないか。

共通善に補助金を出す

アメリカの民主党では、二〇一八年に従来とはかなりちがう政策が構想された。そして翌年には大統領選挙に出馬するコリー・ブッカー、カマラ・ハリス、バーニー・サンダース、エリザベス・ウォーレンがそろって、ある種の連邦雇用保障政策を公約に掲げる。それによると、働きたいアメリカ人は誰でも、社会事業、在宅介護、公園管理などの職業に就く資格があるという。労働条件はなかなかよく、時給は一五ドル、他の連邦職員と同等の退職金と医療給付が保障され、保育補助、一二週間の有給家族休暇もある。また民主党議員が提案するグリーン・ニューディール政策にも、やはり連邦雇用保障が含まれている。言うまでもなく、このアイデアはとくに目新しいものではない。インドには全国農村雇用保障法（ＮＲＥＧＡ）があるし、アメリカの本家ニューディールも雇用保障策だ。

インドの例を見る限り、こうしたプログラムをうまく実行するのはそう簡単ではない。まず、十分な雇用機会を創出することが、アメリカではインド以上にむずかしい。というのも、道路工事や溝浚(どぶさら)いといった仕事をやりたがる人はアメリカでは非常に少ないからだ。それに、雇用は何かしら役に立つものでなければならない。穴を掘っては埋め戻すといったあきらかに意味のない仕事は、誇りを取り戻す役には立たない。無意味な仕事をするのと身体障害者として認定されるのとどちらがいいかと言われたら、おそらく後者を選ぶ人が多いだろう。さらにプログラムの規模からして、すべてを政府機関の手で実行するのはできない相談だ。となれば入札で民間企業が請け負うことになるが、質の点でも価格の点でも疑問符が付く。

労働集約的な公共サービスへの需要を増やすためのもっと現実的な戦略は、人手不足の公共サービスの予算を増やすことである。必ずしも就労希望者に直接雇用機会を与えるものでなくてもかまわない。ここで重要なのは、仕事量が少ないのに賃金ばかり高い部門で雇用機会を創出しないことだ。この点は、とくに発展途上国で重要である。すでに見てきたように、そういう仕事が存在すると、大勢がその仕事に就こうと（何年も）無駄な時間を費やすことになるため、労働市場が機能不全に陥ってしまい、雇用全体が縮小することになる。創出される雇用は何らかの役に立つ仕事であって、報酬が適正であることも重要だ。たとえば介護、教育、保育などは、どうだろう。これらは、いまのところ自動化による生産性の向上が限られている分野だ。近い将来に赤ちゃんや高齢者の世話を完全にロボットに置き換えられるとは思えない。人間の優秀な補佐役にはなれるかもしれないが。

学校や幼児教育でロボットが人間に取って代われない理由は、もう一つある。範囲の限定された技術的なスキル（ボルトをねじ込む、経理業務をこなす、など）を必要とする仕事をロボットがこなすようになれば、逆にいろいろなことをこなせる人間の柔軟性や他人の気持ちに寄り添う共感力がますます重要になる。現にある研究は、ここ数十年の労働市場では、認知能力［いわゆる学力］よりも対人能力のほうが重視される傾向があると指摘する。[62] 対人能力の習得方法に関する研究は少ないが、常識的に考えれば、対人スキルやコミュニケーションや社交術を教えるにはソフトウェアより人間のほうが適しているだろう。ペルーの寄宿学校で行われたある実験からも、そのことがうかがえる。ランダムに選んだ生徒を非常に社交的な生徒と同室にすると、自然と社交的なスキルが身についたという。対照的に、試験の成績のよい生徒と同室にしても、学業成績の向上は認められなかった。[63]

介護・保育や教育において人間が比較優位を持つということは、これらの分野の相対的な生産性が次第に機械に遅れをとることを意味する。となればロボットの投入で生産性の急速な向上が望める分野に比べ、投資はなかなか増えないだろう。その一方で高齢者の介護は現在十分に行き届いておらず、社会政策の重点目標とすべき分野であるし、よりよい教育と保育への投資は社会にとっての潜在的価値がきわめて大きい。もちろん、そのためには巨額の予算が必要である。だがこの二つの分野への投資によって、多くの人が尊敬される安定した仕事を得ることができる。そうなれば、社会への貢献と有意義な雇用の創出という社会政策の重要な二つの目標を同時に実現することができるだろう。

就学前教育とヘッドスタート・プログラム

子供の世代間移動［親世代の属す社会階層からの移動］は、育つ地域の環境と密接に結びついている。

アメリカの所得分布において下半分の階層に生まれた子供は、ユタ州ソルトレイクシティで育てば平均して所得分布の四六パーセンタイル［一〇〇のうち下から四六番目］までに入ることができるが、たまたまノースカロライナ州シャーロットで育つと、三六パーセンタイルにしか届かない。こうした地域的な差は、働き始めるだいぶ前から始まっている。階層の移動性の低い地域で育つ子供は大学に進学しない可能性が高く、ごく若いうちに子供を持つ可能性も高い。[64]

アメリカ住宅都市開発省は「機会への移住［Moving to Opportunity］」と呼ばれる移住支援プログラムを一九九四年に発足させた。衰退地域の公営住宅居住者を対象に抽選に参加する機会を提供し、当選者は比較的裕福な地域に移住する支援が受けられる。対象世帯の約半数が籤に当たって裕福な地域に移住した。

研究者チームは抽選に当たった世帯と当たらなかった世帯の追跡調査を行い、結果を比較した。子供に関する早期の結果は期待に反するものだった。女の子たちは精神状態も安定し、よい学校に進んだが、男の子のほうは芳しくなかったのである。[65]だが不思議なことに、抽選から二〇年以上の長い年月が過ぎてから、子供たちの人生に大きなちがいが出現した。抽選に当たった世帯の子供たち（と言ってもすでに成人している）は、外れた世帯の子供に比べ、年間一六二四ドル所得が多くなった。彼らの多くは大学を卒業し、裕福な地域に住んだし、女性がシングルマザーになる率も低い。こうした効果のすくなくとも一部は次世代へ受け継がれると考えられる。[66]

上への階層移動が起きやすい地域とそうでない地域の差は何に起因するのだろうか。この点についてはまだ答が出ていないが、あきらかに移動性の高さと関係がありそうな環境要因は存在する。中でも最も重要と考えられるのが学校の質だ。移動性の高低を地図上にプロットしてみると、標準的な学力テストの成績とかなりの精度で一致するのである。[67]

教育に関する数十年におよぶ研究調査のおかげで、学習効果を上げるためには何をすればよいか、いまでは多くのことがわかっている。二〇一七年には、先進国で学業成績向上のために行われた介入（学校および親の両方）に関する一九六例のランダム化比較試験（ＲＣＴ）の総合評価が行われた。[68]介入の効果にはかなりのばらつきがあったものの、最もよい成果につながったと言えるのは、プレスクール［就学前］教育と貧困家庭の子供たちの集中的な個別指導だった。子供たちの中には、勉強に次第に遅れをとり、落第したり学校に全然来なくなったりする可能性の高い一群がいる。そういう子供たちに就学前から準備をし、またあまりに差がついてしまう前につまずいた箇所の指導をすれば、落第や不登校を未然に防ぐことが可能だ。このことは、私たちが発展途上国の調査で発見したこととも完全に一致する。[69]

また、就学前教育や初等教育で短期的に得られる成果が、長期的な可能性の差に結びつくことも確かめられている。たとえばテネシー州で行われたＲＣＴでは、一学級の人数を二〇～二五人から一二～一七人に減らしたところ、短期的にはテストの点数が上がり、長期的には大学進学率が上昇するという結果が得られている。少人数学級にランダムに割り当てられた子供は、持ち家、貯金残高、結婚、住む地域などでみて生活水準が高くなる傾向も認められた。[70] 個人指導や少人数学級には多くのスタッフが必要になるが、それは雇用機会の創出にもつながる。つまり問題を抱える子供たちを助けると同時に、雇用を増やして大人を助けるという二重の効果が期待できる。

しかしアメリカは、地方の教育予算が足りないという致命的な問題を抱えている。良質な公教育を最も必要とする地域ほど、貧しくて税収が乏しく、教育に充てる予算がないのである。もっと言えば、連邦政府予算の割り当ても不十分で、プレK〔幼稚園前〕教育には連邦補助金がつかない。その結果アメリカでは、州などの助成を受けたプレKプログラムに参加する子供の比率は二八%にとどまっている。[71] 対照的にフランスではプレK教育に国の補助金が出ており、対象年齢の子供ほぼ全員がプレK教育を受けてきた。[72] プレKプログラムへの参加は最近になって義務化されている。

プレK教育の効果は、初期のRCTによって、短期的にも長期的にも良質の早期教育が効果的であることが確かめられている。ノーベル経済学賞を受賞したジェームズ・ヘックマンは、早期教育こそが不平等解消の決め手だとして強く推奨したものである。[73] だが最近になって、これらのRCTのいくつかはサンプル数が少なすぎると指摘されるようになった。そこで、規模の大きい二つのRCTがより現実に近い環境で実施されている。貧困層を対象にした教育支援策である全国ヘッドスタート・プログラムと、テネシー州プレK教育実験だ。結果は、期待を裏切るものだった。どちらも短期的な効果は確認できたものの、数年のうちにテストの成績への影響は薄れ、成績が下がったケースもあったのである。[74] このため多くの人が、プレKプログラムは過大評価されていると結論づけた。

だが実際に全国ヘッドスタート・プログラムの実験で判明したのは、効果がないことではない。プログラムのクオリティ次第で結果に著しいばらつきが出るということである。とくに、プログラムが全日であれば効果が大きいが、半日だと効果が乏しい。また家庭訪問など何らかの形で親との関わりがあると、効果は高まる。就学前教育における家庭訪問の効果は、さまざまなRCTにより多くの国で確かめられている。プレスクールの先生またはソーシャルワーカーが家庭を訪問し、家庭での子供との接し方などを指導する。[75]

とりあえず現時点で出せる結論は、もっと調査を実施し、幼児期には何がほんとうに効果的なのかをあきらかにすることだ。だがいまわかっていることだけでも、リソースが足りないことだけは確実に指摘できる。貧困層を対象にした就学前教育支援策としてヘッドスタート・プログラムの規模を拡大したとき、各地のセンターはコストを削減しようとして内容を縮小したため、効果が大幅に減じてしまった。質の維持は非常に重要である。同時に規模の大幅拡大には、膨大な雇用機会を創出できるというメリットがある。適切な報酬を用意するなら、就学前教育に携わることは多くの人にとって魅力的な雇用となるはずだ。この仕事はやり甲斐もあるし、ロボットで置き換えることはむずかしい（ロボットが家庭訪問をすることなど想像もできない）。

ここで指摘したいのは、良質な教育資材が適切に用意される限りにおいて、プレK教育の先生を短期間、かつローコストで育成するのはけっして不可能ではないことだ。インドで私たちは心理学者のエリザベス・スペルキとともに、実際に育成を試みたことがある。まず私たちは、読み書きができず数も数えられない未就学児でも直観的に楽しめるようなゲームを使い、算数の初歩の初歩を身につけるプログラムを用意した。そしてこのプログラムを使って、デリーのスラムに数百あるプレスクールでRCTを実施した。[76] 始めスペルキは、狭い部屋に生徒がぎゅう詰めになり、先生の多くは高校もろくに出ていないという教育環境のひどさに辟易していた。ハーバードの彼女の研究室と比べたら天と地ほどのちがいなのだから、無理もない。だがこの先生たちは、一週間の効果的な研修と適切な資材を提供されると、スラムの子供たちの注意力を惹きつけるコツを身につける。子供たちは数週間にわたって算数ゲームで遊び、心から楽しみながら算数の初歩を学ぶことができた。

子供の早期教育に関連して、アメリカでは既婚かシングルマザーかを問わず、低所得の女性にとって保育支援の不備が就労の足枷となっていることを指摘しておかねばならない。良質の保育施設に国が十分な補助金を出さないため、こうした女性たちは仕事に就くことができない。収入をほとんど保育費にとられてしまうからだ。でなければ、祖父母の助けを借りるしかない。このように、女性は母親になると労働市場で重大な不利益を被る。先進国における男女の賃金格差の多くも、母親になったときから始まる。[77] 進歩的なデンマークでさえ、子供が生まれるまでは男女の賃金格差はほぼないが、子供が生まれたときから賃金に差が出てきて、長期的には二〇％ものちがいになる。女性は第一子の出産直後から職場における地位でも男性に遅れを取り始め、管理職になる可能性も低くなってしまう。また子供が生まれた女性は、「ファミリー・フレンドリー」な企業に転職するケースが多い。ファミリー・フレンドリーな企業とは、端的に言って乳幼児のいる女性の割合が大きい企業である。[78] 良質な保育施設を増やし、潤沢に補助金を出すことは、低所得層の女性の所得を増やすきわめて効果的な方法の一つだ。母親になった女性が働いて収入を得ることが可能になるし、保育関連の雇用機会の創出にもつながる。

高齢者の介護も、もっと拡大の余地がある。アメリカでは介護施設が非常に少ないうえ、公的な補助金を受け取っている施設はもっと少ない。対照的にデンマークとスウェーデンでは、GDPの二％相当が介護に充てられる。[79] 患者の電子カルテを集積したeヘルス・データベースが集中管理されていることも、病院と地方自治体の協力体制の構築に役立っている。八〇歳以上の高齢者（貧困層だけではない）は訪問介護や家事補助を受ける資格があり、六五歳以上の一人暮らしの高齢者は、介助が必要でないかどうかが定期的に確認される。さらに、手すりやスロープなど自宅の改修に必要な工事費用も提供される。常時介護が必要になれば公営の介護施設に入り、その費用は年金から支払うことになる。高齢者の介護は困難だがやり甲斐のある仕事であるにもかかわらず、アメリカでは非常に賃金が低い。ここも改善が必要だ。十分な予算をつけ、介護スタッフに適切な訓練を施し、誇りを持って働けるような賃金水準を設定しなければならない。

移動を助ける

よい働き口を探すにも、子供を育てるにも、地域環境は重要な役割を果たす。この点を考えると、移住支援は重要な政策課題だと言える。

先ほど紹介したように、アメリカには「機会への移住」プログラムがある。このプログラムを大幅に拡大することはむずかしいにしても、労働者の移住や職探しを支援する政策はもっと強化すべきだ。そのためのプログラムはいくつか存在するが、その多くが職業紹介と申請手続きの手助け程度にとどまっており、期待したほどの成果は上がっていないと言わざるを得ない。事情はヨーロッパでもさして変わらない。こうした「積極的労働市場政策」はもちろんあるに越したことはないが、効果が乏しく、支援を得られない労働者も多い。[80]

より野心的なプログラム（だがコストは嵩む）は、移住した労働者が自動的に失業保険の期間延長を受けられるようにすることだ。これなら、職業訓練を受け、よい仕事を探す時間的余裕ができるので、最初に見つかった条件の悪い仕事をやむなく受け入れたり、障害年金の受給申請をしたりせずに済む。このようなプログラムは、短期の職業訓練はもちろん、より高度な訓練に挑戦することも可能にする。さらには大学に通って学位をとることも考えられる。失業者対策は、単に職を斡旋するのではなく、キャリア形成を助ける観点から立てるべきである。アメリカで最近行われたRCTでは、三つのプログラムの参加者と不参加者を比較評価した。失業者の再訓練期間を数カ月に延ばし、人手不足の分野（医療、システム保守など）で必要とされるスキル開発に力を入れたうえで、その分野の職業斡旋を行えば効果的ではないか、という発想で用意された再訓練プログラムである。二年後の結果は上々だ。二年目の評価では、訓練を終えた参加者の就労率が参加しなかった人より高く、また賃金など労働条件もよいことが確かめられた。全体として、参加者の賃金は参加しなかった人より二九％高かった。[81]

これらのプログラムは、移住も後押しする点ですぐれている。職業訓練中と新しい仕事に就いてしばらくの間は、保育や交通費の援助、住宅斡旋や法律手続きの補助が提供される。加えて当座の住宅の短期賃貸、学校や保育所の斡旋などにサービスを拡大すれば、さらに有用だろう。また少額の家賃支援も、よりよい地域に住む選択を可能にする点で有効である。

地元以外から人材を募集しようとする企業への支援も意味がある。多くの職業斡旋プログラムは、就労希望者と仕事のマッチングに重点が置かれているが、雇用主への支援も考えるべきだ。好ましい人材を見つけて雇用契約にこぎ着けるまでには時間も労力もかかる。ある調査によると、採用プロセス（募集、審査、新規採用者の研修・訓練）にはその労働者の年間賃金の一・五〜一一％のコストがかかるという。大企業にはそのために人事部があるが、零細企業では人事の専門部署を置く余裕がない。フランスでは、そのせいで雇用が進まないという報告もある。研究者チームが国の失業対策当局と協力して採用支援を行ったところ、支援しない企業に比べて正規雇用の採用が九％増えたという[82]。このような採用支援サービスを提供すれば、零細企業も知人からの紹介といった個人的なつながりに頼らずに、有望な応募者を集めることができる。

こうしたプログラムは、存在すること自体で元がとれると言ってよい。失業者が新しいスキルを習得し、雇用主とのよりよいマッチングが実現すれば、経済に大きく寄与することは言うまでもなかろう。だがたとえマッチングがうまくいかなくても、失業者の不安を鎮め、尊厳を取り戻すことは社会にとって大きな意味がある。というのもこのようなプログラムに救われるのは、実際に失業した人だけではないからだ。いつ自分が解雇されるかわからない、いつ自分の仕事がなくなるかわからない、いや現にそうなった友人や知人が近くにいる、という多くの人も、プログラムの存在を心強く感じるはずである。

ここでもう一つ重要なことを付け加えておかねばならない。それは、プログラム運営の姿勢を改めることである。「このプログラムはあなたを救うためのものです」ではなく、「新しいスキルを身につけ、あるいは新しい土地で新しい仕事を見つけることによって、あなたは経済を救い、健全な経済に寄与するのです」というふうに。このように視点を変えれば、ブルーカラー労働者の被害者意識も変わると信じる。現時点では彼らは、貿易にせよ、自動化にせよ、不平等にせよ、自分たちに仕掛けられた戦争の犠牲者だと強く感じている。

たとえばオバマ政権は気候変動対策として「石炭との戦争」を打ち出したが、これは炭鉱労働者たちからすれば、自分たちに仕掛けられた戦争にほかならない。炭鉱労働者は自分の仕事に強い誇りを抱いており、何物にも代えがたいと感じている。だからこそ、つい最近まで待遇改善を要求して闘う相手だった雇用主と肩を組んで、石炭切り捨てに猛抗議しているのである。彼らの仕事が、大方のアメリカ人ができるものならロボットにやらせたいと考えるほど危険で肉体にも悪影響の大きい仕事であることはまちがいない。同じことが製鉄所の労働者にも当てはまる。彼らには、誇りをもって働けるもっと危険の少ない仕事を用意しなければならないし、それは可能なはずだ。

ところがヒラリー・クリントンは二〇一六年三月に「われわれは石炭依存度を下げ……炭鉱労働者と鉱山会社の多くが廃業に追い込まれることになる」と冷淡な調子で述べた。これを聞いた炭鉱労働者たちが、俺たちは何の謝罪も補償もなく生計の道を断たれ社会から切り捨てられるのだ、と感じたとしても責めることはできない。クリントンはすぐに炭鉱労働者への支援と助成について言及したが、「われわれ」という言葉で文章を始めた時点ですでに、この問題は「われわれ」と「彼ら」の対決であることが明確になってしまった。その後何カ月も、この文章は政治広告で引き合いに出されたものである。

だが見方を変えれば、石炭から再生可能エネルギーへの切り替えだけでなくあらゆる転換や移行は、巻き添えを喰った労働者に政府が共感と配慮を示す機会である。仕事を変えるのも、新しい土地へ移るのも、簡単なことではない。だがどちらも能力と職業のよりよいマッチングに役立つとすれば、経済と個人の両方にとって大きなチャンスだと言える。アメリカ人の五人に四人は仕事に意義を見出しており、誰もがそうあるべきだ。だから職業再訓練など再就労支援プログラムは、職を失った人が誰でも受けられるようにしなければならない。このプログラムで得られるのは、ベーシックインカムのような所得保障ではないが、社会的なアイデンティティだ。私たちはみな、社会の中で生産的に働いて暮らす権利を持っているのだから。

ヨーロッパの多くの国は、再就労支援にアメリカよりはるかに多くの予算を投じている。たとえばデンマークは積極的労働市場政策（職業訓練、再就職斡旋など）にＧＤＰの二％を充てる。おかげで職業間の直接的な移動性は高く、いったん辞めてからの社会復帰もスムーズだ。自己都合に拠らない失業率は他のＯＥＣＤ加盟国とさほど変わらないが、解雇された労働者が次の仕事に就くまでの時間は他国よりずっと短い。失業者の四人に三人が一年以内に再就労を果たしている。デンマーク型モデルが二〇〇八年のグローバル金融危機とその後の景気後退にも強かったことは特筆に値する。なにしろこの期間中に失業率はあまり上昇しなかったのである。ドイツは積極的労働市場政策にＧＤＰの一・四五％を投じているが、危機の間は失業率が上昇したため、これを二・四五％に引き上げた。[83] 一方フランスでは、政府は口ではいろいろと言うものの、積極的労働市場政策に割り当てられる予算は、ここ一〇年以上ＧＤＰの一％にとどまっている。それでもアメリカに比べればずっとましだ。アメリカはGDP比〇・一一%である。[84]
ただしアメリカには固有のモデルがあり、これを発展させることは可能だ。第三章で取り上げた貿易調整支援制度（TAA）である。受給資格者は、他産業に再就職するための職業訓練を受けることを条件に、失業保険を三年間延長することができる。また、とくに好ましいのはより有望な地域への移住支援も受けられることだ。現に多くの人が移住を選び、新しい職業に就いており、衰退地域にとどまった人と比べ、所得が二倍になったケースもある。[85]これほどのメリットがあるにもかかわらず、TAAはいっこうに拡大されず、相変わらず細々とした支援にとどまっている。これは、どうしたわけだろうか。

尊厳とともに

政府がプログラムを用意し、成果が上がっているにもかかわらず十分に活用されないのは、アメリカ政治の現状と関係がありそうだ。共和党の大半と民主党のかなりの政治家が、人間の仕事をロボットに置き換えることを制限する提案には賛成する一方で、自動化で仕事を奪われた人々に対する政府の所得保障や雇用保障には反対しているのである。[86]この姿勢の背後には、政府の動機に対する疑念や政府の実行力に対する甚だしい過小評価がある。だがそれだけではない。大方の人が、そもそも政府の補助金というもの自体に懐疑的なのである。補助金というものは、共感も理解もなくあてがわれる施しだと感じている。主人面をした政府の役人からお恵みを受けることを、多くの人は望んでいない。

アビジットが国連ハイレベル・パネルに参加し、現在の新しいミレニアム開発目標について議論していた頃、多くの著名な国際NGOが陳情に訪れた。彼らのささやかな要求を聞くのは、いまどんなことが問題になっているのかを知るまたとない機会であり、アビジットは彼らの訪問を歓迎したものである。中でもとくに鮮烈な印象を受けたのが、「ATD第四世界」と呼ばれる組織だった。ATDはフランス語の「Aide à Toute Détresse」の略で、窮乏状態にあるすべての人々への援助を意味する。

会合が行われるEU本部の小さな部屋に入って行くとすぐに、アビジットは待ち受けているのがいつもとちがう人々であることにすぐに気づいた。スーツを着てネクタイを締めている人も、ハイヒールを履いている人も、一人もいない。しかしみすぼらしい冬用のジャケットを着用した彼らには、大学を卒業したばかりの新入社員のような生き生きと希望に満ちた表情が浮かんでいた。アビジットの予備知識によると、彼らは極貧状態にあった人たちで、いまなお相当に貧しい。そして、貧困層がほんとうに望んでいるものは何かについて話したがっていた。

それは、アビジットが経験したことのない出会いだった。ATDのメンバーたちは自分たちの生活について、貧困とはどういうものかについて、政策の失敗について、滔々（とうとう）と話し始めた。アビジットは始め、彼らの意見に賛同できない点についてできるだけ丁寧にかみくだいて話そうとした。そしてすぐに、自分が上からモノを言っていることに気づく。相手はアビジットより知識や論理で劣るということはまったくなかったし、アビジットに正面から反論することができた。

アビジットはＡＴＤ第四世界に非常な尊敬の念を抱くようになる。そして、彼らのスローガンが「貧困撲滅は尊厳とともに」である理由を理解した。ＡＴＤは尊厳に最大の価値を、必要とあらば基本的ニーズ以上の価値を置く組織なのである。誰もが人間として大切にされる文化がＡＴＤにはあった。だからＡＴＤのメンバーは揺るぎない自信を身にまとっている。それは、この種の団体にアビジットが予想していなかったものだった。

ＡＴＤは「Travailler et Apprendre Ensemble（ともに働き学ぶ）」の頭文字をとって、ＴＡＥと呼ぶ小さな事業を発足させていた。この事業では、極貧状態にある人々に雇用機会を提供する。私たちはある冬の朝、チーム・ミーティングの一つを見学するためにパリの東にあるノワジー＝ル＝グランに足を運んだ。到着したとき、チームは仕事を割り当てたり予定表をホワイトボードに書き出すなどの作業をしていた。それが一段落すると、差し迫ったイベントの打ち合わせが始まる。なごやかな雰囲気だが、みな真剣で、活発な議論が交わされた。打ち合わせが終わると、各自自分の仕事へと散っていく。まるでシリコンバレーの小さなスタートアップのようだった。

大きなちがいは、書き出された仕事の内容（清掃、建設工事、コンピュータ・システムの保守など）と参加者の顔ぶれである。ミーティングの後、私たちはシャンタル、ギレス、ジャン＝フランソワと話をさせてもらった。シャンタルは看護師だったが、事故で大けがをして働けなくなったという。何年も収入がなく、とうとうホームレスになった。このとき初めてＡＴＤに助けを求めたそうだ。ＡＴＤは彼女に住むところを提供し、働けるようになるとＴＡＥへの参加を促す。彼女は始め清掃チームで働き、その後ソフトウェア・チームに移って、いまではリーダーを務めている。ＡＴＤと出会ってからもう一〇年になるので、そろそろ独立してＮＧＯを立ち上げ、障害者の就労支援をしたいと話してくれた。

ギレスもＴＡＥで一〇年働いているという。深刻な鬱病を経験してから、もうストレスの多い職場では働けないと感じた。ＴＡＥでは自分のペースで仕事をすることができるので、だんだんに症状も回復しているという。

ジャン＝フランソワは注意欠如・多動症（ＡＤＨＤ）で衝動的な行動が多く、息子フロリアンも同じ症状だと診断されたという。ジャン＝フランソワと妻は親権を剥奪され、ＡＴＤに支援を求めた。フロリアンは手助けを受けながらＡＴＤのセンターの一つで勉強を続けている。

ＴＡＥのＣＥＯを務めるディディエは、かつてはふつうの企業のＣＥＯだったという。ディディエの補佐役であるピエール＝アントワーヌは、職業紹介所のソーシャルワーカーだった。ピエール＝アントワーヌは、従来の職業斡旋モデルの限界を指摘した。問題を一つ抱えている求職者の力になることはできても、二つ以上抱えているとお手上げだという。問題が重なるにつれて正規雇用の条件に合わなくなり、すぐに斡旋を断念し、もうここへは来るな、となってしまう。だがＴＡＥはちがう。ＴＡＥは、問題をいくつも抱えている人たちのために設計されているからだ。

ＡＴＤのリーダーで私たちをミーティングに案内してくれたブルーノ・タルデューは、こう語る。「ここに来るまでの人生では、みんな施しをされてきた。誰も彼らには、君たちも社会に貢献してくれとは頼まなかったんだ」。だがＴＡＥでは、障害のある人にも貢献することを求める。みんなで決め、わからないことは教え合い、一緒に食事をし、お互いの世話をする。誰かが失敗したら誰かが埋め合わせる。誰かが苦境に陥ったらみんなで助ける。

ＴＡＥは、母体であるＡＴＤ第四世界の精神をしっかりと受け継いでいる。ＡＴＤ第四世界を創設したのは、フランスの司祭ジョゼフ・ウレザンスキである。一九五〇年代のことだ。彼は、極貧になるのは何か劣っていたり不適格だったりするからではない、組織的な疎外が行われるからだと確信していた。疎外と無理解が積み重なった結果なのだ、と。極貧状態に陥ると、人は尊厳も行為主体性も奪われる。助けてもらったら感謝しなければならない、と言い聞かされる。たとえ助けを求めてなかったとしても、だ。尊厳を奪われた人は猜疑心が強くなりやすい。その態度が恩知らずだとか頑迷だなどと非難される。こうしてこの人たちはいよいよ深みにはまることになる。[87]

極貧に喘ぐ人たちを十数人ほど雇っているだけのフランスの小さな組織、雇用の確保にさえ苦労しているその組織から、私たちは社会政策のあり方について多くを教えられた。

第一は、適切な条件さえ整えば、誰でも働いて何かを生産できることである。この信念が、フランスである実験的プログラムとして結実した。「長期的な失業ゼロ地区」をめざすプログラムで、政府と市民組織が協力して短期間で求職者全員に仕事を見つけるというものである。まずは、長期失業中だった求職者の雇用に同意した企業に政府が一人当たり一万八〇〇〇ユーロの助成金を出す。並行してNGOは長期失業者（身体障害、精神疾患、前科など就労困難を抱えた人も含む）を見つけ、求人とのマッチングを行い、必要に応じて就労までの支援を行う。

第二は、働くのは、すべての問題が解決し働ける状態になってからだと考えがちだが、必ずしもそうではないことである。むしろ働くこと自体が回復プロセスの一部だと考えるべきだ。ジャン＝フランソワは仕事を見つけると同時に息子の親権を取り戻し、働く父に息子が向ける尊敬のまなざしに元気づけられている。

フランスとは遠く離れたバングラデシュでも、著名なNGOのBRACが同じ結論に到達していた。BRACは貧しい村で活動を展開しているとき、貧困層の中でも極貧の人々は多くのプログラムから除外されていることに気づく。この問題を解決するために彼らが考えついたのが、「卒業アプローチ」だ。村で最も貧しい人々を特定すると、BRACから彼らに生産的な資産（多くは牛のつがいか数頭のヤギ）を与える。そして一八カ月にわたって精神的にも金銭的にも社会的にも何かと支援し、また資産の最適活用法を指導する。このプログラムについて行われたRCTでは、多大な効果が確認された。[88] またインドでは、私たちは類似のプログラムの評価サンプルを一〇年にわたって追跡調査することができた。その地域では全体的に経済が拡大し、多くの世帯の所得水準が上がったのだが、それでもプログラム参加者には、参加しなかった人と比べて多くの点で長期にわたるちがいが認められた。参加者は消費が増え、資産が増え、健康で幸福になった。この人たちは社会から見捨てられた集団から「卒業」し、「ふつうの貧困層」になったのである。[89] 単なる現金給付プログラムは期待を裏切る結果に終わることが多いが、それに比べると卒業アプローチは有望と言ってよいだろう。[90] 窮乏した世帯を生産的な労働へと導くには、お金を渡すだけでは足りないのである。彼らを人間として扱い、それまで払われたことのなかった敬意を払い、可能性を認めるとともに、極貧によって受けた数々のダメージを理解することが必要だ。

貧しい人々の人間としての尊厳を無視する傾向は、社会的保護システム全般に染み付いている。私たちが知っている中でとくに胸が痛む例を紹介しよう。先ほどのTAEプログラムで働いているシャンタルの身に起きたことだ。彼女は事故で身体が不自由になったが、じつは夫も障害を持っている。二人には四人の子供（うち二人には障害がある）がおり、住宅支援を申請したところ、福祉当局から子供たちを一時的に保育施設に預かったほうがよいと言われた。ところがこの「一時的」が一〇年も続いたのである。その間、両親は週に一度、それも監視付きでしか子供たちに会えなかった。貧しい親には子供をきちんと育てられないという思い込みは広く浸透している。スイスでは一九八〇年代まで、何万人もの貧しい子供たちが親から引き離されて施設で育てられた。二〇一三年にスイス政府はこの措置について正式に謝罪している。このような扱いは、貧しい人々に対する事実上の人種差別にほかならない。かつてカナダで実施された政策もこの類いだった。主流的なカナダの文化への「同化」を早めるために、先住民の子供たちを強制的に寄宿学校に送り込み、生まれ育った言語で話すことを禁じたのである。

人間をこのように無神経に扱う社会的保護システムは、懲罰的な性格を帯びている。そうなると人々は、何としてもそうしたシステムの網にかからないよう、死にものぐるいになる。忘れないでほしい。これは、極貧状態に陥った一握りの人たち、私たちとはまったくちがう（と思っている）人たちだけの問題ではない。社会福祉制度が懲罰と屈辱を与える役割を果たすようになると、社会全体がその制度をいやなもの、不快なものとみなすようになる。そして解雇された労働者は、とにかくあんなふうに扱われるのだけはごめんだ、と考えるのである。

敬意から始める

いまの制度とちがうモデルは、けっして不可能ではないはずだ。私たちはパリ近くのセナールにある地域青年局の事務所を訪れたことがある。地域青年局は、学業に挫折した若年貧困層に総合的な支援を提供する国の組織である。私たちは、そこでヤング・クリエーターズ・プログラムの会議に参加させてもらった。地域青年局は、医療面、社会面から雇用にいたるまで、若年貧困者のすべてのニーズに応えるワンストップ・サービスを提供することを使命とする。その中でヤング・クリエーターズ・プログラムは、現在は失業中ながら起業をめざす若者への支援提供に取り組んでいた。その日会議に参加した若者たちは、一人ひとり何をしたいのかを説明した。スポーツジムや美容院の経営、自然化粧品の販売等々、多種多様である。一通り発言したあとで、私たちは、なぜ会社勤めではなく自分で事業を始めたいのかと質問した。彼らの答で印象的だったのは、誰一人お金のことを口にしなかったことだった。人間らしく生きたい、自信や誇りを取り戻したい、自立したい……といった言葉が次々に飛び出してきた。

ヤング・クリエーターズ・プログラムのアプローチは、一般的な職業紹介所のやり方とはまったくちがう。高校中退や最終学歴が専門学校という若者が失業して公共の職業紹介所へ行くと、カウンセラーはこの若者にいったい何ができるのかを手際よく見定め、だいたいは何もできないので、職業訓練プログラムに送り込んで一丁上がり、となる。カウンセラーというものは本人にとって何が最善かをよく知っている（最近ではAIの助けを借りるのでなおさらだ）、という前提である。若者はカウンセラーの言うとおりにするほかない。さもないと、もう来なくていいと言われてしまう。

ヤング・クリエーターズ・プログラムを発案したディディエ・デュガスは、従来のアプローチはだいたい失敗に終わると話す。ここに来る若者は、生まれてからずっと、何々をしなさい、何々はしてはいけない、とさんざん学校でも家でも言われ続けてきた。そして、どうしてできないのか、ダメな奴だ、とも。彼らは傷つき、ひねくれ、自信を失い、どうせ自分はダメな奴だ、クズだと思い込む（私たちが行った定量的調査でもこのことは確かめられている）[91]。そうなると、自分に差し出されるすべてのものを本能的に疑ってかかるようになり、何によらず抵抗するようになってしまう。

ヤング・クリエーターズ・プログラムは、まずは若者の言うことを聞くことから始まる。何をしたいのか、どんな計画があるのか、頭から否定しないで真剣に聞くのだ。最初の面接にはたっぷり時間をとる（約一時間が標準的だ）。ケースワーカーは彼らの計画や夢を理解しようと努め、それはうまくいきっこない、といった判断はいっさい差し控える。その後にもっと踏み込んだ面接やグループでのワークショップを行い、そうした活動や会話を通じて、ケースワーカーは「やればできる」「自分の運命を自分で切り開くことは可能だ」といったポジティブな考えを若者たちが持てるよう努めるとともに、成功の道筋は一つではないことも伝える。たとえば漢方薬の店を開きたいという若者には、最初に看護師や救急医療の道をめざしてはどうか、という具合に。

私たちはこのプロジェクトのＲＣＴに関わり、地域青年局に申請した若者九〇〇人をランダムにヤング・クリエーターズ・プログラムと通常の起業支援プログラムに振り分け、結果を比較した。すると前者のほうが就労率が高く、収入も多いことがわかった。スタート時点で最も不利な状況にあった若者ほど大きな効果が認められている。驚いたのは、当初は起業志望だった若者たちだが、実際には起業した者は少なかったという事実である。ヤング・クリエーターズ・プログラムはすっかり自信を失っていた若者たちに自信を取り戻すセラピーの役割を果たすと同時に、自営業をめざすのは出発点であって終着点ではないことを若者たちに教える。そして半年から一年の時間をかけて、自営であれ会社勤めであれ、やり甲斐のある安定した仕事を見つけていく。対照的に通常の起業支援プログラムでは、見込みのありそうな計画を選別し、短期間で結果を出せるよう集中的に支援する。もともと有望な人間やアイデアを選択的に支援するのだから、プログラムとして効果があるとは言いがたい。[92]

思うにヤング・クリエーターズ・プログラムの最大の特徴は、挫折した若者を一個の人間として扱い、敬意を払うところにある。こうした若者たちの多くは、公的な立場にいる大人（先生、公務員、警察官など）からまともに扱われた経験がない。すでに述べたように、子供たちは学校における序列に敏感であり、教師がそれを助長しがちであることが調査でも裏付けられている。先生たちがランダムに何人かの生徒を選び、この子たちはよくできると発言し、そのように扱うと、その子たちはほんとうに成績が上がるのである。[93] フランスのボランティア組織エナジー・ジューヌ［若者のエネルギー］では、心理学者のアンジェラ・ダックワースが提唱する「グリット［やり抜く力］」を参考に、落ちこぼれかかった生徒たちのポテンシャルを引き出すプログラムを無料で提供している。[94] 動画を見たりワークショップに参加するなどして自信を取り戻させる試みだ。プログラムに参加した生徒たちには、学校をサボらなくなる、授業中の態度が改善される、さらには成績が上がるなどの効果が認められている。もっとも、子供たちが自分の能力にめざめたというわけではない（相変わらず自分に対する評価は低い）。それよりも、自分と同じような仲間が他にもいるのだと気づき、そんなに悲観的になる必要はないと希望を取り戻したことのほうが大きいだろう。[95] ＡＴＤ第四世界はパリのマリア・モンテッソーリ研究所の協力を得て、自己評価の低さが引き起こす悪循環をできるだけ子供のうちに断ち切る試みをしている。そのために、ＡＴＤが運営する困窮者のための緊急用住居にモンテッソーリ式の学校を併設した。この学校では、パリ中心部で上流階級向けに運営されているモンテッソーリ式私立学校と遜色のない教育が行われる。

「上から見下す」姿勢から「敬意を払う」姿勢への転換は、シカゴのインナーシティで始まったＢＡＭ［Becoming A Man］と呼ばれるプログラムにも現れている。このプログラムは地域のＮＰＯがシカゴ市と連携して行っているもので、シカゴ大学犯罪研究所の協力を得て未成年の暴力抑制に取り組んでいる。ただし、暴力はいけないと頭ごなしに決めつけるのではない。まず、荒廃した地区で暮らす一〇代の若者にとって暴力は規範であり、弱虫のカモという評判を立てられることを避けるには攻撃的でなければならず、ときには闘うことも必要だと認める。このような環境にいたら、挑発に反射的に応じなければやっていけない。だから、暴力は悪いとは決めつけず、プログラム参加者が暴力を振るっても罰したりはしない。プログラムでは認知療法を参考にした一連のアクティビティを行い、どの場面では闘うことが適切な選択肢か、どの場面ではそうではないか、冷静に判断し感情をコントロールする方法を学ぶ。具体的には一分間で状況を把握し適切な行動を選べるようにする。プログラムの効果は大きく、期間中の逮捕件数は約三分の一にまで減り、暴力犯罪による逮捕件数は半分になった。また高校卒業率は一五%向上している。[96]

旱魃の被害を受けたインドの農民、シカゴ南部の若者、五〇代半ばで解雇された白人男性の共通点は何だろうか。それは、彼らは問題を抱えてはいるが、けっして彼ら自身が問題なのではないことだ。彼らを「貧窮者」だとか「失業者」といった括りで見るのをやめ、一人の人間として見るべきである。発展途上国を旅して何度となく気づかされるのは、希望は人間を前へ進ませる燃料だということだ。抱えている問題でその人を定義することは、外的な条件をその人の本質とみなすことにほかならない。そのように扱われた人は希望を失い、社会に裏切られ疎外されたという感情を強く持つようになる。それは社会全体にとって非常に危険なことだ。

今日のような不安と不安定の時代における社会政策は、人々の生活を脅かす要因をできるだけ緩和しつつ、生活困難に陥った人々の尊厳を守ることを目標としなければならない。だが残念ながら、現在の社会政策はそうはなっていない。とりわけ現代の社会的保護はヴィクトリア朝の遺物と言わざるを得ず、貧しい人や恵まれない人への軽蔑を隠そうともしない政治家が多すぎる。たとえ政策に臨む姿勢を「敬意を払う」方向に転換したとしてもなお、現在の社会的保護のあり方は見直しが必要だし、もっと想像力を働かせて政策立案に臨むべきである。本章にはそのためのヒントをいくつか示したが、まだ解決策が完全にわかっているわけではない。私たちはもっと学ぶ必要がある。だが社会政策がめざすべき目標がわかっているのだから、必ず実現できると確信している。

Conclusion

結論

よい経済学と悪い経済学

……次から次へと
家は起り亡びる、崩れる、増築され、
移転され、破壊され、改築される、また
その場所が野原や、また工場や間道になる。
古い石は新築に、古い材木は新しい火に、
古い火は灰に、また灰は土に……

――T・S・エリオット「イースト・コウカー」(『四つの四重奏』所収)

[邦訳は『西脇順三郎コレクション III 翻訳詩集』(慶應義塾大学出版会)より]

経済学は、活力の尽きることのない世界を想定している。人々は絶えず新しいアイデアを生み、仕事を変え、工場で働いていた人がアーティストになり、新天地に活路を見出し、国境を越えることも厭わない。まったく新しいビジネスが誕生し、成長し、失敗しては姿を消し、もっと輝かしいタイムリーなビジネスに席を譲る。生産性は着々と伸び、どの国もどんどん豊かになる。マンチェスターの工場で作られていたものがムンバイの工場へ、そしてミャンマーへと移り、さらにいつの日かモンバサかモガディシュで作られるようになる。その一方でマンチェスターはデジタルに活路を見出して再生し、ムンバイの工場はショッピングモールと高級住宅に姿を変える。そこでは金融業界で働くようになった人々が大幅に増えた収入を贅沢な消費に充てる。機会はどこにでもあり、発見され活かされるのを待っているのだ……。

開発経済学者として貧困問題に取り組む私たちは、ものごとがそんなふうにはいかないことをかなり前から知っていた。すくなくとも、私たちが働いたことのある国や、長く暮らしていた国ではそうだ。経済学のモデルでは移住するはずのバングラデシュの村人は、都市で仕事を探すという不確実性に賭けるよりは、家族共々村で飢えていくほうを選ぶ。ガーナの大学卒業者は、自分の高学歴が約束するはずの仕事になぜ就けないのかと思いあぐねながら座して確率の低いチャンスを待ち続け、貴重な青春を無駄に費やす。南アメリカ南部では工場がばたばた閉鎖される一方で、新しい企業はいっこうに進出しない。変化は「ほかの人たち」を利することがあまりに多い。会うこともなく、まして手の届くこともない「ほかの人たち」だ。ムンバイの工場で仕事を失った人々は、「ほかの人たち」が通う豪華なレストランで食事をすることはない。たぶん彼らの子供たちは、そのレストランのウェイターかウェイトレスにはなれるだろう。だがそれが望んでいた仕事かと言えば、そうではあるまい。

この数年間で私たちは、こうしたことが先進国でもいたるところで起きていることに気づいた。経済というものは、発展途上国か先進国かを問わず、どこでも硬直的なものだということである。もちろん、両者の間には大きなちがいもある。たとえばアメリカでは、小さなスタートアップがインドやメキシコよりずっと速いスピードで成長する。そして成長できなかった事業はさっさと退場させられ、創業者は新たなアイデアか新たな仕事探しを迫られる。一方インドや、インドほどではないがメキシコでも、企業は大々的に成長もせず有望な展開も見込めないまま、漫然と存続する。[1] だがアメリカのこのダイナミクスは、顕著な地域格差を覆い隠しているのである。たくさんの企業がアイダホ州ボイシから撤退し、繁栄するシアトルに拠点を移している。だからと言って、ボイシで解雇された労働者が物価の高いシアトルへたやすく移れるわけではないし、そもそも移りたいとも思っていない。家族や友達、思い出、生まれ故郷への愛着など、大切にするものがボイシにはたくさんありすぎるからだ。だから彼らはとどまる。だがよい仕事がどんどんなくなっていって、この選択が大まちがいだったことがはっきりするにつれ、この人たちは怒りをつのらせる。こうした現象が、東ドイツでも、フランスの大都市圏周辺でも、ブレグジット賛成派の多いイングランド中心部でも起きているし、アメリカのレッド・ステートでも、ブラジルやメキシコの多くの地域でも起きているのである。富裕で才能に恵まれた人たちはあっという間に経済的成功の階段を駆け上がるが、それ以外の大勢の人々は取り残されたままだ。アメリカ大統領にドナルド・トランプを、ブラジル大統領にジャイル・ボルソナロを、イギリスにＥＵ離脱を選んだのはこうした世界であり、いま何も手を打たなければ、もっと多くの災厄を生むことになるだろう。

それでも開発経済学者としての私たちは、過去四〇年が良くも悪くも変化の時代だったことも理解している。共産主義の崩壊、中国の台頭、世界の貧困の大幅な削減（半分に、さらにその半分に減った）、不平等の爆発的拡大、ＨＩＶの急増と急減、乳幼児死亡率の大幅低下、パーソナル・コンピュータと携帯電話の普及、アマゾンとアリババ、フェイスブックとツイッターの浸透、アラブの春、権威主義的国家主義の蔓延、差し迫る環境危機——これらはすべてここ四〇年で起きたことだ。アビジットが経済学者になる小さな一歩を踏み出した一九七〇年代末の時点では、まだソ連が大国として存在し、インドはいかにソ連のようになるかを模索し、極左は中国を崇め奉り、中国国民は毛沢東を信奉し、レーガンとサッチャーが福祉国家への挑戦状を叩き付けようとしていた。そして世界人口の四〇%が貧困の中で暮らしていた。あれから多くのことが変わったし、その多くはよい変化だったことを認めよう。

とはいえ、すべての変化が意図されたものだったわけではない。よいアイデアの中にはひょんなことから生まれたものも少なくないし、悪いアイデアにしてもそうだ。変化の一部は偶然に起き、予想外の結果をもたらした。たとえば、不平等の拡大は経済の硬直性と背中合わせである。引き金となった出来事の時と場所がちがっていれば、またちがった結果になっていただろう。現に発展途上国では格差拡大から高級住宅需要が伸び、建設ブームが起きて都市部の未熟練労働者の雇用機会が拡大し、貧困の削減につながっている。

だがもちろん、意図せざる変化ばかりではなかった。政策によって実現したことがいかに多かったかを過小評価すべきではない。中国とインドの市場開放、イギリスやアメリカが先鞭をつけた富裕層に対する減税、予防可能な死亡を防ぐためのグローバルな協力、環境より経済成長を優先する選択、通信や輸送網の発展による国内移住の推進、都市部の住環境整備の失敗による国内移住の減退、福祉国家の衰退、発展途上国における近年の社会的移転の進行はどれも、良きにつけ悪しきにつけ政策の結果である。政策というものはやはり強力だ。政府には大きな善を成し遂げる力がある一方で、深刻な害をもたらす力もある。このことは、大規模な民間援助や寄付などにも当てはまる。

これらの政策の多くは、よい経済学と悪い経済学（広くは社会科学）の助けを借りて策定された。社会科学者は多くの人々が気づくよりはるか前から、ソ連型統制経済のばかげた野心を批判し、インドや中国には自由企業制を導入すべきだと主張し、環境破壊の危険性を訴え、ネットワークの威力を見抜いていた。抗レトロウィルス薬を発展途上国に提供して何百万人もの命を救った賢明な篤志家は、よい社会科学を実践したと言えるだろう。よい経済学は無知とイデオロギーに打ち克ち、防虫剤処理を施した蚊帳をアフリカで売るのではなく無償で配布させることに成功し、マラリアで死ぬ子供の数を半分に減らした。一方、悪い経済学は富裕層への減税を支持し、福祉予算を削らせ、政府は無能なうえに腐敗しているから何事にも介入すべきでないと主張し、貧乏人は怠け者だと断じて、現在の爆発的な不平等の拡大と怒りと無気力の蔓延を招いた。視野の狭い経済学によれば、貿易は万人にとってよいことで、あらゆる国で成長が加速するという。あとは個人のがんばりの問題であり、多少の痛みはやむを得ないらしい。世界中に広がった不平等とそれに伴う社会の分断、そして差し迫る環境危機を放置していたら、取り返しのつかない地点を越えかねないことを見落としているのである。

　自らの理論によってマクロ経済政策を変えたジョン・メイナード・ケインズは、『一般理論』の最後にこう書いている。「いかなる知的影響とも無縁だと信じている実務家たちも、故人となった経済学者の思想に囚われていることが多い。天からの声を聞くと称する常軌を逸した指導者も、その支離滅裂な考えはほんの数年前の似非学者から借用しているものだ」。思想の力は強い。思想は変化を導く。よい経済学だけで人々を救うことはできないが、よい経済学なしでは、私たちは再び過去の過ちを繰り返すことになるだろう。無知と直観とイデオロギーと無気力の組み合わせから生まれるのは、もっともらしく、ひどく有望そうで、まずまちがいなく期待を裏切る答でしかない。残念ながら歴史が繰り返し教えてくれるとおり、最後に勝利を収めるのは良い答のときもあるが悪い答のときもある。たとえば、移民を受け入れていると必ず社会を破壊することになる、という主張が目下のところ勝利を収めている。だがこの見方を裏付ける証拠は何もない。根拠のない考えに対して私たちにできる唯一のことは、油断せずに見張り、「疑う余地はない」などという主張にだまされず、奇跡の約束を疑い、エビデンスを吟味し、問題を単純化せず根気よく取り組み、調べられることは調べ、判明した事実に誠実であることだ。こうした警戒を怠ったら、多面的な問題を巡る議論は極度に単純化あるいは矮小化され、政策分析も行わずに安直な見かけ倒しの解決に帰着することになるだろう。

行動の呼びかけは、経済学者だけがすべきものではない。人間らしく生きられるよりよい世界を願う私たち誰もが声を上げなければならない。経済学は、経済学者に任せておくには重要すぎるのである。

謝辞

どんな本も多くの人の知恵の産物だが、本書はとくにそうだ。次の本のアイデアを私たちが思いつく前にこのプロジェクトを提案してくれたのは、ジャガナウ・ブックスのチキ・サルカールである。彼女はこの執筆プロジェクトの進行中ずっと、その情熱と知性と私たちの能力に対する信頼で支え続けてくれた。その後アンドリュー・ワイリーがプロジェクトに加わる。経験豊富な彼がついていてくれたおかげで、私たちは自信を持って執筆を進めることができた。ニール・ムケルジーは、最初のラフな原稿を読んでおおまかな方向性や文体についてアドバイスしてくれた。何よりありがたかったのは、この本は書く価値があるし、たぶん読む価値もあると請け合ってくれたことである。マディ・マケルウェイは、原稿のすべてのファクトチェックをするという大変な仕事を引き受け、まちがいを修正し、すべての文章に意味が通るようにしてくれた。クリーブ・プリドルは、前著と同じく私たちが理解する以上に私たちの試みを理解し、みごとな編集の腕前を発揮した。

本書は、私たちの専門領域をかなりはみ出している。だからこの冒険的な試みに乗り出すにあたっては、経済学者仲間に助けを求める必要があった。私たちの周囲には輝かしい知性の持ち主が多すぎるので、どのアイデアを誰からもらったのか、すべて思い出すことは到底できない。多くの人を書き漏らしてしまうリスクは承知のうえで、ここではとくに感謝すべき方々のお名前を挙げる。ダロン・アセモグル、デビッド・アトキン、アルノー・コスティノ、デーブ・ドナルドソン、レイチェル・グレナスター、ペニー・ゴールドバーグ、マイケル・グリーンストーン、ベント・ホルムストロム、マイケル・クレマー、ベンジャミン・オルケン、トマ・ピケティ、エマ・ロスチャイルド、エマニュエル・サエズ、フランク・シルバッハ、ステファニー・スタンチェバ、イワン・ワーニング、知恵を貸してくれたことに心から感謝する。また、博士課程の指導教官だったジョシュア・アングリスト、ジェリー・グリーン、アンドリュー・マスコレル、エリック・マスキン、ラリー・サマーズ、そして多くの先生、協力者、友人、学生にもお礼申し上げる。みなさんの貢献の痕跡はこの本のそこかしこに残っているはずだ。またしても書き漏らしのリスクを承知のうえで、多くの影響を受けた方々のお名前を以下に記しておきたい。フィリップ・アギオン、マリアンヌ・ベルトラン、アルン・チャンドラセカール、ダニエル・コーエン、ブルーノ・クレポン、アーンスト・フェール、エミー・フィンケルスタイン、マイトリーシュ・ガータク、レマ・ハンナ、マット・ジャクソン、ディーン・カーラン、エリアナ・ラ・フェラーラ、マット・ロウ、ベン・モール、センディル・ムライナサン、カイバン・ムンシ、アンドリュー・ニューマン、ポール・ニーハウス、ロイーニ・パンデ、ナンシー・チェン、アマルティア・セン、ロバート・ソロー、キャス・サスティーン、タブニート・スリ、ロバート・タウンゼント、心から感謝する。

パリ・スクール・オブ・エコノミクスでの一年間の研究休暇は天からの贈り物だったとしか言いようがない。上下関係がなく、活気にあふれていて、研究をするには最高に楽しい場所である。リュック・ベジエル、デニス・コノー、オリヴィエ・コント、エレーヌ・ジャコビノ、マルク・ギュルガン、シルヴィ・ランベール、カレン・マクールにはとくに感謝する。また、いつも笑顔で歓迎し、楽しい会話とテニスでもてなしてくれたジル・ポステル・ヴィニーとカティア・ズラヴスカヤ、ありがとう。MITの同僚のグレンとサラ・エリソンも同時に研究休暇をとったので、一年間が一段とすてきなものになった。ブレーズ・パスカル研究員として活動させてくれたイル・ド・フランス地域圏、アクサ研究基金、ENS財団、パリ・スクール・オブ・エコノミクス、MITの支援にも深く感謝する。

ジャミール貧困対策研究室（JPAL）の仲間は、ここ一五年にわたり私たちの研究に刺激を与え続けてくれた。それだけでなく、経済学と人類の両方の未来に希望を持たせてくれたと思う。毎日、そして毎年、誠実で寛容で献身的な仲間と仕事のできる私たちはほんとうに恵まれている。船の舵取りをしてくれるイクバル・ダリワル、いつも一緒の乗組員のジョン・フロレッタ、ショビニ・ムケルジー、ローラ・ポズウェル、アンナ・シュリンプ、ありがとう。そしてもちろん、私たちの生活になんとか秩序らしきものを持ち込もうと勇敢にも努力してくれたヘザー・マッカーディとジョバンナ・メイソンにもお礼を言わなければならない。

エステルの両親、ミシェルとヴィオレーヌ・デュフロ、そして兄のコラスの家族のおかげで、私たちはパリでほんとうにすばらしい時間を過ごすことができた。もちろんそれだけでなく、私たちのためにしてくれるすべてのことにありがとう。

アビジットの両親、ディパクとニルマーラ・バナジーは、アビジットの本の理想の読者である。経済学の手ほどきをしてくれたこと、いやそれよりも、何を大切にしなければならないかを教えてくれたことにいつも感謝している。

解説

東京大学大学院教授　柳川範之

本書、『絶望を希望に変える経済学』の文庫化にあたって、久しぶりに手に取ってみて言えるのは、ここに書かれている内容が、現在の社会においてもまったく古びていないということだ。新型コロナウイルスによる混乱が落ち着きをみせる一方で、格差や社会の分断はより深刻になっている面もある。本書が扱っている主題は、我々が今抱えている、例えば、社会の分断にどう対処していくべきなのか、この先、格差や成長はどうなるのか等の「課題」に直結していて、まさに「希望に変えたい」というものだ。

ここでは、世界を驚かせるような解決策が提示されるわけではない。一振りすればすべてを解決してくれるような、魔法の杖を持っているわけでもない。そのなかで、経済学にできることを着実に積み上げ、世の中をよくしていきたいと試行錯誤する。

著者は序文で、「見てくれのいい解決策や特効薬的な解決を疑ってかかり」「事実から目をそらさず、自分の知識や理解につねに謙虚で誠実である」ことが重要と述べる。そして、その目的は「より人間らしく生きられる世界をつくるという目標に近づくため」だと語る。この文章に本書のスタンスと意義が凝縮されている。

著者の2人は、「世界的な貧困の緩和への貢献」により、2019年にノーベル経済学賞を受賞したスタープレイヤーだ。アビジット・V・バナジー氏はインドの出身で、フランス出身のエステル・デュフロ氏と共に、インドを中心とした発展途上国の経済問題に深く切り込み、実践的なアプローチを続けてきた。

彼らがリードしてきた分野の一つが、ランダム化比較実験（RCT）といわれる実証分析の手法を、政策の分野に応用する取り組みである。医療の分野では、新薬の効果を調べるため一般的に利用されている手法だ。

RCTは、対象を無作為に分け、グループごとの結果を照らし合わせることで、政策以外に影響を及ぼす様々な要因を排除し、有効性をより正確に測ることができる。こうした研究が、開発途上国の政策決定や開発援助の在り方をも変えた。科学的に実証しながら政策を進められるようになり、現実的に大きなイノベーションをもたらした。

また、本書で扱われる重要な経済問題は、決して発展途上国だけで起きているものとは限らない。著者が発展途上国でみてきた、移民、貿易、成長、不平等、環境といった問題と、富裕国の問題が気味が悪いほどよく似ているという気付きは、執筆の動機としても挙げられている。

他にも、貿易自由化の問題や環境問題、そしてフェイクニュースという言葉に代表されるような、人々の選好がメディアによって左右される問題が詳細に検討されている。社会の分断にどう対処すればよいのか、また現代が抱える重大な社会問題に対する強い意識がうかがえる。

著者の問題意識には、これまでもてはやされてきた経済学との違いもみえる。過去には、市場メカニズムを突き詰めていくことが経済学者の役割であり、それに沿った経済政策を採ることが結果的に社会を良くするのだ、というイメージが強調されてきた。世の中を変えていくための経済学という意味でも、いわゆるマクロ的な経済政策の考え方が主流で、ミクロな視点が、最終的にどのようにマクロに結びついていくかが注目されることは少なかったのだ。

実際は、単に金銭的な意味での経済成長だけが望ましいとは限らず、大きな問題意識のなかで測られない多くを取りこぼしてしまう。だが、個別の地域や産業で起きたことが経済界にどんなインパクトを持つのか、一つ一つの問題に真摯に向き合って考えようとするならば、経済学はその助けになりうる。

たとえば、成長を扱った章では、いかにすれば成長率を高められるかを多くの政策当局や学者が検討してきたが、残念ながら成長率を押し上げる方法はデータでは確認できていない。しかし、最貧層の幸福に焦点をあてて、具体的に行えることを考えれば、何百万人もの人々の生活を抜本的に変える可能性が開けると主張している。

現場で起きている事実を直視し、データを重視する。市場は過去に理論家が考えていたようにきれいには機能しない実態がある。その事実を直視したうえで、望ましい処方箋をデータと最新の経済学の分析結果に基づいて考える。その姿勢が一貫している。

日本でいえば、戦後の高度経済成長期に作られた社会の仕組みが、あらゆるところで制度疲労を起こし始めている。これらは当然シンプルに解決できる問題ではなく、場合によっては社会の在り方も変えていかなければならないような、具体的で地道な作業を必要とする。また、政策判断に直接RCTを用いるのは難しいが、近年は、できるだけデータや合理的根拠に基づいた政策判断を行おうとする、EBPM（エビデンス・ベースト・ポリシー・メイキング）が強調されるようになった。私たちが変われるかどうかの瀬戸際で、著者のように一歩一歩進んでいこうとする誠実な態度は、今だからこそ我々に求められているのではないか。

市場は善であり、自由は素晴らしい、そんな単純な主張を繰り返しているのではなく、現実とデータに真摯に向き合い、人の幸福を考えるのが現代の経済学なのだ。その事実を本書でぜひ実感していただきたい。

原註

Chapter 1．経済学が信頼を取り戻すために

1. Amber Phillips, “Is Split-Ticket Voting Officially Dead?,” *Washington Post*, 2017, https://www.washingtonpost.com/news/the-fix/wp/2016/11/17/is-split-ticket-voting-officially-dead/?utm_term=.6b57fc114762.
2. “8. Partisan Animosity, Personal Politics, Views of Trump,” Pew Research Center, 2017, https://www.people-press.org/2017/10/05/8-partisan-animosity-personal-politics-views-of-trump/.
3. “Poll: Majority of Democrats Think Republicans Are ‘Racist,’ ‘Bigoted’ or ‘Sexist,’” *Axios*, 2017, https://www.countable.us/articles/14975-poll-majority-democrats-think-republicans-racist-bigoted-sexist.
4. Stephen Hawkins, Daniel Yudkin, Míriam Juan-Torres, and Tim Dixon, “Hidden Tribes: A Study of America’s Polarized Landscape,” *More in Common,* 2018, https://www.moreincommon.com/hidden-tribes.
5. Charles Dickens, *Hard Times*, *Household Words weekly journal*, London, 1854.
6. Matthew Smith, “Leave Voters Are Less Likely to Trust Any Experts— Even Weather Forecasters,” YouGov, 2017, https://yougov.co.uk/topics/politics/articles-reports/2017/02/17/leave-voters-are-less-likely-trust-any-experts-eve.
7. この調査は、Stefanie Stantcheva とともに行った。くわしい説明は以下を参照されたい。 Abhijit Banerjee, Esther Duflo, and Stefanie Stantcheva, “Me and Everyone Else: Do People Think Like Economists?,” MIMEO, Massachusetts Institute of Technology, 2019.
8. “Steel and Aluminum Tariffs,” Chicago Booth, IGM Forum, 2018, http://www.igmchicago.org/surveys/steel-and-aluminum-tariffs.
9. “Refugees in Germany,” Chicago Booth, IGM Forum, 2017, http:// www.igmchicago.org/surveys/refugees-in-germany (回答者数に基づいて調整済み).
10. “Robots and Artificial Intelligence,” Chicago Booth, IGM Forum, 2017, http://www.igmchicago.org/surveys/robots-and-artificial-intelligence.
11. Paola Sapienza and Luigi Zingales, “Economic Experts versus Average Americans,” *American Economic Review* 103, no. 3 (2013): 636–42, https://doi.org/10.1257/aer.103.3.636.
12. “A Mean Feat,” *Economist,* January 9, 2016, https://www.economist.com/finance-and-economics/2016/01/09/a-mean-feat.
13. Siddhartha Mukherjee, *The Emperor of All Maladies: A Biography of Cancer* (New

York: Scribner, 2010).

Chapter 2. 鮫の口から逃げて

1. United Nations International migration report highlight, accessed June 1, 2017, https://www.un.org/en/development/desa/population/migration/publications/migrationreport/docs/MigrationReport2017_Highlights. pdf; Mathias Czaika and Hein de Haas, "The Globalization of Migration: Has the World Become More Migratory?," *International Migration Review* 48, no. 2 (2014): 283–323.
2. "EU Migrant Crisis: Facts and Figures," News: European Parliament, June 30, 2017, accessed April 21, 2019, http://www.europarl.europa.eu/news/en/headlines/society/20170629STO78630/eu-migrant-crisis-facts-and-figures.
3. Alberto Alesina, Armando Miano, and Stefanie Stantcheva, "Immigration and Redistribution," NBER Working Paper 24733, 2018.
4. Oscar Barrera Rodriguez, Sergei M. Guriev, Emeric Henry, and Ekaterina Zhuravskaya, "Facts, Alternative Facts, and Fact Checking in Times of Post-Truth Politics," *SSRN Electronic Journal* (2017), https://dx.doi.org/10.2139/ssrn.3004631.
5. Alesina, Miano, and Stantcheva, "Immigration and Redistribution."
6. Rodriguez, Guriev, Henry, and Zhuravskaya, "Facts, Alternative Facts, and Fact-Checking in Times of Post-Truth Politics."
7. Warsan Shire, "Home," accessed June 5, 2019, https://www.seekersguidance.org/articles/social-issues/home-warsan-shire/.
8. Maheshwor Shrestha, "Push and Pull: A Study of International Migration from Nepal," Policy Research Working Paper WPS 7965 (Washington, DC: World Bank Group, 2017), http://documents.worldbank.org/curated/en/318581486560991532/Push-and-pull-a-study-of-nternational-migration-from-Nepal.
9. *Aparajito*, directed by Satyajit Ray, 1956, Merchant Ivory Productions.
10. Alwyn Young は 65 カ国のデータを使い、都市部の住民は農村部の住民より消費が 52％多いことを突き止めた。Alwyn Young, "Inequality, the Urban-Rural Gap, and Migration," *Quarterly Journal of Economics* 128, no. 4 (2013): 1727–85.
11. Abhijit Banerjee, Nils Enevoldsen, Rohini Pande, and Michael Walton, "Information as an Incentive: Experimental Evidence from Delhi," MIMEO, Harvard, accessed April 21, 2019, https://scholar.harvard.edu/files/rpande/files/delhivoter_shared-14.pdf.
12. Lois Labrianidis and Manolis Pratsinakis, "Greece's New Emigration at Times of Crisis," LSE Hellenic Observatory GreeSE Paper 99, 2016.

13. John Gibson, David McKenzie, Halahingano Rohorua, and Steven Stillman, "The Long-Term Impacts of International Migration: Evidence from a Lottery," *World Bank Economic Review* 32, no. 1 (February 2018): 127–47.

14. Michael Clemens, Claudio Montenegro, and Lant Pritchett, "The Place Premium: Wage Differences for Identical Workers Across the U.S. Border," Center for Global Development Working Paper 148, 2009.

15. Emi Nakamura, Jósef Sigurdsson, and Jón Steinsson, "The Gift of Moving: Intergenerational Consequences of a Mobility Shock," NBER Working Paper 22392, 2017, revised January 2019, DOI: 10.3386/w22392.

16. Ibid.

17. Matti Sarvimäki, Roope Uusitalo, and Markus Jäntti, "Habit Formation and the Misallocation of Labor: Evidence from Forced Migrations," 2019, https://ssrn.com/abstract=3361356 or http://dx.doi.org/10.2139/ssrn.3361356.

18. Gharad Bryan, Shyamal Chowdhury, and Ahmed Mushfiq Mobarak, "Underinvestment in a Profitable Technology: The Case of Seasonal Migration in Bangladesh," *Econometrica* 82, no. 5 (2014): 1671–1748.

19. David Card, "The Impact of the Mariel Boatlift on the Miami Labor Market," *Industrial and Labor Relations Review* 43, no. 2 (1990): 245–57.

20. George J. Borjas, "The Wage Impact of the *Marielitos*: A Reappraisal," *Industrial and Labor Relations Review* 70, no. 5 (February 13, 2017): 1077–1110.

21. Giovanni Peri and Vasil Yasenov, "The Labor Market Effects of a Refugee Wave: Synthetic Control Method Meets the Mariel Boatlift," *Journal of Human Resources* 54, no. 2 (January 2018): 267–309.

22. Ibid.

23. George J. Borjas, "Still More on Mariel: The Role of Race," NBER Working Paper 23504, 2017.

24. Jennifer Hunt, "The Impact of the 1962 Repatriates from Algeria on the French Labor Market," *Industrial and Labor Relations Review* 45, no. 3 (April 1992): 556–72.

25. Rachel M. Friedberg, "The Impact of Mass Migration on the Israeli Labor Market," *Quarterly Journal of Economics* 116, no. 4 (November 2001): 1373–1408.

26. Marco Tabellini, "Gifts of the Immigrants, Woes of the Natives: Lessons from the Age of Mass Migration," HBS Working Paper 19-005, 2018.

27. Mette Foged and Giovanni Peri, "Immigrants' Effect on Native Workers: New Analysis on Longitudinal Data," *American Economic Journal: Applied Economics* 8, no. 2 (2016): 1–34.

28. *The Economic and Fiscal Consequences of Immigration*, National Academies of Sciences,

Engineering, and Medicine (Washington, DC: National Academies Press, 2017), https://doi.org/10.17226/23550.

29. Christian Dustmann, Uta Schönberg, and Jan Stuhler, "Labor Supply Shocks, Native Wages, and the Adjustment of Local Employment," *Quarterly Journal of Economics* 132, no. 1 (February 2017): 435–83.

30. Michael A. Clemens, Ethan G. Lewis, and Hannah M. Postel, "Immigration Restrictions as Active Labor Market Policy: Evidence from the Mexican Bracero Exclusion," *American Economic Review* 108, no. 6 (June 2018): 1468–87.

31. Foged and Peri, "Immigrants' Effect on Native Workers."

32. Patricia Cortés, "The Effect of Low-Skilled Immigration on US Prices: Evidence from CPI Data," *Journal of Political Economy* 116, no. 3 (2008): 381–422.

33. Patricia Cortés and José Tessada, "Low-Skilled Immigration and the Labor Supply of Highly Skilled Women," *American Economic Journal: Applied Economics* 3, no. 3 (July 2011): 88–123.

34. Emma Lazarus, "The New Colossus," in *Emma Lazarus: Selected Poems*, ed. John Hollander (New York: Library of America, 2005), 58.

35. Ran Abramitzky, Leah Platt Boustan, and Katherine Eriksson, "Europe's Tired, Poor, Huddled Masses: Self-Selection and Economic Outcomes in the Age of Mass Migration," *American Economic Review* 102, no. 5 (2012): 1832–56.

36. "Immigrant Founders of the 2017 Fortune 500," Center for American Entrepreneurship, 2017, http://startupsusa.org/fortune500/.

37. Nakamura, Sigurdsson, and Steinsson, "The Gift of Moving."

38. Jie Bai, "Melons as Lemons: Asymmetric Information, Consumer Learning, and Quality Provision," working paper, 2018, accessed June 19, 2019, https://drive.google.com/file/d/0B52sohAPtnAWYVhBYm11cDBrSm M/view.

39. 「貨幣が資本に変容するためには、貨幣の所有者が市場で自由な労働者を見つけなければならない。この"自由"という言葉には二重の意味がある。まず労働者は自由な人間として、みずからの労働力を自分の商品として処分できる。さらにこの労働者は、自分の労働力のほかには売るべき商品を持っておらず、労働力を実現するために必要なものをまったく持ち合わせていない」。カール・マルクス『資本論』(Hamburg: Verlag von Otto Meissner, 1867)［邦訳は中山元訳『資本論』日経 BP クラシックスに拠った］。

40. Girum Abebe, Stefano Caria, and Esteban Ortiz-Ospina, "The Selection of Talent: Experimental and Structural Evidence from Ethiopia," working paper, 2018.

41. Christopher Blattman and Stefan Dercon, "The Impacts of Industrial and Entrepreneurial Work on Income and Health: Experimental Evidence from Ethiopia,"

American Economic Journal: Applied Economics 10, no. 3 (July 2018): 1-38.

42. Girum Abebe, Stefano Caria, Marcel Fafchamps, Paolo Falco, Simon Franklin, and Simon Quinn, "Anonymity or Distance? Job Search and Labour Market Exclusion in a Growing African City," CSAE Working Paper WPS/2016-10-2, 2018.
43. Stefano Caria, "Choosing Connections. Experimental Evidence from a Link-Formation Experiment in Urban Ethiopia," working paper, 2015; Pieter Serneels, "The Nature of Unemployment Among Young Men in Urban Ethiopia," *Review of Development Economics* 11, no. 1 (2007): 170-86.
44. Carl Shapiro and Joseph E. Stiglitz, "Equilibrium Unemployment as a Worker Discipline Device," *American Economic Review* 74, no. 3 (June 1984): 433-44.
45. Emily Breza, Supreet Kaur, and Yogita Shamdasani, "The Morale Effects of Pay Inequality," *Quarterly Journal of Economics* 133, no. 2 (2018): 611-63.
46. Dustmann, Schönberg, and Stuhler, "Labor Supply Shocks, Native Wages, and the Adjustment of Local Employment."
47. Patricia Cortés and Jessica Pan, "Foreign Nurse Importation and Native Nurse Displacement," *Journal of Health Economics* 37 (2017): 164-80.
48. Kaivan Munshi, "Networks in the Modern Economy: Mexican Migrants in the U.S. Labor Market," *Quarterly Journal of Economics* 118, no. 2 (2003): 549-99.
49. Lori Beaman, "Social Networks and the Dynamics of Labor Market Outcomes: Evidence from Refugees Resettled in the U.S.," *Review of Economic Studies* 79, no. 1 (January 2012): 128-61.
50. George Akerlof, "The Market for 'Lemons': Quality Uncertainty and the Market Mechanism," *Quarterly Journal of Economics* 84, no. 3 (1970): 488-500.
51. 査読者も編集者も、アカロフの論文が難解すぎて理解できなかったようだ。基本的に、一種の循環論法を操るには、適切な数学知識がないと緻密な論理展開ができない。1970年の時点では、このような数学的立論に大方の経済学者は慣れていなかった。したがって、専門誌が彼の論文の掲載を決定するまでにはしばらく時間を要した。だが掲載された瞬間に論文は古典とみなされ、以後どの時代においても最も影響力のある論文の一つとなった。この論文で駆使される数学は、「ゲーム理論」と呼ばれる応用数学の一種で、いまではあたりまえのように経済学部で教えている。
52. Banerjee, Enevoldsen, Pande, and Walton, "Information as an Incentive."
53. World air quality report, AirVisual, 2018, accessed April 21, 2019, https://www.airvisual.com/world-most-polluted-cities.
54. Abhijit Banerjee and Esther Duflo, "The Economic Lives of the Poor," *Journal of Economic Perspectives* 21, no. 1 (2007): 141-68.

55. Global Infrastructure Hub, *Global Infrastructure Outlook*, Oxford Economics, 2017.
56. Edward Glaeser, *Triumph of the City: How Our Greatest Invention Makes Us Richer, Smarter, Greener, Healthier, and Happier* (London: Macmillan, 2011).
57. Jan K. Brueckner, Shihe Fu Yizhen Gu, and Junfu Zhang, "Measuring the Stringency of Land Use Regulation: The Case of China's Building Height Limits," *Review of Economics and Statistics* 99, no. 4 (2017) 663–77.
58. Abhijit Banerjee and Esther Duflo, "Barefoot Hedge-Fund Managers," *Poor Economics* (New York: PublicAffairs, 2011).
59. W. Arthur Lewis, "Economic Development with Unlimited Supplies of Labour," *Manchester School* 22, no. 2 (1954): 139–91.
60. Robert Jensen and Nolan H. Miller, "Keepin' 'Em Down on the Farm: Migration and Strategic Investment in Children's Schooling," NBER Working Paper 23122, 2017.
61. Robert Jensen, "Do Labor Market Opportunities Affect Young Women's Work and Family Decisions? Experimental Evidence from India," *Quarterly Journal of Economics* 127, no. 2 (2012): 753–92.
62. Bryan, Chowdhury, and Mobarak, "Underinvestment in a Profitable Technology."
63. Maheshwor Shrestha, "Get Rich or Die Tryin': Perceived Earnings, Perceived Mortality Rate and the Value of a Statistical Life of Potential Work-Migrants from Nepal," World Bank Policy Research Working Paper 7945, 2017.
64. Maheshwor Shrestha, "Death Scares: How Potential Work-Migrants Infer Mortality Rates from Migrant Deaths," World Bank Policy Research Working Paper 7946, 2017.
65. Donald Rumsfeld, *Known and Unknown: A Memoir* (New York: Sentinel, 2012).
66. Frank H. Knight, *Risk, Uncertainty and Profit* (Boston: Hart, Schaffner, and Marx, 1921).
67. Justin Sydnor, "(Over)insuring Modest Risks," *American Economic Journal: Applied Economics* 2, no. 4 (2010): 177–99.
68. リスク回避傾向については第４章で改めて取り上げる。以下も参照されたい。Roland Bénabou and Jean Tirole, "Mindful Economics: The Production, Consumption, and Value of Beliefs," *Journal of Economic Perspectives* 30, no. 3 (2016): 141–64.
69. Alexis de Tocqueville, *Democracy in America* (London: Saunders and Otley, 1835).
70. Alberto Alesina, Stefanie Stantcheva, and Edoardo Teso, "Intergenerational Mobility and Preferences for Redistribution," *American Economic Review* 108, no. 2 (2018): 521–54, DOI: 10.1257/aer.20162015.

71. Benjamin Austin, Edward Glaeser, and Lawrence H. Summers, "Saving the Heartland: Place-Based Policies in 21st Century America," Brookings Papers on Economic Activity Conference Drafts, 2018.
72. Peter Ganong and Daniel Shoag, "Why Has Regional Income Convergence in the U.S. Declined?," *Journal of Urban Economics* 102 (2017): 76- 90.
73. Enrico Moretti, *The New Geography of Jobs* (Boston: Houghton Mifflin Harcourt, 2012).
74. Ganong and Shoag, "Why Has Regional Income Convergence in the U.S. Declined?"
75. "Starbucks," Indeed.com, accessed April 21, 2019, https://www.indeed.com/q-Starbucks-l-Boston,-MA-jobs.html; "Starbucks," Indeed.com, accessed April 21, 2019, https://www.indeed.com/jobs?q=Starbucks&l=Boisepercent2C+ID.
76. この事例は、以下で取り上げられている。 Peter Ganong and Daniel Shoag, "Why Has Regional Income Convergence in the U.S. Declined?"
77. "The San Francisco Rent Explosion: Part II," Priceonomics, accessed June 4, 2019, https://priceonomics.com/the-san-francisco-rent-explosion-part-ii/.
78. RentCafé によると、Mission Dolores の平均賃貸料は 792 平方フィート（74 平方メートル）で 3728 ドルである。 "San Francisco, CA Rental Market Trends," accessed June 4, 2019, https://www.rentcafe.com/average-rent-market-trends/us/ca/san-francisco/.
79. "New Money Driving Out Working-Class San Franciscans," *Los Angeles Times*, June 21, 1999, accessed June 4, 2019, https://www.latimes.com/archives/la-xpm-1999-jun-21-mn-48707-story.html.
80. Glaeser, *Triumph of the City*.
81. Atif Mian and Amir Sufi have developed these arguments in their book *House of Debt: How They (and You) Caused the Great Recession, and How We Can Prevent It from Happening Again* (Chicago: University of Chicago Press, 2014), and many articles, including Atif Mian, Kamalesh Rao, and Amir Sufi, "Household Balance Sheets, Consumption, and the Economic Slump," *Quarterly Journal of Economics* 128, no. 4 (2013): 1687–1726.
82. Matthew Desmond, *Evicted: Poverty and Profit in the American City* (New York: Crown, 2016).
83. Mark Aguiar, Mark Bils, Kerwin Kofi Charles, and Erik Hurst, "Leisure Luxuries and the Labor Supply of Young Men," NBER Working Paper 23552, 2017.
84. Kevin Roose, "Silicon Valley Is Over, Says Silicon Valley," *New York Times,* March 4, 2018.

85. Andrew Ross Sorkin, "From Bezos to Walton, Big Investors Back Fund for 'Flyover' Start-Ups," *New York Times*, December 4, 2017.
86. Glenn Ellison and Edward Glaeser, "Geographic Concentration in U.S. Manufacturing Industries: A Dartboard Approach," *Journal of Political Economy* 105, no. 5 (1997): 889–927.
87. Bryan, Chowdhury, and Mobarak, "Underinvestment in a Profitable Technology."
88. Tabellini, "Gifts of the Immigrants, Woes of the Natives."

Chapter 3．自由貿易はいいことか？

1. "Steel and Aluminum Tariffs," Chicago Booth, IGM Forum, 2018, http://www.igmchicago.org/surveys/steel-and-aluminum-tariffs.
2. "Import Duties," Chicago Booth, IGM Forum, 2016, http://www.igmchicago.org/surveys/import-duties.
3. Abhijit Banerjee, Esther Duflo, and Stefanie Stantcheva, "Me and Everyone Else: Do People Think Like Economists?," MIMEO, Massachusetts Institute of Technology, 2019.
4. Ibid.
5. *The Collected Scientific Papers of Paul A. Samuelson*, vol. 3 (Cambridge, MA: MIT Press, 1966), 683.
6. Ibid.
7. David Ricardo, *On the Principles of Political Economy and Taxation* (London: John Murray, 1817).
8. Paul A. Samuelson and Wolfgang F. Stolper, "Protection and Real Wages," *Review of Economic Studies* 9, no. 1 (1941), 58–73.
9. P. A. Samuelson, "The Gains from International Trade Once Again," *Economic Journal* 72, no. 288 (1962): 820–29, DOI: 10.2307/2228353.
10. John Keats, "Ode on a Grecian Urn," in *The Complete Poems of John Keats*, 3rd ed. (New York: Penguin Classics, 1977).
11. Petia Topalova, "Factor Immobility and Regional Impacts of Trade Liberalization: Evidence on Poverty from India," *American Economic Journal: Applied Economics* 2, no. 4 (2010): 1–41, DOI: 10.1257/app.2.4.1.
12. "GDP Growth (annual %)," World Bank, accessed March 29, 2019, https://data.worldbank.org/indicator/ny.gdp.mktp.kd.zg?end=2017&start=1988.
13. 言うまでもなく貿易楽観論者（ここにはJagdish Bhagwati, T. N. Srinivasanとその後継者が含まれる）は、1991年までの成長はすでに頭打ちになりかけて

おり、救済と自由貿易がそれを救ったのだと主張している。

14. Tractatus 7, in Ludwig von Wittgenstein, *Tractatus Logico-Philosophicus,* originally published by *Annalen der Naturphilosophie*, 1921. 原典版は2017年にChiron Academic Pressから出版された。序文をバートランド・ラッセルが書いている。
15. "GDP Growth (annual %)," World Bank.
16. 最富裕層1%の所得がGDPに占める比率は、1982年にはたった6.1%だったが、2015年には21.3%に達した。 World Inequality Database, accessed March 15, 2019, https://wid.world/country/india.
17. Diego Cerdeiro and Andras Komaromi, approved by Valerie Cerra, "The Effect of Trade on Income and Inequality: A Cross-Sectional Approach," International Monetary Fund Background Papers, 2017.
18. Pinelopi Koujianou Goldberg and Nina Pavcnik, "Distributional Effects of Globalization in Developing Countries," *Journal of Economic Literature* 45, no. 1 (March 2007): 39-82.
19. Thomas Piketty, Li Yang, and Gabriel Zucman, "Capital Accumulation, Private Property and Rising Inequality in China, 1978-2015," *American Economic Review*, forthcoming in 2019, working paper version accessed June 19, 2019, http://gabriel-zucman.eu/files/PYZ2017.pdf.
20. Topalova, "Factor Immobility and Regional Impacts of Trade Liberalization."
21. Gaurav Datt, Martin Ravallion, and Rinku Murgai, "Poverty Reduction in India: Revisiting Past Debates with 60 Years of Data," VOX CEPR Policy Portal, accessed March 15, 2019, voxeu.org.
22. Eric V. Edmonds, Nina Pavcnik, and Petia Topalova, "Trade Adjustment and Human Capital Investments: Evidence from Indian Tariff Reform," *American Economic Journal: Applied Economics* 2, no. 4 (2010): 42- 75. DOI: 10.1257/app.2.4.42.
23. Orazio Attanasio, Pinelopi K. Goldberg, and Nina Pavcnik, "Trade Reforms and Wage Inequality in Colombia," *Journal of Development Economics* 74, no. 2 (2004): 331-66; Brian K. Kovak, "Regional Effects of Trade Reform: What Is the Correct Measure of Liberalization?" *American Economic Review* 103, no. 5 (2013): 1960-76.
24. Pinelopi K. Goldberg, Amit Khandelwal, Nina Pavcnik, and Petia Topalova, "Trade Liberalization and New Imported Inputs," *American Economic Review* 99, no. 2 (2009): 494-500.
25. Abhijit Vinayak Banerjee, "Globalization and All That," in *Understanding Poverty,* ed. Abhijit Vinayak Banerjee, Roland Bénabou, and Dilip Mookherjee (New York: Oxford University Press, 2006).
26. Topalova, "Factor Immobility and Regional Impacts of Trade Liberalization."

27. Abhijit Banerjee and Esther Duflo, "Growth Theory Through the Lens of Development Economics," ch. 7, in *The Handbook of Economic Growth,* eds. Philippe Aghion and Stephen Durlauf (Amsterdam: North Holland, 2005), vol. 1, part A: 473–552.
28. Topalova, "Factor Immobility and Regional Impacts of Trade Liberalization."
29. Pinelopi K. Goldberg, Amit K. Khandelwal, Nina Pavcnik, and Petia Topalova, "Multiproduct Firms and Product Turnover in the Developing World: Evidence from India," *Review of Economics and Statistics* 92, no. 4 (2010): 1042–49.
30. Robert Grundke and Christoph Moser, "Hidden Protectionism? Evidence from Non-Tariff Barriers to Trade in the United States," *Journal of International Economics* 117 (2019): 143–57.
31. World Trade Organization, "Members Reaffirm Commitment to Aid for Trade and to Development Support," 2017, accessed March 18, 2019, https://www.wto.org/english/news_e/news17_e/gr17_13jul17_e.htm.
32. David Atkin, Amit K. Khandelwal, and Adam Osman, "Exporting and Firm Performance: Evidence from a Randomized Experiment," *Quarterly Journal of Economics* 132, no. 2 (2017): 551–615.
33. "Rankings by Country of Average Monthly Net Salary (After Tax) (Salaries and Financing)," Numbeo, accessed March 18, 2019, https://www.numbeo.com/cost-of-living/country_price_rankings?itemId=105.
34. Abhijit V. Banerjee and Esther Duflo, "Reputation Effects and the Limits of Contracting: A Study of the Indian Software Industry," *Quarterly Journal of Economics* 115, no. 3 (2000): 989–1017.
35. Amos Tversky and Daniel Kahneman, "The Framing of Decisions and Psychology of Choice," *Science* 211 (1981): 453–58.
36. Jean Tirole, "A Theory of Collective Reputations (with Applications to the Persistence of Corruption and to Firm Quality)," *Review of Economic Studies* 63, no. 1 (1996): 1–22.
37. Rocco Macchiavello and Ameet Morjaria, "The Value of Relationships: Evidence from a Supply Shock to Kenyan Rose Exports," *American Economic Review* 105, no. 9 (2015): 2911–45.
38. Wang Xiaodong, "Govt Issues Guidance for Quality of Products," *China Daily*, updated September 14, 2017, accessed March 29, 2019, http:// www.chinadaily.com.cn/china/2017-09/14/content_31975019.htm.
39. Gujanita Kalita, "The Emergence of Tirupur as the Export Hub of Knitted Garments in India: A Case Study," ICRIER, accessed April 21, 2019, https://www.

econ-jobs.com/research/52329-The-Emergence-of-Tirupur-as-the-Export-Hub-of-Knitted-Garments-in-India-A-Case-Study.pdf.

40. L. N. Revathy, "GST, Export Slump Have Tirupur's Garment Units Hanging by a Thread," accessed April 21, 2019, https://www.thehindubusinessline.com/economy/gst-export-slump-have-tirupurs-garment-units-hanging-by-a-thread/article9968689.ece.
41. "Clusters 101," Cluster Mapping, accessed March 18, 2019, http://www.clustermapping.us/content/clusters-101.
42. Antonio Gramsci, "'Wave of Materialism' and 'Crisis of Authority,'" in *Selections from the Prison Notebooks* (New York: International Publishers, 1971), 275–76; Prison Notebooks, vol. 2, notebook 3, 1930, 2011 edition, SS- 34, Past and Present 32–33.
43. 世界銀行によると、インドの開放度は2015年に42%だった。これに対してアメリカは28%、中国は39%だった。"Trade Openness—Country Rankings," TheGlobalEconomy.com., accessed March 8, 2019, https://www.theglobaleconomy.com/rankings/trade_open ness/.
44. Pinelopi K. Goldberg, Amit K. Khandelwal, Nina Pavcnik, and Petia Topalova, "Imported Intermediate Inputs and Domestic Product Growth:Evidence from India," *Quarterly Journal of Economics* 125, no. 4 (2010): 1727–67.
45. Paul Krugman, "Taking on China," *New York Times*, September 30, 2010.
46. J. D. Vance, *Hillbilly Elegy: A Memoir of a Family and Culture in Crisis* (New York: Harper, 2016).
47. David Autor, David Dorn, and Gordon Hanson, "The China Syndrome: Local Labor Market Effects of Import Competition in the United States," *American Economic Review* 103, no. 6 (2013): 2121–68; David Autor, David Dorn, and Gordon Hanson, "The China Shock: Learning from Labor-Market Adjustment to Large Changes in Trade," *Annual Review of Economics* 8 (2016): 205–40.
48. Ragnhild Balsvik, Sissel Jensen, and Kjell G. Salvanes, "Made in China, Sold in Norway: Local Labor Market Effects of an Import Shock," *Journal of Public Economics* 127 (2015): 137–44; Wolfgang Dauth, Sebastian Findeisen, and Jens Suedekum, "The Rise of the East and the Far East: German Labor Markets and Trade Integration," *Journal of the European Economic Association* 12, no. 6 (2014): 1643–75; Vicente Donoso, Víctor Martín, and Asier Minondo, "Do Differences in the Exposure to Chinese Imports Lead to Differences in Local Labour Market Outcomes? An Analysis for Spanish Provinces," *Regional Studies* 49, no. 10 (2015): 1746–64.
49. M. Allirajan, "Garment Exports Dive 41% in October on GST Woes," *Times of*

India, November 16, 2017, https://timesofindia.indiatimes.com/business/india-business/garment-exports-dive-41-in-october-on-gst-woes/articleshow/61666363.cms.

50. Atif Mian, Kamalesh Rao, and Amir Sufi, "Household Balance Sheets, Consumption, and the Economic Slump," *Quarterly Journal of Economics* 128, no. 4 (2013): 1687-1726.
51. Alana Semuels, "Ghost Towns of the 21st Century," *Atlantic*, October 20, 2015.
52. Autor, Dorn, and Hanson, "The China Syndrome."
53. David H. Autor, Mark Duggan, Kyle Greenberg, and David S. Lyle, "The Impact of Disability Benefits on Labor Supply: Evidence from the VA's Disability Compensation Program," *American Economic Journal: Applied Economics* 8, no. 3 (2016): 31-68.
54. David H. Autor, "The Unsustainable Rise of the Disability Rolls in the United States: Causes, Consequences, and Policy Options," in *Social Policies in an Age of Austerity*, eds. John Karl Scholz, Hyunpyo Moon, and Sang-Hyop Lee (Northampton, MA: Edward Elgar, 2015) 107-36.
55. Aparna Soni, Marguerite E. Burns, Laura Dague, and Kosali I. Simon, "Medicaid Expansion and State Trends in Supplemental Security Income Program Participation," *Health Affairs* 36, no. 8 (2017): 1485-88.
56. たとえば以下を参照されたい。Enrico Moretti and Patrick Kline, "People, Places and Public Policy: Some Simple Welfare Economics of Local Economic Development Programs," *Annual Review of Economics* 6 (2014): 629-62.
57. David Autor, David Dorn, and Gordon H. Hanson, "When Work Disappears: Manufacturing Decline and the Falling of Marriage Market Value of Young Men," *AER Insights*, forthcoming 2019, available as NBER Working Paper 23173, 2018, DOI: 10.3386/w23173.
58. Anne Case and Angus Deaton, "Rising Morbidity and Mortality in Midlife Among White Non-Hispanic Americans in the 21st Century," *PNAS* 112, no. 49 (2015): 15078-83, https://doi.org/10.1073/pnas.1518393112.
59. Arnaud Costinot and Andrés Rodríguez-Clare, "The US Gains from Trade: Valuation Using the Demand for Foreign Factor Services," *Journal of Economic Perspectives* 32, no. 2 (Spring 2018): 3-24.
60. Rodrigo Adao, Arnaud Costinot, and Dave Donaldson, "Nonparametric Counterfactual Predictions in Neoclassical Models of International Trade," *American Economic Review* 107, no. 3 (2017): 633-89; Costinot and Rodríguez-Clare, "The US Gains from Trade."

61. "GDP Growth (annual %)," World Bank, accessed March 29, 2019, https://data.worldbank.org/indicator/ny.gdp.mktp.kd.zg.

62. Costinot and Rodríguez-Clare, "The US Gains from Trade."

63. Sam Asher and Paul Novosad, "Rural Roads and Local Economic Development," Policy Research Working Paper 8466 (Washington, DC: World Bank, 2018).

64. Sandra Poncet, "The Fragmentation of the Chinese Domestic Market Peking Struggles to Put an End to Regional Protectionism," *China Perspectives*, accessed April 21, 2019, https://journals.openedition.org/chinaperspectives/410.

65. 『スモール イズ ビューティフル―人間中心の経済学』［邦訳：講談社学術文庫］は、1973年にドイツの生態学者アーンスト・シューマッハーが書いた本で、ガンジーの村の発想を擁護している。E. F. Schumacher, *Small Is Beautiful: A Study of Economics as If People Mattered* (London: Blond & Briggs, 1973).

66. Nirmala Banerjee, "Is Small Beautiful?," in *Change and Choice in Indian Industry,* eds. Amiya Bagchi and Nirmala Banerjee (Calcutta: K. P. Bagchi & Company, 1981).

67. Chang-Tai Hsieh and Benjamin A. Olken, "The Missing 'Missing Middle,'" *Journal of Economic Perspectives* 28, no. 3 (2014): 89–108.

68. Adam Smith, *The Wealth of Nations* (W. Strahan and T. Cadell, 1776).

69. Dave Donaldson, "Railroads of the Raj: Estimating the Impact of Transportation Infrastructure," *American Economic Review* 108, nos. 4–5 (2018): 899–934.

70. Dave Donaldson and Richard Hornbeck, "Railroads and American Economic Growth: A 'Market Access' Approach," *Quarterly Journal of Economics* 131, no. 2 (2016): 799–858.

71. Arnaud Costinot and Dave Donaldson, "Ricardo's Theory of Comparative Advantage: Old Idea, New Evidence," *American Economic Review* 102, no. 3 (2012): 453–58.

72. Asher and Novosad, "Rural Roads and Local Economic Development."

73. David Atkin and Dave Donaldson, "Who's Getting Globalized? The Size and Implications of Intra-National Trade Costs," NBER Working Paper 21439, 2015.

74. "U.S. Agriculture and Trade at a Glance," US Department of Agriculture Economic Research Service, accessed June 8, 2019, https://www.ers.usda.gov/topics/international-markets-us-trade/us-agricultural-trade/us-agricultural-trade-at-a-glance/.

75. Ibid.

76. "Occupational Employment Statistics," Bureau of Labor Statistics, accessed March 29, 2019, https://www.bls.gov/oes/2017/may/oes452099.htm.

77. "Quick Facts: United States," US Census Bureau, accessed March 29, 2019, https://www.census.gov/quickfacts/fact/map/US/INC910217.

78. Benjamin Hyman, "Can Displaced Labor Be Retrained? Evidence from Quasi-Random Assignment to Trade Adjustment Assistance," January 10, 2018, https://ssrn.com/abstract=3155386 or http://dx.doi.org/10.2139/ssrn.3155386.

79. "Education and Training," Veterans Administration, accessed June 21, 2019, https://benefits.va.gov/gibill/.

80. Sewin Chan and Ann Huff Stevens, "Job Loss and Employment Patterns of Older Workers," *Journal of Labor Economics* 19, no. 2 (2001): 484-521.

81. Henry S. Farber, Chris M. Herbst, Dan Silverman, and Till von Wachter, "Whom Do Employers Want? The Role of Recent Employment and Unemployment Status and Age," *Journal of Labor Economics* 37, no. 2 (April 2019): 323-49, https://doi.org/10.1086/700184.

82. Benjamin Austin, Edward Glaesar, and Lawrence Summers, "Saving the Heartland: Place-Based policies in 21st Century America," Brookings Papers on Economic Activity conference draft 2018, accessed June 19, 2019, https://www.brookings.edu/wp-content/uploads/2018/03/3_austinetal.pdf.

Chapter 4 . 好きなもの・欲しいもの・必要なもの

1. John Sides, Michael Tesler, and Lynn Vavreck, *Identity Crisis: The 2016 Presidential Campaign and the Battle for the Meaning of America* (Princeton, NJ: Princeton University Press, 2018).

2. George Stigler and Gary Becker, "De Gustibus Non Est Disputandum," *American Economic Review* 67, no. 2 (1977): 76-90.

3. Abhijit Banerjee and Esther Duflo, *Poor Economics: A Radical Rethinking of the Way to Fight Global Poverty* (New York: PublicAffairs, 2011).

4. Abhijit V. Banerjee, "Policies for a Better-Fed World," *Review of World Economics* 152, no. 1 (2016): 3-17.

5. Abhijit Banerjee, "A Simple Model of Herd Behavior," *Quarterly Journal of Economics* 107, no. 3 (1992): 797-817.

6. Lev Muchnik, Sinan Aral, and Sean J. Taylor, "Social Influence Bias: A Randomized Experiment," *Science* 341, no. 6146 (2013): 647-51.

7. Drew Fudenberg and Eric Maskin, "The Folk Theorem in Repeated Games with Discounting or with Incomplete Information," *Econometrica* 54, no. 3 (1986): 533-54; Dilip Abreu, "On the Theory of Infinitely Repeated Games with Discounting," *Econometrica* 56, no. 2 (1988): 383-96.

8. Elinor Ostrom, *Governing the Commons* (Cambridge: Cambridge University Press,

1990).

9. たとえば、以下を参照されたい。E. Somanathan,R. Prabhakar, and Bhupendra Singh Mehta, "Decentralization for Cost-Effective Conservation," *Proceedings of the National Academy of Sciences* 106, no. 11 (2009): 4143-47; J. M. Baland, P. Bardhan, S. Das, and D. Mookherjee, "Forests to the People: Decentralization and Forest Degradation in the Indian Himalayas," *World Development* 38, no. 11 (2010): 1642-56. だからと言って、共同体による所有がつねにうまくいくわけではない。むしろ理論的にはうまくいかないことがあきらかになっている。たとえば、共同体の他の人はルールを守らないとあなたは考えるとしよう。するとあなたにとっては他所へ行く誘惑が強くなる。なぜなら、他の人が過放牧をすれば、共有地の価値は下がるからだ。となれば、仲間外れにされることもさほど脅威ではなくなる。実際にも、共同体が所有する森林が伐採から保護されているという証拠はあまりない。
10. Robert M. Townsend, "Risk and Insurance in Village India," *Econometrica* 62, no. 3 (1994): 539-91; Christopher Udry, "Risk and Insurance in a Rural Credit Market: An Empirical Investigation in Northern Nigeria," *Review of Economic Studies* 61, no. 3 (1994): 495-526.
11. この問題に関して最近議論の的になったのは以下の著作である。Raghuram Rajan's *The Third Pillar.* Raghuram Rajan, *The Third Pillar: How Markets and the State Leave the Community Behind* (New York: William Collins, 2019).
12. Harold L. Cole, George J. Mailath, and Andrew Postlewaite, "Social Norms, Savings Behavior, and Growth," *Journal of Political Economy* 100, no. 6 (1992): 1092-1125.
13. Constituent Assembly of India Debates (proceedings), vol. 7, November 4, 1948, https://cadindia.clpr.org.in/constitution_assembly_debates/volume/7/1948-11-04. ガンジーとアンベードカルの関係については多くの本が書かれている。とくに有名なのは、小説家 Arundhati Roy が 2017 年に発表した *The Doctor and the Saint*（アンベードカルの立場からの記述が多い）と、Ramachandra Guha の最近の著作 *Gandhi*（ガンジーの立場からの記述が多い）である。二人は仲がよかったとは言えない。ガンジーはアンベードカルが性急に過ぎると考えていた。アンベードカルは、あの老人はいくらか詐欺師だと暗に語っている。このように反目していたにもかかわらず、ガンジーの賛同を得て、アンベードカルは憲法を起草することになった。Arundhati Roy, *The Doctor and the Saint: Caste, Race, and the Annihilation of Caste* (Chicago: Haymarket Books, 2017); Ramachandra Guha, *Gandhi: The Years That Changed the World,* 1914-1948 (New York: Knopf, 2018).
14. Viktoria Hnatkovska, Amartya Lahiri, and Sourabh Paul, "Castes and Labor

Mobility," *American Economic Journal: Applied Economics* 4, no. 2 (2012): 274–307.

15. Karla Hoff, "Caste System," World Bank Policy Research Working Paper 7929, 2016.
16. Kanchan Chandra, *Why Ethnic Parties Succeed: Patronage and Ethnic Head counts in India* (Cambridge: Cambridge University Press, 2004); Christophe Jaffrelot, *India's Silent Revolution: The Rise of the Lower Castes in North India* (London: Hurst and Company, 2003); Yogendra Yadav, *Understanding the Second Democratic Upsurge: Trends of Bahujan Participation in Electoral Politics in the 1990s* (Delhi: Oxford University Press, 2000).
17. Abhijit Banerjee, Amory Gethin, and Thomas Piketty, "Growing Cleavages in India? Evidence from the Changing Structure of Electorates, 1962–2014," *Economic & Political Weekly* 54, no. 11 (2019): 33–44.
18. Abhijit Banerjee and Rohini Pande, "Parochial Politics: Ethnic Preferences and Politician Corruption," CEPR Discussion Paper DP6381, 2007.
19. "Black Guy Asks Nation for Change," *Onion,* March 19, 2008, accessed June 19, 2019, https://politics.theonion.com/black-guy-asks-nation-for-change-1819569703.
20. Eileen Patten, "Racial, Gender Wage Gaps Persist in U.S. Despite Some Progress," Pew Research Center, July 1, 2016.
21. Raj Chetty, Nathaniel Hendren, Maggie R. Jones, and Sonya R. Porter, "Race and Economic Opportunity in the United States: An Intergenerational Perspective," NBER Working Paper 24441, 2018.
22. スタンフォード大学貧困と不平等研究センターの調査では、以下のことが判明した。「2015年末時点で、若い黒人男性（20～34歳）の9.1％が収監されている。これは、同年代の白人男性（1.6％）の5.7倍に当たる。黒人の子供の10％は、2015年に両親のどちらかが収監されていた。これに対してヒスパニックの子供の場合は3.6％、白人の子供の場合は1.7％だった」。Becky Pettit and Bryan Sykes, "State of the Union 2017: Incarceration," Stanford Center on Poverty and Inequality.
23. この意味でアフリカ系アメリカ人は、不可触民よりもインドのイスラム教徒に近い。イスラム教徒はヒンドゥー教徒より経済的に立ち遅れ、ヒンドゥー教徒から暴力行為の標的になりやすい。
24. Jane Coaston, "How White Supremacist Candidates Fared in 2018," *Vox*, November 7, 2018, accessed April 22, 2019, https://www.vox.com/policy-and-politics/2018/11/7/18064670/white-supremacist-candidates-2018-midterm-elections.
25. Robert P. Jones, Daniel Cox, Betsy Cooper, and Rachel Lienesch, "How Americans View Immigrants and What They Want from Immigration Reform:

Findings from the 2015 American Values Atlas," Public Religion Research Institute, March 29, 2016.

26. Leonardo Bursztyn, Georgy Egorov, and Stefano Fiorin, "From Extreme to Mainstream: How Social Norms Unravel," NBER Working Paper 23415, 2017.
27. Cited in Chris Haynes, Jennifer L. Merolla, and S. Karthick Ramakrishnan, *Framing Immigrants: News Coverage, Public Opinion, and Policy* (New York: Russell Sage Foundation, 2016).
28. Ibid.
29. Anirban Mitra and Debraj Ray, "Implications of an Economic Theory of Conflict: Hindu-Muslim Violence in India," *Journal of Political Economy* 122, no. 4 (2014): 719-65.
30. Daniel L. Chen, "Club Goods and Group Identity: Evidence from Islamic Resurgence During the Indonesian Financial Crisis," *Journal of Political Economy* 118, no. 2 (2010): 300-54.
31. Amanda Agan and Sonja Starr, "Ban the Box, Criminal Records, and Statistical Discrimination: A Field Experiment," *Quarterly Journal of Economics* 133, no. 1 (2017): 191-235.
32. Ibid.
33. Claude M. Steele and Joshua Aronson, "Stereotype Threat and the Intellectual Test Performance of African Americans," *Journal of Personality and Social Psychology* 69, no. 5 (1995): 797-811.
34. Steven J. Spencer, Claude M. Steele, and Diane M. Quinn, "Stereotype Threat and Women's Math Performance," *Journal of Experimental Social Psychology* 35, no. 1 (1999): 4-28.
35. Joshua Aronson, Michael J. Lustina, Catherine Good, Kelli Keough, Claude M. Steele, and Joseph Brown, "When White Men Can't Do Math: Necessary and Sufficient Factors in Stereotype Threat," *Journal of Experimental Social Psychology* 35, no. 1 (1999): 29-46.
36. Robert Rosenthal and Lenore Jacobson, "Pygmalion in the Classroom," *Urban Review* 3, no. 1 (1968): 16-20.
37. Dylan Glover, Amanda Pallais, and William Pariente, "Discrimination as a Self-Fulfilling Prophecy: Evidence from French Grocery Stores," *Quarterly Journal of Economics* 132, no. 3 (2017): 1219-60.
38. Ariel Ben Yishay, Maria Jones, Florence Kondylis, and Ahmed Mushfiq Mobarak, "Are Gender Differences in Performance Innate or Socially Mediated?," World Bank Policy Research Working Paper 7689, 2016.

39. Rocco Macchiavello, Andreas Menzel, Atonu Rabbani, and Christopher Woodruff, "Challenges of Change: An Experiment Training Women to Manage in the Bangladeshi Garment Sector," University of Warwick Working Paper Series No. 256, 2015.
40. Jeff Stone, Christian I. Lynch, Mike Sjomeling, and John M. Darley, "Stereotype Threat Effects on Black and White Athletic Performance," *Journal of Personality and Social Psychology* 77, no. 6 (1999): 1213–27.
41. Ibid.
42. Marco Tabellini, "Racial Heterogeneity and Local Government Finances: Evidence from the Great Migration," Harvard Business School BGIE Unit Working Paper 19-006, 2018, https://ssrn.com/abstract=3220439 or http://dx.doi.org/10.2139/ssrn.3220439; Conrad Miller, "When Work Moves: Job Suburbanization and Black Employment," NBER Working Paper No. 24728, June 2018, DOI: 10.3386/w24728.
43. Ellora Derenoncourt, "Can You Move to Opportunity? Evidence from the Great Migration," working paper, accessed April 22, 2019, https://scholar.harvard.edu/files/elloraderenoncourt/files/derenoncourt_jmp_2018.pdf.
44. Leonardo Bursztyn and Robert Jensen, "How Does Peer Pressure Affect Educational Investments?," *Quarterly Journal of Economics* 130, no. 3 (2015): 1329–67.
45. Ernst Fehr, "Degustibus Est Disputandum The Emerging Science of Preference Formation," inaugural talk, Universitat Pompeu Fabra, Barcelona, Spain, October 7, 2015.
46. Alain Cohn, Ernst Fehr, and Michel Andre Marechal, "Business Culture and Dishonesty in the Banking Industry," *Nature* 516 (2014): 86–89.
47. 彼らの研究の全貌については、以下を参照されたい。 Roland Bénabou and Jean Tirole, "Mindful Economics: The Production, Consumption, and Value of Beliefs," *Journal of Economic Perspectives* 30, no. 3 (2016): 141–64.
48. William Julius Wilson, *When Work Disappears: The World of the New Urban Poor* (New York: Knopf Doubleday, 1997).
49. J. D. Vance, *Hillbilly Elegy: A Memoir of a Family and Culture in Crisis* (New York: Harper, 2016).
50. Dan Ariely, George Loewenstein, and Drazen Prelec, "'Coherent Arbitrariness': Stable Demand Curves without Stable Preferences,"*Quarterly Journal of Economics* 118, no. 1 (2003): 73–105.
51. Daniel Kahneman, Jack L. Knetsch, and Richard H. Thaler, "Experimental Tests of the Endowment Effect and the Coase Theorem," *Journal of Political Economy* 98, no. 6 (1990): 1325–48.

52. Dan Ariely, George Loewenstein, and Drazen Prelec, "'Coherent Arbitrariness': Stable Demand Curves without Stable Preferences," *Quarterly Journal of Economics* 118, no. 1 (2003): 73–105.
53. Muzafer Sherif, *The Robber's Cave Experiment: Intergroup Conflict and Cooperation,* (Middletown, CT: Wesleyan University Press, 1988).
54. Gerard Prunier, *The Rwanda Crisis: History of a Genocide* (New York: Columbia University Press, 1995).
55. Paul Lazarsfeld and Robert Merton, "Friendship as a Social Process: A Substantive and Methodological Analysis," in *Freedom and Control in Modern Society,* eds. Morroe Berger, Theodore Abel, and Charles H. Page (New York: Van Nostrand, 1964).
56. Matthew Jackson, "An Overview of Social Networks and Economic Applications," *Handbook of Social Economics,* 2010, accessed January 5, 2019, https://web.stanford.edu/~jacksonm/socialnetecon-chapter.pdf.
57. Kristen Bialik, "Key Facts about Race and Marriage, 50 Years after Loving v. Virginia," Pew Research Center, 2017, http://www.pewresearch.org/fact-tank/2017/06/12/key-facts-about-race-and-marriage-50-years-after-loving-v-virginia/.
58. Abhijit Banerjee, Esther Duflo, Maitreesh Ghatak, and Jeanne Lafortune, "Marry for What? Caste and Mate Selection in Modern India," *American Economic Journal: Microeconomics* 5, no. 2 (2013), https://doi.org/10.1257/mic.5.2.33.
59. Cass R. Sunstein, Republic.com. (Princeton, NJ: Princeton University Press, 2001); Cass R. Sunstein, *#Republic: Divided Democracy in the Age of Social Media* (Princeton, NJ: Princeton University Press, 2017).
60. "Little Consensus on Global Warming: Partisanship Drives Opinion," Pew Research Center, 2006, http://www.people-press.org/2006/07/12/little-consensus-on-global-warming/.
61. Cass R. Sunstein, "On Mandatory Labeling, with Special Reference to Genetically Modified Foods," *University of Pennsylvania Law Review* 165, no. 5 (2017): 1043–95.
62. Matthew Gentzkow, Jesse M. Shapiro, and Matt Taddy, "Measuring Polarization in High-Dimensional Data: Method and Application to Congressional Speech," working paper, 2016.
63. Yuriy Gorodnichenko, Tho Pham, and Oleksandr Talavera, "Social Media, Sentiment and Public Opinions: Evidence from #Brexit and #US Election," National Bureau of Economics Research Working Paper 24631, 2018.
64. Shanto Iyengar, Gaurav Sood, and Yphtach Lelkes, "Affect, Not Ideology: A Social Identity Perspective on Polarization," *Public Opinion Quarterly*, 2012, http://

doi.org/10.1093/poq/nfs038.

65. "Most Popular Social Networks Worldwide as of January 2019, Ranked by Number of Active Users (in millions)," Statista.com, 2019, accessed April 21, 2019, https://www.statista.com/statistics/272014/global-social-networks-ranked-by-number-of-users/.

66. Maeve Duggan, Nicole B. Ellison, Cliff Lampe, Amanda Lenhart, and Mary Madden, "Social Media Update 2014," Pew Research Center, 2015, http://www.pewresearch.org/internet/2015/01/09/social-media-update-2014/.

67. Johan Ugander, Brian Karrer, Lars Backstrom, and Cameron Marlow, "The Anatomy of the Facebook Social Graph," Cornell University, 2011, https://arxiv.org/abs/1111.4503v1.

68. Yosh Halberstam and Brian Knight "Homophily, Group Size, and the Diffusion of Political Information in Social Networks: Evidence from Twitter," *Journal of Public Economics*, 143 (November 2016), 73-88, https://doi.org/10.1016/j.jpubeco.2016.08.011.

69. David Brock, *The Republican Noise Machine* (New York: Crown, 2004).

70. David Yanagizawa-Drott, "Propaganda and Conflict: Evidence from the Rwandan Genocide," *Quarterly Journal of Economics* 129, no. 4 (2014), https://doi.org/10.1093/qje/qju020.

71. Matthew Gentzkow and Jesse Shapiro, "Ideological Segregation Online and Offline," *Quarterly Journal of Economics* 126, no. 4 (2011), http://doi.org/10.1093/qje/qjr044.

72. Levi Boxell, Matthew Gentzkow, and Jesse Shapiro, "Greater Internet Use Is Not Associated with Faster Growth in Political Polarization among US Demographic Groups," Proceedings of the National Academy of Sciences of the United States of America, 2017, https://doi.org/10.1073/pnas.1706588114.

73. Gregory J. Martin and Ali Yurukoglu, "Bias in Cable News: Persuasion and Polarization," *American Economic Review* 107, no. 9 (2017), http://doi.org/10.1257/aer.20160812.

74. Ibid.

75. Matthew Gentzkow, Jesse M. Shapiro, and Matt Taddy, "Measuring Polarization in High-Dimensional Data: Method and Application to Congressional Speech," working paper, 2016.

76. Julia Cagé, Nicolas Hervé, and Marie-Luce Viaud, "The Production of Information in an Online World: Is Copy Right?," Net Institute working paper, 2017, http://dx.doi.org/10.2139/ssrn.2672050.

77. "2015 Census," American Society of News Editors, https://www.asne.org/diversity-survey-2015.

78. "Sociocultural Dimensions of Immigrant Integration," in *The Integration of Immigrants into American Society*, eds. Mary C. Waters and Marissa Gerstein Pineau (Washington, DC: National Academies of Sciences Engineering Medicine, 2015).

79. Hunt Allcott and Matthew Gentzkow, "Social Media and Fake News in the 2016 Election," *Journal of Economic Perspectives* 31, no. 2 (2017), http://doi.org/10.1257/jep.31.2.211.

80. Donghee Jo, "Better the Devil You Know: An Online Field Experiment on News Consumption,"Northeastern University working paper, accessed June 20, 2019, https://www.dongheejo.com/.

81. Gordon Allport, *The Nature of Prejudice* (Cambridge, MA: Addison-Wesley, 1954).

82. Elizabeth Levy Paluck, Seth Green, and Donald P. Green, "The Contact Hypothesis Re-evaluated," *Behavioral Public Policy* (2017): 1-30.

83. Johanne Boisjoly, Greg J. Duncan, Michael Kremer, Dan M. Levy, and Jacque Eccles, "Empathy or Antipathy? The Impact of Diversity," *American Economic Review* 96, no. 5 (2006): 1890-1905.

84. Gautam Rao, "Familiarity Does Not Breed Contempt: Generosity, Discrimination, and Diversity in Delhi Schools," *American Economic Review* 109, no. 3 (2019): 774-809.

85. Matthew Lowe, "Types of Contact: A Field Experiment on Collaborative and Adversarial Caste Integration," OSF, last updated on May 29, 2019, osf.io/u2d9x.

86. Thomas C. Schelling, "Dynamic Models of Segregation," *Journal of Mathematical Sociology* 1 (1971): 143-186.

87. David Card, Alexandre Mas, and Jesse Rothstein, "Tipping and the Dynamics of Segregation," *Quarterly Journal of Economics* 123, no. 1 (2008): 177-218.

88. フランスの公共住宅システムは抽選ではないが、人々を分散させる点に関して一定の効果を挙げている。郡レベルの住宅委員会がその郡全体の応募者を対象に、家族構成や優先順位に応じて空き物件を割り当てるしくみになっており、人種や民族は考慮されない。しかし、好環境の地区における公共住宅は非常に魅力的なため、応募者にとって嘘をつく誘惑が強い。1990年代半ばのパリにおける住宅の割り当ては、政治的恩顧主義がまかり通っていた。これを定着させたのは、当時パリ市長だったジャック・シラクである。Yann Algan, Camille Hémet, and David D. Laitin, "The Social Effects of Ethnic Diversity at the Local Level : A Natural Experiment with Exogenous Residential Allocation," *Journal of Political Economy* 124, no. 3 (2016): 696-733.

89. Joshua D. Angrist and Kevin Lang, "Does School Integration Generate Peer Effects? Evidence from Boston's Metco Program," *American Economic Review* 94, no. 5 (2004): 1613-34.
90. Abhijit Banerjee, Donald Green, Jennifer Green, and Rohini Pande, "Can Voters Be Primed to Choose Better Legislators? Experimental Evidence from Rural India," Poverty Action Lab working paper, 2010, accessed June 19, 2019, https://www.povertyactionlab.org/sites/default/files/publications/105_419_Can%20Voters%20be%20Primed_Abhijit_Oct2009.pdf.

Chapter 5 . 成長の終焉？

1. Robert Gordon, *The Rise and Fall of American Growth* (Princeton, NJ: Princeton University Press, 2016).
2. Charles I. Jones, "The Facts of Economic Growth," in *Handbook of Macroeconomics*, vol. 2, eds. John B. Taylor and Harald Uhlig (Amsterdam: North Holland, 2016), 3-69.
3. Angus Maddison, "Historical Statistics of the World Economy: 1-2008 AD," Groningen Growth and Development Centre: Maddison Project Database (2010).
4. Angus Maddison, "Measuring and Interpreting World Economic Performance 1500-2001," *Review of Income and Wealth* 51, no. 1 (2005): 1-35, https://doi.org/10.1111/j.1475-4991.2005.00143.x.
5. Robert Gordon, *The Rise and Fall of American Growth* (Princeton, NJ: Princeton University Press, 2016), 258.
6. J. Bradford DeLong, Claudia Goldin, and Lawrence F. Katz, "Sustaining U.S. Economic Growth," in Henry J. Aaron , James M. Lindsay, Pietro S. Nivola, *Agenda for the Nation* (Washington, DC: Brookings Institution, 2003), 17-60.
7. Robert Gordon, *The Rise and Fall of American Growth* (Princeton, NJ: Princeton University Press, 2016), 575, figure17.2 アメリカの TFP の伸び率は 1890 〜 1920 年が 0.46%、1920 〜 70 年が 1.89%だった。
8. Nicholas Crafts, "Fifty Years of Economic Growth in Western Europe: No Longer Catching Up but Falling Behind?," *World Economics* 5, no. 2 (2004): 131-45.
9. Robert Gordon, *The Rise and Fall of American Growth* (Princeton, NJ: Princeton University Press, 2016).
10. アメリカの TFP の伸び率は、1920〜70年が年 1.89 %、1970〜95年が 0.57%だった。 Robert Gordon, *The Rise and Fall of American Growth* (Princeton, NJ: Princeton University Press, 2016), 575, figure 17.2.

11. Robert Gordon, *The Rise and Fall of American Growth* (Princeton, NJ: Princeton University Press, 2016), 575, figure 17.2. 2004 〜 14 年の TFP 伸び率は 0.40%で、1970 〜 94 年の 0.70%、1890 〜 1920 年の 0.46%より低かった。
12. "Total Factor Productivity," Federal Reserve Bank of San Francisco, accessed June 19, 2019, https://www.frbsf.org/economic-research/indicators-data/total-factor-productivity-tfp/.
13. Robert Gordon and Joel Mokyr, "Boom vs. Doom: Debating the Future of the US Economy," debate, Chicago Council of Global Affairs, October 31, 2016.
14. Robert Gordon, *The Rise and Fall of American Growth* (Princeton, NJ: Princeton University Press, 2016), 594–603.
15. Robert Gordon and Joel Mokyr, "Boom vs. Doom: Debating the Future of the US Economy," debate, Chicago Council of Global Affairs, October 31, 2016.
16. Alvin H. Hansen, "Economic Progress and Declining Population Growth," *American Economic Review* 29, no. 1 (1939): 1–15.
17. Angus Maddison, *Growth and Interaction in the World Economy: The Roots of Modernity* (Washington, DC: AEI Press, 2005).
18. Thomas Piketty, *Capital in the Twenty-First Century* (Cambridge, MA: Harvard University Press, 2014), 73, table 2.1. ピケティが長期成長に関して使ったデータは、アンガス・マディソンのものである。これは、以下のマディソン・プロジェクト・データベースで閲覧できる。https://www.rug.nl/ggdc/historicaldevelopment/maddison/releases/maddison-project-database-2018.
19. この問題に興味を持たれた読者は、経済学者は「幸福（well-being）」を「福祉（welfare）」と呼ぶことに注意されたい（生活保護という意味ではない）。したがって、「幸福計算」ではなく「福祉計算」と呼ぶ。
20. Chad Syverson, "Challenges to Mismeasurement Explanations for the US Productivity Slowdown," *Journal of Economic Perspectives* 31, no. 2 (2017): 165–86, https://doi.org/10.1257/jep.31.2.165.
21. Ibid.
22. Hunt Allcott, Luca Braghieri, Sarah Eichmeyer, and Matthew Gentzkow, "The Welfare Effects of Social Media," NBER Working Paper 25514 (2019).
23. Robert M. Solow, "A Contribution to the Theory of Economic Growth," *Quarterly Journal of Economics* 70, no. 1 (1956): 65–94, https://doi.org/10.2307/1884513.
24. "Estimating the U.S. Labor Share," Bureau of Labor Statistics, 2017, accessed April 15, 2019, https://www.bls.gov/opub/mlr/2017/article/estimating-the-us-labor-share.htm.
25. カリフォルニア大学バークレー校のブラッドフォード・デロング教授は、

この点をあきらかにした点で名高い。J. Bradford De Long, "Productivity Growth, Convergence, and Welfare: Comment," American Economic Review 78, no. 5 (1988): 1138-54. 彼はこのほど世界銀行のデータを使ってグラフをアップデートした。以下を参照されたい。https://www.bradford-delong.com/2015/08/in-which-i-once-again-bet-on-a-substantial-growth-slowdown-in-china.html.

26. Archimedes: "Give me a lever and a place to stand and I will move the earth." *The Library of History of Diodorus Siculus*, Fragments of Book XXVI, as translated by F. R. Walton, in *Loeb Classical Library*, vol. 11 (Cambridge: Harvard University Press 1957).
27. Robert E. Lucas Jr., "On the Mechanics of Economic Development," *Journal of Monetary Economics* 22, no. 1 (1988): 3-42.
28. Robert E. Lucas Jr., "Why Doesn't Capital Flow from Rich to Poor Countries?," *American Economic Review* 80, no. 2 (1990): 92-96.
29. Francesco Caselli, "Accounting for Cross-Country Income Differences," in *Handbook of Economic Growth*, vol. 1, part A, eds. Philippe Aghion and Steven N. Durlauf (Amsterdam: North Holland, 2005), 679-741.
30. Anne Robert Jacques Turgot, "Sur le Memoire de M. de Saint-Péravy," in *Oeuvres de Turgot et documents le concernant, avec biographie et notes*, ed. G. Schelle (Paris : F. Alcan, 1913).
31. Karl Marx, *Das Kapital* (Hamburg: Verlag von Otto Meisner, 1867). 資本主義にとっては幸いなことに、マルクスの論理にはまちがいがあった。ソローが指摘したとおり、資本利潤率が低下すると、資本蓄積のペースも落ちるのである。したがって、資本の見返りが少なくなったまさにそのときに資本家が貯蓄を増やしでもしない限り、資本蓄積は減速し、利潤率の低下は止まる。
32. Julia Carrie, "Amazon Posts Record 2.5bn Profit Fueled by Ad and Cloud Business," *Guardian*, July 26, 2018. 利益の一部をクラウド・ストレージの販売益が占めている。クラウド・ストレージを販売できること自体が、クラウドに余剰があることを示す。つまりアマゾンのクラウド事業は、巨大な規模と切っても切り離せないということだ。
33. Paul M. Romer, "Increasing Returns and Long-Run Growth," *Journal of Political Economy* 94, no. 5 (1986): 1002-37, https://doi.org/10.1086/261420.
34. Danielle Paquette, "Scott Walker Just Approved $3 billion Deal for a New Foxconn Factory in Wisconsin," *Washington Post*, September 18, 2017; Natalie Kitroeff, "Foxconn Affirms Wisconsin Factory Plan, Citing Trump Chat," *New York Times*, February 1, 2019.
35. Enrico Moretti, "Are Cities the New Growth Escalator?" in *The Urban Imperative:*

Towards Competitive Cities, ed. Abha Joshi-Ghani and Edward Glaeser (New Delhi: Oxford University Press, 2015), 116–48.

36. Laura Stevens and Shayndi Raice, "How Amazon Picked HQ2 and Jilted 236 Cities," *Wall Street Journal*, November 14, 2018.
37. "Amazon HQ2 RFP," September 2017, https://images-na.ssl-images-amazon.com/images/G/01/Anything/test/images/usa/RFP_3._V516043504_.pdf accessed June 14, 2019.
38. Adam B. Jaffe, Manuel Trajtenberg, and Rebecca Henderson, "Geographic Localization of Knowledge Spillovers as Evidenced by Patent Citations," *Quarterly Journal of Economics* 108, no. 3 (1993): 577–98, https://doi.org/10.2307/2118401.
39. Enrico Moretti. *The New Geography of Jobs.* (Boston: Mariner Books, 2013).
40. Michael Greenstone, Richard Hornbeck, and Enrico Moretti, "Identifying Agglomeration Spillovers: Evidence from Winners and Losers of Large Plant Openings," *Journal of Political Economy* 118, no. 3 (June 2010): 536–98, https://doi.org/10.1086/653714.
41. ニューヨークで問題になったのは利益の規模ではなく（利益があるに決まっていることは誰でも承知している）、アマゾンの取り分がなぜそれほど多いのか、ということだった。結局、アレクサンドリアが申し出た優遇措置ははるかに少なく、ボストンにいたってはゼロだった（ボストンはもちろん誘致合戦に負けた）。
42. Jane Jacobs, "Why TVA Failed," *New York Review of Books*, May 10, 1984.
43. Patrick Kline and Enrico Moretti, "Local Economic Development, Agglomeration Economies, and the Big Push: 100 Years of Evidence from the Tennessee Valley Authority," *Quarterly Journal of Economics* 129, no. 1 (2014): 275–331, https://doi.org/10.1093/qje/qjt034.
44. 過去 10 年間の成長率が 10％であれば、次の 10 年間の成長率は 10％の 20％すなわち 2％となる。すると、その次の 10 年間の成長率は 20％の 2％すなわち 0.4％となる。このように成長はかなり早いペースで先細りになる。
45. Patrick Kline and Enrico Moretti, "Local Economic Development, Agglomeration Economies and the Big Push: 100 Years of Evidence from the Tennessee Valley Authority," *Quarterly Journal of Economics* 129, no. 1 (2014): 275–331, https://doi.org/10.1093/qje/qjt034.
46. Enrico Moretti, "Are Cities the New Growth Escalator?," in *The Urban Imperative: Towards Competitive Cities*, ed. Edward Glaeser and Abha Joshi-Ghani (New Delhi: Oxford University Press, 2015), 116–48.
47. Peter Ellis and Mark Roberts, *Leveraging Urbanization in South Asia: Managing*

Spatial Transformation for Prosperity and Livability, South Asia Development Matters (Washington, DC: World Bank, 2016), https://doi.org/10.1596/978-1-4648-0662-9. License: Creative Commons Attribution CC BY 3.0 IGO.

48. Paul M. Romer, "Endogenous Technological Change," *Journal of Political Economy* 98, no. 5, part 2 (1990): S71–S102, https://doi.org/10.1086/261725.
49. Philippe Aghion and Peter Howitt, "A Model of Growth Through Creative Destruction," *Econometrica* 60, no. 2 (1992): 323–51.
50. ウイキペディアには次のような投稿がある。「シュンペーターは人生に三つの目標があると述べた。それは、世界で最も偉大な経済学者になること、オーストリアで最も優秀な馬術家になること、ウィーンで最も有名な恋人になることだという。二つの目標は達成したと本人は述べているが、どの二つなのかはあきらかにしていない。ただし、オーストリアには優秀な馬術家が多いので、自分の願いは叶いそうもないと語ったという」。 https://en.wikipedia.org/wiki/Joseph_Schumpeter.
51. Philippe Aghion and Peter Howitt, "A Model of Growth Through Creative Destruction," *Econometrica* 60, no. 2 (1992): 323–51.
52. "Real GDP Growth," US Budget and Economy, http://usbudget.blogspot.fr/2009/02/real-gdp-growth.html.
53. David Leonhardt, "Do Tax Cuts Lead to Economic Growth?," *New York Times*, September 15, 2012, https://nyti.ms/2mBjewo.
54. Thomas Piketty, Emmanuel Saez, and Stefanie Stantcheva, "Optimal Taxation of Top Labor Incomes: A Tale of Three Elasticities," *American Economic Journal: Economic Policy* 6, no. 1 (2014): 230–71, https://doi.org/10.1257/pol.6.1.230.
55. William Gale, "The Kansas Tax Cut Experiment," Brookings Institution, 2017, https://www.brookings.edu/blog/unpacked/2017/07/11/the-kansas-tax-cut-experiment/.
56. Owen Zidar, "Tax Cuts for Whom? Heterogeneous Effects of Income Tax Changes on Growth and Employment," *Journal of Political Economy* 127, no. 3 (2019): 1437–72, https://doi.org/10.1086/701424.
57. Emmanuel Saez, Joel Slemrod, and Seth H. Giertz, "The Elasticity of Taxable Income with Respect to Marginal Tax Rates: A Critical Review," *Journal of Economic Literature* 50, no. 1 (2012): 3–50, https://doi.org/10.1257/ jel.50.1.3.
58. "Tax Reform," IGM Forum, 2017, http://www.igmchicago.org/surveys/tax-reform-2.
59. "Analysis of Growth and Revenue Estimates Based on the U.S. Senate Committee on Finance Tax Reform Plan," Department of the Treasury, 2017, https://www.

treasury.gov/press-center/press-releases/Documents/Treasury GrowthMemo12-11-17.pdf.

60. The signatories were Robert J. Barro, Michael J. Boskin, John Cogan, Douglas Holtz-Eakin, Glenn Hubbard, Lawrence B. Lindsey, Harvey S. Rosen, George P. Shultz, and John B. Taylor. See "How Tax Reform Will Lift the Economy," *Wall Street Journal:* Opinion, 2017, https://www.wsj.com/articles/how-tax-reform-will-lift-the-economy-1511729894?mg=prod/accounts-wsj.

61. Jason Furman and Lawrence Summers, "Dear colleagues: You Responded, but We Have More Questions About Your Tax-Cut Analysis," *Washington Post,* 2017, https://www.washingtonpost.com/news/wonk/wp/2017/11/30/dear-colleagues-you-responded-but-we-have-more-questions-about-your-tax-cut-analysis/?utm_term=.bbd78b5f1ef9.

62. "Economic Report of the President together with the Annual Report of the Council of Economic Advisers," 2016, https://obamawhitehouse.archives.gov/sites/default/files/docs/ERP_2016_Book_Complete%20JA.pdf.

63. Thomas Philippon, *The Great Reversal: How America Gave up on Free Markets* (Cambridge: Harvard University Press, 2019).

64. David Autor, David Dorn, Lawrence F. Katz, Christina Patterson,and John Van Reenen, "The Fall of the Labor Share and the Rise of Superstar Firms," NBER Working Paper 23396, 2017.

65. 産業集中が消費者にとって好ましくないことに関する強力な論拠は、以下を参照されたい。Thomas Philippon, *The Great Reversal: How America Gave Up on Free Markets* (Cambridge: Harvard University Press, 2019); Jan De Loecker, Jan Eeckhout, and Gabriel Unger, "The Rise of Market Power and the Macroeconomic Implications," NBER Working Paper 23687, 2018.

66. Esteban Rossi-Hansberg, Pierre-Daniel Sarte, and Nicholas Trachter, "Diverging Trends in National and Local Concentration,"NBER Working Paper 25066, 2018.

67. Alberto Cavallo, "More Amazon Effects: Online Competition and Pricing Behaviors," NBER Working Paper 25138, 2018.

68. Germán Gutiérrez and Thomas Philippon, "Ownership, Concentration, and Investment," *AEA Papers and Proceedings* 108 (2018): 432–37, https://doi.org/10.1257/pandp.20181010; Thomas Philippon, *The Great Reversal: How America Gave Up on Free Markets* (Cambridge: Harvard University Press, 2019).

69. Facundo Alvaredo, Lucas Chancel, Thomas Piketty, Emmanuel Saez, and Gabriel Zucman, "World Inequality Report 2018: Executive Summary," World Inequality Lab, 2018.

70. Mats Elzén and Per Ferström, "The Ignorance Survey: United States," Gapminder, 2013, https://static.gapminder.org/GapminderMedia/wp-up loads/Results-from-the-Ignorance-Survey-in-the-US..pdf.
71. "Poverty," World Bank, 2019, accessed April 14, 2019, https://www.worldbank.org/en/topic/poverty/overview#1.
72. "The Millennium Development Goals Report 2015: Fact Sheet," United Nations, 2015.
73. "Child Health," USAID.com, February 17, 2018, accessed April 14, 2019, https://www.usaid.gov/what-we-do/global-health/maternal-and-child-health/technical-areas/child-health.
74. "The Millennium Development Goals Report 2015: Fact Sheet," United Nations, 2015.
75. "Literacy Rate, Adult Total (% of People Ages 15 and Above)," World Bank Open Data, https://data.worldbank.org/indicator/se.adt.litr.zs.
76. "Number of Deaths Due to HIV/AIDS," World Health Organization, accessed April 14, 2019, https://www.who.int/gho/hiv/epidemic_status/deaths_text/en/.
77. Paul Romer "Economic Growth," in Library of Economics and Liberty: Economic Systems, accessed June 13, 2019, https://www.econlib.org/library/Enc/EconomicGrowth.html.
78. William Easterly, *The Elusive Quest for Growth* (Cambridge, MA: MIT Press 2001).
79. Ross Levine and David Renelt, "A Sensitivity Analysis of Cross-Country Growth Regressions," *American Economic Review* 82, no. 4 (September 1992): 942–63.
80. Daron Acemoglu, Simon Johnson, and James A. Robinson, "The Colonial Origins of Comparative Development: An Empirical Investigation, "*American Economic Review* 91, no. 5 (2001): 1369–1401, https://doi.org/10.1257/aer.91.5.1369; Daron Acemoglu, Simon Johnson, James A. Robinson, "Reversal of Fortune: Geography and Institutions in the Making of the Modern World Income Distribution," *Quarterly Journal of Economics* 117, no. 4 (November 2002): 1231–94, https://doi.org/10.1162/003355302320935025/.
81. Dani Rodrik, Arvind Subramanian, and Francesco Trebbi, "Institutions Rule: The Primacy of Institutions over Geography and Integration in Economic Development," *Journal of Economic Growth* 9, no. 2 (2004): 131–65, https://doi.org/10.1023/B:JOEG.0000031425.72248.85.
82. "Global 500 2014," *Fortune*, 2014, accessed June 13, 2019, http://fortune.com/global500/2014/.
83. William Easterly, "Trust the Development Experts—All 7 Billion," Brookings

Institution, 2008, https://www.brookings.edu/opinions/trust-the-development-experts-all-7-billion/.

84. "The Impact of the Internet in Africa: Establishing Conditions for Success and Catalyzing Inclusive Growth in Ghana, Kenya, Nigeria and Senegal," Dalberg, 2013.

85. "World Development Report 2016: Digital Dividends," World Bank, 2016, http://www.worldbank.org/en/publication/wdr2016.

86. Kenneth Lee, Edward Miguel, and Catherine Wolfram, "Experimental Evidence on the Economics of Rural Electrification," working paper, 2018.

87. Julian Cristia, Pablo Ibarrarán, Santiago Cueta, Ana Santiago, and Eugenio Severín, "Technology and Child Development: Evidence from the One Laptop per Child Program," *American Economic Journal: Applied Economics* 9, no. 3 (2017): 295–320, https://doi.org/10.1257/app.20150385.

88. Rema Hanna, Esther Duflo, and Michael Greenstone, "Up in Smoke: The Influence of Household Behavior on the Long-Run Impact of Improved Cooking Stoves," *American Economic Journal: Economic Policy* 8, no. 1 (2016): 80–114, https://doi.org/10.1257/pol.20140008.

89. James Berry, Greg Fischer, and Raymond P. Guiteras, "Eliciting and Utilizing Willingness-to-Pay: Evidence from Field Trials in Northern Ghana," CEnREP Working Paper 18-016, May 2018.

90. Rachel Peletz, Alicea Cock-Esteb, Dorothea Ysenburg, Salim Haji, Ranjiv Khush, and Pascaline Dupas, "Supply and Demand for Improved Sanitation: Results from Randomized Pricing Experiments in Rural Tanzania," *Environmental Science and Technology* 51, no. 12 (2017): 7138–47, https://doi.org/10.1021/acs.est.6b03846.

91. "India: The Growth Imperative," report, McKinsey Global Institute, 2001.

92. Robert Jensen, "The Digital Provide: Information (Technology), Market Performance, and Welfare in the South Indian Fisheries Sector," *Quarterly Journal of Economics* 122, no. 3 (August 2007): 879–924. https://doi.org/10.1162/qjec.122.3.879.

93. Robert Jensen and Nolan H. Miller, "Market Integration, Demand, and the Growth of Firms: Evidence from a Natural Experiment in India,"*American Economic Review* 108 no. 12 (2018): 3583–625, https://doi.org/10.1257/aer.20161965.

94. ティルプルのある企業の設立趣意書は、以下を参照されたい。"Prospectus," Vijayeswari Textiles Limited, February 25, 2007, http://www.idbicapital.com/pdf/IDBICapital-VijayeswariTextilesLtdRedHerringProspectus.pdf. accessed June 13, 2019.

95. Abhijit Banerjee and Kaivan Munshi, "How Efficiently Is Capital Allocated? Evidence from the Knitted Garment Industry in Tirupur," *Review of Economic Studies* 71, no. 1 (2004): 19–42, https://doi.org/10.1111/0034-6527.00274.
96. Nicholas Bloom and John Van Reenen, "Measuring and Explaining Management Practices Across Firms and Countries," *Quarterly Journal of Economics* 122, no. 4 (2007): 1351–1408.
97. Chris Udry, "Gender, Agricultural Production, and the Theory of the Household," *Journal of Political Economy* 104, no. 5 (1996): 1010–46.
98. Francisco Pérez-González, "Inherited Control and Firm Performance," *American Economic Review* 96, no. 5 (2006): 1559–88.
99. Chang-Tai Hsieh and Peter J. Klenow, "Misallocation and Manufacturing TFP in China and India,"*Quarterly Journal of Economics* 124, no. 4 (2009): 1403–48, https://doi.org/10.1162/qjec.2009.124.4.1403.
100. Chang-Tai Hsieh and Peter Klenow, "The Life Cycle of Plants in India and Mexico," *Quarterly Journal of Economics* 129, no. 3 (2014): 1035–84, https://doi.org/10.1093/qje/qju014.
101. Chang-Tai Hsieh and Peter Klenow, "Misallocation and Manufacturing TFP in China and India,"*Quarterly Journal of Economics* 124, no. 4 (2009): 1403–48, https://doi.org/10.1162/qjec.2009.124.4.1403.
102. Qi Liang, Pisun Xu, Pornsit Jiraporn, "Board Characteristics and Chinese Bank Performance," *Journal of Banking and Finance* 37, no. 8 (2013): 2953–68, https://doi.org/10.1016/j.jbankfin.2013.04.018.
103. "Bank Lending Rates," Trading Economics, accessed April 15, 2019, https://tradingeconomics.com/country-list/bank-lending-rate.
104. "Interest Rates," Trading Economics, accessed April 15, 2019, https:// tradingeconomics.com/country-list/interest-rate.
105. Gilles Duranton, Ejaz Ghani, Arti Grover Goswami, and William Kerr, "The Misallocation of Land and Other Factors of Production in India," World Bank Group Policy Research Working Paper 7547, (2016), https://doi.org/10.1596/1813-9450-7221.
106. Nicholas Bloom, Benn Eifert, Aprajit Mahajan, David McKenzie, and John Roberts, "Does Management Matter? Evidence from India,"*Quarterly Journal of Economics* 128, no. 1 (2013), https://doi.org/10.1093/qje/qjs044.
107. Jaideep Prabhu, Navi Radjou, and Simone Ahuja, *Jugaad Innovation: Think Frugal, Be Flexible, Generate Breakthrough Growth* (San Francisco: Jossey-Bass, 2012).
108. Emily Breza, Supreet Kaur, and Nandita Krishnaswamy, "Scabs: The Social

Suppression of Labor Supply," NBER Working Paper 25880 (2019), https://doi.org/10.3386/w25880.

109. 以下のデータに基づき筆者が計算した。 National Sample Survey, 66th round, 2009-2010, accessed June 19, http://www.icssrdataservice.in/datarepository/index.php/catalog/89/overview.

110. Abhijit Banerjee and Gaurav Chiplunkar, "How Important Are Matching Frictions in the Labor Market? Experimental and Non-Experimental Evidence from a Large Indian Firm," working paper, 2018, accessed June 19, 2019, https://gauravchiplunkar.com/wp-content/uploads/2018/08/matchingfrictions_banerjeechiplunkar_aug18.pdf.

111. Esther Duflo, Pascaline Dupas, and Michael Kremer, "The Impact of Free Secondary Education: Experimental Evidence from Ghana," MIMEO, Massachusetts Institute of Technology, accessed April 18, 2019, https://economics.mit.edu/files/16094.

112. "Unemployment, Youth Total (% of total labor force ages 15-24) (modeled ILO estimate)," World Bank Open Data, accessed April 15, 2019, https://data.worldbank.org/indicator/SL.UEM.1524.NE.ZS.

113. Abhijit Banerjee and Gaurav Chiplunkar, "How Important Are Matching Frictions in the Labor Market? Experimental and Non- Experimental Evidence from a Large Indian Firm," working paper, 2018.

114. "Labour Market Employment, Employment in Public Sector, Employment in Private Sector Different Categories-wise," Data.gov.in, accessed April 15, 2019, https://data.gov.in/resources/labour-market-employment-employment-public-sector-employment-private-sector-different.

115. Sonalde Desai and Veena Kulkarni, "Changing Educational Inequalities in India in the Context of Affirmative Action," *Demography* 45, no. 2 (2008): 245-70.

116. Abhijit Banerjee and Sandra Sequeira, "Spatial Mismatches and Beliefs about the Job Search: Evidence from South Africa," MIMEO, MIT, 2019.

117. Neha Dasgupta, "More Than 25 Million People Apply for Indian Railway Vacancies," Reuters, March 29, 2018, accessed June 19, 2019, https://www.reuters.com/article/us-india-unemployment-railways/more-than-25-million-people-apply-for-indian-railway-vacancies-idUSKBN1H524C.

118. Frederico Finan, Benjamin A. Olken, and Rohini Pande, "The Personnel Economics of the State," in *Handbook of Field Experiments*, vol. 2, eds. Abhijit Banerjee and Esther Duflo (Amsterdam: North Holland, 2017).

119. Ezra Vogel, *Japan as Number One* (Cambridge, MA: Harvard University Press, 1979),

153-54, 204-205, 159, 166.

120. Ernest Liu, "Industrial Policies in Production Networks," working paper, 2019.

121. Albert Bollard, Peter J. Klenow, and Gunjan Sharma, "India's Mysterious Manufacturing Miracle," *Review of Economic Dynamics* 16, no. 1 (2013): 59-85.

122. Pierre-Richard Agénor and Otaviano Canuto, "Middle-Income Growth Traps," *Research in Economics* 69, no. 4 (2015): 641-60, https://doi.org/10.1016/j.rie.2015.04.003.

123. "Guidance Note for Surveillance under Article IV Consultation," International Monetary Fund, 2015.

124. スリランカの 2017 年の 5 歳以下の乳幼児死亡率は出生数 1000 人当たりわずか 8.8 で、グアテマラ（27.6）よりはるかに低く、アメリカ（6.6）と肩を並べる水準だった。"Mortality Rate, under-5 (per 1,000 Live Births)," World Bank Data, accessed April 15, 2019, https://data.worldbank.org/indicator/SH.DYN.MORT?end=2017&locations=GT-LK-US&start=2009. "Maternal Mortality Rate (National Estimate per 100,000 Live Births)." World Bank Data, accessed April 15, 2019, https://data.worldbank.org/indicator/SH.STA.MMRT.NE?end=2017&locations=GT-LK-US&start=2009. "Mortality Rate, Infant (per 1,000 Live Births)," World Bank Data, accessed April 15, 2019, https://data.worldbank.org/indicator/SP.DYN.IMRT.IN?end=2017&locations=GT-LK-US&start=2009.

125. "Mortality Rate, under-5 (per 1,000 Live Births)," World Bank Data, accessed April 16, 2019, https://data.worldbank.org/indicator/SH.DYN.MORT?end=2017&locations=GT-LK-US&start=2009.

126. Taz Hussein, Matt Plummer, and Bill Breen (for the *Stanford Social Innovation Review*), "How Field Catalysts Galvanize Social Change," SocialInnovation Exchange.org., 2018, https://socialinnovationexchange.org/insights/how-field-catalysts-galvanise-social-change.

127. Christian Lengeler, "Insecticide-Treated Bed Nets and Curtains for Preventing Malaria," *Cochrane Database of Systematic Reviews* 2, no. 2 (2004), https://doi.org/10.1002/14651858.CD000363.pub2.

128. Abhijit Banerjee and Esther Duflo, *Poor Economics* (New York: PublicAffairs, 2011).

129. Jessica Cohen and Pascaline Dupas, "Free Distribution or Cost-Sharing? Evidence from a Randomized Malaria Prevention Experiment," *Quarterly Journal of Economics* 125, no. 1 (2010): 1-45.

130. "World Malaria Report 2017," World Health Organization, 2017.

131. S. Bhatt, D. J. Weiss, E. Cameron, D. Bisanzio, B. Mappin, U. Dalrymple, K. Battle, C. L. Moyes, A. Henry, P. A. Eckhoff, E. A. Wenger, O. Briët, M. A. Penny, T. A. Smith, A. Bennett, J. Yukich, T. P. Eisele, J. T. Griffin, C. A. Fergus, M. Lynch, F. Lindgren, J. M. Cohen, C. L. J. Murray, D. L. Smith, S. I. Hay, R. E. Cibulskis, and P. W. Gething, "The Effect of Malaria Control on *Plasmodium falciparum* in Africa between 2000 and 2015," *Nature* 526 (2015): 207-11, https://doi.org/10.1038/nature15535.

132. William Easterly, "Looks like @JeffDSachs got it more right than I did on effectiveness of mass bed net distribution to fight malaria in Africa," tweet, August 18, 2017, 11:04 a.m.

Chapter 6 . 気温が二度上がったら……

1. "Global Warming of 1.5°C," IPCC Special Report, The Intergovernmental Panel on Climate Change, 2008, accessed June 16, 2019, https://www.ipcc.ch/sr15/.

2. IPCC の 2018 年の報告には、「産業革命以後の地球の温度上昇のうち約 1.0 度は人間の活動に拠ると考えられる。おそらくは 0.8 〜 1.2 度の間だろう。現在のペースで温暖化が続けば、温度上昇は 2030 〜 52 年に 1.5 度に達すると見込まれる」とある。

3. CO_2 換算の排出量とは、温室効果ガス（CO_2、メタンなど）排出量を共通の単位で表示するためのもので、温室効果のあるさまざまなガスにそれぞれの係数をかけて算出する。たとえばメタン 100 万トンは CO_2 換算排出量では 2500 万トンとなる。

4. Lucas Chancel and Thomas Piketty, "Carbon and Inequality: from Kyoto to Paris," report, Paris School of Economics, 2015, accessed June 16, 2019, http://piketty.pse.ens.fr/files/ChancelPiketty2015.pdf.

5. Robin Burgess, Olivier Deschenes, Dave Donaldson, and Michael Greenstone, "Weather, Climate Change and Death in India," LSE working paper, 2017, accessed June 19, 2018, http://www.lse.ac.uk/economics/Assets/Documents/personal-pages/robin-burgess/weather-climate-change-and-death.pdf.

6. Orley C. Ashenfelter and Karl Storchmann, "Measuring the Economic Effect of Global Warming on Viticulture Using Auction, Retail, and Wholesale Prices," *Review of Industrial Organization* 37, no. 1 (2010): 51-64.

7. Joshua Graff Zivin and Matthew Neidell, "Temperature and the Allocation of Time: Implications for Climate Change," *Journal of Labor Economics* 32, no. 1 (2014): 1-26.

8. Joshua Goodman, Michael Hurwitz, Jisung Park, and Jonathan Smith, "Heat and Learning," NBER Working Paper 24639, 2018.
9. Achyuta Adhvaryu, Namrata Kala, and Anant Nyshadham, "The Light and the Heat: Productivity Co-benefits of Energy-saving Technology," NBER Working Paper 24314, 2018.
10. Melissa Dell, Benjamin F. Jones, and Benjamin A. Olken, "What Do We Learn from the Weather? The New Climate-Economy Literature," *Journal of Economic Literature* 52, no. 3 (2014): 740–98.
11. Olivier Deschênes and Michael Greenstone, "Climate Change, Mortality, and Adaptation: Evidence from Annual Fluctuations in Weather in the US," *American Economic Journal: Applied Economics*, 3 no. 4 (2011): 152–85.
12. Robin Burgess, Olivier Deschenes, Dave Donaldson and Michael Greenstone, "Weather, Climate Change and Death in India," LSE working paper, 2017 accessed June 16, 2019, http://www.lse.ac.uk/economics/Assets/Documents/personal-pages/robin-burgess/weather-climate-change-and-death.pdf.
13. Melissa Dell, Benjamin F. Jones, and Benjamin A. Olken, "What Do We Learn from the Weather? The New Climate-Economy Literature," *Journal of Economic Literature* 52, no. 3 (2014): 740-98.
14. Nihar Shah, Max Wei, Virginie Letschert, and Amol Phadke, "Benefits of Leapfrogging to Superefficiency and Low Global Warming Potential Refrigerants in Room Air Conditioning," U.S. Department of Energy: Ernest Orlando Lawrence Berkeley National Laboratory Technical Report, 2015, accessed June 16, 2019, https://eta.lbl.gov/publications/benefits-leapfrogging-superefficiency.
15. Maximilian Auffhammer and Catherine Wolfram, "Powering Up China: Income Distributions and Residential Electricity Consumption," *American Economic Review: Papers & Proceedings* 104, no. 5 (2014): 575–80.
16. Nicholas Stern, *The Economics of Climate Change: The Stern Review* (Cambridge, UK: Cambridge University Press, 2006).
17. Daron Acemoglu, Philippe Aghion, Leonardo Bursztyn, and David Hemous, "The Environment and Directed Technical Change," *American Economic Review* 102, no. 1 (2012): 131–66.
18. Daron Acemoglu and Joshua Linn, "Market Size in Innovation: Theory and Evidence from the Pharmaceutical Industry," *Quarterly Journal of Economics* 119, no. 3 (2004): 1049–90.
19. Hannah Choi Granade et al., "Unlocking Energy Efficiency in the U.S. Economy," executive summary, McKinsey & Company, 2009, accessed June 16, 2019, https://

www.mckinsey.com/~/media/mckinsey/dotcom/client_service/epng/pdfs/unlocking%20energy%20efficiency/us_energy_ efficiency_exc_summary.ashx.

20. "Redrawing the Energy-Climate Map," technical report, International Energy Agency, 2013. Accessed June 16, 2019, https://www.iea.org/publications/freepublications/publication/WEO_Special_Report_2013_ Redrawing_the_Energy_Climate_Map.pdf.
21. Meredith Fowlie, Michael Greenstone, and Catherine Wolfram, "Do Energy Efficiency Investments Deliver? Evidence from the Weatherization Assistance Program," *Quarterly Journal of Economics* 133, no. 3 (2018): 1597- 1644.
22. Nicholas Ryan, "Energy Productivity and Energy Demand: Experimental Evidence from Indian Manufacturing Plants," NBER Working Paper 24619, 2018.
23. Meredith Fowlie, Catherine Wolfram, C. Anna Spurlock, Annika Todd, Patrick Baylis, and Peter Cappers, "Default Effects and Follow-On Behavior: Evidence from an Electricity Pricing Program," NBER Working Paper 23553, 2017.
24. Hunt Allcott and Todd Rogers, "The Short-Run and Long-Run Effects of Behavioral Interventions: Experimental Evidence from Energy Conservation," *American Economic Review* 104, no. 10 (2014): 3003-37.
25. David Atkin, "The Caloric Costs of Culture: Evidence from Indian Migrants," *American Economic Review* 106, no. 4 (2016): 1144-81.
26. バングラデシュでは、数週間にわたり食事の前に手を洗うことに対して見返りを与えたところ、その後は見返りがなくなっても手を洗う人が増え続けたと報告されている。しかも、将来に手洗い習慣キャンペーンを行うと予告されると、その時点から人々は手を洗うようになった。これは将来に備えて準備をしたのだと考えられる。Reshmaan Hussam, Atonu Rabbani, Giovanni Reggiani, and Natalia Rigol, "Habit Formation and Rational Addiction: A Field Experiment in Handwashing," Harvard Business School BGIE Unit Working Paper 18-030, 2017.
27. Avraham Ebenstein, Maoyong Fan, Michael Greenstone, Guojun He, and Maigeng Zhou, "New Evidence on the Impact of Sustained Exposure to Air Pollution on Life Expectancy from China's Huai River Policy," *PNAS* 114, no. 39 (2017): 10384-10389.
28. WHO Global Ambient Air Quality Database (update 2018), https://www.who.int/airpollution/data/cities/en/.
29. Umair Irfan, "How Delhi Became the Most Polluted City on Earth," Vox, November 25, 2017.
30. "The Lancet Commission on Pollution and Health," *Lancet* 391 (2017): 462-512.

31. "The Lancet: Pollution Linked to Nine Million Deaths Worldwide in 2015, Equivalent to One in Six Deaths," *Lancet*, public release, 2017.
32. Achyuta Adhvaryu, Namrata Kala, and Anant Nyshadham, "Management and Shocks to Worker Productivity: Evidence from Air Pollution Exposure in an Indian Garment Factory," IGC working paper, 2016, accessed June 16, 2019, https://www.theigc.org/wp-content/uploads/2017/01/Adhvaryu-et-al-2016-Working-paper.pdf.
33. Tom Y. Chang, Joshua Graff Zivin, Tal Gross, and Matthew Neidell, "The Effect of Pollution on Worker Productivity: Evidence from Call Center Workers in China," American Economic Journal: Applied Economics 11, no. 1 (2019): 151–72.
34. 都心部への乗り入れについて、ナンバープレートの末尾の数字が奇数の車を許可する曜日と偶数の車を許可する曜日にわける規制方法で大気汚染を減らす試みがなされたが、長続きしなかった。怒ったエリート層と「もっとよい方法がある」と主張する環境専門家が結託してこの規制を廃止に追い込んだためである。 Michael Greenstone, Santosh Harish, Rohini Pande, and Anant Sudarshan, "The Solvable Challenge of Air Pollution in India," in *India Policy Forum 2017-18* (New Delhi: Sage Publications, 2017).
35. Kevin Mortimer et al., "A Cleaner-Burning Biomass-Fuelled Cookstove Intervention to Prevent Pneumonia in Children under 5 Years Old in Rural Malawi (the Cooking and Pneumonia Study): A Cluster Randomised Controlled Trial," *Lancet* 389, no. 10065 (2016): 167–75.
36. Theresa Beltramo, Garrick Blalock, David I. Levine, and Andrew M.Simons, "The Effect of Marketing Messages, Liquidity Constraints, and Household Bargaining on Willingness to Pay for a Nontraditional Cook-stove," Center for Effective Global Action Working Paper Series No. 035, 2014; Theresa Beltramo, Garrick Blalock, David I. Levine, and Andrew M. Simons, "Does Peer Use Influence Adoption of Efficient Cookstoves? Evidence from a Randomized Controlled Trial in Uganda," *Journal of Health Communication: International Perspectives* 20 (2015): 55-66; David I. Levine, Theresa Beltramo, Garrick Blalock, and Carolyn Cotterman, "What Impedes Efficient Adoption of Products? Evidence from Randomized Variation in Sales Offers for Improved Cookstoves in Uganda," *Journal of the European Economic Association* 16, no. 6 (2018): 1850–80; Ahmed Mushfiq Mobarak, Puneet Dwivedi, Robert Bailis, Lynn Hildemann, and Grant Miller, "Low Demand for Nontraditional Cookstove Technologies," *Proceedings of the National Academy of Sciences* 109, no. 27 (2012): 10815–10820.

37. Rema Hanna, Esther Duflo, and Michael Greenstone, "Up in Smoke: The Influence of Household Behavior on the Long-Run Impact of Improved Cooking Stoves," *American Economic Journal: Economic Policy* 8, no. 1 (2016): 80–114.
38. Abhijit V. Banerjee, Selvan Kumar, Rohini Pande, and Felix Su, "Do Voters Make Informed Choices? Experimental Evidence from Urban India," working paper, 2010.

Chapter 7 . 不平等はなぜ拡大したか

1. Kurt Vonnegut, *Player Piano* (New York: Charles Scribner's Sons, 1952).
2. Kurt Vonnegut, *God Bless You, Mr. Rosewater* (New York: Holt, Rinehart and Winston, 1965).
3. Erik Brynjolfsson and Andrew McAfee, *The Second Machine Age* (New York: W. W. Norton & Company, 2014).
4. David H. Autor, "Why Are There Still So Many Jobs? The History and Future of Workplace Automation," *Journal of Economic Perspectives* 29, no. 3 (2015): 3–30.
5. Ellen Fort, "Robots Are Making $6 Burgers in San Francisco," *Eater San Francisco*, June, 21, 2018.
6. Michael Chui, James Manyika, and Mehdi Miremadi, "How Many of Your Daily Tasks Could Be Automated?," *Harvard Business Review*, December 14, 2015 and "Four Fundamentals of workplace Automation," *McKinsey Quarterly*, November 2015, accessed June 19, 2019, https://www.mckinsey.com/business-functions/mckinsey-digital/our-insights/four-fundamentals-of-workplace-automation.
7. "Automation, Skills Use and Training," Organisation for Economic Co-operation and Development Library, accessed April 19, 2019, https://www.oecd-ilibrary.org/employment/automation-skills-use-and-training_2e2f4eea-en.
8. "Robots and Artificial Intelligence," Chicago Booth: The Initiative on Global Markets, IGM Forum, June 30, 2017.
9. Robert Gordon, *The Rise and Fall of American Growth* (Princeton, NJ: Princeton University Press, 2016).
10. Databases, Tables, and Calculators by Subject, Series LNS14000000, U.S. Bureau of Labor Statistics, accessed April 11, 2019, https://data.bls.gov/timeseries/lns14000000.
11. Robert Gordon, *The Rise and Fall of American Growth* (Princeton, NJ: Princeton University Press, 2016); "Labor Force Participation Rate, Total (% of total population ages 15+) (national estimate)," World Bank Open Data, https://data.

worldbank.org/indicator/SL.TLF.CACT.NE.ZS?locations=US.

12. Daron Acemoglu and Pascual Restrepo, "Artificial Intelligence, Automation and Work," NBER Working Paper 24196, 2018.
13. N. F. R. Crafts and Terence C. Mills, "Trends in Real Wages in Britain 1750-1913," *Explorations in Economic History* 31, no. 2 (1994): 176-94.
14. Robert Fogel and Stanley Engerman, *Time on the Cross* (New York: W. W. Norton & Company, 1974).
15. Daron Acemoglu and Pascual Restrepo, "Robots and Jobs: Evidence from US Labor Markets," NBER Working Paper 23285, 2017.
16. Daron Acemoglu and Pascual Restrepo, "The Race Between Machine and Man: Implications of Technology for Growth, Factor Shares and Employment," NBER Working Paper 22252, 2017.
17. David Autor, "Work of the Past, Work of the Future," Richard T. Ely Lecture, *American Economic Association: AEA Papers and Proceedings*, 2019.
18. Daron Acemoglu and Pascual Restrepo, "Artificial Intelligence, Automation and Work," NBER Working Paper 24196, 2018.
19. Ibid.
20. Ibid.
21. Aaron Smith and Monica Anderson, "Americans' Attitudes towards a Future in Which Robots and Computers Can Do Many Human Jobs," Pew Research Center, October 4, 2017, accessed April 3, 2019, http://www.pewresearch.org/2017/10/04/americans-attitudes-toward-a-future-in-which-robots-and-computers-can-do-many-human-jobs/.
22. たとえばジャン・ティロールとオリビエ・ブランシャールは、解雇した場合の結果の不確実性のせいで、失業が深刻化していると主張する（Olivier Blanchard and Jean Tirole, "The Optimal Design of Unemployment Insurance and Employment Protection. A First Pass," NBER Working Paper 10443, 2004)。だが、雇用保護を緩和したヨーロッパの国々で失業率が下がったようには見えない。Giuseppe Bertola, "Labor Market Regulation: Motives, Measures, Effects," International Labor Organization, Conditions of Work and Employment Series No. 21, 2009.
23. Kevin J. Delaney, "The Robot That Takes Your Job Should Pay Taxes, Says Bill Gates," *Quartz*, February 18, 2017, accessed April 13, 2019, https://qz.com/911968/bill-gates-the-robot-that-takes-your-job-should-pay-taxes/.
24. "European Parliament Calls for Robot Law, Rejects Robot Tax," Reuters, February 17, 2017, accessed April 12, 2019, https://www.reuters.com/article/us-europe-

robots-lawmaking/european-parliament-calls-for-robot-law-rejects-robot-tax-idUSKBN15V2KM.

25. Ryan Abbott and Bret Bogenschneider, "Should Robots Pay Taxes? Tax Policy in the Age of Automation," *Harvard Law & Policy Review* 12 (2018).
26. John DiNardo, Nicole M. Fortin, and Thomas Lemieux, "Labor Market Institutions and the Distribution of Wages, 1973–1992: A Semiparametric Approach," *Econometrica* 64, no. 5 (1996): 1001–44; David Card, "The Effect of Unions on the Structure of Wages: A Longitudinal Analysis," *Econometrica* 64, no. 4 (1996): 957–79; Richard B. Freeman, "How Much Has De-Unionisation Contributed to the Rise in Male Earnings Inequality?," in eds. Sheldon Danziger and Peter Gottschalk *Uneven Tides: Rising Inequality in America* (New York: Russell Sage Foundation, 1993), 133–63.
27. 以下を参照されたい。"UK Public Spending Since 1900," https://www.ukpublicspending.co.uk/past_spending.
28. John Kenneth Galbraith, "Recession Economics." *New York Review of Books,* ebruary 4, 1982.
29. Facundo Alvaredo, Lucas Chancel, Thomas Piketty, Emmanuel Saez, and Gabriel Zucman, "World Inequality Report 2018: Executive Summary," Wid.World, accessed April 13, 2019, from the World Inequality Lab website: https://wir2018.wid.world/files/download/wir2018-summary-english.pdf.
30. "United Kingdom," World Inequality Database, Wid.World, accessed April 13, 2019, https://wid.world/country/united-kingdom/.
31. Thomas Piketty, Emmanuel Saez, and Stefanie Stantcheva, "Optimal Taxation of Top Labor Incomes: A Tale of Three Elasticities," *American Economic Journal: Economic Policy* 6, no. 1 (2014): 230–71, DOI: 10.1257/pol.6.1.230.
32. Facundo Alvaredo, Lucas Chancel, Thomas Piketty, Emmanuel Saez, and Gabriel Zucman, "World Inequality Report 2018," Wid.World, retrieved from the World Inequality Lab website: https://wir2018.wid.world/files/download/wir2018-full-report-english.pdf.
33. David Autor, "Work of the Past, Work of the Future," Richard T. Ely Lecture, *American Economic Review: Papers and Proceedings,* 2019.
34. David Autor, David Dorn, Lawrence F. Katz, Christina Patterson, and John Van Reenen, "The Fall of the Labor Share and the Rise of Superstar Firms," NBER Working Paper 23396, issued in May 2017, DOI: 10.3386/ w2339.
35. Thomas Piketty, *Capital in the Twenty-First Century,* trans. Arthur Goldhammer (Cambridge, MA: Harvard University Press, 2014).

36. World Bank Data, accessed April 19, 2019, https://data.worldbank.org/indicator/ne.trd.gnfs.zs.

37. Claudia Goldin and Lawrence F. Katz, *The Race between Education and Technology* (Cambridge, MA: Harvard University Press, 2010).

38. Thomas Piketty, *Capital in the Twenty-First Century,* trans. Arthur Goldhammer (Cambridge, MA: Harvard University Press, 2014).

39. David Autor, David Dorn, Lawrence F. Katz, Christina Patterson, and John Van Reenen, "The Fall of the Labor Share and the Rise of Superstar Firms," NBER Working Paper 23396 10.3386/w2339, 2017.

40. Jason Furman and Peter Orszag, "Slower Productivity and Higher Inequality: Are They Related?," Peterson Institute for International Economics Working Paper 18-4, 2018.

41. Jae Song, David J Price, Fatih Guvenen, Nicholas Bloom, Till von Wachter, "Firming Up Inequality," *Quarterly Journal of Economics*, Volume 134, no. 1 (2019): 1-50, https://doi.org/10.1093/qje/qjy025.

42. Sherwin Rosen, "The Economics of Superstars," *American Economic Review* 71, no. 5 (1981): 845-58.

43. Xavier Gabaix and Augustin Landier, "Why Has CEO Pay Increased So Much?," *Quarterly Journal of Economics* 123, no. 1 (2008): 49-100.

44. Facundo Alvaredo, Lucas Chancel, Thomas Piketty, Emmanuel Saez, and Gabriel Zucman, "World Inequality Report 2018," Wid.World, 2017, retrieved from the World Inequality Lab website: https://wir2018.wid.world/files/download/wir2018-full-report-english.pdf.

45. World Inequality Database, Wid.World, https://www.wid.world.

46. Robin Greenwood and David Scharfstein, "The Growth of Finance," *Journal of Economic Perspectives* 27, no. 2 (2013): 3-28.

47. Thomas Philippon and Ariell Reshef, "Wages and Human Capital in the U.S. Finance Industry: 1909-2006," *Quarterly Journal of Economics* 127, no. 4 (2012): 1551-1609.

48. Brian Bell and John Van Reenen, "Bankers' Pay and Extreme Wage Inequality in the UK," CEP Special Report, 2010.

49. Jon Bakija, Adam Cole, and Bradley T. Heim, "Jobs and Income Growth of Top Earners and the Causes of Changing Income Inequality: Evidence from U.S. Tax Return Data," working paper, Williams College, 2012, accessed June 19, 2019, https://web.williams.edu/Economics/wp/BakijaColeHeimJobsIncomeGrowthTopEarners.pdf.

50. Bertrand Garbinti, Jonathan Goupille-Lebret, and Thomas Piketty, "Income Inequality in France, 1900-2014: Evidence from Distributional National Accounts (DINA)," WID.world Working Paper Series No. 2017/4, 2017.
51. Olivier Godechot, "Is Finance Responsible for the Rise in Wage Inequality in France?," *Socio-Economic Review* 10, no. 3 (2012): 447-70.
52. Eugene F. Fama and Kenneth R. French, "Luck Versus Skill in the Cross-Section of Mutual-Fund Returns," *Journal of Finance* 65, no. 5 (2010): 1915-1947.
53. Thomas Philippon and Ariell Reshef, "Wages and Human Capital in the U.S. Finance Industry: 1909-2006", *Quarterly Journal of Economics* 127, no. 4 (2012): 1551-1609.
54. Robin Greenwood and David Scharfstein, "The Growth of Finance," *Journal of Economic Perspectives* 27, no. 2 (2013): 3-28.
55. Claudia Goldin and Lawrence F. Katz, "Transitions: Career and Family Life Cycles of the Educational Elite," *American Economic Review* 98, no. 2 (2008): 363-69.
56. Marianne Bertrand and Sendhil Mullainathan, "Are CEO's Rewarded for Luck? The Ones Without Principals Are," *Quarterly Journal of Economics* 116, no. 3 (2001): 901-32.
57. ある調査によると、欧州大陸の大半の国では、経済に占める金融部門の割合は 1990 年代、2000 年代に増えないか、むしろ減ったという。Robin Greenwood and David Scharfstein, "The Growth of Finance," *Journal of Economic Perspectives* 27, no. 2 (2013): 3-28.
58. Thomas Piketty, *Capital in the Twenty-First Century,* trans. Arthur Goldhammer (Cambridge, MA: Harvard University Press, 2014), 550-51, and Emmanuel Saez and Gabriel Zucman, "Alexandria Ocasio-Cortez's Tax Hike Idea Is Not about Soaking the Rich," accessed April 20, 2019, https://www.nytimes.com/2019/01/22/opinion/ocasio-cortez-taxes.html.
59. Thomas Piketty, Emmanuel Saez, and Stefanie Stantcheva, "Optimal Taxation of Top Labor Incomes: A Tale of Three Elasticities," *American Economic Journal: Economic Policy* 6, no. 1 (2014): 230-71.
60. Maury Brown, "It's Time to Blowup the Salary Cap Systems in the NFL, NBA, and NHL," *Forbes,* March 10, 2015, accessed April 11, 2019, https://www.forbes.com/sites/maurybrown/2015/03/10/its-time-to-blowup-the-salary-cap-systems-in-the-nfl-nba-and-nhl/#1e35ced969b3.
61. この節と次の節で論じたことの多くは、ピケティ、サエズ、ザックマンに拠った。くわしく知りたい読者は、以下を参照されたい。 Thomas Piketty, *Capital in the Twenty-First Century,* trans. Arthur Goldhammer (Cambridge, MA: Harvard

University Press, 2014); Gabriel Zucman's *The Hidden Wealth of Nations* (Chicago: University of Chicago Press, 2015); and Saez's and Zucman's forthcoming book, *The Triumph of Injustice.*

62. Emmanuel Saez, Joel Slemrod, and Seth H. Giertz, "The Elasticity of Taxable Income with Respect to Marginal Tax Rates: A Critical Review," *Journal of Economic Literature* 50, no. 1 (2012): 3–50.
63. Pian Shu, "Career Choice and Skill Development of MIT Graduates: Are the 'Best and Brightest' Going into Finance?," Harvard Business School Working Paper 16-067, 2017.
64. David Autor, "Skills, Education, and the Rise of Earnings Inequality among the 'Other 99 Percent,'" *Science* 344, no. 6168 (2014): 843–51.
65. Henrik J. Kleven, Camille Landais, and Emmanuel Saez. 2013. "Taxation and International Migration of Superstars: Evidence from the European Football Market," *American Economic Review* 103, no. 5: 1892–1924.
66. Annette Alstadsæter, Niels Johannesen, and Gabriel Zucman, "Tax Evasion and Inequality," NBER Working Paper 23772, 2018.
67. Thomas Piketty, *Capital in the Twenty-First Century,* trans. Arthur Goldhammer (Cambridge, MA: Harvard University Press, 2014).
68. Ibid.
69. もう一つの理由は、投資収益に対する税率はいずれにせよ低いことだ。富裕税に代わるものとして、分配されなかった投資収益に課税する方法があるが、そのような所得を特定するのは技術的に困難である。
70. Ben Casselman and Jim Tankersley, "Democrats Want to Tax the Wealthy. Many Voters Agree." *New York Times*, February 19, 2019, https://www.nytimes.com/2019/02/19/business/economy/wealth-tax-elizabeth-warren.html.
71. H. J. Kleven, Knudsen, M. B., C. T. Kreiner, S. Pedersen, and E. Saez, "Unwilling or Unable to Cheat? Evidence from a Tax Audit Experiment in Denmark," *Econometrica* 79,no.3 (2011): 651–92, doi:10.3982/ECTA9113.
72. Gabriel Zucman, "Sanctions for Offshore Havens, Transparency at Home," *New York Times,* April 7, 2016; Gabriel Zucman, "The Desperate Inequality behind Global Tax Dodging," *Guardian,* November 8, 2017.
73. Henrik Jacobsen Kleven, Camille Landais, Emmanuel Saez, and Esben Anton Schultz, "Migration and Wage Effects of Taxing Top Earners: Evidence from the Foreigners' Tax Scheme in Denmark," *Quarterly Journal of Economics* 129, no. 1 (2013): 333–78.
74. Ben Casselman and Jim Tankersley, "Democrats Want to Tax the Wealthy. Many

Voters Agree," *New York Times*, February 19, 2019, https://www.nytimes.com/2019/02/19/business/economy/wealth-tax-elizabeth-warren.html.

75. Abhijit Banerjee, Esther Duflo, and Stefanie Stantcheva, "Me and Everyone Else: Do People Think Like Economists?," MIMEO, Massachusetts Institute of Technology, 2019.
76. Erzo F. P. Luttmer, "Neighbors as Negatives: Relative Earnings and Well-Being," *Quarterly Journal of Economics* 120, no. 3 (2005): 963-1002.
77. Ricardo Perez-Truglia, "The Effects of Income Transparency on Well-Being: Evidence from a Natural Experiment," NBER Working Paper 25622, 2019.
78. Leonardo Bursztyn, Bruno Ferman, Stefano Fiorin, Martin Kanz, and Gautam Rao, "Status Goods: Experimental Evidence from Platinum Credit Cards," *Quarterly Journal of Economics* 133, no. 3 (2018): 1561-95, https://doi.org/10.1093/qje/qjx048.
79. Alberto Alesina, Stefanie Stantcheva, and Edoardo Teso, "Intergenerational Mobility and Preferences for Redistribution," *American Economic Review* 108, no. 2 (2018): 521-54.
80. Ibid.
81. Ibid.
82. Anne Case and Angus Deaton, "Rising Midlife Morbidity and Mortality, US Whites," Proceedings of the National Academy of Sciences, December 2015, 112 (49) 15078-15083; DOI:10.1073/pnas.1518393112; Anne Case and Angus Deaton, "Mortality and Morbidity in the 21st Century," Brookings Papers on Economic Activity, 2017.
83. Tamara Men, Paul Brennan, Paolo Boffetta, and David Zaridze, "Russian Mortality Trends for 1991-2001: Analysis by Cause and Region,"*British Medical Journal* 327, no. 7421 (2003): 964-66.
84. Anne Case and Angus Deaton, "Mortality and Morbidity in the 21st Century," Brookings Papers on Economic Activity, 2017.
85. Alberto Alesina, Stefanie Stantcheva, and Edoardo Teso, "Intergenerational Mobility and Preferences for Redistribution," *American Economic Review* 108, no. 2 (2018): 521-54.
86. Emily Breza, Supreet Kaur, and Yogita Shamdasani, "The Morale Effects of Pay Inequality." *Quarterly Journal of Economics* 133, no.2 (2018): 611-63.
87. David Autor, David Dorn, Gordon Hanson, and Kaveh Majlesi, "Importing Political Polarization. The Electoral Consequences of Rising Trade Exposure," NBER Working Paper 22637, September 2016, revised December 2017.

Chapter 8．政府には何ができるか

1. "Revenue Statistics 2018 Tax Revenue Trends in the OECD," Organisation for Economic Co-operation and Development, December 5, 2018, accessed June 18, 2018, https://www.oecd.org/tax/tax-policy/revenue-statistics-highlights-brochure.pdf.
2. Emmanuel Saez and Gabriel Zucman to Elizabeth Warren, January 18, 2019, http://gabriel-zucman.eu/files/saez-zucman-wealthtax-warren.pdf.
3. Ben Casselman and Jim Tankersley, "Democrats Want to Tax the Wealthy. Many Voters Agree," *New York Times,* February 19, 2019, https://www.nytimes.com/2019/02/19/business/economy/wealth-tax-elizabeth-warren.html.
4. Abhijit Banerjee, Esther Duflo, and Stefanie Stantcheva, "Me and Everyone Else: Do People Think Like Economists?," MIMEO, Massachusetts Institute of Technology, 2019.
5. 以下で引用された。*Conservatives Betrayed: How George W. Bush and Other Big Government Republicans Hijacked the Conservative Cause,* by Richard A. Viguerie (Los Angeles: Bonus Books, 2006), 46.
6. Emmanuel Saez, Joel Slemrod, and Seth H. Giertz, "The Elasticity of Taxable Income with Respect to Marginal Tax Rates: A Critical Review," *Journal of Economic Literature* 50, no. 1 (2012): 3–50.
7. Isabel Z. Martinez, Emmanuel Saez, and Michael Siegenthaler, "Intertemporal Labor Supply Substitution? Evidence from the Swiss Income Tax Holidays," NBER Working Paper 24634, 2018.
8. Emmanuel Saez, Joel Slemrod, and Seth H. Giertz, "The Elasticity of Taxable Income with Respect to Marginal Tax Rates: A Critical Review," *Journal of Economic Literature* 50, no. 1 (2012): 3–50.
9. Abhijit Banerjee, Esther Duflo, and Stefanie Stantcheva, "Me and Everyone Else: Do People Think Like Economists?," MIMEO, Massachusetts Institute of Technology, 2019.
10. Ronald Reagan, Inaugural Address, Washington, DC, 1981.
11. Alberto Alesina, Stefanie Stantcheva, and Edoardo Teso, "Intergenerational Mobility and Preferences for Redistribution," *American Economic Review* 108, no. 2 (2018): 521–54.
12. Anju Agnihotri Chaba, "Sustainable Agriculture: Punjab Has a New Plan to Move Farmers Away from Water-Guzzling Paddy," *Indian Express,* March 28 2018, accessed

March 4, 2019, https://indianexpress.com/article/india/sustainable-agriculture-punjab-has-a-new-plan-to-move-farmers-away-from-water-guzzling-paddy-5064481/.

13. "Which States Rely the Most on Federal Aid?," Tax Foundation, accessed April 19, 2019, https://taxfoundation.org/states-rely-most-federal-aid/.

14. よく引用されるミルトン・フリードマンの言葉はまさにそうだ。フリードマンは何世代もの経済学者、とくに保守的な経済学者に刺激を与えてきた存在で、彼の言葉はツイッターや名言集などでもよく見かける。彼はあるトークショーに出演した際にこう述べた。「世界は個人がそれぞれ自分の利益を追求することで成り立っている。文明の偉業は政府官庁から発生したものではない」。彼は続けて「アインシュタインは政府の命令によって理論を構築したわけではない」と言ったが、この比喩はすこしおかしい。アインシュタインは初期の研究に取り組んでいた頃は官僚だったからだ（スイスの特許庁に勤めていた）。もしあの偉大な理論を打ち立てなかったら、彼は政府の無駄の最たる例になっていたことだろう。 Milton Friedman Quotes, BrainyQuote.com, BrainyMedia Inc., 2019, accessed June 18, 2019, https://www.brainyquote.com/quotes/milton_friedman_412621.

15. Abhijit Banerjee, Rema Hanna, Jordan Kyle, Benjamin A. Olken, and Sudarno Sumarto, "Tangible Information and Citizen Empowerment: Identification Cards and Food Subsidy Programs in Indonesia," *Journal of Political Economy* 126, no. 2 (2018).

16. Karthik Muralidharan and Venkatesh Sundararaman, "The Aggregate Effect of School Choice: Evidence from a Two-Stage Experiment in India," *Quarterly Journal of Economics* 130, no. 3 (2015): 1011–66.

17. Luc Behaghel, Bruno Crépon, and Marc Gurgand, "Private and Public Provision of Counseling to Job Seekers: Evidence from a Large Controlled Experiment," *American Economic Journal: Applied Economics* 6, no. 4 (2014): 142–74.

18. Mauricio Romero, Justin Sandefur and Wayne Sandholtz, "Outsourcing Service Delivery in a Fragile State: Experimental Evidence from Liberia," working paper, ITAM, accessed June 18, 2019, https://www.dropbox.com/s/o82lfb6tdffedya/MainText.pdf?dl=0.

19. Finlay Young, "What Will Come of the More Than Me Rape Scandal?," ProPublica, May 3, 2019, accessed June 18, 2019, https://www.propublica.org/article/more-than-me-liberia-rape-scandal.

20. Oriana Bandiera, Andrea Prat, and Tommaso Valletti, "Active and Passive Waste in Government Spending: Evidence from a Policy Experiment," *American*

Economic Review 99, no. 4 (2009): 1278–1308.

21. Abhijit Banerjee, Rema Hanna, Jordan Kyle, Benjamin A. Olken, and Sudarno Sumarto, "Tangible Information and Citizen Empowerment: Identification Cards and Food Subsidy Programs in Indonesia," *Journal of Political Economy* 126, no. 2 (2018): 451–91
22. Abhijit Banerjee, Esther Duflo, and Stefanie Stantcheva, "Me and Everyone Else: Do People Think Like Economists?," MIMEO, Massachusetts Institute of Technology, 2019.
23. Alain Cohn, Ernst Fehr, and Michel André Maréchal, "Business Culture and Dishonesty in the Banking Industry," *Nature* 516: (2014) 86–89.
24. Rema Hanna and Shing-Yi Wang, "Dishonesty and Selection into Public Service: Evidence from India," *American Economic Journal: Economic Policy* 9 no. 3 (2017): 262–90.
25. Sebastian Barfort, Nikolaj Harmon, Frederik Hjorth, and Asmus Leth Olsen et al., "Dishonesty and Selection into Public Service in Denmark: Who Runs the World's Least Corrupt Public Sector?," Discussion Papers 15-12, University of Copenhagen, Department of Economics, 2015.
26. Oriana Bandiera, Michael Carlos Best, Adnan Khan, and Andrea Prat, "Incentives and the Allocation of Authority in Organizations: A Field Experiment with Bureaucrats," CEP/DOM Capabilities, Competition and Innovation Seminars, London School of Economics, London, May 24 2018.
27. Clay Johnson and Harper Reed, "Why the Government Never Gets Tech Right," *New York Times,* October 24, 2013, accessed March 4, 2019, https://www.nytimes.com/2013/10/25/opinion/getting-to-the-bottom-of-healthcaregovs-flop.html?_r=0.
28. Bertrand Garbinti, Jonathan Goupille-Lebret, and Thomas Piketty, "Income Inequality in France, 1900–2014: Evidence from Distributional National Accounts (DINA)," *Journal of Public Economics* 162 (2018): 63–77.
29. Thomas Piketty and Nancy Qian, "Income Inequality and Progressive Income Taxation in China and India, 1986–2015," *American Economic Journal: Applied Economics* 1 *no.* 2 (2009): 53–63, DOI: 10.1257/app.1.2.53.
30. World Inequality Database, accessed June 19, 2019, https://wid.world/country/india/, https://wid.world/country/china/.
31. Luis Felipe López-Calva and Nora Lustig, *Declining Inequality in Latin America: A Decade of Progress?* (Washington, DC: Brookings Institution Press, 2010), 1–24.
32. Santiago Levy, *Progress Against Poverty: Sustaining Mexico's PROGRESA-Oportunidades Program* (Washington, DC: Brookings Institution Press, 2006).

33. 10以上の研究によって、プログレッサ実験のさまざまな面があきらかにされている。最初に発表された論文は、以下である。Paul J. Gertler and Simone Boyce, "An Experiment in Incentive-Based Welfare: The Impact of Progresa on Health in Mexico," working paper, 2003. この論文とその後の実験をまとめたものとして、以下がある。*Conditional Cash Transfers: Reducing Present and Future Poverty,* ed. Ariel Fiszbein and Norbert Schady, accessed April 19, 2019, http://documents.worldbank.org/curated/en/914561468314712643/Conditional-cash-transfers-reducing-present-and-future-poverty.
34. World Inequality Database, accessed June 18, 2019, https://wid.world/country/colombia, https://wid.world/country/chile, https://wid.world/country/brazil.

Chapter 9. 救済と尊厳のはざまで

1. 新規プログラムの責任者であるLaticia Ánimasの発言。Benjamin Russell, "What AMLO's Anti-Poverty Overhaul Says About His Government," *Americas quarterly,* February 26, 2019, accessed April 17, 2019, https://www.americasquarterly.org/content/what-amlos-anti-poverty-overhaul-says-about-his-government.
2. David Coady, Raul Perez, and Hadid Vera-Ilamas, "Evaluating the Cost of Poverty Alleviation Transfer Programs: An Illustration Based on PROGRESA in Mexico," IFRPI discussion paper, http://ebrary.ifpri.org/utils/getfile/collection/p15738coll2/id/60365/filename/60318.pdf. 以下も参照されたい。Natalia Caldés, David Coady, and John A. Maluccio, "The Cost of Poverty Alleviation Transfer Programs: A Comparative Analysis of Three Programs in Latin America," *World Development* 34, no. 5 (2006): 818–37.
3. Florencia Devoto, Esther Duflo, Pascaline Dupas, William Parienté, and Vincent Pons, "Happiness on Tap: Piped Water Adoption in Urban Morocco," *American Economic Journal: Economic Policy* 4 no. 4 (2012): 68–99..
4. Maria Mini Jos, Rinku Murgai, Shrayana Bhattacharya, and Soumya Kapoor Mehta, "From Policy to Practice: How Should Social Pensions Be Scaled Up?," *Economic and Political Weekly* 50, no. 14 (2015).
5. Sarika Gupta, "Perils of the Paperwork: The Impact of Information and Application Assistance on Welfare Program Take-Up in India," Harvard University, November 2017, accessed June 19, 2019, https://scholar.harvard.edu/files/sarikagupta/files/gupta_jmp_11_1.pdf.
6. Esther Duflo, "The Economist as Plumber," *American Economic Review: Papers & Proceedings* 107, no. 5 (2017): 1–26.

7. Amy Finkelstein and Matthew J. Notowidigdo, "Take-up and Targeting: Experimental Evidence from SNAP," NBER Working Paper 24652, 2018.
8. Diane Whitmore Schanzenbach, "Experimental Estimates of the Barriers to Food Stamp Enrollment," Institute for Research on Poverty Discussion Paper no. 1367-09, September 2009.
9. Bruno Tardieu, *Quand un peuple parle: ATD, Quarte Monde, un combat radical contre la misère* (Paris: Editions La Découverte, 2015).
10. Najy Benhassine, Florencia Devoto, Esther Duflo, Pascaline Dupas, and Victor Pouliquen, "Turning a Shove into a Nudge? A 'Labeled Cash Transfer' for Education," *American Economic Journal: Economic Policy* 7, no. 3 (2015): 86–125.
11. 主なデータの要約は、UBI に関する次の 2 冊の著作の Robert Reich による書評にまとめられている。 https://www.nytimes.com/2018/07/09/books/review/annie-lowrey-give-people-money-andrew-yang-war-on-normal-people.html. Annie Lowrey, *Give People Money: How a Universal Basic Income Would End Poverty, Revolutionize Work, and Remake the World*, 2018, and Andrew Yang, *The War on Normal People: The Truth About America's Disappearing Jobs and Why Universal Basic Income Is Our Future*, 2018.
12. George Bernard Shaw, *Pygmalion* (London: Penguin Classics, 2003).
13. Map Descriptive of London Poverty 1898–9, accessed April 21, 2019, https://booth.lse.ac.uk/learn-more/download-maps/sheet9.
14. "Radio Address to the Nation on Welfare Reform," Ronald Reagan Presidential Library and Museum, accessed March 20, 2019, https://www.reaganlibrary.gov/research/speeches/21586a.
15. Ibid.
16. もうすこしくわしく知りたい読者は、以下を参照されたい。James P. Ziliak, "Temporary Assistance for Needy Families," in *Economics of Means-TestedTransfer Programs in the United States*, vol. 1, ed. Robert A. Moffitt (National Bureau of Economic Research and University of Chicago Press, 2016), 303–93; Robert Moffitt "The Temporary Assistance for Needy Families Program," in *Means-Tested Transfer Programs in the U.S.*, ed. R. Moffitt (University of Chicago Press and NBER, 2003); Robert Moffitt, "The Effect of Welfare on Marriage and Fertility: What Do We Know and What Do We Need to Know?," in *Welfare, the Family, and Reproductive Behavior*, ed. R. Moffitt (Washington, DC: National Research Council, National Academies Press, 1998).
17. Sibith Ndiaye (@SibithNdiaye) のツイッターには「大統領はいつも要求が多い。演説だけでは満足できず、次には議会で発言する……なんと勤勉なこと

だ！」とある。June 12, 2018, 3:28 p.m., accessed June 19, 2019, https://twitter.com/SibethNdiaye/status/1006664614619308033.

18. "Expanding Work Requirements in Non-Cash Welfare Programs," The Council of Economic Advisers July 2018, https://www.whitehouse.gov/wp-content/uploads/2018/07/Expanding-Work-Requirements-in-Non-Cash-Welfare-Programs.pdf.
19. Shrayana Bhattacharya, Vanita Leah Falcao, and Raghav Puri, "The Public Distribution System in India: Policy Evolution and Program Delivery Trends," in *The 1.5 Billion People Question: Food, Vouchers, or Cash Transfers?* (Washington, DC: World Bank, 2017).
20. "Egypt to Raise Food Subsidy Allowance in Bid to Ease Pressure from Austerity," Reuters, June 20, 2017, accessed June 19, 2019, https://www.reuters.com/article/us-egypt-economy/egypt-to-raise-food-subsidy-allowance-in-bid-to-ease-pressure-from-austerity-idUSKBN19B2YW.
21. Peter Timmer, Hastuti, and Sudarno Sumarto, "Evolution and Implementation of the Rastra Program in Indonesia," in *The 1.5 Billion People Question: Food, Vouchers, or Cash Transfers?* (Washington, DC: World Bank, 2017).
22. Abhijit Banerjee, Rema Hanna, Jordan Kyle, Benjamin A. Olken, and Sudarno Sumarto, "Tangible Information and Citizen Empowerment: Identification Cards and Food Subsidy Programs in Indonesia," *Journal of Political Economy* 126, no. 2 (2018): 451–91.
23. Reetika Khera, "Cash vs In-Kind Transfers: Indian Data Meets Theory," *Food Policy* 46 (June 2014): 116–28, https://doi.org/10.1016/j.foodpol.2014.03.009.
24. Ugo Gentilini, Maddalena Honorati, and Ruslan Yemtsov, "The State of Social Safety Nets 2014 (English)," World Bank Group, 2014, accessed June 19, 2019, http://documents.worldbank.org/curated/en/302571468320707386/The-state-of-social-safety-nets-2014.
25. Abhijit V. Banerjee, "Policies for a Better-Fed World," *Review of World Economics* 152, no. 1 (2016): 3–17.
26. David K. Evans and Anna Popova "Cash Transfers and Temptation Goods," *Economic Development and Cultural Change* 65, no. 2 (2017), 189–221.
27. Abhijit V. Banerjee, "Policies for a Better-Fed World," *Review of World Economics* 152, no. 1 (2016): 3–17.
28. Johannes Haushofer and Jeremy Shapiro, "The Short-Term Impact of Unconditional Cash Transfers to the Poor: Experimental Evidence from Kenya," *Quarterly Journal of Economics* 131, no. 4 (2016): 1973–2042.
29. Ercia Field, Rohini Pande, Natalia Rigol, Simone Schaner, and Charity Troyer

Moore, "On Her Account: Can Strengthening Women's Financial Control Boost Female Labor Supply?," working paper, Harvard University, Cambridge, MA, 2016, accessed June 19, 2019, http://scholar.harvard.edu/files/rpande/files/on_her_account.can_strengthening_womens_financial_control_boost_female_labor_supply.pdf.

30. Abhijit Banerjee, Rema Hanna, Gabriel Kreindler, and Benjamin Olken, "Debunking the Stereotype of the Lazy Welfare Recipient: Evidence from Cash Transfer Programs," *World Bank Research Observer* 32, no. 2 (August 2017) 155–84, https://doi.org/10.1093/wbro/lkx002.
31. Abhijit Banerjee, Karlan Dean and Chris Udry, "Does Poverty Increase Labor Supply? Evidence from Multiple Income Effects," MIMEO, Massachusetts Institute of Technology, 2019.
32. David Greenberg and Mark Shroder, "Part 1: Introduction. An Overview of Social Experimentation and the Digest," *Digest of Social Experiments*, accessed March 25, 2019, https://web.archive.org/web/20111130101109/http://www.urban.org/pubs/digest/introduction.html#n22.
33. Philip K. Robins, "A Comparison of the Labor Supply Findings from the Four Negative Income Tax Experiments,"*Journal of Human Resources* 20, no. 4 (Autumn 1985): 567–82.
34. Orley Ashenfelter and Mark W. Plant, "Nonparametric Estimates of the Labor-Supply Effects of Negative Income Tax Programs," *Journal of Labor Economics* 8, no. 1, Part 2: Essays in Honor of Albert Rees (January 1990): S396–S415.
35. Philip K. Robins, "A Comparison of the Labor Supply Findings from the Four Negative Income Tax Experiments," *Journal of Human Resources* 20, no. 4 (Autumn, 1985): 567–82.
36. Ibid.
37. Albert Rees, "An Overview of the Labor-Supply Results," *Journal of Human Resources* 9, no. 2 (Spring 1974): 158–180.
38. Damon Jones and Ioana Marinescu, "The Labor Market Impacts of Universal and Permanent Cash Transfers: Evidence from the Alaska Permanent Fund," NBER Working Paper 24312.
39. Randall K .Q. Akee, William E. Copeland, Gordon Keeler, Adrian Angold, and Elizabeth J. Costello, "Parents' Incomes and Children's Outcomes: A Quasi-Experiment Using Transfer Payments from Casino Profits," *American Economic Journal: Applied Economics* 2, no. 1 (2010): 86–115.
40. Vivi Alatas, Abhijit Banerjee, Rema Hanna, Benjamin A. Olken, and Julia Tobias,

"Targeting the Poor: Evidence from a Field Experiment in Indonesia," *American Economic Review* 102, no. 4 (2012): 1206–40, DOI: 10.1257/aer.102.4.1206.

41. Clément Imbert and John Papp, "Labor Market Effects of Social Programs: Evidence from India's Employment Guarantee," *American Economic Journal: Applied Economics* 7, no. 2 (2015): 233–63; Muralidharan Karthik, Paul Niehuas, and Sandip Sukhtankar, "General Equilibrium Effects of (Improving) Public Employment Programs: Experimental Evidence from India," NBER Working Paper 23838, 2018 DOI: 10.3386/w23838.
42. Martin Ravalion, "Is a Decentralized Right-to-Work Policy Feasible?," NBER Working Paper 25687, March 2019.
43. Abhijit Banerjee, Esther Duflo, Clement Imbert, Santhosh Mathew, and Rohini Pande, "E-Governance, Accountability, and Leakage in Public Programs: Experimental Evidence from a Financial Management Reform in India," NBER Working Paper 22803, 2016.
44. "Economic Survey 2016–17," Government of India, Ministry of Finance, Department of Economic Affairs, Economic Division, 2017, 188–90.
45. Nur Cahyadi, Rema Hanna, Benjamin A. Olken, Rizal Adi Prima, Elan Satriawan, and Ekki Syamsulhakim, "Cumulative Impacts of Conditional Cash Transfer Programs: Experimental Evidence from Indonesia," NBER Working Paper 24670, 2018.
46. Najy Benhassine, Florencia Devoto, Esther Duflo, Pascaline Dupas, and Victor Pouliquen, "Turning a Shove into a Nudge? A 'Labeled Cash Transfer' for Education," *American Economic Journal: Economic Policy* 7, no. 3 (2015): 86–125.
47. Aaron Smith and Monica Anderson, "Americans' Attitudes towards a Future in Which Robots and Computers Can Do Many Human Jobs," Pew Research Center, October 4, 2017, accessed April 3, 2019, http://www.pewresearch.org/internet/2017/10/04/americans-attitudes-toward-a-future-in-which-robots-and-computers-can-do-many-human-jobs/.
48. Robert B. Reich, "What If the Government Gave Everyone a Paycheck?," July 9, 2018, https://www.nytimes.com/2018/07/09/books/review/annie-lowrey-give-people-money-andrew-yang-war-on-normal-people.html.
49. Olli Kangas, Signe Jauhiainen, Miska Simanainen, Minna Ylikännö, eds., "The Basic Income Experiment 2017-2018 in Finland. Preliminary Results," Reports and Memorandums of the Ministry of Social Affairs and Health, 2019, 9.
50. Abhijit Banerjee, Esther Duflo, and Stefanie Stantcheva, "Me and Everyone Else: Do People Think Like Economists?," MIMEO, Massachusetts Institute of

Technology, 2019.

51. Nicole Maestas, Kathleen J. Mullen, David Powell, Till von Wachter, and Jeffrey B. Wenger, "Working Conditions in the United States: Results of the 2015 American Working Conditions Survey," Rand Corporation, 2017.

52. "The State of American Jobs: How the Shifting Economic Landscape Is Reshaping Work and Society and Affecting the Way People Think about the Skills and Training They Need to Get Ahead," ch. 3, Pew Research Center, October 2016, accessed April 21, 2019, https://www.pewsocialtrends.org/2016/10/06/3-how-americans-view-their-jobs/#fn-22004-26.

53. 以下を参照されたい。Steven Davis and Till von Wachter, "Recession and the Costs of Job Loss," Brookings Papers on Economic Activity, Brookings Institution, Washington, DC, 2011, https://www.brookings.edu/wp-content/uploads/2011/09/2011b_bpea_davis.pdf, and references therein.

54. Daniel Sullivan and Till von Wachter, "Job Displacement and Mortality: An Analysis Using Administrative Data," *Quarterly Journal of Economics* 124, no. 3 (2009): 1265–1306.

55. Mark Aguiar and Erik Hurst, "Measuring Trends in Leisure: The Allocation of Time over Five Decades," *Quarterly Journal of Economics* 122, no. 3 (2007): 969–1006.

56. Mark Aguiar, Mark Bils, Kerwin Kofi Charles, and Erik Hurst, "Leisure Luxuries and the Labor Supply of Young Men," NBER Working Paper 23552, June 2017.

57. "American Time Use Survey—2018 Results," news release, Bureau of Labor Statistics, US Department of Labor, June 28, 2018, accessed June 19, 2019, https://www.bls.gov/news.release/atus.nr0.htm.

58. Mark Aguiar, Erik Hurst, and Loukas Karabarbounis, "Time Use During the Great Recession," *American Economic Review* 103, no. 5 (2013): 1664–96.

59. Daniel Kahneman and Alan B. Krueger, "Developments in the Measurement of Subjective Well-Being," *Journal of Economic Perspectives* 20,no. 1 (2006): 3–24.

60. Aaron Smith and Monica Anderson, "Americans' Attitudes towards a Future in Which Robots and Computers Can Do Many Human Jobs," Pew Research Center, October 4, 2017, accessed April 3, 2019, https://www.pewreserch.org/intermet/2017/10/04/americans-attitudes-toward-a-future-in-which-robots-and-computers-can-do-many-human-jobs/.

61. "Volunteering in the United States, 2015," Economic News Release, February 25, 2016, accessed April 21, 2019, https://www.bls.gov/news.release/volun.nr0.htm.

62. David Deming, "The Growing Importance of Social Skills in the Labor Market," *Quarterly Journal of Economics* 132, no. 4 (2017): 1593–1640, https://doi.org/10.1093/

qje/qjx022.

63. Román Zárate, "Social and Cognitive Peer Effects: Experimental Evidence from Selective High Schools in Peru," MIT Economics, 2019, accessed June 19, 2019, https://economics.mit.edu/files/16276.

64. Raj Chetty, Nathaniel Hendren, Patrick Kline, and Emmanuel Saez, "Where Is the Land of Opportunity? The Geography of Intergenerational Mobility in the United States," *Quarterly Journal of Economics* 129, no. 4 (2014): 1553-1623, https://doi.org/10.1093/qje/qju022.

65. Lawrence F. Katz, Jeffrey R. Kling, and Jeffrey B. Liebman, "Moving to Opportunity in Boston: Early Results of a Randomized Mobility Experiment," *Quarterly Journal of Economics* 116 no. 2 (2001): 607-54, https://doi.org/10.1162/00335530151144113.

66. Raj Chetty, Nathaniel Hendren, and Lawrence F. Katz, "The Effect of Exposure to Better Neighborhoods on Children: New Evidence from the Moving to Opportunity Experiment," *American Economic Review* 106, no. 4 (2016): 855-902.

67. Raj Chetty and Nathaniel Hendren, "The Impacts of Neighborhoods on Intergenerational Mobility II: County-Level Estimates," *Quarterly Journal of Economics* 133, no. 3 (2018): 1163-1228.

68. Roland G. Fryer Jr., "The Production of Human Capital in Developed Countries: Evidence from 196 Randomized Field Experiments," in *Handbook of Field Experiments* 2 (Amsterdam: North-Holland, 2017): 95-322.

69. Abhijit Banerjee, Rukmini Banerji, James Berry, Esther Duflo, Harini Kannan, Shobhini Mukherji, Marc Shotland, and Michael Walton, "From Proof of Concept to Scalable Policies: Challenges and Solutions, with an Application," *Journal of Economic Perspectives* 31, no. 4 (2017): 73-102.

70. Raj Chetty, John Friedman, Nathaniel Hilger, Emmanuel Saez, Diane Whitmore Schanzenbach, and Danny Yagan, "How Does Your Kindergarten Classroom Affect Your Earnings? Evidence from Project STAR," *Quarterly Journal of Economics* 126, no. 4 (2011): 1593-1660.

71. Ajay Chaudry and A. Rupa Datta, "The Current Landscape for Public Pre-Kindergarten Programs," in *The Current State of Scientific Knowledge on Pre-Kindergarten Effects,* Brookings Institution, Washington, DC, 2017, accessed June 19, 2019, https://www.brookings.edu/wp-content/uploads/2017/04/duke_prekstudy_final_4-4-17_hires.pdf.

72. Maria Stephens, Laura K. Warren, and Ariana L. Harner, "Comparative Indicators of Education in the United States and Other G-20 Countries: 2015. NCES 2016-

100," National Center for Education Statistics, 2015.

73. 就学前教育の長期的な効果に関するヘックマンの研究については、以下を参照されたい。
https://heckmanequation.org/. その他の研究として以下を参照されたい。 Jorge Luis García, James J. Heckman, Duncan Ermini Leaf, and María José Prados, "The Life-Cycle Benefits of an Influential Early Childhood Program," NBER Working Paper 22993, 2016.

74. Michael Puma, Stephen Bell, Ronna Cook, and Camilla Heid, "Head Start Impact Study Final Report," U.S. Department of Health and Human Services, Administration for Children and Families, 2010, https://www.acf.hhs.gov/sites/default/files/opre/executive_summary_final.pdf; Mark Lipsey, Dale Farran, and Kelley Durkin, "Effects of the Tennessee Prekindergarten Program on Children's Achievement and Behavior through Third Grade," *Early Childhood Research Quarterly* 45 (2017): 155–76.

75. R. M. Ford, S. J. McDougall, and D. Evans, "Parent-Delivered Compensatory Education for Children at Risk of Educational Failure: Improving the Academic and Self-Regulatory Skills of a Sure Start Preschool Sample," *British Journal of Psychology* 100, no. 4 (2009), 773–97. A. J. L. Baker, C. S. Piotrkowski, and J. Brooks-Gunn, "The Effects of the Home Instruction Program for Preschool Youngsters on Children's School Performance at the End of the Program and One Year Later," *Early Childhood Research Quarterly* 13, no. 4 (1998), 571–88. K. L. Bierman, J. A. Welsh, B. S. Heinrichs, R. L. Nix, and E. T. Mathis, "Helping Head Start Parents Promote Their Children's Kindergarten Adjustment: The REDI Parent Program," *Child Development,* 2015. James J. Heckman, Margaret L. Holland, Kevin K. Makino, Rodrigo Pinto, and Maria Rosales-Rueda, "An Analysis of the Memphis Nurse-Family Partnership Program," NBER Working Paper 23610, July 2017, http://www.nber.org/papers/w23610. Orazio Attanasio, C. Fernández, E. Fitzsimons, S. M Grantham-McGregor, C. Meghir, and M. Rubio-Codina, "Using the Infrastructure of a Conditional Cash Transfer Program to Deliver a Scalable Integrated Early Child Development Program in Colombia: A Cluster Randomized Controlled Trial," *British Medical Journal* 349 (September 29, 2014): g5785. Paul Gertler, James Heckman, Rodrigo Pinto, Arianna Zanolini, Christel Vermeersch, Susan Walker, Susan Chang, and Sally Grantham-McGregor, "Labor Market Returns to an Early Childhood Stimulation Intervention in Jamaica," *Science* 344, no. 6187 (2014): 998–1001.

76. Moira R. Dillon, Harini Kannan, Joshua T. Dean, Elizabeth S. Spelke, and

Esther Duflo, "Cognitive Science in the Field: A Preschool Intervention Durably Enhances Intuitive But Not Formal Mathematics," *Science* 357, no. 6346 (2017): 47–55.

77. Henrik Kleven, Camille Landais, Johanna Posch, Andreas Steinhauer, and Josef Zweimüller, "Child Penalties Across Countries: Evidence and Explanations," no. w25524, National Bureau of Economic Research, 2019.
78. Henrik Kleven, Camille Landais, and Jakob Egholt Søgaard, "Children and Gender Inequality: Evidence from Denmark," no. w24219, National Bureau of Economic Research, 2018.
79. "Denmark: Long-term Care," Organisation for Economic Co-operation and Development, 2011, http://www.oecd.org/denmark/47877588.pdf.
80. Bruno Crépon and Gerard J. van den Berg, "Active Labor Market Policies," *Annual Review of Economics*, https://doi.org/10.1146/annurev-economics-080614-115738; Bruno Crépon, Esther Duflo, Marc Gurgand, Roland Rathelot, and Philippe Zamora, "Do Labor Market Policies Have Displacement Effects? Evidence from a Clustered Randomized Experiment," *Quarterly Journal of Economics* 128, no. 2 (2013): 531–80.
81. Sheila Maguire, Joshua Freely, Carol Clymer, Maureen Conway, and Deena Schwartz, "Tuning In to Local Labor Markets: Findings from the Sectoral Employment Impact Study," Public/Private Ventures, 2010, accessed April 21, 2019, http://ppv.issuelab.org/resources/5101/5101.pdf.
82. Yann Algan, Bruno Crépon, Dylan Glover, "The Value of a Vacancy: Evidence from a Randomized Evaluation with Local Employment Agencies in France," J-PAL working paper, 2018, accessed April 21, 2019, https://www.povertyactionlab.org/sites/default/files/publications/5484_The-Value_of_a_vacancy_Algan-Crepon-Glover_June2018.pdf.
83. "Employment Database—Labour Market Policies And Institutions," Organisation for Economic Co-operation and Development.
84. "Active Labour Market Policies: Connecting People with Jobs," Organisation for Economic Co-operation and Development, http://www.oecd.org/employment/activation.htm.
85. Benjamin Hyman, "Can Displaced Labor Be Retrained? Evidence from Quasi-Random Assignment to Trade Adjustment Assistance," January 10, 2018, https://ssrn.com/abstract=3155386 or http://dx.doi.org/10.2139/ssrn.3155386.
86. Aaron Smith and Monica Anderson, "Automation in Everyday Life: Chapter 2," Pew Research Center, 2017, accessed April 21, 2019, https://www.pewinternet.

org/2017/10/04/americans-attitudes-toward-a-future-in-which -robots-and-computers-can-do-many-human-jobs/.

87. Bruno Tardieu, *Quand un people parle* (Paris: La Découverte, 2015).
88. Abhijit Banerjee, Esther Duflo, Nathanael Goldberg, Dean Karlan, Robert Osei, William Parienté, Jeremy Shapiro, Bram Thuysbaert, and Christopher Udry, "A Multifaceted Program Causes Lasting Progress for the Very Poor: Evidence from Six Countries," *Science* 348, no. 6236 (2015): 1260799.
89. Esther Duflo, Abhijit Banerjee, Raghabendra Chattopadhyay, and Jeremy Shapiro, "The Long Term Impacts of a 'Graduation' Program: Evidence from West Bengal," MIMEO, Massachusetts Institute of Technology, 2019.
90. Christopher Blattman, Nathan Fiala, and Sebastian Martinez, "The Long Term Impacts of Grants on Poverty: 9-Year Evidence from Uganda's Youth Opportunities Program," April 5, 2019, https://ssrn.com/abstract=3223028 or http://dx.doi.org/10.2139/ssrn.3223028.
91. Bruno Crépon, Esther Duflo, Elise Huillery, William Parienté, Juliette Seban, and Paul-Armand Veillon, "Cream Skimming and the Comparison between Social Interventions Evidence from Entrepreneurship Programs for At-Risk Youth in France," 2018.
92. Ibid.
93. Robert Rosenthal and Lenore Jacobson, "Pygmalion in the Classroom," *Urban Review* 3, no. 1 (1968): 16–20.
94. Angela Duckworth, *Grit: The Power of Passion and Perseverance* (New York; Scribner, 2016).
95. Yann Algan, Adrien Bouguen, Axelle Charpentier, Coralie Chevallier, and Elise Huillery, "The Impact of a Large-Scale Mindset Intervention on School Outcomes: Experimental Evidence from France," MIMEO, 2018.
96. Sara B. Heller, Anuj K. Shah, Jonathan Guryan, Jens Ludwig, Sendhil Mullainathan, and Harold A. Pollack, "Thinking, Fast and Slow? Some Field Experiments to Reduce Crime and Dropout in Chicago," *Quarterly Journal of Economics* 132k, no. 1 (2017): 1–54.

Conclusion．よい経済学と悪い経済学

1. Chang-Tai Hsieh and Peter J. Klenow, "The Life Cycle of Plants in India and Mexico," *Quarterly Journal of Economics* 129, no. 3 (August 2014): 1035–84, https://doi.org/10.1093/qje/qju014.

本書は二〇二〇年四月に日本経済新聞出版から刊行された
同名書を文庫化したものです。

著訳者紹介

アビジット・V・バナジー

Abhijit V. Banerjee

MITフォード財団国際記念教授（経済学）。2019年、ノーベル経済学賞を受賞。コルカタ大学、ジャワハラール・ネルー大学卒。1988年にハーバード大学にてPhD取得（経済学）。2009年インフォシス賞受賞。2011年フォーリン・ポリシー誌が選ぶ世界の思想家100人に選出される。2012年には国連事務総長直轄の「ポスト2015年開発アジェンダに関するハイレベル・パネル」の委員に任命される。専門は開発経済学と経済理論。配偶者でもあるデュフロと執筆した『貧乏人の経済学』（邦訳：みすず書房）でジェラルド・ローブ賞、ゴールドマン・サックスとFTが選ぶブック・オブ・ザ・イヤーを受賞。

エステル・デュフロ

Esther Duflo

MITアブドゥル・ラティフ・ジャミール記念教授（貧困削減および開発経済学担当）。2019年、ノーベル経済学賞を史上最年少で受賞。フランス出身。パリ高等師範学校卒業後、1999年にMITにてPhD取得（経済学）。2009年には「天才賞」として知られるマッカーサー・フェローシップを、2010年には40歳以下の経済学者に贈られるジョン・ベイツ・クラーク賞を受賞。2013年ダン・デービッド賞、2014年インフォシス賞、2015年アストゥリアス皇太子賞など受賞多数。著書に『貧乏人の経済学』『貧困と闘う知』（邦訳：みすず書房）がある。

村井章子

Akiko Murai

翻訳者。上智大学文学部卒業。経済・経営、環境関係の翻訳を主に手がけ、高い評価を得る。主な訳書にジャン・ティロール『良き社会のための経済学』、アダム・スミス『道徳感情論』、ダニエル・カーネマン『ファスト＆スロー』、ラインハート＆ロゴフ『国家は破綻する』などがある。

nbb
日経ビジネス人文庫

絶望を希望に変える経済学

2024年4月1日

著者
アビジット・V・バナジー／エステル・デュフロ

訳者
村井章子
むらい・あきこ

発行者
中川ヒロミ

発行
株式会社日経BP
日本経済新聞出版

発売
株式会社日経BPマーケティング
〒105-8308 東京都港区虎ノ門4-3-12

ブックデザイン
新井大輔（装幀新井）

本文DTP
アーティザンカンパニー

印刷・製本
中央精版印刷

Printed in Japan ISBN978-4-296-11995-0

本書籍に関するお問い合わせ、ご連絡は下記にて承ります。

https://nkbp.jp/booksQA